# 알기쉬운 교육방법 및 교육공학

이신동 · 조형정 · 장선영 · 정종원 공저

YANGSEOWON
양서원

# 머리말

저자는 신임 교사들과 대화를 나누는 어떤 자리에서 이런 질문을 던진 적이 있다. "교실에서 학생들을 가르치면서 가장 힘든 일이 무엇이죠?" 여기에 이구동성으로 나온 대답이 "어떻게 가르쳐야 하는지 그 방법을 몰라 혼란스럽습니다."라는 것이었다. 저자의 "예비교사 준비 과정에서 배우지 않았나요?"라는 질문에 교사들은 "학교에 부임한 후, 교실에서 학생들을 가르치면서 배워갑니다."라는 공통적인 대답을 했다.

일반적으로 교육이란 "인간행동의 계획적인 변화"라고 정의할 수 있다. 즉 인간의 가시적·비가시적 행동을 계획적으로 변화시켜 현재의 상태보다 좀 더 가치 있는 행동을 하도록 유도하는 것이 교육이다. 교육의 정의에서 나타난 '계획적'이란 말은 교육이 강한 의도성을 가지고 있다는 의미를 내포한다. 교육이란 인간행동이 자연스럽게 변화되는 것을 내버려 두고 지켜보는 것이 아니라, 의도적으로 변화를 유도하고, 목표한 행동에 도달하게 하는 것이다. 이런 측면에서 교육을 볼 때, 가장 중요한 교육의 요소는 교육의 내용과 방법이다. 교육의 내용은 교육과정(敎育課程)이며, 교육의 방법은 교수-학습과 교육공학으로 설명될 수 있다.

'교육방법 및 교육공학'은 교육과정, 즉 교육내용과 더불어 교육 실천의 핵심적인 활동으로 양대 산맥이라 할 수 있다. 가르칠 내용을 개발하는 일과 가르치는 방법적 기술은 현장의 교육실천 과정에서 무엇보다 중요한 능력이다. 즉 교사를 양성하는 측면에서 볼 때, 이 둘은 무엇보다 강조되어야 할 일이다. 그런데 우리나라의 경우, 교육과정은 대부분 국가에 의해 사전에 개발된 내용을 사용하는 경우가 많아 교사들이 직접 개발하는 경우가 많지 않지만, 교육의 방법적 기술은 교사들이 직접 수업을 할 때 개발해서 사용할 수밖에 없다. 따라서 이런 방법적 기술에 대한 이론과 실제를 제대로 가르치기 위해 교원양성기관들은 다양한 노력을 기울이고 있다. 하지만 그다지 높은 실효를 거두고 있지 못하고 있는 실정이다.

이미 국내에는 다양한 교육방법과 교육공학 관련 책들이 출판되어 있다. 그러나 오래된 것들이 많고, 교사양성을 위한 실질적이고, 구체적인 설명이 부족한 실정이다. 따라서 이번에 우리가 출판하게 될 『알기쉬운 교육방법 및 교육공학』은 최근에 발표된 이론들을 상당히 추가했으며, 교실 현장에서 가르치는 교사들에게 실질적인 도움을 줄 수 있는 기술들을 포함했기 때문에 기존의 어떤 책들보다 교사양성을 위해 많은 도움이 될 것으로 생각된다.

이 책은 크게 1, 2부로 나누어지며, 1부는 교육방법, 2부는 교육공학 편으로 총 14장으로 구성된다. 이 책 구성의 자세한 내용을 살펴보면, 1장 교육방법 및 교육공학의 기초, 2장 학습자 진단과 교수계획, 3장 학습에 대한 심리학적 이해, 4장 교수-학습이론과 모형, 5장 교수-학습 방법의 유형 Ⅰ, 6장 교수-학습 방법의 유형 Ⅱ, 7장 창의적 사고와 수업, 8장 교육공학의 개념과 영역, 9장 교육공학의 이론적 기초, 10장 수업설계, 11장 교수매체의 선정과 활용, 12장 ICT와 멀티미디어 활용, 13장 다양한 교육의 장과 교육공학, 14장 교육의 미래전망 등이다.

이 책은 교사양성기관인 사범대학과 교육대학에 재학 중인 학생들이 한 학기 교재로 사용하기에 적절하게 집필되었고, 가급적 이해를 돕기 위해 용어를 정리해 제시했으며, 내용들을 간략하게 묶어 시간을 많이 들이지 않고도 전체의 내용을 파악할 수 있도록 편집하였다. 따라서 사범대학과 교육대학에서 예비교사로 준비 중인 학생들과 현장 교사들의 재교육을 위한 교재로 사용되기에 적합하다고 판단된다.

마지막으로 이 책이 나오기까지 적극 도움을 주신 양서원 박철용 회장님과 관계자분들께 깊은 감사를 드리며, 집필하느라 바쁜 시간을 쪼개어 늦은 밤까지 수고를 아끼지 않은 공동 저자들 서로에게 감사를 드리며 이 작업을 마다치 않고, 적극 도와준 최인혁 박사, 김기명 박사, 고운정 박사에게 심심한 감사의 말을 전한다.

2012. 8. 20

저자 이신동, 조형정, 장선영, 정종원

# 차례

## Chapter 10 수업설계



## Chapter 11 교수매체의 선정과 활용



## Chapter 12 ICT와 멀티미디어의 활용

Chapter 01

# 교육방법 및 교육공학의 기초

교육방법은 어떻게 가르칠 것인가에 대한 물음과 대답으로, 교육의 기능 중 가장 기본적이며 본질적인 것이다. 교육공학은 이러한 교육방법의 개선과 함양을 위해 구체적이며 실천적인 기여를 한다.

교육방법이란 결국 어떻게 가르칠 것인가를 탐구하는 것이며, 학교 및 각종 교육현장에서 가장 중요한 부분의 하나이다. 학교의 가장 기본적인 기능이 가르치고 배우는 것이기 때문이다. 그러나 아무렇게나 가르치고 배우는 것은 아닐 것이다. 그럼 어떤 것이 잘 가르치는 좋은 교육방법이 될 것인가?

교육공학이란 또 무엇일까? 교육이라는 말과 공학이라는 말은 어떤 관계를 가지고 있으며, 이 둘이 하나가 되어 만들어 내는 영역과 기능은 어떤 것이 있을까? 우리는 이 장에서 이러한 질문들에 대한 답을 구하고자 한다.

## 학습목표

1. 교육방법의 개념과 내용을 알 수 있다.
2. 교육공학의 개념과 내용을 알 수 있다.
3. 교육방법 및 교육공학의 최근 동향을 말할 수 있다.

# 1 교육방법 및 교육공학의 개념

## 1) 교육방법의 개념

**교육방법** 교수-학습 활동에서 피교육자의 개인적 특성과 학습지도의 모델, 비용과 시간적 여유, 학습환경 등을 고려해서 수업목표에 도달하기 위한 학습 설계, 개발, 적용, 관리, 평가를 위한 제반 활동

교육방법이란 쉽게 풀면 '교육을 하는 방법'이다. 그러나 이 정의는 교육이라는 말 자체가 광범위하고 종합적이며, 또한 방법이라는 말도 매우 포괄적이어서 '교육방법이란 무엇인가?'라는 질문의 답으로는 충분하지 않다. 보다 구체적인 교육방법의 정의를 내리기 위해서는 교육이라는 말과 방법이라는 말의 의미를 새겨볼 필요가 있다. 우선 비교적 단순해 보이는 방법의 의미부터 짚어보자(변영계 외, 2007).

### (1) 교육이란 무엇인가?

**유기체** 호흡, 순환 등의 자기통제적 체제를 가지고 있어 독립적으로 존재하는 생명체를 말한다. 모든 살아 있는 동식물뿐만 아니라 구체적으로 행동하는 사회적 집단을 비유할 때 사용되는 용어이다. 행동과학적 연구에서는 피험자의 물리적, 생리적 혹은 심리적인 특성을 일컬어 유기체적 변인이라고 하며 성별, 신장, 연령, 교육수준, 지능, 동기 등이 이러한 유기체적 변인범주에 든다.

교육이란 사회적으로 가치 있다고 여겨지는 지식, 태도, 행동 등을 사회적으로 인정된 방법으로 배우고 익히며 개발하는 체제적인 활동이다. 여기서 체제적(systemic)이란 말은 어떤 현상을 볼 때 그 현상을 구성하고 있는 요소들을 하나하나 부분적으로 떼어놓고 보기보다는 하나의 유기체, 즉 살아 있는 생명체처럼 일정한 상호작용을 통한 유기적 관계를 가지고 있는 것으로 보아야 한다는 것이다. 예방주사와 우리 몸의 관계를 예로 살펴보자. 우리가 예방주사를 맞은 그 자리만 부풀어 오르고 가려워지는 것 같지만 사실은 몸 전체에 영향을 주어 한동안 열이 나고 가벼운 감기에 걸린 것 같은 증상을 느끼게 된다. 즉, 예방주사의 성분이 항체를 형성하고, 이렇게 형성된 항체는 주사를 맞은 자리뿐만 아니라 온몸에 고루 퍼져 자리를 잡게 된다. 이와 같이 교육도 그 구성요소들 간에 서로 긴밀한 상호작용을 계속하면서 변화한다는 점에서 체계적이라고 말한다. 그렇다면 교육의 구성요소는 무엇일까?

교육을 구성하는 기본요소는 교사, 학습자, 교육과정, 그리고 교육상황의 네 가지이다. 다음의 그림 1-1 를 보면서 이 요소들의 개념 및 관계를 살펴보자.

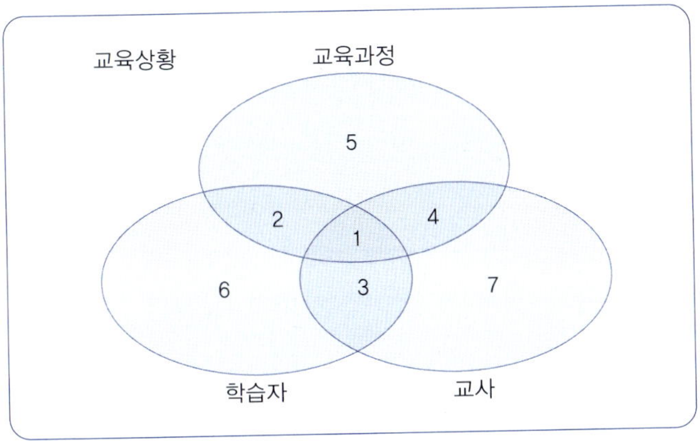


**그림 1-1** 교육과정, 교사, 학습자, 교육상황과의 관계(변영계 외, 2007에서 재인용)

그림 1-1 에서 교사, 학습자, 교육과정의 세 가지 요소가 모두 겹쳐지는 영역 1은 교육과정에 제시된 내용을 교사가 적절하게 제시하여 학습이 이루어진 것을 말한다. 영역 2는 교사의 도움 없이 학습자가 스스로 교육과정에 있는 내용을 학습한 것이고, 영역 3은 교육과정에 없는 내용을 교사와 학습자 간의 활동에 의해서 학습한 것이다. 영역 4는 교육과정에 있는 내용을 교사가 제시하였으나 학습되지 못한 것이다. 영역 5는 교육과정상에는 나타나 있으나 교사가 제시하지도 않았고 학습되지도 않은 것이며, 영역 6은 학습자 혼자서 교육과정 이외의 내용을 학습한 것이다. 마지막으로 영역 7은 교육과정에 없는 내용을 교사가 제시하였으나 학습자가 학습하지 않은 것을 말한다. 이렇게 본다면 가장 이상적인 교육은 영역 1이 상대적으로 가장 커지는 것을 말한다(이영덕, 1985).

이처럼 교육과정, 교사, 학습자는 교육을 이해하는 데 아주 중요한 구성요소임이 틀림없다. 여기에 한 가지 요소를 더한다면 그것은 교육상황(context)이다. 예컨대 영역 2의 경우에 '학습자가 스스로 교육과정의 내용을 이해했을 때'의 스스로란 말이 가지고 있는 뜻은 '전적으로 혼자서'라기보다는 '교사 이외의 다른 환경적(상황적) 도움을 받아서'라고 보는 것이 더 타당할 것이다. 사실 교사와 교육과정 이외에도 학습에 영향을 줄 수 있는 요소들은 매일 집으로 배달되는 학습지, 학원, 가정교사, 컴퓨터 프로그램, 인터넷, 교육방송 등처럼 다양하다. 이렇게 교육과정, 교사, 그리고 학습자를 둘러싸고 있으면서 다양한 방법으로 영향을 주고받는 것이 바로 교육환경 또는 교육상황이다.

### (2) 교육방법이란 무엇인가?

인간에 대한 교육의 의미는 철학적·사회적·심리적 기초 위에서 교육적 기능을 발휘하기 위하여 지속적인 노력을 하는 것으로 볼 수 있다. 교육의 본질적 기능을 소개하면 ① 유기체 측면에서 개인적 성장 및 발전을 위한 기능, ② 교육을 통하여 이전 세대가 가지고 있는 문화유산을 내면화하여 동화시키는 문화전달의 기능과 새로운 세대에게 행복과 발전을 지향하기 위한 진보적 시각을 가진 문화창조의 기능, ③ 사회의 유지, 존속 및 변화, 개혁을 조정하기 위한 기능이다. 이 같은 교육적 기능을 수행하는 데는 교육이 개인과 사회를 위하여 어떤 방향으로 목표를 성취하는 가치체계와 연관된 목적론적 접근과 이것의 접근을 달성하는 방법론적 접근이 수반되어야 할 것이다.

**내면화** 일반적으로 내면화는 타인의 인지기능, 태도, 가치관 등을 자신의 사고체계에 병합시키는 것

따라서 교육방법에 대한 학자들의 견해를 소개하면 다음과 같다.

변영계 등(2001)은 "교육방법은 구체적으로 교수방법을 의미하며, 이 교수방법은 교사 및 기타 교수자들이 학습을 발생시키기 위한 목적으로 설계·개발·적용·관리·평가를 위한 지식과 실행력"으로 정의하고 있다. Heinich 등(1996)은 "교육공학에서 본 교육방법의 개념을 전통적으로 교수내용을 제시하는 형태", 즉 교수형태를 의미한다고 하며 매체와 메시지의 관계를 설명하고 있다. 여기서 매체란 통신수단으로 정보원(source)과 수신자 간의 정보전달 수단이며, 이를 예시하면, 필름, TV, 인쇄자료, 컴퓨터 등으로 교육의 목적을 달성하기 위해 메시지를 전달할 때 교수매체가 되는 것이다. 메시지란 의사소통이 이루어지는 정보로서 매체를 통해서 메시지가 전달되고 교수방법은 교사들이

학습목표를 달성하는 데 도움을 주기 위해서 또는 메시지나 교수내용을 내면화하기 위하여 선택되어진 수업의 절차이다.

이용환(2001)은 교육방법의 개념을 생각할 때 몇 가지 고려사항을 제시하고 있다.

첫째, 학습지도 모델의 설정이다. 이것은 이수하여야 할 과제의 특성을 파악하여 과연 과제의 특성과 학습지도 모델이 잘 부합되는가를 고려하여야 하며, 학습자의 개인적 특성과 선정된 모델이 잘 부합되는가도 고려되어야 함을 의미한다. 둘째, 비용과 시간적 여유의 고려이다. 셋째, 개인적 특성이다. 동일한 모델과 동일한 시간과 비용이 투입되더라도 학습에 임하는 학습자의 동기와 지능, 그리고 학습 준비성의 차이에 따라서 결과는 달라질 것이다. 즉, 퍼스낼러티의 특성, 포부수준, 성취동기, 자아개념, 학업적성, 흥미 등에 따라서 결과는 달라진다는 것이다. 넷째, 상황적 맥락이다. 학습자가 처한 학습환경을 의미하며, 학급이나 학교환경, 가정환경, 지역사회의 제반 특성들이 학습자의 학습목표 도달에 영향을 미친다는 것이다. 이와 같이 교육방법이란 어느 한 가지 측면만을 고려하는 것이 아니라 제 요소의 복합적인 작용을 의미한다.

**자아개념** 개인이 가지고 있는 자신에 대한 견해

**맥락** 어떤 일이나 사물이 서로 연관되어 이루는 줄거리나 관계를 이름

상기에서 교육방법에 대한 학자들의 견해를 종합하면, 교육방법이란 교수-학습 활동에서 피교육자의 개인적 특성과 학습지도의 모델, 비용과 시간적 여유에 대한 고려, 학습환경 등을 고려해서 수업목표에 도달하기 위한 학습 설계, 개발, 적용, 관리, 평가를 위한 제반활동으로 정의할 수 있다. 좋은 교육방법은 학습자와 교사가 효율적이고 효과적이며 매력적이고 안전하게 교수-학습 활동을 할 수 있다면, 학습자가 지적 영역의 학습에 필요한 시간을 최대한 줄일 수 있다는 가설을 바탕으로 하고 있다. 이렇게 투자해야 할 시간이 줄게 되면 나머지 시간을 보다 인간적인 활동을 할 수 있다는 것이다. 교수-학습 활동에 좋은 교육방법이 도입되면 수업목표에 효과적으로 도달할 수 있으며, 학습활동 이외에 다양한 활동을 할 수 있도록 도와주는 데 있다는 것을 항상 생각하며 교육활동에 임해야 할 것이다(조성일 외, 2006).

## 2) 교육공학의 개념

**교육공학** 교육 특히 교수-학습에 관한 문제를 해결하기 위하여 과학적 지식 등을 체계적으로 응용하려는 학문

교육공학의 개념적인 문제를 해결하기 위해서는 먼저 공학에 대한 개념분석이 우선되어야 한다. 공학에 대한 개념분석을 통해서 공학의 개념적·실제적 의미를 밝히고, 교육에서 공학이 어떠한 위치와 역할을 수행하고 있는지, 그리고 교육과 공학과의 관계를 밝혀서 교육공학의 개념을 분명히 하여야 한다.

### (1) 공학이란 무엇인가?

공학(technology)이라고 하면 대다수 사람들은 단순히 기계적 장치나 기계류와 관련된 의미로 잘못 이해하고 있는데, 이는 공학을 보다 실제적인 사고나 하나의 과정으로서 보지 못하는 데서 연유한다고 한다.

공학(technology)의 어원은 희랍어의 techne와 logos와의 합성어에서 파생된 말이다. techne은 기예(art), 공예(craft) 및 기술(skill)의 뜻을 가지고 있으며, logos는 학문에 대한 탐구의 뜻을 가진다.

**조직화** 기억하는 정보를 서로 정리하거나 관련을 지우거나 하여 체계를 만드는 것, 기억의 효율을 높이기 위한 한 방략

Galbraith(1967)는 공학이란 과학적 또는 조직화된 지식을 실제적인 과제(practical tasks)의 해결에 체계적으로 적용하는 것이라고 정의하고 있으며, Finn(1964)은 '공학은 기계적 생산품 또는 발명품 이상으로서 체계적 사고의 과정이며 방식이다.'라고 정의한다.

이것은 공학의 개념에 기계류가 필수적으로 포함되는 것은 아니며 과학적 방법에 의해서 체계화된 지식을 전문화된 기법으로 적용하고 있느냐의 여부가 공학의 주요 관건이 됨을 의미한다. 즉, 공학은 과학기술 발전의 결과로 이루어진 어떤 장치나 기계를 의미하기도 하지만 때로는 과학기술 그 자체를 의미하기도 한다.

Heinich 등(1989)은 공학은 기계류와 관련된 하드웨어나 소프트웨어를 포함할 수도 있고, 포함하지 않을 수도 있는 것으로서 어떤 특정의 과제를 수행하는 데서 요구되는 실천적 문제기법을 의미하기도 한다고 하였다.

그리고 Clark(1983)은 '공학은 만병통치약은 아니더라도 과학적 학문들이 가

지고 있는 문제들을 해결하기 위해서 필수적 수단으로 간주되어야 하며, 어떠한 이론과 법칙의 적용에 있어서도 필요한 합리적 도구이다.'라고 하였다. 이것은 공학이 과학적 지식을 다루는 모든 학문과 관련이 있음을 의미하는 것으로 어떠한 분야에 있어서도 문제해결을 위한 기초로서 과학적 이론과 법칙이 필요하며, 이를 실제로 적용하기 위한 공학적 원리와 기법이 필요하기 때문이다(김종량, 1995).

이러한 제 견해들에 의하면, 공학이란 어떤 하드웨어나 기계중심의 개념 이상의 물품이나 서비스를 생산하는 능력을 향상시키고 생산적 기술, 조직 혹은 기기들에 구현되어 있는 과학적인 이론과 실험에 기초한 모든 체제화된 실제 적용 지식을 말한다(Saettler, 1990).

이러한 개념의 공학은 이제 교육의 실제와 관련된 문제를 해결하기 위하여 매우 필요시 되고 있으며, 다방면에서 접근이 이루어지고 있다. Finn(1964)은 교육과 공학의 관계를 세 가지 측면에서 제시하고 있는데 그것을 요약하면 ① 학교교육의 개혁을 통한 우수한 과학인력의 배출이라는 사회적인 요구, ② 교육과정의 개발을 통한 공학적 교양교육의 강화, ③ 수업과정에서 공학적인 접근의 필연성이라고 할 수 있다.

미래의 정보화사회에서는 교육에서 공학이 차지하는 비중은 매우 높아질 것으로 예견되므로 공학이 지니고 있는 무한한 가능성과 잠재력을 교육에 도입하여 활용하려는 적극적인 연구·개발에 대한 노력이 있어야 할 것이다(윤광보 외, 2011).

### (2) 교육공학이란 무엇인가?

이제 공학의 개념에 근거하여 교육공학의 정의를 내려보기로 한다. 그런데 교육공학에 대한 정의는 교육공학의 학문영역이 수업지도안 개발활동에서부터 교육체제 설계에 이르기까지 다양한 것에서 알 수 있듯이 개념 정립 또한 학자에 따라 다양하다. 따라서 교육공학의 개념 정립을 위해서 교육공학에 대한 학자들의 관점과 시각의 다양함을 비교·분석해 보고 교육공학의 이론적 배경을 살펴볼 필요가 있다.

초기 교육공학 성립에 많은 영향을 끼친 Ely(1968)에 의하면 다음과 같다.

> '교육공학은 일정의 교육에 관한 이론과 실제의 한 분야'에서 주로 학습과정에 영향을 미치는 메시지의 설계와 활용을 다룬다.

한편 교육공학의 학문적 발전에 중요한 공헌을 한 Gagné(1985)에 의하면 다음과 같다.

> '교육공학은 과학적 연구로부터 도출된 체계적 지식'으로 보아야 하며 수업에서 제시할 때 사용되는 기계나 자료 예컨대, 프로젝터, 필름, 컴퓨터 프로그램과 같은 것은 아니다.

보다 본격적인 공학의 의미를 수업에 적용하여 교수공학의 정의를 시도한 대표적인 학자인 Heinich(1989)와 동료들에 의하면 다음과 같다.

> 교수공학(instructional technology)은 수업과 학습이라는 실제적 과제를 해결하기 위하여 인간학습에 관한 지식을 적용하는 것이다.

권성호(1998)는 지금까지 제시된 학자들의 정의를 수용하면서 교육공학의 정의를 다음과 같이 결론짓는다.

> 교육공학은 학습자의 창조적 사고와 학습효과의 극대화를 위해 공학의 원리와 기법이 교육·훈련 분야에 적용되어지는 모든 경우를 총칭하며, 문제해결을 위해 학습과정과 자원의 설계, 개발, 활용, 관리, 평가를 학문적 접근을 통해 총체적으로 연구·개발하는 실천적 응용학문이다.

한편, 교육공학의 영역을 보다 광범위하게 정의해 왔던 미국교육공학회에 의하면 다음과 같다.

> 교육공학이란 모든 인간학습에 포함된 문제들을 분석하고 그 해결책을 고안·

실행하고 평가·관리하기 위하여 사람, 절차, 아이디어, 기재 및 조직을 포함하는 복합적이며 통합적인 과정이다(AECT, 1977).

라고 하였으며, 미국교육공학회(1994)는 다시 다음과 같은 새로운 정의를 발표하였다.

▌AECT Association for Educational Communication & Technology.

교육공학이란 용어 대신에 교수공학이라는 용어를 사용한다. 교수공학이란 학습을 위한 과정과 자원의 설계, 개발, 활용, 관리 및 평가에 관한 이론과 실제이다.

미국교육공학회의 최근 정의는 교육공학에 포함되는 전반적인 활동의 특성을 중심으로 이루어져 있어 다른 어떤 정의보다 포괄적인 성격을 띠고 있다.

이상에서 살펴본 교육공학의 정의는 앞에서 분석한 공학의 정의와 크게 다르지 않다. 즉, 교육공학에 대한 여러 학자들의 다양한 정의에도 불구하고 '교육공학은 교육 특히 교수-학습에 관한 문제를 해결하기 위하여 과학적 지식 등을 체계적으로 응용하려는 학문'이라 정의할 수 있다(조성일 외, 2006).

## 2 교육방법과 교육공학의 내용과 영역

### 1) 교육방법의 내용

#### (1) 교육방법 탐구의 목적

어떻게 가르칠 것인가? 어떻게 가르치는 것이 가장 잘 가르치는 것일까? 이러한 의문은 유치원 교사, 초·중·고등학교 교사, 대학교수, 기업체나 각종 교육기관에서 가르치는 일에 종사하는 모든 사람에게는 보편적인 의문임이 틀림없다. 교수방법을 탐구하는 근본적인 목적은 잘 가르치기 위해서이다. 즉, 잘 가르치기 위한 제 조건 중에서 가장 중요한 것은 교수방법일 것이다.

▌**교수방법** 교육활동을 효과적·능률적으로 수행하기 위한 방법

따라서 본 절에서는 교육방법을 탐구하는 이유, 전인교육에서 교수행위의 본질, 교수방법의 탐구조건을 고찰하기로 한다(이성호, 2001).

### ① 교수능력, 기회, 유인의 문제

오늘날 제기되고 있는 교육과 관련된 제 문제가 전적으로 교사들에게 달려 있는 것은 아니다. 즉, 교사들이 학생들을 잘못 가르치고 있는 데서 비롯된 것은 아니다. 그러나 이러한 문제점을 면밀히 검토하면, 교수방법과 연관된 부분이 있음을 인정해야 할 것이다. 여기서는 교육방법 탐구목적의 단서를 탐색하는 의미에서 세 가지 측면인, 교수능력, 교수기회, 교수유인의 문제 등을 제시해 보고자 한다.

- **교수능력의 문제 :** 교사가 많은 지식과 다양한 경험을 소유하고 있다고 해도, 그러한 지식과 경험을 학생들과의 상호작용을 통하여 효과적으로 전달할 수 있는 능력을 구비하지 못한다면, 교수능력에 문제가 있는 것이다. 종종 수업현장을 관찰하면, 교수행위가 지극히 형식적이고 기계적인 절차에 따라 전개되고 있음을 볼 수 있다. 즉, 수업이 교사가 준비한 도입, 전개, 정리로 이어지는 공식화된 절차를 통해 진행되며, 그저 수업활동이 획일적이고 표준화된 과정을 통해 이루어지고 있다. 이러한 일련의 과정들이 획일적이고 과학적인 절차에 수용되는 것이 문제이다. 교수활동에는 다양한 방법이 있지만, 대부분의 교사들이 교수방법을 활용할 수 있는 지식과 경험, 능력을 갖추지 못해서 그러한 기계적이고 공식적인 절차에 구속될 수밖에 없다면, 이것은 대단히 큰 문제임이 틀림없다. 또한 예비교사 과정에서 교수능력을 향상시킬 기회가 부족하고 교육현장에서도 다양한 교수방법을 연마할 수 없다면, 교사로서의 전문성을 주장하고 옹호할 수 없을 것이다.
  따라서 교사가 교수능력을 구비하는 것이 필수적인 전제조건이 된다는 데 이의를 제기할 사람은 없을 것이다.
- **교수기회의 문제 :** 오늘날 교육현장에서 교사들이 가르칠 수 있는 능력을 갖추고 있어도 그것을 발휘할 수 있는 기회를 얻지 못하여 교실 속에서 수

업활동이 제대로 이루어지지 못하는 것을 많이 볼 수 있다.

교사에게 교수의 기회가 제대로 제공되지 못하는 이유를 교사의 외적인 요인에서 찾으면 다음과 같다.

첫째, 교사들의 과중한 수업부담을 지적할 수 있다. 주당 20시간 이상 수업을 해야 하는 교사들이 매시간 수업준비를 위해 온갖 정성과 노력을 다하고 자신의 수업능력을 최대한으로 발휘해서 가르치기가 매우 어려운 실정이다.

둘째, 과도한 교수량이다. 우리나라 초·중등 교육과정은 연간, 월간, 주간 교수량이 과도하여 교사들의 교수기회를 억제하고 있다.

셋째, 교내·외 각종 행사는 교수의 기회를 제한하고 있다. 학교의 각종 행사로 말미암아 단축수업을 하기가 허다하며, 지역사회에서 주관하는 행사에 학생들의 잦은 동원, 계절에 따라 수없이 반복되는 각종 대회들이 교수의 기회를 억제하고 있다.

넷째, 교육행정가들의 편협한 사고방식, 교육관, 습관적인 타성으로 인해 교사들의 다양한 교수방법을 제한하며, 학부모들의 지나친 간섭도 그러한 기회를 억제한다.

- **교수유인의 문제 :** 교사가 열심히 가르치고 싶어하는 내적인 동기가 형성되지 않으면 교실에서 학습자들을 효율적으로 가르치기가 어려울 것이다. 오늘날 학교현장은 교사들의 자아 내적인 동기형성을 형성하는 데 도움을 주지 못하고 있다. 그 단적인 이유는 IMF를 맞아 교육의 장에도 경제적 논리로 정년을 62세로 단축하여 교사들이 교직에 대한 신뢰를 상실하게 했으며, 대다수 국민들은 교직의 전문성에 대해 심각한 불신감도 교사들의 의욕을 저하시켰다. 이러한 상황 속에서 교사들의 내적인 동기 형성을 하는 것은 상당히 어려운 일일 것이다.

따라서 교사는 학습자의 개인차를 최대한 고려하며, 수업현장의 심리적·물리적 분위기를 폐쇄적이기보다는 개방적으로 만들어야 할 것이다. 이러한 교수자들의 열과 성을 다하는 노력 없이 교육의 효과를 기대한다는 것도 그저 구호에 그칠 수밖에 없을 것이다.

### ② 전인적 교수행위의 본질

교육계의 동향을 살펴보면 전인교육은 학생들의 전인적인 발달을 강조해 왔으나, 교사들의 전인적 교수행위에 대한 것은 간과되어 왔다. 학습자를 전인으로 육성시키기 위해서는 그들을 가르치는 교사가 전인적으로 발달되어야 하며, 교수행위 자체가 전인적이어야 한다는 것이다(조성일 외, 2006).

전인적 교수행위는 지·덕·체가 종합된 예술가로서의 행위로 정의할 수 있다. 이러한 정의를 뒷받침하는 학자로서 Seaberg(1974)를 들 수 있다. 그는 교육의 목적을 자아실현에 두면서 인본주의 심리학을 토대로 교육의 인간화를 위한 교수자의 역할을 정치적 환경, 현상학적 환경, 기술적 환경, 심미적 환경 등 네 가지로 설명하고 있다.

**▌자아실현** 유기체를 유지하거나 향상시키는 데 기여하는 방향으로 모든 능력을 발달시키는 유기체의 본래적인 경향, 자기 자신이 잠재적으로 실현 가능한 자신이 되는 것

첫째, 정치적 환경은 교실 속의 대인관계 환경을 의미하는 것으로 이는 교실 안에 정치적 음모가 깔렸다는 것이다. 교실 속에서는 학습자들 상호 간에 개별적 및 집단적으로 권위와 힘의 관계가 형성되고 있으며, 이러한 관계의 형성에는 어떠한 방침, 규칙, 의사결정 등이 수반되며, 복잡한 정치적 네트워크를 세우게 된다. 따라서 하나의 학급은 하나의 작은 사회가 되어, 학생들은 타인과 협동하는 방법과 경쟁하는 방법을 학습하는 것이다. 이처럼 정치적 성향이 강한 학급환경 속에서 교수자가 우선 수행해야 할 책무는 관계형성자로서의 역할이라 할 수 있다.

둘째, 현상학적 환경은 학습자 개개인이 각기 고유한 자신의 지각을 형성하게 된다는 믿음에서 출발하고 있다. 이러한 환경에서의 교수자의 역할은 학습자의 지각의 장을 세밀히 통찰하여 어떠한 것이 발생하는지를 진단하는 일이다. 이때 교수자가 진단해야 할 항목으로는 학습자의 신체적 특징, 가정적 배경, 자아개념, 학습자의 잠재능력, 학습양상, 학습준비도, 학교교육 경험의 영향 등으로 이것은 진단자로서의 역할로 볼 수 있다.

셋째, 기술적 환경은 학습자와 교육과정 간의 관계를 연계시켜 주는 것을 의미한다. 여기서 기술적 의미는 가르치는 데 대한 과학적 원리들을 실제로 적용한다는 측면에서 붙여진 표현이다. 이때 교수자가 해야 할 기본적인 역할

은 중재이다. 중재자로서 교수자는 학습자들의 창의적인 지적 사고의 과정을 개발시켜 주어야 하고 개념과 기능을 육성하며, 학급 내의 물리적 환경을 학습과정 및 교육과정과 부합하도록 조장하여야 하며, 학습을 위한 사회심리 환경을 조성해 나가는 것을 의미한다.

**교육과정** 교육목표를 달성하기 위하여 선택된 교육내용과 학습활동을 체계적으로 편성·조직한 계획

넷째, 심미적 환경이다. 상기 내용을 정리하면, 정치적 환경은 타인과의 관계 형성을, 현상학적 환경은 개개인의 잠재능력 개발, 기술적 환경은 사고 및 창의력의 개발을 초점으로 하고 있다. 이는 세 가지의 환경이 서로 연계됨으로써 하나의 교수-학습 형태를 이루게 되며, 교수자에 따라 여러 가지 선택과 결정을 할 수 있는 여지가 있다. 즉, 교수자만의 독특한 가르치는 예술을 창출할 수 있다는 것으로 이것을 심미적 환경으로 볼 수 있다. 따라서 교수자는 환경형성자, 진단자, 중재자의 역할을 종합적으로 연출하는 예술가가 되어야 하며, 이러한 사실은 전인적 교수행위의 본질을 나타내는 것으로 볼 수 있다.

### ③ 교수방법 탐구의 전제

다양한 교수방법을 탐구하는 데 있어서 몇 가지 전제조건을 생각하지 않을 수 없다. 이러한 조건을 고려함으로써 탐구하고자 하는 교수방법을 명확히 이해할 수 있으며, 그것을 활용 측면에서 보면 매우 중요함을 시사하고 있다. 교수방법 탐구의 전제를 다섯 가지로 분류해서 소개하면 다음과 같다(이성호, 2001).

- **모든 상황에서 똑같은 효과를 거둘 수 있는 교수방법은 없다** : 교수방법에 있어서 최선의 정답은 없다. 최적의 교수방법만이 존재할 뿐이다. 그러나 한 가지 교수방법을 제 상황에 적용할 수는 없다. 즉, 질문식 교수방법은 사회과, 수학과, 도덕과 수업활동에 사용할 수 있으며, 이것은 거두게 되는 질문식 교수법의 효과는 항상 동일할 수는 없다는 것이다. 그래서 우리가 교수방법을 탐구하는 데 있어서 먼저 깊이 생각해야 하는 것은 교수-학습의 극대화에 대한 문제로서 어떠한 교수방법이 학습자를 위한 교수방법인가는 신중하게 고려되어야 할 것이다.
- **학습자의 학습효과에 영향을 미치는 요인은 다면적이다** : 학습자의 학습효과

는 인지적, 정서적, 동기적, 문화적, 경제적 요인 등이 복합적으로 작용하여 교수-학습의 효과를 나타내는 것으로 볼 수 있다. 이것으로 학습자에게 영향을 미치는 요인은 다면적임을 알 수 있다. 그러나 교수자의 독특한 교수방법이 그 어떤 다른 요인보다 결정적인 영향을 미친다는 것을 부인할 수 없을 것이다. 예를 들면, 교실에서 경험하는 교수자의 보편적 교수행동이나 교수과정, 시험출제 유형, 부과하는 과제의 유형 등 일련의 교수방법에 관련된 특별한 행위가 학습자의 학습에 대한 태도, 참여도, 주의집중도, 흥미, 이해 등을 결정짓는 데 크게 영향을 미친다는 사실이다. 교사가 어떤 교수방법으로 교수활동을 하느냐에 따라 학습자들에게 직접적인 영향을 미치는 것을 실제 학교생활에서 체험하고 있다.

- **교수자의 철학, 신념, 태도, 성격 등이 교수방법 선정에 영향을 미친다 :** 모든 교수자는 각기 저마다 교육에 관하여 그의 독특한 신념이나 철학을 가지고 있다. 이러한 신념이나 철학은 교사의 모든 행동에 그대로 반영되어 교수자의 모든 행동이 부지불식 간에 그 교사가 갖고 있는 신념이나 철학에 근거하여 이루어지게 마련이다. 일부 교수자는 항상 하나의 교수방법으로 교수-학습 활동을 이끌고 나가지만, 대부분의 교수자는 다양한 교수방법을 사용하여 교수-학습 활동을 한다. 교수-학습 활동은 교수자의 교육에 대한 신념이나 철학 또는 성격 등에 따라 이루어지는 것으로 볼 수 있다.
- **교수자는 그 나름의 독특한 교수방법을 창출한다 :** 상기에서 여러 교수방법 가운데 최적의 교수방법을 선택하는 일은 매우 중요함을 시사하였다. 이는 교수자마다 최적의 교수방법을 창출해야 됨을 의미하는 것이다. 다시 말해 최적의 교수방법을 수업조건에 따라 개발해야 된다는 것이다.
- **교수방법을 통한 학습자에 대한 교수자의 영향은 무한하다 :** 교수방법의 탐구에 있어서 학습자에게 미치는 교수자의 영향은 실로 무한하다는 것이다. 교실에 교수자가 서 있다는 존재만으로도 학습자에게 영향을 미친다. 영향을 미치는 교수자, 그리고 교실에서 손전등을 비추듯 어떤 특정한 교수방법을 활용하면서 학습자들을 비출 때 학습자에게 미치는 영향은 실로 엄

칭나다. 따라서 하나의 교수방법으로 모든 학습자들을 비추며 가르칠 수는 없다는 것을 우리는 명심해야 할 것이다. 그리고 학습자의 학습활동은 실로 복잡하고 미묘한 것이기 때문에 그 어떤 특정한 방법만으로는 할 수 없다는 것도 교수자는 명심해야 할 일이다.

### (2) 교육방법 탐구의 패러다임

**패러다임** 이론, 현실 또는 인간의 관련성에 대한 총체적인 관점이나 기술, 모형

교육방법 탐구는 여러 학자에 의해 다양하게 제시되었으나, 직관적 접근과 경험적 접근으로 분류해서 살펴보고자 한다. 먼저 직관적 접근은 대체로 가르친다는 것이 무엇을 의미하는가? 무엇을 목적으로 가르치는가?에 관한 철학적 성향에 바탕을 깔고, 교육방법을 유형화시키는 접근을 의미하며, 경험적 접근은 교육방법에 관련된 제 요소들의 실체를 규명하고, 그것을 기준 삼아 교육방법을 유형화시키는 접근을 의미한다. 이 두 가지 접근법을 살펴보면, 교수-학습은 단순히 교육방법 그 자체가 아니라 교수-학습이 이루어지는 전체 과정에서의 한 가지 중요한 요소가 된다는 것이다. 따라서 교수-학습의 과정은 그림 1-2 와 같이 여섯 가지의 요소로 이루어짐을 알 수 있다.

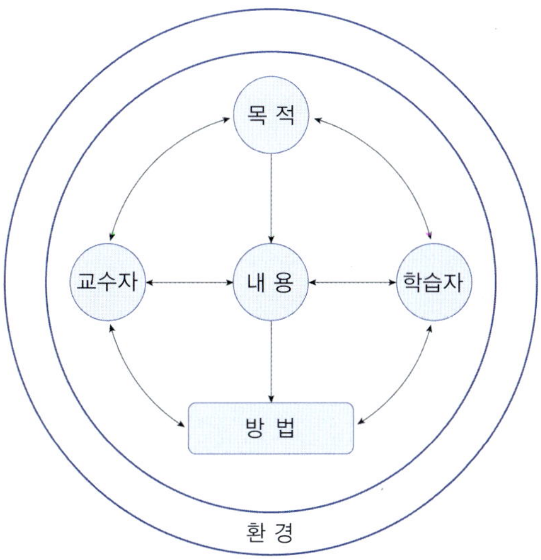


**그림 1-2** 교수방법 탐구의 패러다임(이성호, 2001)

즉, 무엇을 위하여(목적), 어떤 사람이(교수자), 무엇을 매개자료로 사용하여(내용), 누구를(학습자), 어떠한 방법으로(방법), 어떠한 조건에서(환경) 가르치고 배우는가의 여섯 가지 요소가 필수적으로 연관되어 있다.

여기서는 이들 사이의 관계를 경험적 합치관계, 논리적 부수의 관계, 주체적 삼각관계, 상호작용적 관계 등으로 살펴보고자 한다.

**합치** 의견이나 주장 따위가 서로 꼭 들어맞음

첫째, 경험적 합치관계는 교수자의 교수목표와 학습자의 학습목표가 실제로 수업의 과정에서 얼마나 경험적으로 합치되는가의 정도를 의미하는 것이다. 가령 어떤 승객이 버스에 승차했는데, 운전기사가 향하는 목적지와 승객의 최종 목적지가 다를 경우에는 심각한 혼란과 손실이 발생할 수 있을 것이다. 수업과정도 이와 동일한 것이다. 또한 경험적 합치관계는 방법 측면에서도 성립이 되어야만 교수-학습의 효율성을 높일 수 있을 것이다. 교수방법이란 교수자가 가르치기 위해서 선택하는 방법이며, 학습방법은 학습자가 학습하기 위해 선택하는 방법으로 볼 수 있다. 이때 교수방법과 학습방법이 상호 간의 차이가 생긴다면 어떤 일이 발생할 것인가? 교수-학습 장면에서 교수방법과 학습방법은 실제수업에서 서로 합치되어야 할 것이다.

**부수(部數)관계** 주가 되는 것이나 기본적인 것에 따라 붙는 관계

둘째, 교수-학습 과정은 논리적 부수의 관계이다. 그림 1-2 를 자세히 관찰하면, 목적, 내용, 방법의 3요소 사이에서 화살표가 한쪽 방향으로만 이어져 있음을 볼 수 있다. 이는 3요소 간에 논리적인 부수관계가 있음을 나타내는 것으로 앞의 조건으로 하여 뒤의 요소가 결정됨을 의미하며, 교수-학습의 목적에 따라 그것을 달성하는 교수-학습 내용이 선정되며, 내용에 따라 최적의 교수-학습 방법을 선택하고 개발하게 되는 것을 의미한다.

셋째, 주체적 삼각관계는 교수-학습 과정의 요소들 간에도 존재한다. 즉, 교수자, 내용, 학습자 간의 관계를 의미하며, 이 3요소는 교수-학습 과정에서 핵심적 요소로서 이들 중 어떤 요소라도 무시된다면 정상적인 교수-학습이 진행되기가 어렵다. 따라서 이 3요소가 교수-학습 과정에서 똑같은 가치로 주체가 되어야 함을 강조하고 있다.

넷째, 상호작용적 관계이다. 여기서 상호작용적 관계가 주종관계의 통치와

예속의 관계를 뜻하는 것은 아니다. 교수-학습 과정은 환경에 크게 영향을 받는다. 이때 환경이란 물리적 환경과 사회 및 심리적 환경까지도 포함된다. 이러한 다양한 환경에 따라 달라질 수 있다. 따라서 환경과의 영향관계는 교수-학습 과정에 영향을 미치는 일방적인 관계만은 아니다. 그것은 교수-학습 과정이 환경에 영향을 미치는 상호작용적인 관계이다. 교수-학습 과정은 결코 환경과의 작용에서 예속적인 관계에만 놓이는 것이 아니라 교수-학습 과정에 따라 나타나는 결과적 산물일 수 있으며 교수-학습 과정과 환경 간의 관계는 상호적인 관계임을 의미하는 것이다.

### (3) 교육방법의 유형

고대로부터 후세를 가르친다는 것은 중요한 사회적 덕목으로 여겼고, 이를 담당하는 전문직이 나타났다. 서양역사를 본다면 기원전 5~4세기의 소피스트가 최초로 가르치는 일을 업으로 삼았다고 할 수 있다(Saettler, 1990). 소피스트는 준비된 강연, 즉흥적인 강연, 자유토론 등 세 가지 방법을 주 교수법으로 사용하였다. 당시 큰 비중을 차지한 것은 수사법의 학습으로, 소피스트들은 수사법을 가르치는 데 이론과 실제를 접목시켰다. 이들은 우선 수사의 원칙과 이론을 가르친 이후 모범사례를 제시함으로써 학생이 이를 모방·분석·토론하고 실제로 연습할 수 있게 하였다. 그 후 학습목표를 효과적으로 달성하는 여러 방법이 탄생하고 발전하게 되어 오늘에 이르렀다고 할 수 있다(백영균 외, 2012).

**소피스트(sophist)** 고대 그리스에서 수사학, 변론, 웅변을 가르치던 사람들

Joyce 등(2000)은 교수방법을 사회형, 정보처리형, 개인형, 행동체제형 등 네 가지 유형으로 분류하였다.

#### ① 사회형

여러 명이 모여 학습공동체를 건설하고 집단의 시너지 효과를 얻을 수 있는 방법이다. 여기에는 학습파트너, 집단조사, 역할극, 법률조사 등이 있다.

- **학습파트너**: 학생 간에 힘을 합쳐 작업할 수 있는 협동학습의 형태를 일컫는 말이다. 여기에는 학생 간의 작업의 효과성, 의존성, 분업, 경쟁심을 높이는 방

법들이 있다.

- **집단조사** : 민주적 과정을 학생에게 가르쳐야 한다는 Dewey(1916)의 사상에서 그 연원을 찾을 수 있다. 학생이 문제를 정의하고, 문제의 다양한 측면을 탐구하며, 자료를 수집하고 가설을 세우며, 이를 검증하는 절차로 이루어진다. 교사는 이런 과정이 이루어지도록 활동을 조직하고, 학생이 정보를 찾고 정리하며, 충분한 활동과 대화가 일어나도록 도와야 한다.
- **역할극** : 학습자에게 갈등상황을 연출하거나 다른 사람의 역할을 해 봄으로써 사회적인 행동을 관찰하고, 사회가치를 생각해 보며, 사회문제에 대한 정보를 인지하게 하는 역할을 한다.
- **법률조사** : 공공정책의 수립이 필요한 영역에 대한 사회문제를 점검하는 사례연구로, 학생은 문제가 되는 사례를 분석하고 적절한 대응책을 설정해 볼 수 있다. 사회과목을 위해 고안된 이 방법은 사회정의, 평등, 빈곤, 권력의 문제뿐 아니라 이와 연관된 다른 과목에서도 적용이 가능하다.

### ② 정보처리형

데이터를 수집 및 조직하고, 문제를 파악하여 해결책을 제시하며, 이를 전달하기 위해 개념과 언어를 개발하는 등 세계를 이해하기 위한 인간의 원초적 욕구를 증진시키는 방안을 강조한다. 이 방법에는 귀납적 사고, 개념획득, 과학적 탐구, 탐구훈련, 암기법, 창조공학, 선행조직자, 지력계발 등이 있다.

- **귀납적 사고** : 학생이 정보를 발견하고 조직하여, 일련의 정보 간의 관계를 설명하고, 가설을 검증하도록 훈련하는 과정이다.
- **개념획득** : 학생에게 조직된 정보를 잘 제시하고 개념을 학습하는 데 효과적이 되도록 구성되어 있으며, 귀납적 사고와 유사한 방법이다.
- **과학적 탐구** : 그 학문이 탄생하게 된 바로 그 방법으로 학술적 내용을 가르치는 것을 목적으로 한다. 자연과학과 사회과학에 주로 적용되는 이 방법은 과학자들이 사용하는 과학적 탐구방법을 그대로 가르치려 한다.
- **탐구훈련** : 인과적인 사고를 하며 질문하고, 개념과 가설을 세우고, 검증하

는 데 도움이 되도록 설계한다.

- **암기법 :** 정보를 기억하고 동화하는 전략이다. '태정태세문단세……'처럼 조선의 역대 왕을 외울 때 첫 글자만을 기억해 리듬에 맞추면 단시간에 효과를 보듯 교사는 학생에게 정보를 제시할 때 학생이 손쉽게 정보를 흡수할 수 있는 방법을 이용해야 한다.
- **창조공학 :** 학생이 문제해결 학습이나 작문활동을 할 때 기존의 사고틀을 깨거나 어떤 주제나 사안에 대해 새로운 시각을 갖도록 하기 위한 목적에서 출발하였다. 학습자가 자주적으로 학습한 절차를 개인이나 집단활동에 활용할 수 있을 때까지 일련의 워크숍 형태로 제공한다. 애초 창조적 사고를 자극하기 위해 개발되었지만, 집단활동이나 학습기술 개발에 도움이 되며, 학생 간에 온정적인 감정을 경험하는 데 도움이 된다.

**문제해결 학습** 둘 또는 셋 이상의 원리를 적용하여 주어진 과제를 새롭게 해결하는 지식이나 기능을 습득하는 것

- **선행조직자 :** 학생에게 학습할 내용에 대한 인지구조를 미리 제공해 주는 것으로 여러 다른 형태의 교수법과 함께 사용할 수 있다.
- **지력계발 :** 학생의 발달단계에 교수법을 맞추고 학생의 발달을 증진시키는 데 목적이 있다. 주로 어린 아동이나 가정환경이 열악한 학생의 성장과 발달을 돕기 위해 사용되며, 모든 교육현장과 다양한 내용에 적용 가능하다.

### ③ 개인형

개인형은 학습자가 스스로를 보다 잘 이해하고 자신의 미래에 대해 스스로 책임을 져 보다 질 높은 삶을 살도록 하는 데 그 목적이 있다. 비지시적 교수와 자아존중감 향상 등이 있다.

**자아존중감** 자기 자신을 가치 있고 긍정적인 존재로 평가하는 개념

- **비지시적 교수 :** Rogers의 상담이론에서 탄생한 것으로 학생과 교사의 파트너십을 강조하는 모델이다. 교사는 학생이 주체적으로 학습을 수행할 수 있도록 상담자 역할을 수행한다.
- **자아존중감 향상 :** Maslow의 영향을 받아 자아존중감과 자기실현 능력을 계발하는 것을 목적으로 한다.

#### ④ 행동체제형

**행동수정** 행동주의 학습이론을 임상적으로 응용한 것, 체계적 둔감법이나 부적 조건화 등의 방법이 있음

사회학습이론 또는 행동수정, 행동치료, 자동제어학으로 알려진 이 모델군은 학습자가 자신의 학습수행에 대한 정보를 바탕으로 스스로 행동을 개선해 나갈 수 있다는 입장에 있다. 완전학습과 프로그램 학습, 직접교수, 시뮬레이션을 들 수 있다.

- **완전학습 :** Bloom의 이론을 바탕으로 만든 것으로 단순한 것에서 복잡한 것으로 학습단위를 세분한 다음, 학생 개개인이 주어진 여러 자료를 순차적으로 학습해 나간다. 한 학습단위가 끝날 때마다 학습 정도를 알아보기 위한 시험이 있고, 이를 통과하지 못하면 내용을 숙지할 때까지 다시 학습을 해야 한다.
- **프로그램 학습 :** 정해진 목표를 달성하기 위하여 처음부터 마지막까지 설계된 대로 단계적으로 학습하는 것이다. 학습내용 제시의 순서가 일정하며, 학습이력을 기록하여 학습을 개별화하는 데 용이하다.
- **직접교수 :** 학습목표 제시, 목표에 부합되는 학습활동 실시, 학습과정 관찰, 효과적인 학습을 위한 전략과 학습에 대한 피드백 제공 등으로 이루어진다.
- **시뮬레이션 :** 현실상황을 단순화한 환경을 제공해 교수효과를 얻으려 한다. 학습자는 시뮬레이션의 목표를 달성하기 위해 현실과 유사한 요인을 고려한 활동을 해야 한다.

#### ⑤ 다른 분류법

큰 틀에 의해 교육방법을 구분하기도 하지만, 커뮤니케이션의 유형에 따라 강의형, 토의형, 실험형, 독립형, 개인교수형으로 나누기도 한다(나일주, 정인성, 2000).

- **강의형 :** 가장 많이 사용되는 형태로 교수자가 학습자에게 일방적으로 정보를 전달하는 형태를 말한다. 앞에서 언급한 직접교수에 해당한다.
- **토의형 :** 어떤 주제에 대해 학습자 간에 의견교환을 통해 그 주제에 대해 심도 있는 지식을 습득하거나 태도를 형성하게 한다.
- **실험형 :** 시뮬레이션, 게임, 역할극, 과학실험, 견학 등 과거에는 교육용으로 분류되지 않은 교수자료를 통해 학습하는 형태를 말한다.

- **독립형 :** 컴퓨터 보조학습이나 프로그램 학습 등과 같이 전문가에 의해 개발된 교수자료와 상호작용하면서 교수자의 직접적인 도움 없이 학습하는 방식을 말한다.
- **개인교수형 :** 중·고등학생 과외처럼 교수자와 학습자가 일대일로 만나 정보를 교환하는 형태를 말한다.

교육방법은 다양하기 때문에 일정한 분류기준 없이 나열식으로 소개되기도 한다(Reigeluth, 1999). 사례분석, 협동학습, 발견학습, 문제해결 학습 등을 추가로 생각해 볼 수 있다.

**협동학습** 4~6명의 소집단을 형성하여 구성원 사이에 사회적 상호작용을 하며 학습하게 하는 교수법

**발견학습** 학생 스스로 어떤 사실로부터 원리를 발견하도록 안내하는 학습방법, 사실에 대한 지식이 아니라 사실들 간에 내재되어 있는 원리를 발견하는 것이 핵심이다.

## 2) 교육공학의 영역

1994년 AECT의 교육공학의 정의에 기초한 교육공학의 연구영역 및 그 의미를 살펴보기로 하자( 그림 1-3 ).

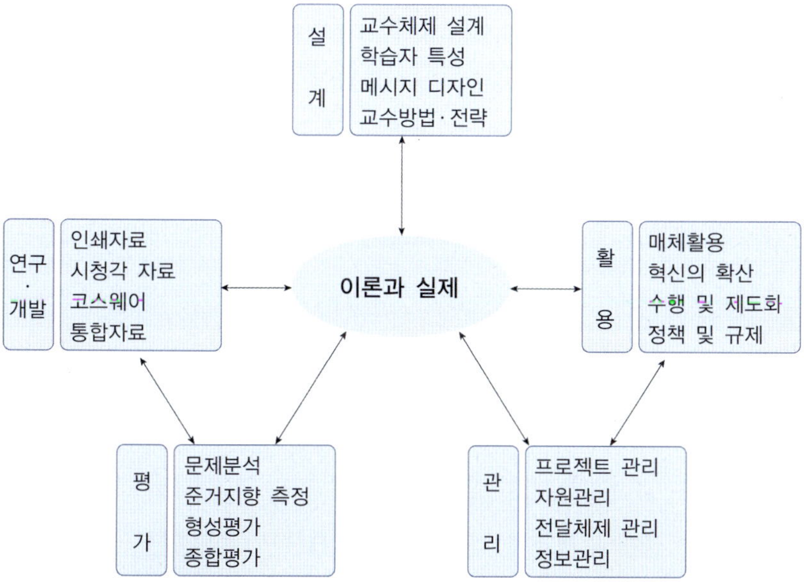


**그림 1-3** 교수공학 내부 영역들 간의 관계(AECT, 1994)

미국교육공학회의 1994년 정의에 따르면 교육공학의 연구영역은 크게 설계, 개발, 활용, 관리, 평가의 다섯 가지 영역으로 구분할 수 있다. 이러한 구분의 근거는 "교육공학은 학습을 위한 과정과 자원의 설계, 개발, 활용, 관리 및 평가에 관한 이론의 실제이다."라는 정의에 기초한다(조성일 외, 2006).

### (1) 설계영역

설계영역은 교수체제 설계, 메시지 디자인, 교수전략, 학습자 특성의 네 가지 하위영역이다. 여기서 설계란, 수업목적의 달성을 위하여 필요한 학습목표, 방법 및 전략을 기획하는 일이다. 즉, 설계영역은 학습경험을 어떻게 안내할 것인가에 관한 미시적인 활동으로부터 시작하여 전체 교육 혹은 수업과정을 기획하는 거시적 활동까지를 포함한다. 설계영역의 하위영역으로는 교수체제 설계, 메시지 디자인, 교수전략 등이 있다.

### (2) 연구·개발영역

연구·개발 영역은 매체제작 분야로서 설계과정을 통해 나온 명세서에 근거하여 구체적인 교수자료를 만들어 가는 과정이다. 연구·개발의 하위영역으로는 인쇄매체, 시청각매체, 컴퓨터 기저매체, 통합매체 등이 있는데 영화, 텔레비전, 컴퓨터, 그리고 최근에는 멀티미디어에 이르기까지 계속하여 제공되고 있는 새로운 매체를 활용하여 교육프로그램 또는 패키지를 개발하는 연구영역이다.

### (3) 활용영역

활용영역은 효과적인 학습을 위하여 절차나 자원을 사용하는 행위에 관한 연구영역으로서 교육공학에서 다른 영역보다 오랜 전통을 가지고 있다. 교수매체의 체계적 설계나 제작에 대한 관심이 나타나기 이전부터 시청각 자료들은 교수에 활용되어 왔다. 활용의 하위영역으로는 매체활용과 보급, 수행 및 제도화, 정책과 규제로 구분할 수 있다.

**시청각 자료** 학습자의 시각과 청각을 통하여 교수의 효과를 높이기 위해 사용되는 자류

### (4) 관리영역

관리영역은 교육공학의 여러 분야와 교육공학자들이 수행하고 있는 역할에 매우 중요한 부분으로 미디어센터와 비디오 프로그램 운영에서부터 발전되었으며 실제적 활용이 중요시됨에 따라 일반 관리이론이 적용되고 채택되었다. 관리의 하위영역으로는 프로젝트 관리, 자원관리, 전달체제 관리, 그리고 정보관리가 있다.

### (5) 평가영역

평가는 교육공학적 과정 및 산물에 대하여 가치를 부여하는 활동영역으로 다양한 이론적 틀 속에서 실행되어 왔으며 여기에서는 프로그램이나 프로젝트의 과정이나 산출물인 교수자료, 목표나 교육과정의 질과 효과 등에 대한 가치를 결정하게 된다. 평가의 하위영역으로는 문제분석, 준거지향 측정(절대평가), 형성평가, 총괄평가 등이 있다.

**평가** 어떤 현상이나 대상의 가치나 질을 판단하는 과정, 측정을 통해서 얻어진 자료에 대한 해석까지를 포함한다는 면에서 목적 지향적이며 가치 관련적인 활동

## 3) 교육방법과 교육공학의 관계

흔히 교육방법 및 교육공학이 쌍둥이처럼 붙어다니는 이유는 우리나라 사범대학 교직과정에 명시되어 있기 때문이다. 학자에 따라서는 교육공학과 교육방법을 굳이 구별하지 않고 설명하는 경우도 있고(나일주, 정인성, 2000), 별도로 정의하는 경우도 있다(변영계 외, 2000). 변영계 등(2000)은 교육방법을 '교사 및 기타 교수자가 학습을 발생시키기 위한 목적으로 설계, 개발, 적용, 관리, 평가하기 위한 지식과 실행력이다.'라고 정의하고 있다.

외국의 교육공학자는 수업전략이나 교수방법을 교수설계와 개발의 하위범주로 인식하여 이를 굳이 정의하지 않는다(Joyce, Weil, & Calhoon, 2000; Reigeluth, 1999). 이렇듯 교육방법과 교육공학을 엄격히 구분하는 것은 우리나라만의 풍토인 듯하다. 교육공학이 교수와 학습을 설계하고 실행하는 포괄적인 영역과 문제를 고려하는 체제적 접근을 취하고 있기 때문에 교육방법과 교육공학은 불가분의 관계라고 할 수 있다(백영균 외, 2012).

## 3 교육방법과 교육공학의 최근 동향

백영균 등(2012)은 교육방법과 교육공학의 최근 동향으로 e-learning의 발달, 전자책과 전자교과서, 구성주의 학습방법, u-learning의 발달을 제시하고 있다.

### 1) e-learning의 발달

테크놀로지가 발달하고 브라우저를 이용한 월드와이드웹이 급속히 보급되기 시작한 1995년부터 웹기반 수업의 설계, 개발, 활용에 대한 관심과 연구가 활발해졌다(박성익 외, 2001). 인터넷을 통해서만 학위를 수여하는 대학이 출현하였고, 전통적인 수업을 고집하던 대학뿐만 아니라 사설기업도 인터넷을 이용하는 교육사업에 뛰어들었다. 이와 함께 전자학습(electronic-learning)의 발달이라는 의미에서 e-learning이라는 말이 유행하게 되었다.

**e-learning** 교실 내외에서 이루어지는 인터넷 등 첨단 테크놀로지를 기반으로 하는 학습

**웹기반 교육** 컴퓨터의 웹, 즉 인터넷망을 통한 학습을 의미하는데, 데이터 검색, 전자우편, 파일전송 및 내려받기, 토론 및 게임 등 다양한 활동이 웹을 통하여 가능함

e-learning은 사람에 따라 그 정의가 다르다. Foroohar(2001)은 '교실 밖에서 가르치기 위한 테크놀로지를 활용하는 것'이라고 정의하였고, 한정선(2000)은 컴퓨터기반 교육, 웹기반 교육, 가상학습 등을 포함하는 기술기반 교육으로 이해하였다. 이러한 것을 통해 볼 때, e-learning은 '교실 내외에서 이루어지는 인터넷 등 첨단 테크놀로지를 기반으로 하는 학습'이라 할 수 있다. 기존의 수업을 인터넷을 비롯한 여러 테크놀로지의 지원을 받아 보다 다양하고 효과적으로 실시하는 것을 의미하기도 하고, 전통적인 면대면 수업이 아닌 교실 밖에서 테크놀로지와 교육자료에 의존해 학습자 혼자 학습하는 것 모두를 의미한다. 이렇게 e-learning이 각광을 받는 이유는 상호작용성, 접근용이성 및 편리성, 학습자 주도의 학습 및 개별화 학습, 비용효과성 때문이라 할 수 있다.

e-learning의 특징을 열거하면 다음과 같다(Kearsley, 2000).

- **연결성**: 학습자는 친구, 교수, 교사에게 이메일이나 화상회의를 통해 연락

을 취할 수 있으며, 인터넷상의 여러 검색방법을 동원해 연락정보를 얻을 수 있다. 또한 필요한 경우 전문가의 도움도 얻을 수 있다.

- **학습자 중심**: 아직도 수업을 설계하고 조직하는 데 교사와 교수의 역할이 크지만, 하생은 참여활동을 통해 자신의 방향으로 설정해 나간다.
- **무제한성**: 학습자는 어떤 정보나 사람과 접촉할 수 있기 때문에 교실의 벽이 허물어진다. 그러므로 학습자는 자신이 원하는 장소와 시간을 선택할 수 있으며, 직장에서는 직원의 교육에 시간과 경비를 많이 소모하는 교실 연수를 e-learning으로 대체할 수 있다.
- **공동체**: 교육은 배우기를 희망하는 학습공동체 내에서 이루어진다. 홈페이지가 사람을 연결해 공동체를 만들어 주는 구실을 하며, 컴퓨터 네트워크는 공동의 관심사를 가진 사람을 모아 학습의 동기를 북돋는다.
- **탐구**: 많은 e-learning 활동은 어떤 형태의 모험과 발견학습 형태를 갖게 된다. 특히, 초등학생은 인터넷상에서 정보를 찾는 활동을 좋아한다. 이러한 탐색활동의 대표적인 수업형태가 문제해결 학습이라 할 수 있는데, e-learning 환경은 정보와 전문가와의 연결을 통해 이를 지원해 줄 수 있다.
- **공유된 지식**: 이전에도 교육의 핵심적인 활동은 사람 간에 정보를 나누는 것이라 할 수 있었지만, 인터넷상에 정보를 올려놓는 행위는 즉시 여러 사람과 정보를 공유할 수 있다. 또한 특정인에게 국한되던 출판활동도 이제 모든 사람에게 개방되었다.
- **다감각 경험**: 학습이 시각, 청각, 동작, 촉각, 후각 등을 동반하면 더 효과적이라는 사실에 비추어 멀티미디어 기술은 전통적인 수업방법보다 훨씬 다양한 경험을 제공할 수 있다.
- **실제성**: 가상의 세계는 기존의 교실보다 훨씬 현실과 닮았다. 학생이 생생한 정보를 얻고 전문가와 교류할 수 있고, 또 현실과 유사하게 상황을 재생할 수 있기 때문에 현실성이 결여된 기존의 수업과는 대별된다.

**학습자 중심** Rogers의 아이디어에서 비롯된 것으로 학습자가 교육의 주체적 역할을 하도록 한다는 것

**탐구** 어떤 문제해결 또는 주제의 학습을 위해서 교사가 학생들의 능동적인 탐구행위를 촉진시키는 수업형태

웹기반 수업은 전통적인 교실수업과는 다른 측면이 많기 때문에 이의 성공

을 위해서는 다른 여러 조건이 충족되어야 하며, 이에 대한 여러 연구가 진행되고 있다.

### 2) 전자책과 전자교과서

**전자책** 전통적인 종이책을 대체하거나 보충하기 위한 목적으로 고안된 하드웨어나 소프트웨어로 디지털·광학적 방식으로 정보를 저장하거나 전달하려는 모든 것

1980년대 초반부터 전자책에 대한 연구는 계속되었지만 큰 진전은 없었다. 최근의 테크놀로지 발달과 보급, 그리고 가격의 저렴화는 전자책에 대한 새로운 가능성을 열어 주고 있다. Bill Gates의 저서 『*The Road Ahead*』는 실험적으로 종이책과 CD-ROM으로 동시에 출간되었고(Gates, Myhrvold, & Rinearson, 1995), Stephen King의 전자소설인 『*Riding the Bullet*』은 웹을 통해서만 내려받아 읽을 수 있었다. 외국의 도서전시회에서는 그 어느 때보다 전자책에 대한 관심이 높아 개설된 40개의 워크숍 중에 12개가 전자책에 관한 것을 다룰 정도이다(Blais, 2000). 마이크로소프트사나 랜덤하우스 등의 회사는 수백만 달러를 투자하며, 다가올 전자책 시장의 선점에 나서고 있다(USA Today, 2000). 우리나라에서도 이미 유명작가의 작품이 인터넷에서 전자파일의 형태로 보급되고 있다.

전자책(e-Book)은 '전통적인 종이책을 대체하거나 보충하기 위한 목적으로 고안된 하드웨어나 소프트웨어로 디지털·광학적 방식으로 정보를 저장하거나 전달하려는 모든 것'으로 정의할 수 있다. 전자책은 기존 퍼스널컴퓨터에 전자책 읽기전용 프로그램인 뷰어(viewer)와 함께 책의 내용에 해당하는 콘텐츠 파일을 의미하기도 하고, 메모리칩을 내장해 만든 전자책 전용 하드웨어와 이를 운영하는 소프트웨어를 의미하기도 한다.

**전자교과서** 기존의 인쇄물로 된 교과서, 컴퓨터 보조수업(CAI: Computer Aided Instruction), 교육용 데이터베이스, 멀티미디어 자료, 평가문항, 컴퓨터관리수업(CMI: Computer Managed Instruction) 등의 모든 기능을 포함하는 총체적인 교수학습 도구

초·중·고 '전자교과서'보다는 성인을 위한 소설이 빠르게 성장하고 있다. PDA나 PC 또는 전자책 전용단말기에서 텍스트를 디지털화한 형태가 가장 많이 활용되고 있다. 또한 아마존(Amazon), BN 등 인터넷서점뿐만 아니라 전자책 콘텐츠만 전문적으로 공급하는 사이트도 생겨나고 있다. 대학의 전자교재는 일반인에 대한 판매를 훨씬 앞질러 대학교재 시장의 1/4에 육박할 것이라

는 전망도 나오고 있다(Mayfield, 2001).

현재까지 대부분의 전자책은 기존의 종이책 모양과 기능을 흉내 내려고 노력해 왔는데, 기존의 책을 펼친 상태에서 마치 복사를 한 듯한 모습이다. 비록, 불편하기는 하지만 책갈피 기능, 하이라이트 기능, 메모기능 등을 제공한다. 빠른 검색기능과 저장기능은 종이책에는 없는 장점이라 하겠지만, 아직 배터리의 지속시간, 내구성, 안정성, 활자의 선명도, 너무 작은 화면크기 등의 문제를 안고 있다.

우리나라는 문화체육관광부의 후원과 출판업체, 전자책 서비스업체를 중심으로 지난 2000년 전자책 컨소시엄(EBK)이 결성되어 데이터 표준화, 저작권 보고, 인지도 저변 확대 등을 위해 노력하고 있다. 그러나 아직 국내의 전자책 시장은 크게 활성화되지 않고 있으며, 미국과 마찬가지로 기존 종이책을 디지털화한 형태나 아동을 대상으로 한 멀티미디어 동화가 주종을 이룬다.

현재 여러 회사에서 각기 다른 파일형식을 빌어 콘텐츠를 공급하고 있기 때문에 다른 회사에서 만든 파일을 읽으려면 이를 읽을 수 있는 소프트웨어를 설치해 사용해야 하는 불편함이 크다. 이에 따라 파일형식을 단일화하기 위한 노력이 각 나라별로 진행되고 있다.

전자교과서에 대한 관심도 높아지고 있다. 전자교과서란 '기존의 인쇄물로 된 교과서, 컴퓨터 보조학습(CAI), 교육용 데이터베이스, 멀티미디어 자료, 평가문항, 컴퓨터관리수업(CMI: Computer Managed Instruction) 등의 모든 기능을 포함하는 총체적인 교수학습 도구'이다(교육부, 2000). 전자교과서는 전자책과 달리 종이책을 단순히 스크린으로 옮긴 것을 넘어, 기존 종이책이 수행하지 못했던 새로운 기능과 목적을 가지고 있다. 싱가포르, 미국 등지에서 이미 임상실험을 거쳤으며, 우리나라에서도 2004년 초등학교 사회와 과학교과가 전자교과서로 만들어졌다. 2005년에는 태블릿 PC 기반의 초등 6학년 수학교과서가 개발되어 현장에 시범 적용되는 등 본격적인 전자교과서 개발 및 실험적용 연구가 진행되고 있다.

**컴퓨터 보조수업** (CAI: Computer Aided Instruction) 컴퓨터를 직접 수업매체로 활용하여 지식, 태도, 기능의 교과내용을 학습자에게 가르치는 수업방법

### 3) 구성주의 학습방법

**구성주의** 한 개인이 사물에서 얻는 지식은 그가 이미 알고 있는 이전의 지식에 의존하고 외부에서 가산적 과정을 통해 하나하나 보태어 가는 것이 아니라 내부에 있는 구조적 과정을 통해 새롭게 창조해 나간다는 이론

구성주의는 성숙자(1987)가 미국의 유아교육 프로그램을 소개하면서 우리나라에 처음 알려졌다. 구성주의는 미국 국회에서 발간하는 백서에서 현실문제 해결능력이 현저히 떨어지는 인력을 양산한다고 비판받는 현 교육제도에 대해 새로운 대안으로 제시되기도 하였으며(변호승, 1996), 우리나라에서도 제7차 교육과정에서 중시하는 '문제해결 능력', '논리적·비판적·창의적 사고력 함양', '다양한 일의 세계를 이해할 수 있는 폭넓은 학습경험' 등(교육부, 1997)은 이러한 추세를 반영하였다고 볼 수 있다.

이렇게 구성주의가 관심을 끌고 있는 것은 교사가 학습자에게 지식을 전달하는 전통적 교육방식에 대한 반성도 일조했다고 할 수 있지만, 테크놀로지의 발달도 주요한 이유라 할 수 있다. 테크놀로지는 인간이 정보를 획득·분석·교류하는 데 속도와 용이성을 더해 주었고, 이에 따라 현실을 분석하고 결정을 내리며, 문제를 해결하려는 능력의 습득이 더욱 중요해졌기 때문이다(Newby, Stepich, Lehman, & Russell, 2000). 학습자가 비판적인 사고를 하고 창의성을 발휘하기 위해서는 단순한 사실적 지식의 습득을 넘어서야 하며, 교사의 교육방식의 변화가 불가피하다. 이러한 변화는 학습자 중심의 수업, 고차적 사고능력의 배양, 문제해결 능력의 함양 등으로 나타났다.

**문제해결** 일련의 계획적이고 체계적인 인지과정이나 전략, 노력, 활동을 통해서 설정된 목적을 달성하는 과정

학습자는 자신의 경험을 바탕으로 스스로의 지식을 '구성'하지만, 사회적 상호작용을 통해서 지식을 공유하며, 통찰력과 문제해결에 대한 시너지 효과를 가져온다. 이와 아울러 학습자의 성취도를 결과 위주의 점수로 환산하지 않고 과정에 초점을 맞추는 수행평가가 관심을 끌게 되었다(권혁일, 2002).

이러한 교육적 시도가 반드시 '구성주의'라는 이름표를 달고 현장에서 나타나지는 않지만 그 방법론이 구성주의와 중첩되며, 구성주의에서 이론적 지원을 받는다고 할 수 있다.

### 4) u-learning

유비쿼터스 러닝(Ubiquitous Learning; u-learning)은 학습자가 언제 어디에서나 어떤 내용이건, 어떤 단말기로도 학습할 수 있는 지능화된 학습형태를 의미한다. 이는 학교나 도서관 등 특정 장소에서 공부하거나 인터넷을 통해 학습정보를 습득하던 기존의 방식과는 구분된다. 학습자가 원하는 정보를 찾기 위해서 특정 시간에 특정 장소에 가는 것이 아니라, 학습정보가 학습자를 찾아다닌다는 점에서 기존의 방식과 큰 차이가 있다.

**u-learning** 학습자가 언제 어디에서나 어떤 내용이건, 어떤 단말기로도 학습할 수 있는 지능화된 학습형태

학생이 언제 어디에서나 어떤 내용이건, 어떤 단말기로도 학습할 수 있는 교육환경을 조성함으로써 더욱 창의적이고 학습자 중심적인 교육과정을 실현하는 것이 유비쿼터스 교육의 목표이다. 유비쿼터스 교육환경은 획일적이거나 강제적이지 않다. 학생은 각자의 욕구에 따라 학습한다. 이 같은 학습환경에서 부모와 교사 간의 상호작용도 자연스럽고 편안하게 이루어진다.

**유비쿼터스** 사용자가 네트워크나 컴퓨터를 의식하지 않고 장소에 상관없이 자유롭게 네트워크에 접속할 수 있는 정보통신 환경

학습자는 각자의 특성에 따라 다양한 공간에서 다양한 방식으로 학습하고자 한다. 현실공간이건 사이버 공간이건 모든 공간이 학습공간이 된다. 센서나 칩 형태로 컴퓨터가 내재된 지능화된 사물도 학습에 도움을 주고, 학생은 휴대하고 있는 학습단말기를 통해서도 학습정보를 제공받는다.

또한 일종의 학습에이전트의 역할을 수행하는 장치도 개발될 것이다. 이처럼 지식의 습득, 저장, 편집, 표현, 전달, 창조 등에 최적화된 에이전트를 통해 우리 인간의 창의력과 문제해결 능력 형성은 더욱 빨라질 것이다.

**탐구문제**

1. 교육방법과 교육공학이란 무엇인지 각각의 개념을 정리해 보시오.
2. 교육방법과 교육공학의 이론적 구성을 살펴보시오.
3. 교육방법과 교육공학의 최근 동향을 살펴보시오.

Chapter 02

# 학습자 진단과 교수계획

학습자 진단은 효과적인 교수를 위한 첫걸음이다. 진단이란 상황에 대한 평가를 의미하는 것으로, 학습자 진단은 수업 전 또는 초기에 학생들의 출발점 행동에 관한 진단정보를 제공하는 것이다. 교사는 이러한 진단을 통해 학습자에 대한 완전한 이해와 교수를 위한 확실한 단서를 발견할 수 있다. 성공적인 학습자 진단을 통해 교사는 학습자를 분석할 수 있다

## 학습목표

1. 학습자 진단의 개념을 설명할 수 있다.
2. 학습자 진단의 필요성을 설명할 수 있다.
3. 학습자 진단의 과정을 설명할 수 있다.
4. 학습자 진단에 필요한 진단도구를 분류하고 설명할 수 있다.
5. 교수계획의 개념을 설명할 수 있다.
6. 교수목표를 분류할 수 있다.
7. 행동적 교수목표의 특징을 설명할 수 있다.

## 1 학습자 진단의 개념과 필요성

학습자 진단은 효과적인 교수를 위한 첫걸음이다. 진단이란 상황에 대한 평가를 의미하는 것으로, 학습자 진단은 수업 전 또는 초기에 학생들의 출발점 행동에 관한 진단정보를 제공하는 것이다. 교사는 이러한 진단을 통해 학습자에 대한 완전한 이해와 교수를 위한 확실한 단서를 발견할 수 있다. 성공적인 학습자 진단을 통해 교사는 학습자를 분석할 수 있다

첫째, 수업내용과 관련된 사전지식을 파악할 수 있다. 학습자는 수업내용을 전혀 모르거나 이에 대한 오개념을 가지고 있을 수도 있으며, 때로는 수업내용에 정통하여 있을 수도 있다. 이러한 학습자의 지식 정도는 수업에 영향을 미칠 수 있으므로 이에 대한 정보를 파악할 수 있다.

둘째, 수업내용과 수업전달 체제에 대한 태도를 확인할 수 있다. 학습자가 수업내용과 수업전달 체제인 테크놀로지에 대해 어떤 입장을 가지고 있는지를 확인하여 수업의 효율성에 영향을 미칠 수 있다.

▌**선수학습** 어떤 학습과제의 학습을 위해 미리 학습 또는 습득하고 있어야 할 학습

셋째, 선수학습 능력을 파악할 수 있다. 선수학습 능력은 본시 수업을 위해 필수적으로 알고 있어야 하는 것이며, 이에 대한 분석자료는 수업의 시작점에 중요한 정보를 제공할 수 있다.

넷째, 학습동기이다. 학습동기는 학습에 대한 지속적인 노력을 하게 하므로 수업의 성공에 중대한 영향을 미치는 요인으로 작용하게 된다.

다섯째, 교육수준과 지적 능력이다. 학습자들의 성취수준과 일반적 능력을 알아내야 한다. 이러한 정보는 학습자들이 이미 경험한 교수경험의 종류와 새롭고 다른 교수 접근에 대한 학습자들의 대처능력에 대한 통찰을 제공해 준다.

▌**통찰(洞察)** 예리한 관찰력으로 사물을 환히 꿰뚫어 봄

여섯째, 일반적인 학습선호도이다. 대상 학습자들의 학습능력이나 학습선호도, 새로운 학습방법을 탐색하려는 의지 등을 알아내야 한다. 마지막으로, 학교에 대한 태도이다. 교수를 제공하는 학교에 대해 학습자들이 어떤 생각을 가지고 있는지를 알아보는 것이 필요하다.

교사는 이와 관련된 데이터를 통해 교수－학습 상황에 영향을 미치는 여러 요인들을 이해할 수 있고, 학생의 장점과 내적 동기를 활용하고, 결점을 보완할 수 있다. 또한 학생들을 적절한 그룹, 강좌(course), 교육과정에 배치하고, 그들에게 적합한 교정절차(remedial procedures)를 선정하여 교수적 문제를 예방 및 해결하며, 개인적 필요에 맞게 과제를 조정할 수 있다. 이렇게 조정된 자료들을 통해 학생들은 흥미롭고 적합하며, 학생수준에 맞게 속도를 조절하여 학습할 수 있다. 이렇듯 진단은 좋은 교수에 필요한 정보를 제공하므로 진단 없이는 올바른 교수가 이루어질 수 없다.

## 2 학습자 진단의 과정

기본적인 진단의 과정은 상황이 어떠한지, 어떤 조치를 취해야 하는지를 살피는 것이다. 교수에 있어 진단은 교사가 최고의 교수를 위해 학생들의 능력과 자원(resources)을 평가하고 자신의 교수자원을 평가하는 것을 포함한다.

여기에서 제시하는 Glaser 교수모형을 보면, 진단은 5단계 중 1단계로, 이는 평가와 사정을 위한 연속적인 과정이다. 교사는 교수를 시작하기 전 각 학생의 학습수준과 특성에 대한 일반적 진단을 해야 하고 학기 중에도 이와 유사한 진단을 계속 진행시켜야 한다. 현재 학생들이 학습하고 있는 각 단원에 대한 평가와 다음 단원에 대한 진단이 이루어져야 하며 다음 단원에 대한 계획과 교수는 현재 학생들이 학습 중인 단원에 따라 진행되어야 한다. 모든 수업에서는 초기진단(early diagnosis), 연속진단(continuing diagnosis), 그리고 재사정(reassessssment)이 이루어져야 한다. 초기진단과 연속진단은 먼저 상황을 평가한 후, 어떠한 문제가 있는지 살펴보아야 한다. 만일 문제가 있는 상황이라면, 문제가 무엇인지 판별하고 문제를 정확하게 찾아내어야 한다. 만일 문제가 하나라면 그 문제의 원인이 무엇인지를 밝혀야 한다. 교사는 보다 효과적으로

**▌단원** 교수–학습 장면에 있어서 일정한 과제를 해결하는 데 필요한 학습내용 및 경험을 전체성과 통일성을 지니도록 조직해 나눠 놓은 것

교수하는 데 도움이 되는 요인들을 그 상황 속에서 탐색하고, 문제가 있다면 그 문제와 원인을 제거해야 한다. 그림 2-1 과 같은 패턴으로 이루어져야 하며, 이전 단계에서 관찰된 정보에 근거하여 최종평가를 하고 상황에 대한 최종평가에 근거하여 최종결정을 내린다.

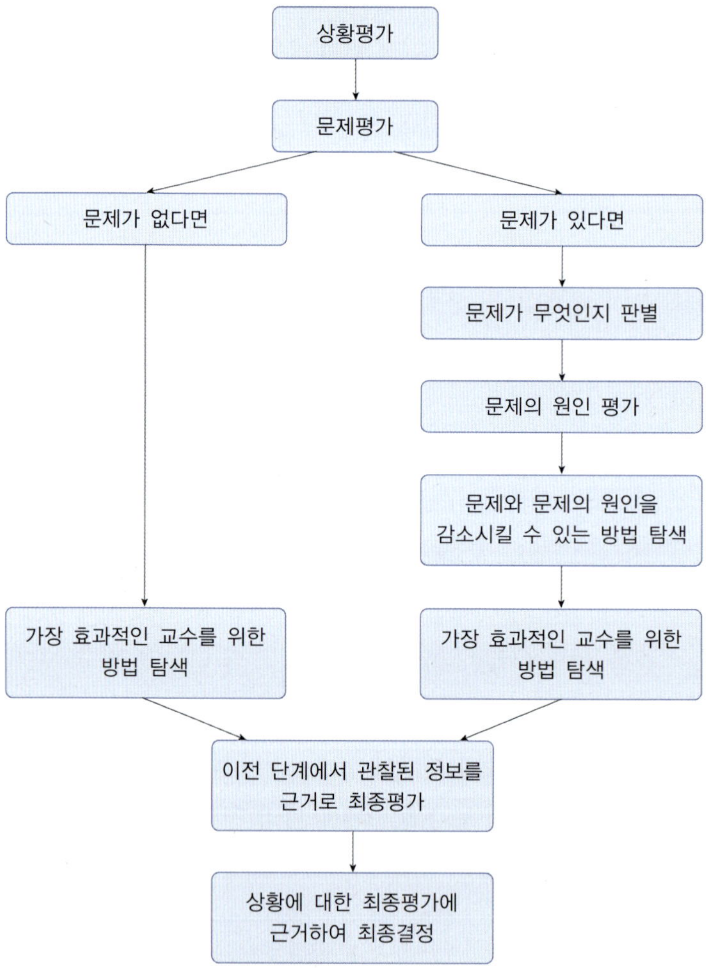


그림 2-1 진단과정 모형

## 1) 초기진단

초기진단은 학생들을 적절한 교육과정, 트랙, 과목, 단원에 배치하는 데 필요한 기초정보를 제공한다. 학생 배치는 학생이 학년을 시작하기 전에 이루어지고, 때로는 초기진단을 통해 재배치가 필요한 학생이 누구인지를 알 수 있다. 만일 학생이 성취도 평가에서 아주 우수한 성적을 보였다면 이 학생은 현재 자신이 속한 수업보다 높은 수준의 수업에 참여할 수 있도록 허용해야 한다. 대체로 학생 배치는 학생들의 이전 성적에 근거하지만 이는 위험하다. 단일 교과의 성적만으로 학생의 모든 능력을 볼 수 있는 것이 아니기 때문이다. 모듈식 강좌(modular courses)에서 교사의 분석은 각 학생이 연속적인 단원들(units)의 어느 지점에 배치되어야 하는지를 결정한다. 과목에 대한 정보는 학생들의 개인차, 교정활동, 검토, 다른 교수전략을 선정하는 데 기초정보로 사용될 수 있다.

초기진단에서 교사는 강좌의 목표, 요구와 관련된 평가를 학생들에게 제시하여 학생의 수준을 확실하게 파악할 수 있다. 일반적으로 규준지향적 평가나 표준화 검사는 학생들의 수준을 파악하는 데 유용할 수 있다. 표준화된 성취도 검사에서 낮은 성적을 보인 학생들은 그 과목에서 요구하는 자격(prerequisite)을 갖추지 못했을 수 있고, 성적이 아주 우수한 학생은 그 과목에서 제공될 내용을 이미 알고 있을 수 있다. 일부 상업적인 검사(commercial test)들은 학생들의 약점을 차트로 설명해 주고 가능한 해결책을 제시해 준다. 그렇지만 보편적으로 이런 검사들은 학생들에게 어떤 문제가 있는지에 대한 일반적인 징후를 보여줄 뿐 그 이상의 정보를 제공하지는 않는다. 학생들이 갖고 있는 문제가 무엇인지, 그 문제의 정도는 어떠한지를 정확하게 확인하기 위해 교사는 다른 종류의 진단기술을 사용해야 하며 여기에는 교사가 제작한 도구들도 포함될 수 있다.

**모듈** 개별화 수업에서 사용되는 수업자료 유형의 한 전형으로 하나의 통합된 주제를 가진 자족적 또는 자력학습용 수업단위로서, 학생에게 목표로 명시한 일정한 지식과 기능의 습득에 필요한 정보를 제공하며 전체 교육과정의 한 구성요소의 역할을 하는 것

**교수전략** 교사가 특정한 교수목표를 효과적으로 성취하기 위해서 수업을 어떻게 이끌어 갈 것인가에 대한 구체적인 방법이나 절차 등에 관한 전반적인 계획

### 2) 연속진단

초기진단 후 교사는 학생에 대한 진단을 계속하여 그 결과가 초기진단의 결과와 다를 경우 새로운 진단결과로 수정해야 한다. 교사는 적어도 한 단원이 끝나는 시점에서 다시 진단을 해야 하는데, 예를 들어 단원평가를 통해 학생들이 단원목표의 어느 지점에 와 있는지를 확인해 보는 것이다. 이를 위해서는 준거지향 숙달평가(criterion-referenced mastery test)가 좋은 방법이다. 또한 학생들을 관찰하고 단원을 학습하는 동안 학생들의 구두작업과 문서작업을 분석하여 정보를 얻는 것도 좋은 방법이다. 모듈화된 수업에서는 단원 시작 전 이루어지는 사전평가가 유용하다. 때로 한 단원에 대한 사후평가는 그 다음 단원에 대한 사전평가가 되기도 한다. 어떤 경우라도 교사는 단원에 대한 사전평가를 시행해야 한다.

## 3 진단도구와 진단방법

진단은 학생에 대한 정확한 정보를 교사가 얼마나 확보하였나에 달려 있다. 학생에 대한 이해가 높을수록 교사는 학생에 대한 진단을 더욱 정확하게 할 수 있다. 그러므로 교사는 학생들의 정보를 수집하기 위한 평가도구들과 그 사용법을 숙지해야 한다. 교사에게 유용한 도구와 방법은 다양하므로 교사는 유용한 정보를 많이 확보할 수 있도록 해야 한다.

### 1) 진단도구

#### (1) 표준화 검사

**표준화 검사** 검사의 개발, 절차, 검사의 시행 및 검사결과의 사용을 표준화한 검사

표준화 검사란 표준화된 제작절차, 검사의 내용과 실시조건, 채점과정 및 해석에 의해 객관적으로 행동을 측정하는 검사방법이다. 이는 개인의 수행을 규

준집단의 수행에 비추어 해석하기 위해 표준편차 단위를 사용하여 도출된 선형 변환점수이다(한국교육심리학회). 표준화 검사는 주로 상업적 목적을 가지고 측정 전문가에 의해 제작된 것이어서 대규모적이고 전문적이며 체계적이다. 대규모로 실시하기 위한 것이기 때문에 검사내용의 표준화가 엄격하게 이루어지며 표준화 검사는 표준화된 조건하에서 검사가 실시될 수 있도록 검사실시를 위한 검사지침과 검사시간, 검사환경의 제한을 요구한다. 표준화 검사는 채점상의 주관성이나 편견을 배제하기 위해 채점절차를 엄격히 규정하고 있으며, 채점의 객관성을 유지하기 위하여 검사문항은 보통 객관식 문항의 형태를 취한다. 또한 검사결과를 누구나 동일하게 해석할 수 있도록 해석절차와 방법을 엄밀하게 규정하고 균일성을 유지하기 위해 흔히 규준집단의 검사결과를 제시한다.

**표준편차** 점수의 변산을 나타내는 통계량으로서 각 점수가 평균으로부터 이탈하는 편차의 제곱을 평균한 것에서 구한 평방근

표준화 검사는 진단, 예측, 조사의 기능을 갖고 있다. 표준화 검사는 학생의 장·단점, 강약점이 무엇인지를 파악하여 그들이 현재 지니고 있는 능력과 문제점을 진단할 수 있게 해준다. 학교에 입학할 때 또는 학년 초에 실시하는 지능검사, 적성검사, 진로검사 등이 이에 해당된다. 표준화 검사는 학생의 행동특성을 예측할 수 있도록 해준다. 어떤 학생이 지능검사에서 언어성 점수가 또래보다 낮게 나왔다고 할 경우, 이 학생은 언어성과 관련된 학습영역에서 부적응 또는 흥미를 갖지 못할 수 있다고 미리 짐작하는 것과 같은 경우이다. 표준화 검사는 어떤 집단의 일반적 경향을 조사할 수 있게 해준다. 학생, 학급, 학교의 상태를 전국적인 경향과 비교하는 경우가 이에 해당된다.

**지능검사** 개인의 지적 능력수준을 파악하기 위해서 지적 능력을 측정하리라고 가정되는 문제들로 구성된 검사

**적성검사** 특정 분야의 교육이나 직업과 관련되는 활동을 성공적으로 수행할 수 있는 능력의 소유 정도를 예언하기 위한 검사

### (2) 교사 제작도구

표준화 검사를 사용하기 어려운 경우 혹은 교사가 알고 싶어 하는 내용이 담긴 현존하는 표준화 검사가 없거나 찾기 어려운 경우 교사는 직접 학습자를 진단할 수 있는 도구를 제작할 수 있다. 교사가 제작한 도구들(teacher-made instruments)은 표준화 검사들처럼 수업의 목표와 관련 있는 각 학생의 초기 위치(initial position)를 찾는 정도에서 그칠 수 있다. 각 학생의 수준을 가늠하는

데 있어 객관식 지필검사가 좋은 도구가 될 수 있고, 교과의 특성에 따라서는 다른 형식의 검사가 보다 바람직하기도 하다. 학생의 기능, 태도, 중요성에 대한 이해, 관념 등을 측정하는 데 지필검사는 적절하지 않으며 체크리스트, 관찰, 과제분석, 기능에 대한 등급, 산출물에 대한 등급, 설문지, 이전 교사들의 평가서 등이 보다 효과적이다. 하지만 이는 표준화된 도구가 아니기에 해당 학생을 파악하기 위한 자료로만 사용되어야 하며 도구를 제작할 시 많은 전문가들에게 다양한 조언을 구해야 한다.

## 2) 진단방법

### (1) 누적 기록

누적 기록은 진단에 매우 유용하다. 이 기록은 학생의 학교 내에서와 학교 밖에서의 생활에 관한 자료들을 몇 년간 요약한 것이다. 대부분의 누적 기록은 인구통계(vital statistics), 학생의 개인적 목표, 특별한 경험, 시험데이터, 건강기록, 가족배경, 학문적 발전, 교육과정 외 활동, 특성 등급과 설명, 설문지와 행정적 정보 등을 포함하고 있다. 또한 일화기록(anecdotal reports), 행동적 기록과 회의기록 등과 같은 문서와 기록도 포함한다.

**일화기록** 자연스런 상황에서 어떤 사건을 관찰하여 사실적, 객관적으로 기록하는 것

누적 기록을 사용할 때 교사는 반드시 그 기록에 의해 학생을 속단하지 않도록 주의해야 한다. 한 학생의 작년 성적이 좋지 않았다고 해서 그 학생이 올해에도 잘할 수 있는 능력이 없다는 것은 아니다. 학생에 대한 속단을 피하고 정직한 판단을 하기 위해서는 학기 시작 후 한 달 정도의 시간을 두고 학생을 관찰하면서 누적 기록을 신중하게 참고해야 한다.

### (2) 관찰

교사는 학생들의 교실 내 활동과 여가시간을 관찰함으로써 진단에 필요한 많은 데이터를 수집할 수 있다. 이를 통해 교사는 학생들의 학업적, 그리고 개인적 문제들을 해결하는 데 도움을 얻을 수 있다. 다음은 관찰할 때 사용할 수

있는 몇 가지 예이다.

① 학생이 지루해 보이는가?
② 학생은 그 과목을 좋아하는 것처럼 혹은 싫어하는 것처럼 보이는가?
③ 학생은 수입의 내용을 이해하는가?
④ 학생은 무엇을 해야 하는지 이해하는가?
⑤ 학생은 어떻게 학습을 진행해야 하는지 이해하는가?
⑥ 학생은 충분한 배경지식과 기능을 가지고 있는가?
⑦ 학생이 불편해 하는가?
⑧ 학생은 과거의 실패로 인해 시도조차 하려 하지 않는가?
⑨ 학생은 실패에 대한 두려움이 있는가?
⑩ 학생은 다른 흥미, 목적 등과 같은 것으로 인해 주의가 산만한가?
⑪ 학생이 잘하는 것이 무엇인가?
⑫ 학생은 어떤 종류의 일들을 좋아하거나 즐거워하는가?
⑬ 학생의 목표와 포부는 무엇인가?
⑭ 학생이 가지고 있는 문제가 무엇처럼 보이는가?
⑮ 어느 부분에서 학생에게 도움이나 격려가 필요한가?
⑯ 무엇에 학생이 반응을 잘하는가?

효과적인 관찰을 위해서는 교사가 체계적이어야 한다. 교사는 하루에 3~4명의 학생을 정해 관찰하고 이를 위한 일정 시간을 배정해야 한다. 보다 객관적인 관찰을 위해 체크리스트나 평가척도와 같은 도구들을 사용하는 것도 바람직하다.

**체크리스트** 조사·확인·검토사항 등 대조할 점을 열거한 표

### (3) 교실활동 분석

관찰에 보완적으로 사용할 수 있는 유용한 방법으로는 문서화된 작업의 분석, 담화작업 분석, 기록과 회의분석 등이 있다. 학생들을 파악할 수 있는 최

선의 방법은 대화이다. 형식적이지 않은 학생과의 친근한 대화는 다른 어떤 기술보다 더욱 생산적이다. 또한 부모나 다른 교사들과의 면담을 통해서 학생의 문제를 더 잘 이해할 수 있다.

교사는 교실활동을 관찰, 분석하여 얻은 중요한 정보를 행동기록이나 일화기록으로 보관할 수 있다. 행동기록은 교사가 학생에 대해 얻은 정보를 주로 기록하고, 일화기록은 특정한 사건에 대한 간단한 설명을 적은 것이다. 일화기록에 교사는 어떤 사건이 언제, 어디에서, 그리고 어떤 상황에서 발생했는지를 기록한다.

## 4 교수계획

**훈육** 사회적 규제나 학교의 규율과 같이 사회적으로 명백하게 요청되는 행위나 습관을 형성시키고 발전시키는 것

계획이란 학습을 위한 준비라고 불리는 교수패턴의 한 부분이며 좋은 계획에 대한 대안은 없다. 계획은 올바른 훈육, 편안한 교실환경과 목적이 있는 교수-학습 활동을 만드는 데 반드시 필요하며 좋은 계획은 의미 있는 학습을 만든다. 어느 누구도 열심히 계획을 세우지 않고서는 오랫동안 잘 가르칠 수 없다.

기본적으로 계획은 무엇을 달성할 것인지, 어떻게 달성할 것인지, 무엇이 달성되었는지를 어떻게 전달할 것인지 결정하는 것이다. 교사의 학습활동들은 학습환경, 학생들, 그리고 교사의 강점과 경향에 따라 수정될 필요가 있다. 교사는 계획을 위해 다섯 가지를 염두에 두어야 한다.

첫째, 교육목적을 반영해야 한다. 교사의 지도계획은 교육과정 구성기준이나 학교의 학습목표를 제시한 '학습지도 지침'을 기초로 하여 작성되어야 하며, 그 지역사회의 목표나 국가나 사회의 일반 목표와 연관되어야 한다. 학습목표와 연관하여 일관성 있게 작성되어야 교과의 단편적인 학습을 막을 수 있다.

둘째, 학생의 필요와의 연관성이 필요하다. 교사는 학생이 알고 싶어 하도

록, 배우고 싶다는 의욕을 가질 수 있도록 교수-학습 활동을 계획해야 한다. 계획은 학생이 당면하고 있는 문제에서 생기는 직접적인 학습경험에 중점을 두어야 한다.

셋째, 교과 간의 연관이다. 계획은 각 교과 간의 관련을 될 수 있는 대로 고려해야 한다. 교과 간의 관련이 불충분하면 학생의 학습활동이 단편적으로 되거나 무리한 중복이 생길 수 있으므로, 교재배열이나 학습단원과 내용구성에 있어 될 수 있는 대로 각 교과의 관련을 꾀해야 한다.

넷째, 융통성이다. 교수-학습 지도가 성공할 수 있는 것은 그때그때의 학습장면이나 개개 학생의 특수한 요구, 흥미, 능력에 따라 적절한 방법을 적용하는 데 있다. 따라서 학습의 전개과정에서 학생의 요구나 태도에 따라 지도의 방향을 바꾸어 갈 수 있도록 융통성을 두어야 한다.

마지막으로 계속성을 유지해야 한다. 효과적인 학습결과를 낳기 위해서는 각 학교 간, 각 학년 간, 각 학기 간의 계획에 계속성이 유지되어야 한다. 이것은 학습활동의 종적 조직원리에 해당되는 것으로, 여러 학습활동의 주가 되는 요인이 계속 반복되도록 해야 한다는 의미이다.

어떤 수업이라도 오랫동안 성공을 유지하려면 우수한 계획이 있어야 하고 이런 계획을 잘 수행할 기능이 필요하다. 우수한 계획이 있다면 이미 절반은 성공한 것이다.

## 5 교수목표

수업, 강의 혹은 단원계획을 세우는 데 있어 가장 우선되어야 하는 절차는 목표를 설정하는 것이다. 교수목표는 가장 구체적인 수준의 교육목표로서, 한 단위의 수업이 성공적으로 끝났을 경우 학생들의 생각, 느낌, 행동에 어떠한 변화가 일어날 것인가를 규정한 것이다. 다시 말해 교수목표는 수업이 효과적인 경우 그 수업과정에 참여한 학생들의 생각과 느낌과 행동이 어떻게 변화해야 하는지를 규정한 진술문이다. 즉, 교수-학습의 소산인 학습성과를 규정한 것이다.

이런 교수목표는 수업의 방향을 결정해 주며 수업내용과 절차의 선정과 조직에 구체적인 지침을 제시해 준다. 학습자에게는 학습의 대상을 명확히 제시하여 학습을 촉진시켜 주며, 교사에게는 불필요한 곳에 시간을 낭비하지 않게 해주어 수업의 효율성을 높일 수 있게 한다. 또한 교수목표는 수업결과와 학습성과의 평가기준의 역할을 해준다.

### 1) 교수목표의 유형

교수목표는 초점을 지식 그 자체에 두는지 아니면 지식의 획득과정에 두는지에 따라 내용적 목표와 과정적 목표로 구분해 볼 수 있다. 하지만 최근에는 두 유형이 통합되어 제시되고 있다.

#### (1) 내용적 목표

내용적 목표란 그 교과가 누적해 놓은 유용한 지식을 획득하는 것을 의미한다. 지식교육이 단편적으로 흘러 비판의 대상이 되어 왔으나, 탐구나 발견이 축적된 정보나 지식에 근거하여 이루어질 수 있다는 점에서 볼 때 소홀히 될 수 없는 목표이다.

#### (2) 과정적 목표

과정적 목표란 사실, 개념, 원리, 법칙 등을 활용하는 방법과 이러한 지식들을 획득하는 방법을 익히는 것을 의미한다. 즉, 그 교과분야에 특수한 탐구방법 혹은 지식획득과 활용전략에 관한 것을 학습하는 것이다. 이러한 과정적 목표는 그동안의 교육이 단편적 지식암기로 흘러 형식적 교육이 된 것에 대한 반성으로 제기된 것이다.

## 2) 교수목표 진술

교수목표는 그것이 진술되는 세분화와 명시성의 정도에 따라 일반적(포괄적) 교수목표와 행동적(구체적) 교수목표로 나누어질 수 있다.

### (1) 일반적 교수목표

일반적 교수목표란 진술내용과 표현이 추상적이고 포괄적인 경우를 의미하며, '공통된 특징을 안다', '원리를 이해한다', '문제 상황을 파악한다'와 같이 '이해한다', '안다', '감상한다', '깨닫는다', '파악한다', '추정한다' 등과 같은 막연하고 암시적인 동사로 표현된다.

### (2) 행동적 교수목표

행동적 교수목표란 목표를 객관적으로 확인할 수 있는 구체적이고 명세적인 행위동사를 사용하여 진술하는 방식으로 학습자가 수업의 결과로 보이게 될 도착점 행동으로 진술된다. 여기에서 중요한 요소는 학생이 학습의 결과로 무엇을 할 수 있게 될 것인지에 관해 설명하는 것이다. 행동적 교수목표는 구체적 수업목표, 성취목표, 수행목표 등으로 표현되기도 한다. 행동적 교수목표는 측정이 가능하고 관찰 가능한 행동을 나타내는 행위동사를 사용하여 진술하며, 교사의 행동이 아닌 학생에게 기대되는 학생의 행동변화 방향이나 수준을 기술한다. 학습 중 나타나는 학생의 행동을 강조하기보다는 학습이 끝났을 때 나타날 수 있는 학생의 도착점 행동으로 최종성과를 진술한다. 또한 학습내용과 기대되는 학생의 행동을 동시에 진술하며 동일한 내용이라도 변화시키고자 하는 학습능력에 따라 포함되는 동사의 형태를 달리한다. '용어를 정의한다' '공통된 특징을 구별한다', '문제상황을 지적한다'와 같이 '정의한다', '쓴다', '적용한다', '지적한다', '구별한다', '계산한다', '결합한다' 등과 같은 구체적인 행위동사로 표현한다.

**수행목표** 한 단위의 수업이 끝날 때 학생이 할 수 있게 될 것을 구체적으로 진술한 것

**행위동사** 대체로 학습목표를 진술하는 과정에서 학습목표를 명확히 하고 평가준거에 일치하는지의 여부를 확인하기 용이하게 하기 위해 쓰임

교수목표를 진술하는 방식은 학자에 따라 다르다. 널리 사용되고 있는 방식

으로는 Tyler식, Mager식, Gagné & Briggs식, Gronlund식 진술방식을 들 수 있다. 각 학자의 진술방식을 진술에 포함시켜야 할 주요요소를 중심으로 비교하여 살펴보면 다음과 같다.

### ① Tyler의 진술방식

교수목표는 수업이 끝난 후 학생들이 보일 행동, 즉 도착점 행동으로 표현한다. 교수목표 속에는 행동과 행동이 나타나게 될 내용이 담겨 있어야 하며 행동이 변화했으면 그것을 인지할 수 있도록 동사는 객관적으로 확인할 수 있는 구체적인 동사를 사용한다.

Tyler식 진술방식은 한 진술문 속에 구체적인 '내용'과 '도착점 행동'으로 진술하며, 형성평가보다는 총괄평가에서 활용될 수 있다(강현석 외, 2006).

**예**

| 학생은 | 지구온난화 원인을 | 쓸 수 있다. |
|---|---|---|
| (학습자) | (내용) | (도착점 행동) |

### ② Mager의 진술방식

교수목표의 진술은 학생이 교수과정 및 교재와 상호작용을 하여 최종적으로 나타내어야 할 도착점 행동으로 표현되어야 한다. 도착점 행동을 진술할 때는 구체적이고 명세적인 행위동사를 사용해야 한다. 교수목표에는 도착행동이 나타나기를 기대하는 상황이나 조건을 내용에 제시해야 하며, 같은 행동목표이지만 주어진 조건에 따라 나타나는 행동이 다르므로 목표진술에서는 어떤 상황 아래에서 그와 같은 행동이 나타나기를 기대하는가의 조건제시가 있어야 한다. 수락기준 또는 준거는 학생이 성취해야 할 행동이 어느 정도여야 성취했다는 증거로 볼 수 있는가 하는 표준을 지칭하는 것으로, 도착점 행동만으로 표시된 목표는 여러 가지 해석을 불러일으킬 가능성이 많으므로 성공 여부를 판단할 수 있는 근거로서 수락기준의 명시가 필요하다.

**도착점 행동** 학생이 학습 후에 학습의 결과로서 나타내는 행동

**행동목표** 일반적으로 일정한 과목에서 공부 또는 수업단위가 끝날 때 학습자에게 발생하거나 습득·성취되기를 기대하는 학습성과를 행동적 용어로 기술한 것

**예**

20개의 사칙연산 문제를 주었을 때, 학생은 적어도 15개 이상의 문제를
(조건) (학습자) (수락기준)

정확히 계산할 수 있다.
(도착점 행동)

### ③ Gagné와 Briggs의 진술방식

학생에게 요구되는 학습능력이 지적능력, 인지전략 능력, 언어능력, 신체능력, 태도 등 어느 것을 요구하는지 제시되어야 하며, 제시된 학습능력이 변화했는지의 여부를 확인하기 위해 학습능력을 나타내는 행위동사를 활용하는 것이 필요하다. 교수목표 진술 시 어떤 상황에서 어떠한 행동이 나타나기를 바라는지 상황을 명시해야 하며 그러한 행동을 나타내게 되는 대상을 표시해야 한다. 또한 무엇을 가지고 그러한 행동을 나타낼 것인가를 진술해야 한다.

**예**

th로 시작하는 낱말을 제시했을 때, 학생은 교재나 사전을 사용하고
(상황) (학습자) (도구)

그것을 소리 내어 읽어가면서 ð와 θ의 발음을 구분한다.
(행동) (대상)

### ④ Gronlund의 진술방식

Gronlund는 교수목표를 두 단계의 과정으로 진술하며, 일반적인 학습성과로서의 일반적 목표를 진술하고 각 수업목표의 하위목표에 학습경험을 통해 획득한 행동징표를 증명할 수 있는 특수학습 과제를 나열한다.

**예**

1.0 학생은 소수민족에 대해 알 수 있다.
(↑일반적 목표)

1.1 학생은 여러 나라의 소수민족이 나뉘게 된 원인을 바르게 찾을 수 있다.
(↑하위목표)

1.2 학생은 여러 나라 소수민족의 문화적 다양성에 대해 바르게 찾을 수 있다.
(↑하위목표)

1.3 학생은 친구들 앞에서 다양한 소수민족에 대해 바르게 설명할 수 있다.
(↑하위목표)

### ⑤ 행동적 교수목표의 장·단점

행동적 교수목표는 구체적인 행위동사로 진술되므로 교사들이 수업전개를 보다 구체화할 수 있으며 수업효과를 타당하게 판단할 수 있다. 또한 수업의 위계적 관계를 파악하는 데 도움을 주므로 교수설계의 기초자료를 제공해 준다. 학습자의 도착점 행동을 구체적인 행위동사로 진술하면 수업효과를 정확하게 평가하는 데 도움이 되며, 그 결과를 토대로 전 단계에서 이루어진 수업의 계획, 목표, 내용, 방법 등에 관한 효율성을 점검할 수 있다. 교수목표를 행동적 용어로 진술하면 교육과정 개발이나 교수활동에 참여한 사람들 간에 공통의 수행목표를 정확하게 전달하여, 많은 영역의 활동들을 성공적으로 수행할 수 있다.

반면, 행동적 교수목표는 명세적으로 세분되었기에 수업 실제에서 낱개의 목표를 중심으로 수업이 진행될 가능성이 높고 지식의 종합적인 수업을 어렵게 한다. 또한 구체적으로 제시된 행위동사가 수업의 목표가 될 경우 수업은 그 행동에만 국한되어 학생들의 다양한 사고나 폭넓은 능력의 습득을 방해할 가능성이 높다. 마지막으로 인문학 영역이나 음악, 미술, 체육 등의 예술, 기타 교과는 행위동사를 사용하여 목표를 진술하기 어려울 수 있다.

## 6 학생목표

지금까지는 교사가 학생들의 성취를 위해 세운 목표인 교사의 목표에 대해서 논의했다. 이런 목표들은 학생들이 받아들이지 않는 한 무의미하다. 학생들의 목표는 그들을 행동하게 만든다. 수업 초반에 학생들에게 이 수업을 통해 그들이 무엇을 배우게 될 것인지를 알려 주고 학습이 그들에게 도움이 된다는 것을 알려 주는 것은 훌륭한 방법이다. 만일 학생들이 목표가 흥미롭다고 판단되어 그들 스스로 이를 받아들인다면, 학습과정은 수월하게 진행될 것이다. 만일 학생들이 그렇게 생각하지 않는다면, 교사는 다른 동기부여적 행동을 취해야 할 것이며 그렇지 않으면 그 수업은 실패로 돌아갈 것이다. 동기부여에 효과적인 방법은 학생들에게 여러 가지 주제들 중에서 한 가지를 스스로 선택하게 하는 것이다. 또한 학생들을 격려할 수 있는 방법으로는 목표의 일부분을 교사와 학생이 함께 계획하는 활동으로 만드는 것이다. 목표에 대한 지식과 피드백을 고려하는 것은 학생학습의 동기부여를 위한 최고의 방법이다. 만일 학생들이 자신이 무엇을 학습해야 하는지 정확히 인지하고 있다면, 학생들은 배우려고 노력할 것이다. 교사가 학습결과와 같은 특정한 목표를 제시할 때, 학생들은 이를 타당한 목표로 수용하고 이를 성취하기 위해 노력할 것이다.

**동기부여** 무엇을 하고자 하는 욕구가 일어날 때 일하려는 동기, 즉 동인이 생기며, 그 환경에서의 사물은 유인의 성질을 가짐

## 7 학습활동의 선정

목표를 선정한 후에는 학습활동을 선정하고 이 활동들을 어떻게 조직하고 이끌어 나갈지를 결정해야 한다. 학습활동을 계획할 때, 교사가 유의해야 할 사항은 다음과 같다.

첫째, 교사에게 필요한 방법이나 기술에는 여러 가지 다른 유형들이 존재한

다. Joyce와 Marsha Weil은 "교수모형"을 80가지 이상으로 규정하고 있으며, 각각의 모형들은 서로 조금씩 다르며 그 목적에 따라 유용도도 다르다. 아마 각 모형들을 사용하는 학습결과 또한 다를 것이고, 학생들이 무엇을 학습하고 얼마나 잘 학습하는지에 대한 교수전략도 다를 것이다. 사실, 학생이 얼마나 교과내용을 최종적으로 이해하는지, 학습에 대한 태도가 어떤지, 모든 기능을 숙달하였는지는 개인마다 모두 다를 것이다. 교수전략들은 교사가 가르치고자 하는 내용의 한 부분이다. 그러므로 교사가 창의적 사고를 돕는 방법을 사용한다면, 학생들의 이해뿐 아니라 그동안 사용해 왔던 다른 어떤 방법보다 학생들이 창의적으로 사고하려는 경향을 보이기 시작할 것이다. 그러므로 교사는 목표에 맞는 학습활동의 유형을 선정하는 것에 주의를 기울여야 한다.

여기에서 주의해야 할 것은 목표를 성공하게 하거나 목적에 부합하는 방법이 단 하나라는 것은 아니다. 어떤 학습활동이 특정 목표를 성취하게 한다고 보장하지는 못하며 대부분의 학습활동들은 여러 유형의 목표들에 사용될 수 있다. 또한 어떤 한 가지 교수방법으로 모든 목표를 달성시킬 수 없다. 교사들은 항상 다양한 전략들과 기능들을 적절히 활용하려고 노력해야 하며, 이렇게 복합된 전략들과 기능들을 사용할 때 교사는 자신이 얻고자 하는 학습결과를 성취할 수 있을 것이다.

**▌사례연구** 특정한 개인이나 집단 또는 기관을 대상으로 어떤 문제나 특성을 심층적으로 조사하고 분석하는 연구

**▌도덕적 딜레마** Kohlberg가 아동의 도덕발달 수준을 추론하기 위해 고안한 도덕판단 과제, 가상적인 여러 가지 갈등 상황으로 구성되어 있으며 각 상황에 대해 개인이 어떻게 판단하는가를 평가함으로써 도덕발달 수준을 평가

만일 학습목표가 사회적 태도의 발달이라면, 사례연구, 유도질문(guided questions), 실험실 과정, 액션러닝(action learning: 영국의 Reg Revan 교수가 개발한 경영 기법으로 팀 단위로 해결책을 도출, 적용하여 어떠한 결과를 낳는가를 학습하는 실천학습이다), 독립적 조사, 그룹조사, 문제해결 전략, 사회적 분석에 대한 연습, 자신과 타인에 대한 관찰 등과 같은 방법들을 시도해 보는 것이 적절하다. 만일 학습목표가 자기계발이라면, "실생활 문제, 사회적 문제, 도덕적·철학적 문제, 개인적 문제와 연구문제, 도덕적 딜레마"를 고려한 간접적인 학생중심 활동을 시도해 보는 것이 적절하다. 만일 학습목표가 정보와 문제해결 기술의 개발이라면 탐구, 문제해결, 선행조직자, 귀납적 질문, 그리고 귀납적 기술과 방법들이 적절할 것이다. 교사는 자신의 목표에 가장 적합한 방법을

선정하는 데 주의를 기울여야 한다. 대부분의 학습활동들은 한 가지 유형의 목표뿐만 아니라 다양하게 사용되는 것이 사실이다.

둘째, 우리가 살펴본 바와 마찬가지로 학습활동은 교수과정에서 다른 역할을 수행할 수 있다. 어떤 활동들은 동기부여를 하는 데 적합하고, 어떤 활동들은 기능을 개발하는 데 적합하고, 어떤 활동들은 학습을 마무리짓는 데 유용하다. 그러므로 교사가 얻고자 하는 학습효과를 최대화시킬 수 있는 효과적인 학습활동을 선정하여야 한다.

수업의 도입부분에서는 학생들의 주의나 학생들의 흥미를 자극할 수 있는 활동을 사용해야 한다. 학생들에게 간단한 일화를 이야기해 줌으로써 학생들에게 문제상황을 제시해 준다든지, 최근의 화젯거리에 대해 의견을 나눠보는 것이다. 학생들이 공부하게 될 단원 혹은 수업의 내용에 대한 설명은 학생들이 자신의 학습방향을 설정하는 데 도움을 줄 수 있을 것이다. 학생들에게 활동을 계획하고 지도하는 데 참여하게 하여 학생들의 흥미에 불을 붙이고 학습에 대한 노력과 협동을 자극시켜야 한다.

교사는 학급에서 수업의 매니저, 코치 혹은 연구트레이너와 같은 임무를 담당해야 한다. 문제해결, 소크라테스식 토론, 논리적 의사결정 연습, 추론, 사실확인과 같은 것들을 이용하여 학생들이 개념과 지적 기능을 개발하는 것에 도움을 주어야 한다. 또한 교사는 유능한 강의, 시연, 시청각 자료, 날카로운 질문 등을 이용하여 학생들의 배경지식과 시야를 넓혀 주어야 한다. 교사는 활동과 실행을 직접 시연함으로써 학생들의 기술을 개발시킬 수 있다. 검토, 연습, 강화활동, 역할극, 토론, 시험 등은 학생의 학습과 지식, 기능을 하나로 이어 주는 데 큰 역할을 할 것이다. 교사가 직접 시연을 보이는 것은 학급환경을 촉진하는 데 도움이 될 것이다.

**추론(推論)** 미리 알려진 어떤 생각이나 주제를 근거로 삼아 새로운 판단, 또는 결론을 이끌어 냄

교사가 사용하는 교수방법은 학급환경에 적합해야 한다. 교사가 계획하지 않았던 방법을 즉흥적으로 시도하는 것은 효과적일 수도 있지만 이를 받아들이지 못하는 학생이 발생할 수 있으며 이런 상황에서 교사의 판단은 매우 중요하다.

셋째, 학생 개개인은 다양한 교수방법에 다르게 반응한다. Bruce Joyce에 의하면, 학습을 하는 학생들은 교수방법의 일부분이라고 하였다. 학생들이 무엇을 하는지, 학생들의 태도는 어떠한지, 학생들의 능력은 어떠한지와 같은 것들은 학생들이 무엇을 학습하게 되는지를 결정한다. 교수방법은 학습결과에 영향을 미치기는 하지만 학습결과를 결정하지는 않는다. 그러므로 선정된 학습활동은 학생들의 능력, 학습양식, 배경지식과 화합되어야 한다. 활동에서 요구하는 선행지식이 없는 학생들에게는 이 활동을 하기 위해 우선시 되는 배경, 지식이나 기능을 갖추기 전에 활동이 시도되어서는 안 된다. 이와 반대로, 활동에 대한 훌륭한 배경지식과 기능을 이미 갖춘 학생들에게는 그들이 이미 알고 있거나 할 수 있는 것을 재학습하라고 해서는 안 된다. 또한 학생들의 학습양식과 맞지 않는 활동을 계속 강요해서는 안 된다. 유연하지 못한 학생들에게는 구조화된 활동들이 필요한 반면 유연한 학생들에게는 보다 덜 구조화된 수업이 더 생산적일 것이다. 사회적인 학생들은 사회조직 유형의 활동들이 보다 적합하고, 창의적인 학생들은 확산적 사고와 독창성을 이용한 교수방법이 보다 유용할 것이다. 학생들의 능력과 태도에 가장 적합하게 접근하는 방법은 교수를 학생의 특성에 맞게 개별화시키는 것일 수 있다. 다양한 활동을 이용하는 방법은 모든 학생들이 적어도 수업의 일부분에서는 그들에게 적절한 학습경험을 할 수 있을 것이다.

**▌학습양식** 학습자가 선호하는 학습방식 및 학습환경으로서 비교적 지속적이고 안정적인 특성을 갖고 있음

넷째, 활동은 학생에게 흥미로워야 한다. 교사가 계획하는 수업이 학생들이 흥미로워하는 활동들로 만들어진다면 기대 이상의 성과를 나타내게 될 것이다. 교사가 완벽한 교수를 위해 학생들을 다그친다면 얼마 후 학생들은 지치게 될 것이고 결국 그럴 때마다 속도를 조절해야 하는 불편함을 초래할 것이다. 모든 과목에는 흥미로운 내용이 반드시 존재한다. 필름, 드라마, 시뮬레이션, 토론, 게임, 실제문제, 체험학습과 같은 방법은 학생들의 참여와 흥미를 더할 수 있다.

다섯째, 교사는 스스로의 능력, 적성, 선호에 관해 고심해야 한다. 모든 교사는 자신이 가장 편안하게 느끼는 방법과 테크닉을 가지고 있고 이런 방법과 테크닉을 사용할 때 보다 효과적이다. 많은 교사들은 한정된 방법과 테크닉만을 고집하며 다양한 시도를 하지 않는다. 다양한 교수목표와 학습자들을 잘

대처하고, 교사가 원하는 학습환경을 조성하며 흥미롭고 깊이 있는 교수를 위해 교사는 자신이 편하게 사용할 수 있는 다양한 교수방법과 테크닉을 보유해야 할 것이다.

여섯째, 가능한 시간과 공간, 필요한 자료와 장비, 비용, 건강, 안전처럼 실제적인 요인들을 명심해야 한다.

일곱째, 교과는 학습활동에서 필수적인 부분을 차지한다. 교과 없는 학습활동은 존재할 수 없다. 학습활동을 단순한 정보와 낮은 수준의 기능으로 제한하기보다는 높은 수준의 인지적, 정의적, 심리운동적 교과를 포함해야 한다. 교사가 선택한 교과가 목표에 영향을 미친다는 것을 유의하여야 한다. 교과내용의 종착점은 교사의 교수목표가 성취되는 것이다.

**심리운동적 지식** 인간의 조작적 기능, 운동기능 및 신경근육 조정이 요구되는 동작에 대한 인지적 지식

여덟째, 학습활동에 사용하는 교수전략과 테크닉은 교사가 가르친 교과와 일치해야만 한다.

아홉째, 교사가 사용하는 각각의 학습활동들은 적어도 한 가지 교수목표에는 초점을 두어야 하며, 모든 교수목표는 적어도 한 가지 학습활동에 초점을 두어야 한다.

마지막으로 학습활동을 선정하면 반드시 학습에 대한 계열성이나 조직적 학습을 위해 구성되어야 한다.

**탐구문제**

1. 학습자 진단의 개념과 필요성을 설명해 보시오.
2. 학습자 진단의 과정을 설명해 보시오.
3. 학습자 진단에 필요한 진단도구를 분류하고 설명해 보시오.
4. 교수계획의 개념을 설명해 보시오.
5. 교수목표를 분류해 보시오.
6. 행동적 교수목표의 특징을 설명해 보시오.

Chapter 03

# 학습에 대한 심리학적 이해

이번 장에서는 교수-학습활동의 성공적인 수행을 위하여 심리학적 측면에서 학습의 기제를 살펴보고 교수-학습의 기초 원리를 제시하고자 한다. 이를 위해 학습이론의 세 가지 관점인 행동주의, 인지주의, 구성주의의 학습관과 기본가정, 주요학습이론, 학습원리 등을 살펴보고, 세 가지 학습관이 교수설계에 주는 시사점을 이해함으로써 이를 실제 교육현장에 적용될 수 있도록 하고자 한다.

## 학습목표

1. 행동주의, 인지주의, 구성주의 학습이론이 지향하는 학습관, 기본가정을 비교·설명할 수 있다.
2. 행동주의, 인지주의, 구성주의 학습이론의 학습원리를 설명할 수 있다.
3. 행동주의, 인지주의, 구성주의 학습이론이 교수-학습에 주는 시사점을 제시할 수 있다.

# 1 행동주의적 관점

행동주의는 학습이란 연습 또는 경험의 결과로 나타나는 비교적 영속적인 학습자의 행동변화라고 보며, 학습자의 외적 환경이 학습을 발생시키는 조건이라고 여긴다. 따라서 행동주의 심리학자들은 관찰 가능한 모든 행동을 학습된 것으로 보고, 관찰할 수 없는 인간의 내적 정신과정의 변화는 학습으로 보지 않는다. 행동주의 학습의 근본적인 원리는 학습자에게 제공되는 자극(stimulus)과 자극을 통한 반응(response) 간의 연합이다. 자극이란 환경으로부터 학습자에게 제시되는 모든 것을 의미하며, 반응이란 자극으로 인해 나타나게 되는 행동을 의미한다. 행동주의에서는 이와 같은 자극과 반응의 연합을 학습으로 이해하고 있으며, 이러한 이유로 연합이론(association theory)이라고도 한다. 대표적인 이론으로 시행착오 학습이론, 고전적 조건화 이론과 조작적 조건화 이론이 있으며 각각의 학습원리와 교육적 시사점을 살펴보면 다음과 같다.

## 1) Thorndike의 시행착오 학습이론

### (1) 시행착오 학습의 형성과정

Thorndike(1874~1949)

Thorndike가 주장한 시행착오 이론(trial-error learning theory)에서의 학습이란 어떤 자극에 대해 학습자가 나타내는 특정 반응의 결합으로 이루어진다는 것으로 S-R이론이라고도 한다. 그는 특수한 반응과 특수한 자극을 연결시킨 시행착오 실험을 통해 S-R이론을 증명하고자 하였다. 즉, 문제상자 속에 갇힌 고양이가 어떻게 빠져나가는지와 미로 속에 놓인 배고픈 쥐가 음식물을 찾아가는 과정을 관찰하면서 이들이 처음에는 의미 없는 동작으로 많은 시간을 보내지만 우연한 기회에 문제해결 행동의 성공

경험을 하게 되면 나중에는 습관적으로 그 행동이 형성됨으로써 학습이 된다고 보았다. 이러한 시행착오 과정과 관련된 주요 세 가지 법칙은 다음과 같다.

① **준비성의 법칙**(the laws of readiness)

준비성이란 유기체가 학습에 필요한 조건을 얼마나 갖추고 있는가의 문제이다. 학습이 일어나기 위해 학습자는 새로운 사실과 지식을 습득할 충분한 준비와 학습할 태세가 되어 있어야 하며, 준비가 충분할수록 지식결합이 용이하게 된다는 것이다.

**준비성의 법칙** 학습할 준비나 자세가 되어 있을수록 결합이 용이하다는 법칙

② **연습의 법칙**(the laws of exercise)

연습의 법칙은 자극-반응의 반복이 그 결합을 강화시킨다는데 근거를 둔다. 즉, 학습은 하위의 쉬운 과제부터 먼저 성공적으로 수행하여 강화를 받게 됨으로써 점차 어렵고 복잡해지는 단계에서도 과제를 성공적으로 완수하게 되는 과정을 통해 이루어지는데, 이는 단계적 연습과 계속적 반복을 통해 진행된다는 것이다.

**연습의 법칙** 연습의 횟수가 많을수록 결합이 강화된다는 법칙

③ **효과의 법칙**(the laws of effect)

자극과 반응 사이의 연결이 이루어지면 이러한 연결의 강도는 반응 뒤에 무엇이 뒤따르는가에 의해 결정된다. 학습 도중 주어지는 피드백은 학습내용에 대한 효과를 지각시켜서 학습의욕을 높이며, 행동의 결과에 따른 만족과 불만족의 감정적 경험이 학습의 결합을 강화시키거나 약화시킨다는 것으로 효과의 법칙은 동기의 중요성을 강조하고 있다.

**효과의 법칙** 결과에 대한 만족감이 클수록 결합이 강화된다는 법칙

### (2) 시행착오 학습이론의 교육적 시사점

Thorndike의 준비성의 법칙, 연습의 법칙, 효과의 법칙이 교육현장에 주는 시사점은 다음과 같다. 첫째, 교사는 학습자가 직면한 상황을 충분히 고려하여, 어떤 과제를 수행할 능력이 부족하다고 판단될 때는 일정 능력의 수준에 도달할 때까지 기다렸다가 수행하도록 해야 한다. 둘째, 학습결합은 일시적으로 일어나는 것이 아니므로 꾸준히 시도해야 한다. 이때 학습자가 학습 중 정

반응을 보일 때 제공하는 교사의 보상은 학습결합에 더욱 효과적이다. 셋째, 학습자가 스스로 학습할 때까지 기다렸다가 보상하는 것이 효과적이며, 그 과정에서 바람직한 반응을 보이면 즉시 보상한다. 이로 인해 학습자는 학습결과에 대한 만족스러운 감정을 경험하여 학습의욕을 높일 수 있다.

## 2) 고전적 조건화 이론

Pavlov(1849~1936)

고전적 조건화 이론(classical conditioning theory)은 러시아 생리학자인 Pavlov에 의해 발전된 이론이다. 그는 원래 개의 소화기능에 관심을 가지고 연구를 시작했으나 개가 침을 분비하는 여러 상황을 우연히 관찰하게 되면서 학습현상 설명에 적용 가능한 일정한 학습법칙을 발견하게 되었다.

### (1) 고전적 조건화 과정

Pavlov는 개의 타액분비선을 수술하여 침의 분비를 외부에서 알 수 있도록 장치한 후, 개를 굶주린 상태로 만들어 실험하였다. 그는 개에게 음식을 줄 시간을 알리기 위해 종을 쳤는데 개들이 종소리만 듣고도 침을 흘리는 현상을 발견하고 이에 관한 연구를 시작했다. Pavlov는 그림 3-1 과 같은 실험을 통해 개가 침을 흘리는 여러 가지 상황을 관찰하였다. Pavlov는 개가 먹이를 보고 침을 흘리는 행동을 무조건 반응(Unconditioned Response; UCR)이라고 명명하고, 침을 흘리게 하는 먹이를 무조건 자극(Unconditioned Stimulus; UCS)이라고 하였다. 먹이를 줄 때마다 종을 치게 되면 개는 일정한 기간이 지난 후 먹이를 보지 않고 종소리만 듣고도 침을 흘리게 된다. 이 경우 종소리를 조건자극(Conditioned Stimulus; CS), 종소리만 듣고 침을 흘리는 반응을 조건반응(Conditioned Response; CR)이라고 하며, 이러한 일련의 과정을 조건화(Conditioning)라 한다. 조건화 과정을 도식하면 그림 3-1 과 같다.

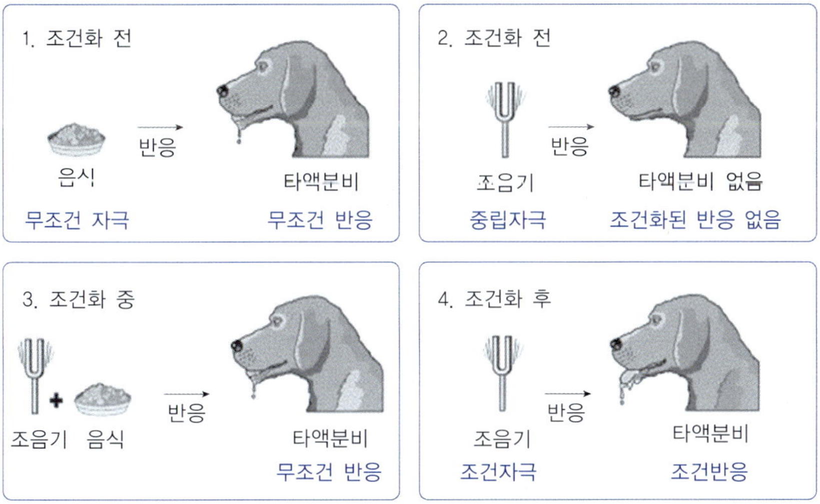


**그림 3-1** 고전적 조건화 과정

### ① 고전적 조건화의 주요개념

- **자극의 일반화**(stimulation generalization) : 일단 조건이 형성되고 난 직후 조건자극과 유사한 다른 자극에 대해서도 똑같은 조건반응을 나타내는 현상이다.
- **변별**(discrimination) : 유기체가 조건화된 자극과 유사한 자극에 모두 반응하던 것과 반대로 비슷한 자극을 구별하고 그 자극에 대해 각기 다른 반응을 하는 현상이다.
- **소거**(extinction) : 조건반응이 습득되었다 할지라도 무조건 자극이 제공되지 않고 계속해서 조건자극만 제시된다면 조건화의 반응빈도가 점차 감소하거나 사라지게 되는 현상이다.
- **자발적 회복**(spontaneous recovery) : 소거현상 이후 무조건 자극과 연합시키지 않은 채 일정 기간이 지난 후 다시 조건자극을 제시하였을 경우 재훈련을 하지 않아도 조건반응이 다시 나타나게 되는 현상이다.

② 고전적 조건화의 기본원리

**시간의 원리** 종소리는 음식물보다 시간적으로 앞서거나 동시에 줄 때 효과적이다.

- **시간의 원리** : 중립자극을 무조건 자극보다 시간적으로 먼저 제시할 때 가장 효과적으로 조건이 형성되며 제시간격도 너무 길거나 짧으면 조건형성이 어려워지는데, 가장 적당한 시간간격은 약 0.5초 이내이며 5초 이상 지연되면 조건형성이 이루어지지 않는다고 본다.

**강도의 원리** 무조건 자극이나 조건자극이 강해야 효과적이다.

- **강도의 원리** : 무조건 자극의 강도가 강하면 강할수록 조건형성이 용이해진다는 것이다. 그러나 너무 강하면 오히려 방해가 될 수도 있다.

**일관성의 원리** 조건자극은 일관되게 제시되어야 한다.

- **일관성의 원리** : 조건형성을 이루기 위해 제시되는 중립자극이 처음부터 끝까지 일관성이 있어야 한다. 즉, 처음에 벨소리로 중립자극을 제시했다면 다른 형태가 아닌 벨소리를 계속해서 들려 줘야 한다.

**계속성의 원리** 반복된 횟수가 많을수록 조건화가 잘 된다.

- **계속성의 원리** : 조건반사 행동이 나타날 때까지 중립자극을 계속적으로 충분히 제공해야 조건형성이 가능하게 됨을 의미한다.

### (2) 고전적 조건화 이론의 교육적 시사점

우리가 일상에서 흔히 볼 수 있는 정서적 반응이나 태도는 고전적 조건화의 결과라고 볼 수 있는 것들이 많다. 따라서 교사는 고전적 조건화 과정이 교실에서 항상 진행되고 있음을 상기해야 한다. 처음에 교사의 행동과 학습활동은 중립자극으로 작용하지만, 시간이 지나면서 교사의 교수방법은 조건자극이 될 수 있으며, 그러한 자극은 다양한 반응과 연합될 수 있기 때문이다. 과거의 특정한 상황에서 실패하여 두려움, 불안 등의 부정적 정서를 경험한 아동은 그와 유사한 상황을 만나면 그 상황을 회피하려 하거나 반복되는 부정적 감정을 경험하게 된다. 이러한 아동에게는 그 상황에서 두렵고 회피하고자 하는 감정이 어떻게 형성될 수 있는지에 대해 설명해 주고 그런 감정이 발생되는 상황에 직면하도록 체계적으로 접근시키는 것이 중요하다. 이렇듯 불안과 공포 등 부정적 정서를 갖게 되는 원인을 찾아 위계적으로 나누어 가장 낮은 단계부터 직면하여 극복할 수 있도록 도와주는 방법을 체계적 둔감법(systematic desensitization)이라 한다.

**체계적 둔감법** 두려움을 느끼는 상황의 단계를 개발한 후 각 단계에서 두려움을 극복하도록 하면서 궁극적으로 가장 두려움을 많이 느끼는 상황을 극복하도록 하는 행동 치료 또한 고전적 조건화의 교육현장 적용을 위해 교사들이 자주 사용하는 방법으로, 학생들이 지루해 하고 어려운 과목을 학습할 때, 학습자들이 좋아하는 게임이나 활동들을 연결시켜 진행하는 경우를 들 수 있다. 예를 들어, 교사는 도전 골든벨과 같은 게임방식으로 학생들로 하여금 수업이 즐겁게 느껴지도록 조건화시키는 노력을 통해 성공적인 수업을 이끌어 나갈 수 있다. 이처럼 고전적 조건화 이론은 교사가 학생의 행동을 이해하고 해결하는 데 중요한 단서를 제공할 수 있다. 교사가 무심코 간과하거나 학생의 개인차에 원인을 돌리는 수많은 문제에 조금만 관심을 기울이면 비교적 간단한 방법으로 수업활동과 학습 사이의 궁극적 연관성을 발전시키고 학습자의 행동을 수정할 수 있을 것이다.

## 3) 조작적 조건화 이론

조작적 조건형성(operant conditioning)은 B. F. Skinner에 의해 체계화된 이론으로, 오늘날 행동주의 심리학을 교실에 적용하는 데 중요한 관점을 제시하고 있다. Skinner의 조작적 조건화와 Pavlov의 고전적 조건화의 가장 큰 차이점은 고전적 조건화가 행동을 유발하기 위한 자극에 관심을 두는 반면, 조작적 조건화는 자극보다는 유발된 행동의 결과에 관심을 둔다는 점이다. 조작적 조건형성 과정을 살펴보면 다음과 같다.

Skinner
(1904~1990)

### (1) 조작적 조건화 형성과정

Skinner는 자극에 의해 유발된 반응적 행동과 유기체가 자발적으로 행하는 조작적 행동을 구분하고, 학습자의 자발적인 조작적 행동 이후 주어지는 자극에 따라 앞으로 동일한 조작적 행동이 유발될 가능성과 그 강도가 결정된다고 설명하고 있다. 이는 '스키너 상자(Skinner Box)' 실험에 기초하고 있다.

스키너 상자는 먹이통과 연결된 지렛대와 먹이접시가 달린 상자로, 상자 안에서 지렛대를 누르면 먹이통에 먹이가 떨어지도록 설계되었다. Skinner는 상자 안에 쥐를 넣고 관찰하였다. 이 실험에서 쥐는 상자 안을 돌아다니며 탐색하다가 우연히 지렛대를 누르고 먹이를 먹었다. 이러한 반응과 결과가 반복적으로 일어났고, 지렛대 누르기와 먹이와의 관계를 점차 학습하게 된 쥐는 지렛대를 누르는 행동의 빈도를 증가시켰는데, 이는 조작적 조건형성이 이루어졌기 때문이다.

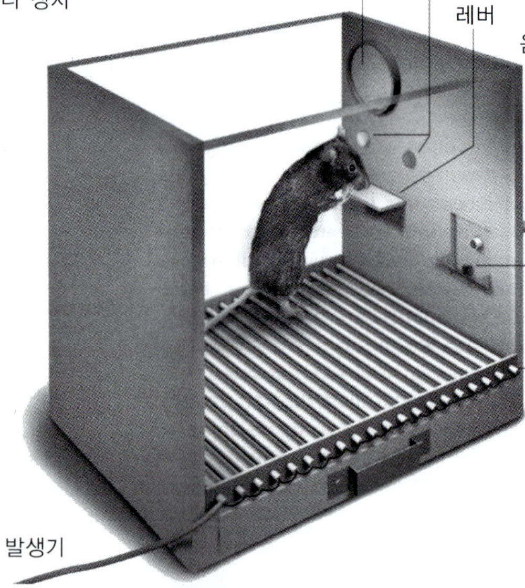


**그림 3-2** 스키너 상자

**강화** 행동의 발생빈도를 증가시키는 것

Skinner는 이 실험을 통해 쥐가 지렛대를 누르는 조작적 행동과 그 행동의 발생빈도를 증가시키는 먹이, 즉 자극과의 관계를 강화(reinforcement)라는 개념으로 설명하였다.

### ① 조작적 조건화의 기본원리

교수-학습과 관련된 Skinner의 조작적 조건화의 기본원리는 다음과 같다.

- **강화의 원리 :** 조작적 조건형성에서 원하는 반응을 유지시키거나 원하는 행동이 나타날 확률을 더 높이는 것을 '강화(reinforcement)'라 하며 이는 조건형성의 핵심원리로, 강화효과를 지닌 사물인 강화물(reinforcer)과 구별되는 개념이다. 즉, 강화란 자극이 아니라 그 효과이다. 강화는 강화에 사용되는 강화물이 학습자 입장에서 좋아하는 것이냐 싫어하는 것이냐에 따라 정적강화와 부적강화로 분류된다.

  정적강화 : 원하는 어떤 반응을 보일 때 칭찬이나 선물과 같은 보상을 줌으로써 이후에 그 반응이 다시 일어날 확률을 증가시켜 주는 것

  부적강화 : 원하는 어떤 반응을 보일 때 방과 후 청소와 같이 주어진 혐오적 상황을 제거 또는 면제해 줌으로써 그 결과, 반응의 빈도가 증가되는 것

한편 벌은 원하지 않은 행동을 제거 또는 약화시키는 것이다. 벌은 특징에 따라 제1형 벌(적극적 벌)과 제2형 벌(소극적 벌)로 분류된다. 두 유형의 벌 역시 강화와 동일하게 강화물에 대한 학습자의 선호 또는 혐오가 기준이 된다.

제1형 벌 : 부정적 행동을 보일 때 질책과 같은 혐오적인 강화물을 주는 것

제2형 벌 : 부정적 행동을 보일 때 컴퓨터 게임 등 선호하는 강화물을 박탈하는 것

학습자가 특정 행동을 유지하도록 하기 위해서는 강화계획이 중요하다. 연속강화란, 어떤 반응이 일어날 때마다 계속적으로 강화를 주는 것을 말한다. 이에 대해 부분강화란 유기체의 반응 중 일부만 강화를 하는 것을 말한다. 강화는 일정한 시간간격으로 강화하는 고정간격계획과 시간간격을 불규칙하게 변동적으로 강화를 주는 변동간격계획이 있다. 또한 일정한 반응횟수에 따라 반응이 나타날 때마다 강화를 주는 고정비율계획과 불규칙한 반응횟수에 따라 강화를 하는 변동비율계획 등이 있다. 가장 이상적인 강화계획은 학습 초기단계에서는 연속강화계획을 세워 사용하다가 후기단계에서 부분강화를 사용하는

**시간간격에 따른 강화계획** 고정간격계획과 변동간격계획으로 나뉨

**반응횟수에 따른 강화계획** 고정비율계획과 변동비율계획으로 나뉨

것이다. 부분강화 중에서 반응확률이 높게 나타나는 순서로는 변동비율계획, 고정비율계획, 변동간격계획, 고정간격계획 순서인 것으로 보고 있다.

- **일반화와 변별의 원리 :** 한 특정 자극상태에서 강화를 받아 형성된 행동은 다른 유사한 상태에서 일어날 가능성이 있다. 이와 같이 조건자극에서 발생하는 조건반응이 그와 유사한 자극에서도 일어나는 현상을 일반화(generalization)라고 한다. 이는 학교학습의 전체 내용을 통합시키는 역할을 한다. 하지만 한 번 배운 개념, 규칙이나 원리들을 모든 상황에 적용시키게 되면 많은 오류가 생긴다. 따라서 관련은 되지만 동일하지 않은 자극에 대해서는 상이한 반응을 보이게 되는 변별(discrimination)이 필요하며, 이는 학교학습의 전체 내용을 분화시키는 역할을 하게 된다.

② **프로그램 학습법**(programmed instruction)

Skinner이론은 인간행동의 일반적인 원리와 법칙을 교육의 장면에 응용하여 수업목표에 적합한 자료를 체계적으로 제시하면서 학습과정에서 적절한 강화를 제공함으로써 바라는 학습의 성과를 이룰 수 있다는 교육적 입장을 가지고, 이를 티칭머신(teaching machine)과 프로그램 학습 등에 적용하였다.

- **프로그램 교수법의 학습원리와 특징 :** 프로그램 교수법은 Skinner의 강화이론(reinforcement theory)에 기초한 것으로 하드웨어로서 교수기계(teaching machines)를 고안하고, 소프트웨어로서 프로그램 수업교재를 개발하여 수업의 공학화를 도모하였다. 이는 학습이란 자기 스스로 행함으로써 성립된다는 기본원리에 입각하여, 학습과업을 작은 단위의 논리적인 순차에 따라 구성하여 학습자가 능동적으로 참여하고 즉각적인 피드백이 제시되면서 학습자의 개별적인 속도에 따라 학습해 나갈 수 있도록 하는 수업형태이다. 이러한 프로그램 교수법의 주요 학습원리와 특징은 다음과 같다.

  점진적 접근의 원리 : 학습과제를 학습할 때 쉬운 것에서 점차 어려운 것으로, 단순한 것에서 복잡한 것으로, 가까운 현상에서 먼 현상으로 학습이 진행되어야 한다는 원리이다. 즉, 학습할 내용은 학습이 효과적으로 수행될 수 있도록 단계적으로 이루어져야 한다.

적극적 반응의 원리 : 학습자가 제시된 내용에 대해 능동적이고 적극적으로 참여하고 활동할 때 학습이 잘 이루어질 수 있다는 원리이다.

즉시확인의 원리 : 학습결과에 대한 옳고 그름이 즉시 확인될 때 학습이 보다 잘 이루어진다는 원리로, 반응이 올바를 때 즉시 피드백을 주면 반응이 잘 정착되며, 오반응일 때도 이를 즉시 알려 주면 쉽게 교정이 된다.

학습자 검증의 원리 : 학습자가 자기 학습반응의 옳고 그름을 스스로 검증할 때 학습이 잘 이루어진다는 원리이다.

자기속도의 원리 : 학습이 학습자의 능력에 기초를 두면서 학습자 각자의 속도에 맞게 개별화되어야 한다는 원리로, 학습자는 자기의 학습능력에 맞는 문제부터 시작하여 점진적으로 학습목표에 접근해야 한다. 이를 스몰 스텝(small step)의 원리라고도 한다.

- **프로그램 학습의 형태 :** 프로그램 교수법에서 활용되는 프로그램 유형에는 직선형(linear) 프로그램과 분지형(branching) 프로그램으로 나뉜다.

직선형 프로그램 : 직선형 프로그램은 모든 학습내용이 하나의 단일한 순서로 계열화되어 있어서 모든 학습자가 전부 똑같은 순서에 따라 학습하도록 되어 있다. 한 프레임에서의 성공은 다른 프레임에 대한 강화요인이 된다. 이 유형은 학습자가 능력의 차이에 따라 속도의 차이는 있으나, 누구나 이 직선적 순서를 따라가야만 한다.

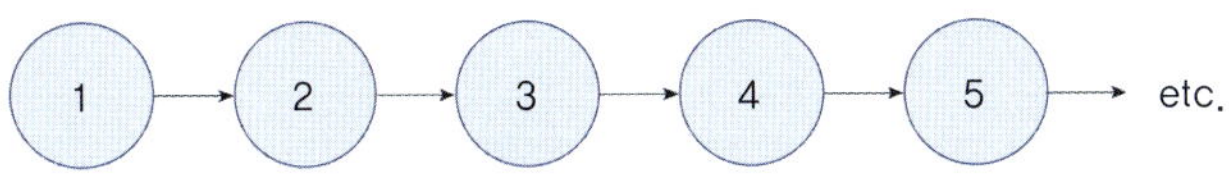


**그림 3-3** 직선형 프로그램

분지형 프로그램 : 분지형 프로그램은 각 학습과제에 대한 학습자의 반응 정도 및 선택한 반응 종류에 따라 각자에게 알맞은 경로를 개별적으로 선택하여 학습해 나갈 수 있도록 한다. 즉, 분지형 프로그램에서는 여러 가

지 대안적인 순차성이 마련되어 오답을 하였을 경우 그것에 대한 설명과 정보가 제시되는 일종의 처방적 교수가 이루어진다.

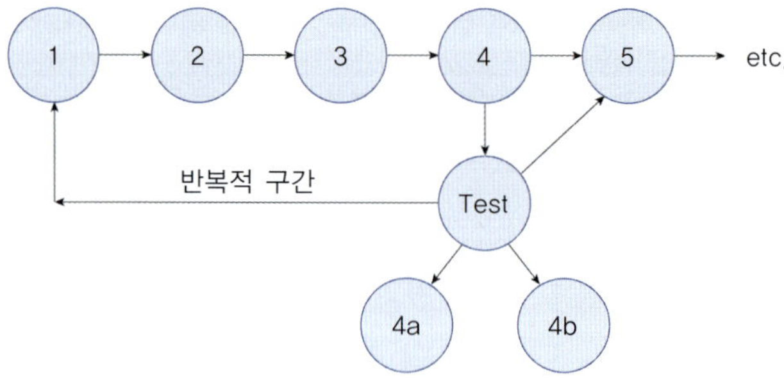


**그림 3-4** 분지형 프로그램

- **프로그램 학습의 장·단점 :** 프로그램 학습의 장점은 다음과 같다. 첫째, 학습의 개별화와 계열화를 가능하게 해준다. 둘째, 학습자가 자신의 능력과 학습속도에 따라 학습을 스스로 통제하며 능동적 참여에 의한 학습이 가능하다. 셋째, 단순한 지식과 기계적 기술 습득에 효과적이다. 넷째, 시·공간의 구속에서 벗어나 경제적인 학습이 가능하다. 다섯째, 즉각적인 피드백 제공이 가능하고 학습자의 실수에 따른 벌이 주어지지 않는다.

  프로그램 학습의 단점은 다음과 같다. 첫째, 프로그램 자료를 개발하는 데 상당한 시간과 노력, 비용이 들어야 한다. 둘째, 스몰 스텝(small step) 프로그램을 만드는 일이 어렵다. 셋째, 학습자의 소극적인 순응을 조장하여 창의력이나 자기표현의 기회를 갖지 못하며 고등정신 기능 함양이 어렵다. 넷째, 구성원 간의 상호작용적인 협동적 의사소통을 촉진하지 못한다. 다섯째, 교수기계 제작 구입에 비용이 많이 든다.

### (2) 조작적 조건화 이론의 교육적 시사점

교실상황에 있어서 긍정적 수업분위기로 발전시키기 위해 조작적 조건화 이론이 교육에 주는 시사점은 다음과 같다.

첫째, 수업목표의 측면이다. 수업목표는 일련의 수업과정을 통해 성취하고자 하는 목표행동으로 규정된다. 목표행동은 수업이 끝난 다음 학습자가 보여줄 행동을 말한다. Skinner는 이러한 도착점 행동의 진술은 구체적이고 명료해야 하며, 수업의 방향 설정을 위해 관찰 및 측정이 가능한 행동용어로 진술하여 수업지침과 평가의 준거로 활용하도록 하였다. 예를 들어 "~를 이해한다. ~을 안다. ~을 감상한다."의 표현보다는 "~의 차이를 말할 수 있다." 등의 구체적이고 명료한 수업목표를 마련해야 한다.

둘째, 학생의 개인차 측면이다. 개인차 문제에 대한 기본가정은 조작적 조건화 과정을 사용하면 학습자의 능력에 맞춘 학습진행으로 누구나 궁극적인 목표행동까지 도달할 수 있다는 것이다. 그러나 학습속도에는 개인차가 있으며, 이는 더 많은 강화와 조건형성으로 극복할 수 있기에 수업 중 이를 반영해야 한다고 보았다.

셋째, 동기형성 측면이다. Skinner는 행동이 선행된 이후 강화하여 행동변화가 일어난다고 보기 때문에 행동변화의 밖에서 주어지는 외재적 동기가 행동변화에 매우 중요한 역할을 한다고 보았다. 특히 긍정적 강화에 의한 행동에의 보상이 즉각적일 때 동기형성이 잘 된다.

넷째, 수업사태의 측면이다. 수업사태는 학습이 일어나도록 학습자에게 제공하는 자극사태를 말한다. Skinner는 일반적 수업사태의 첫 단계인 주의집중을 위해 학습문제를 쉽게 하여 제시해야 한다고 했다. 이러한 방식은 학생의 내적 동기를 유발하기 위해 외적으로 환경을 조성해 주는 형식이다. 이를 위해 스몰 스텝(small step) 학습에 의한 성공기회 제공이 중요하다.

다섯째, 수업평가의 측면이다. Skinner는 원래 수업목표가 관찰할 수 있는 행동의 변화였기에 평가의 관심도 그 목표행동이 달성되었느냐에 있다고 본다. 따라서 학생이 일련의 수업이 끝난 후 세분화된 지식, 기능의 습득 여부를 평가하는 것이 평가의 주요목적이다.

여섯째, 행동수정(behavior modification) 측면이다. 이는 학생들의 특정 행동을 변화시키기 위해 강화와 벌을 이용하여 체계적으로 조작적 조건형성 원리를 적용하여 학습자의 부적응 행동을 감소시키고 적응행동을 증진시켜 바람직한 방향으로의 행동변화를 추구하는 방법이다.

## 2 인지주의적 관점

인지주의 학습이론에서는 학습자의 행동보다 그 행동을 일으키는 정신활동, 즉 인지활동에 관심을 두고 있다. 따라서 인지주의 입장에서의 학습은 '내적 사고과정의 변화, 즉 이해를 통한 학습자의 인지구조가 변화하는 것'이며, 인식되며, 내적 사고과정은 정보를 기억하고 조작하는 과정으로 곧 지식의 습득 과정을 말한다. 즉, 학습자가 따로 떨어진 정보를 서로 연결시켜 자신의 인지 구조 속에 그 관계를 파악했을 때 학습내용의 이해가 일어난다고 본다. 인지주의는 인간이 지식을 어떻게 습득하고, 이해하며, 이를 문제해결의 과정에 어떻게 적용하는지에 관심이 있다. 이러한 인지주의 학습이론의 기본가정은 첫째, 학습이란 정보를 기억하고 조작하는 과정이므로 심리학적 탐구는 인간의 내적, 정신적 과정을 주된 대상으로 해야 한다. 둘째, 인간은 외부의 자극에 대해 기계적으로 반응하는 것이 아니라, 그 자극을 능동적으로 지각하고, 해석하고, 재구성하는 주체적인 존재로 생각한다. 셋째, 학습이란 요소들 간의 관계를 파악하는 것이다. 넷째, 인간은 개인의 경험이나 흥미가 사물의 지각방식에 영향을 미치므로 각기 다르게 사물을 지각한다(Eggen et al., 2009).

이러한 인지주의 관점에서 학습은 새로운 지식을 학습자가 이미 알고 있는 지식에 연계시키는 다양한 기회와 과정을 통해 일어난다고 보기 때문에 수업은 교사가 지식이나 정보를 학습자에게 단순히 전달하는 과정이 아니라 학생의 사고과정과 기능 습득을 효과적으로 수행할 수 있도록 도와주는 활동이라고 할 수 있다. 즉, 학습자가 지식이나 정보를 그저 단순히 받아들여 기록하고 연습하고 외우도록 하는 것이 아니라 학습자가 정보를 적극적으로 구성하고,

그러면서 자신의 인지구조 내의 기존 지식과 정보들을 재구성하는 일을 하도록 안내하고 도와주는 것을 가르치는 일이라는 것이다(이성호, 1999). 그러므로 수업은 학생에게 일어나고 있는 학생의 학습과정과 행위에 접근된 활동으로 이루어져야 한다. 이러한 인지 학습이론은 인간의 정보처리 과정에 대한 연구의 결과에서 학습을 효과적으로 유도할 수 있는 수업의 사태를 도출하는 데 중요한 단서를 제공한다. 이러한 인지주의 이론에 기반한 학습이론으로는 Köhler의 통찰이론, Lewin의 장이론, Piaget의 인지구조화 이론, 정보처리 이론 등이 있다.

### 1) Köhler의 통찰이론(Insight theory)

학습에 대한 인지적 견해의 기초라 할 수 있는 형태심리학(Gestalt psychology)은 1912년에 독일의 철학자이며 심리학자인 Wertheimer에 의해 처음 주장되었다. 여기서 Gestalt란 "어떠한 대상이나 개인의 모양 혹은 형태를 의미하며, 게슈탈트 심리학은 인간이 어떻게 전체와 이를 구성하는 부분요소들과의 관계성을 보고 이해하는지를 연구하는 심리학이다."라고 정의할 수 있다(Winn, 2004, Richey et al, 2011, p.56에서 재인용).

**형태심리학** 전체는 단순히 부분의 합이 아닌 그 이상을 의미한다는 입장

게슈탈트 이론에서는 행동을 고립된 사건으로 보는 것이 아니라, 상황에 대한 전체적이고도 잘 조직된 반응으로 본다. 또한 인간의 많은 행동들은 단순한 자극과 반응의 결합보다는 내적인 사고과정을 통해 더욱 잘 설명될 수 있다고 주장한다. 게슈탈트 이론에서는 유사성의 법칙, 근접성의 법칙, 폐쇄의 법칙과 같은 원리들을 통해서 인간이 대상을 지각하는 현상을 설명하고자 하였다(그림 3-5 참고). 유사성의 법칙이란 비슷한 색상이나 모양과 같이 유사한 속성을 지닌 대상들은 우리 마음속에 그룹화된다는 것을 의미한다. 근접성의 법칙이란 공간적으로 근접한 대상들 역시 우리 마음속에 인지적인 그룹을 형성한다는 것을 뜻한다. 마지막으로 폐쇄의 법칙은 물리적으로 불완전한, 즉 열려 있는 대상이라 할지라도 인간은 그것을 정신적으로는 완전한 상태, 즉

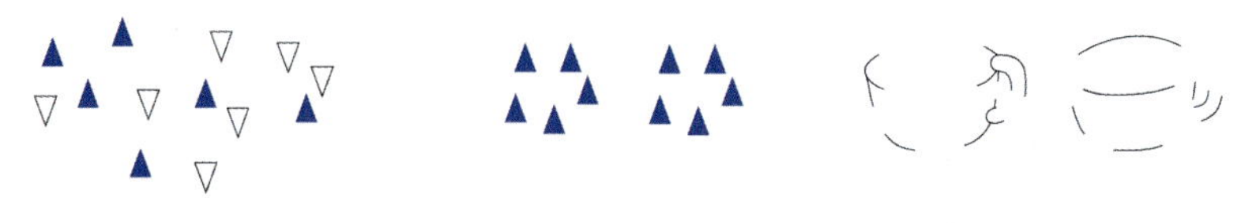


그림 3-5 게슈탈트 이론의 인지적 그룹화

닫혀져 있는 형태로 기억한다는 것이다.

이러한 관점에서 학습은 사물의 부분들을 개별적으로 공부하는 것만으로는 부족하며 전체로 작용하는 것을 이해할 때 비로소 가능하다는 것이다. 이러한 견해는 Köhler, Koffka, Lewin 등에 의해 구체화되고 발전되어 갔으며, 특히 1913년에서 1917년 사이에 이루어진 침팬지를 대상으로 한 실험을 바탕으로 Köhler는 통찰이론을 제시했다. Köhler는 침팬지가 있는 방 안에 몇 개의 상자를 넣어 주고 팔이 닿지 않는 높이의 천장에 달린 사과를 어떻게 따먹는가를 관찰하면서 침팬지의 사고에 관한 연구를 했다. 그 결과 침팬지는 시행착오를 통해 결국 상자들을 쌓고 그 위로 올라가 바나나를 따먹었다. 여기서 Köhler는 침팬지가 목적물인 사과와 사태와 도구와의 관계를 발견한 것을 통찰(insight)이라고 보았고, 아하경험(Aha! experience)이라고 하면서 목표물과 수단과 전체의 관계를 돌연적이고 비약적으로 발견해 내는 경험을 개념화했

**통찰** 탐색적 과정을 통해 이루어지는 것으로 우연한 시행착오와는 대비된다.

그림 3-6 침팬지의 아하경험

다. 이러한 학습에 대한 형태심리학적 관점은 사회심리학적 Lewin의 장이론에 의해 더욱 발전되어 갔다.

### 2) Lewin의 장이론(Field theory)

Lewin(1890~1947)은 학습이란 개인이 가지고 있는 내적인 '심리적 장'과 개인이 지각하는 '외부의 장'의 관계에서 이루어지는 인지구조의 성립 또는 생활공간의 변화라고 보았으며 B = f(P · E)(P는 사람, E는 환경)의 함수로 그 관계를 표시하였다. 그는 인간의 행동이 개인과 환경의 상호작용, 즉 생활공간의 전체구조에 의하여 결정된다고 보았는데, 생활공간이란 지리적, 물리적으로 표현되는 공간이 아니고 행동을 일으키는 요인으로서 개체 내에 성립하고 있는 주관적인 공간을 의미한다. 따라서 객관적으로는 동일한 환경이라도 개인에 따라 다른 생활공간이 될 수 있는 것이다. 여기서의 상호작용은 일종의 심리적 경험이고, 이는 각 개인의 '심리적 장(psychological field)'에서 이루어진다고 보았다. 이러한 심리적 장은 개인이 지각하는 외부의 장에 따라 지속적으로 변화하는 역동적 특성을 지니며 이를 통하여 사물이나 현상에 대한 개인의 인지구조의 성립과 발전이 이루어지고 이를 학습이라고 보았다. 이때 행동의 방향은 환경적인 힘의 강도와 개인의 요구나 동기에 의해 결정된다.

### 3) Piaget의 인지구조화 이론

Piaget(1896~1980)는 모든 생명체가 인지적 적응(cognitive adaptation) 기능과 인지적 조직화(cognitive organization) 기능, 인지적 평형화(cognitive equilibration)라는 세 가지 기본적 성향을 가지고 태어나 이를 통해 학습과 인지적 성장이 이루어진다고 보았다.

인지적 적응이란 유기체가 환경에 적응하기 위해 개체와 환경 간에 상호작용이 이루어지는 것이다. 이는 동화(assimilation)와 조절(accommodation)의 두

**평형화** 지적 평형이 깨졌을 때 질서와 체계를 유지하려는 인간의 선천적이고 본능적인 경향성

**적응** 평형화를 유지하기 위해 도식과 새로운 경험을 서로 조정하는 과정

**▌스키마(도식)** 사물, 사건, 개념에 대해 정신적으로 표상하거나 생각하도록 하는 조직화된 행동 또는 사고체계의 기본단위

기제가 내포되어 있다. 동화란 어떤 환경자극을 유기체가 자신이 기존에 지니고 있는 이해의 틀(schema)에 맞도록 변형하여 흡수하는 현상을 말하며, 조절이란 새로운 정보를 인식하기 위해 자기의 인지구조를 새로운 경험에 알맞게 바꾸는 현상을 의미한다. 그리고 인지적 조직화란 모든 유기체가 심리적 과정들을 통합된 체계로 조직해 가는 성향을 뜻한다. 즉, 인간은 세상에서 많은 것들과 상호작용함에 있어 심리적 구조를 하나의 통합된 체제로 만들려고 한다는 것이다. 예를 들어 갓난아이 때는 어떤 물체를 바라보는 행동구조와 그 물체를 손으로 붙잡는 행동구조가 따로 분리되는 경향이 있으나 아이가 성장하면서 어떤 물체를 바라보면서 붙잡을 수도 있는 하나의 통합된 체제로 조직화하게 된다. 인지적 평형화는 인간이 타고난 본능적 욕구로 Piaget이론 중 가장 중요한 개념이다. 유기체가 기존의 이해의 틀에 맞지 않는 사건을 접하게 되면 인지적 불평형 상태가 되며 이 경우 인지적 갈등이 수반된다. 따라서 유기체는 이를 해소하고 다시 인지적 평형상태를 유지하고자 동화와 조절이라는 기제를 사용하게 되는 것이다. 또한 Piaget는 이러한 기본적 성향을 통해 인간은 평생 감각운동기(0~2세), 전조작기(2~7세), 구체적 조작기(7~11세), 형식적 조작기(11세 이후)의 인지발달단계를 거치게 된다고 보았다.

Piaget의 인지발달 이론이 교육에 주는 시사점은 다음과 같다. 첫째, 아동은 세상을 이해하는 나름의 틀을 가지고 있는 적극적이고 능동적인 사고가라는 것이다. 이는 아동이 수동적으로 학습하기보다는 적극적으로 학습과정에 참여할 수 있도록 학교교육과정을 구성해야 한다는 것을 의미한다. 둘째, 아동들의 지식체계에 대립되는 정보를 줌으로써 인지적 불평형을 만들어 주는 교수학습 전략을 사용해야 한다. 이를 통해 교사는 아동이 단순히 언어적 전수로 학습 내용을 암기하는 것이 아니라 아동 스스로 자신의 인지구조를 발견할 수 있는 상황을 제시해 주는 환경을 조성해 주어야 한다.

## 4) 정보처리 이론

정보처리 이론가들은 학습자를 능동적인 존재로 보며, 관찰가능한 행동보다 사고(thinking)에 많은 관심을 가진다. 정보처리 이론은 인간의 내적인 정신과정, 즉 인간이 외부세계로부터 획득한 정보를 어떻게 지각하고 이해하며 기억하는가에 대한 이론으로 인간의 학습과정이 컴퓨터가 작동하는 방식과 동일하다는 관점에서 출발한다. 이러한 정보처리 이론의 기본가정은 학습이란 학습자가 외부로부터 정보를 획득하여 저장하는 과정이라고 보았다. 정보처리 이론에서 제시하는 인간의 정보처리모형을 도식화하면 그림 3-7 과 같다.

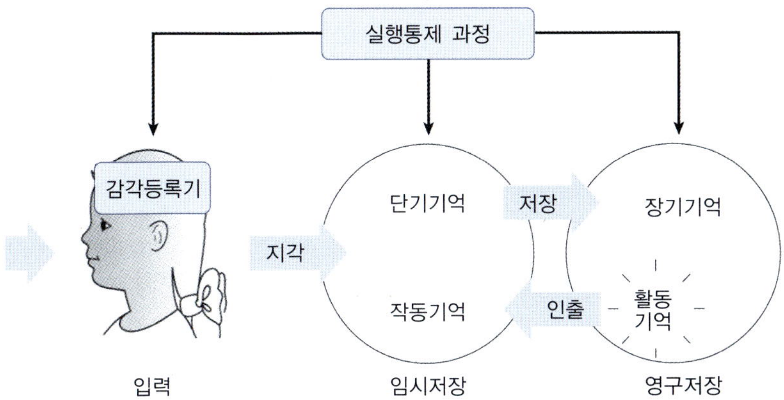


그림 3-7 정보처리 과정

정보처리 이론에 따르면 인간의 기억은 크게 감각기억, 단기(작동)기억, 그리고 장기기억으로 나눌 수 있다. 인지적으로 처리해야 할 정보는 자극의 형태로 인간의 감각기관을 통해 들어온다. 감각기억은 우리가 경험하는 외부적인 자극의 내용을 원래 형태 그대로 매우 짧은 시간 동안 지속시키며, 인지체계에 처음으로 등록되는 곳이라는 의미에서 감각등록기(sensory registrators)라고도 부른다. 자극을 아주 정확하게 저장하지만 매우 짧은 시간 동안 저장하므로 그 수용량은 제한이 없으나 즉시 처리되지 않을 경우 곧 유실되는 특징을 갖는다. 정보가 머무르는 시간도 매우 짧아서 청각적인 정보는 4초 정도이며, 시각적인 정보는 불과 0.25초에 지나지 않는 것으로 알려져 있다(전성연 외, 2007). 우리의 외부에는 무수히 많은 자극들이 존재한다. 여러분이 책을 읽고 있는 이 순간에도 옆자리에 앉은 학생의 책장 넘기는 소리와 움직임과 같은 자극들이 시각적, 청각적인 형태로 존재하게 될 것이다. 이러한 많은 자극들 가운데서 어떠한 자극을 처리하여 반응할 것인지를 결정하는 것이 중요하며, 이를 위해서는 주의집중이 필요하다.

**주의집중** 자극에 반응하는 것

주의집중을 통해서 자극의 내용이 잠시 동안 의식 속에 머무르게 되거나, 특정한 정보가 기억될 만큼 중요한 것으로 분류된 다음 작용하게 되는 기억이 단기기억(short-term memory)이다. 단기기억은 명칭이 의미하는 바와 같이 정보가 머무르는 시간이 짧아서 대략 3~5초에 불과하다. 단기기억을 작동기억(working memory)이라고도 하는데, 그 이유는 이곳에서 새롭게 유입된 정보들이 인지적인 과정을 통해 처리되기 때문이다. 단기기억은 또한 정보량에도 제한이 있어서 일반적으로 한 번에 저장할 수 있는 정보의 양이 7±2개에 불과하다. 이러한 단기기억의 정보의 양과 지속시간의 제한점들을 극복하기 위해서 해당 정보를 속으로 웅얼거려서 암송하거나, 각각의 분리된 정보를 보다 크고 의미 있는 단위로 조합하는 청킹(chunking)을 통해 정보의 저장량을 증가시키려는 인지적 노력을 하게 된다. 즉, 'p_l_a_y'라는 네 철자는 작동기억 속에서 네 개의 단위이지만 이를 'play'의 단어로 조합하면 하나의 단위가 되어 기억을 용이하게 할 수 있는 것이다.

**청킹** 정보를 유의미하게 묶어 조직화하는 것

작동기억(단기기억)에서 처리된 정보는 장기기억(long-term memory)으로 이동하여 영구적으로 저장된다. 이 과정에서 정보는 원래의 자극상태 그대로 저장되는 것이 아니라 자극의 내용을 부호화(encoding)하여 저장된다. 이러한 부호화에는 크게 암송(rehearsal)과 정교화(elaboration)의 두 가지 방식이 있다. 암송은 기계적인 반복을 통해 정보를 기억하고자 하는 방식이다. 영어단어를 외울 때 연습장에 반복해서 단어를 써서 암기하려는 방식이 예가 될 수 있다. 정교화는 새로운 자극에 대해 이미 알고 있는 사전지식을 동원하여 관련 내용을 의미 있게 조직화하는 활동을 통해서 기억의 효율성을 높이는 방식이다. 주어진 자극의 요소들 간의 의미적인 연결관계를 발견하거나, 배경에 포함되어 있는 함축적인 의미를 추론하고, 각종 기억술을 활용하는 활동들이 정교화에 포함된다(전성연 외, 2007).

장기기억은 무한한 정보를 영구적으로 저장할 수 있는 곳으로 일상기억과 의미기억으로 구성되어 있다고 가정한다(Tulvin, 1985; Yantis & Meyer, 1988). 일상기억(episodic memory)은 주로 개인의 경험을 보유하는 저장소로 정보는 주로 발생한 때와 장소에 기초하여 이미지로 부호화된다. 이러한 일상기억은 기억되는 경험이 의미 있는 경우가 아닐 때는 종종 인출이 실패하는 경향이 있는데 이는 보다 최근에 발생한 정보로 인해 인출이 방해받기 때문이다. 의미기억(semantic memory)은 문제해결 전략과 사고기술, 사실, 개념, 일반화 규칙 등이 저장된다. 따라서 학교에서 학습하는 대부분의 내용들은 장기기억 중 의미기억에 저장되는 것이다(Paivio, 1971).

장기기억 속에 저장되어 있는 정보는 수시로 인출(retrieval)된다. 아무리 많은 정보를 장기기억 속에 저장하고 있더라도 필요한 상황에서 관련된 정보가 제대로 인출되지 않으면 소용이 없다. 정보의 인출은 단순히 기계적으로 해당되는 정보를 불러오는 것이 아니라, 주어진 단서에 근거하여 장기기억 속의 여러 정보들을 탐색하고 확인하여 재구성하여 인출된다. 이러한 인출과정이 효율적으로 이루어지기 위해서는 몇 가지 조건이 필요하다. 첫째, 정보를 제대로 인출하기 위해서는 충분한 인출단서가 필요하다. 예를 들어, 스피드 퀴즈를 진행할 때, 단서를 제공하는 사람이 얼마나 효과적으로 단서를 제공하는가에 따라서 쉽고 빠르게 정답을 맞힌 경험이 있을 것이다. 이러한 경험은 바로 정확한 정보를 인출하는 데 충분한 단서를 제공하는 것이 중요하다는 것을 보여준다. 둘째, 정보가 단기기억에서 장기기억으로 부호화되어 저장될 때의 물리적, 환경적 상황, 언어적 맥락, 정서적 상태 등의 단서가 합치될수록 더 잘 인출된다. 예전에 놀이공원에서 가졌던 즐거운 경험은 평상시보다는 즐거운 상황에서 더 잘 기억된다. 마지막으로 목표로 하는 정보를 인출하는 데 주어지는 인출단서가 다른 인출단서나 기억의 내용과 간섭이 적을수록 기억이 잘 된다. 즉, 기억된 정보가 다른 정보들과 뚜렷하게 구별되는 내용으로 저장될수록 나중에 인출이 쉽게 된다.

### 5) 인지주의적 관점의 교육적 시사점

인지주의적 관점을 지닌 학습이론가들은 인간을 자극에 대해 단순히 반응하는 수동적인 존재가 아니라 능동적이고 적극적인 존재로 가정하며 인간의 보다 복잡한 고도의 정신능력을 밝히는 데 주력한다. 따라서 학습자는 학습과제의 유의미성에 대한 이해가 중요하며, 기계적 암기보다는 전체적인 이해가 바람직한 학습방법임을 강조한다.

이러한 특징을 가진 인지주의 학습이론들의 교육에 대한 직접적인 시사점은 다음과 같다(신명희 외, 2007).

첫째, 아동들이 어떻게 생각하는지를 이해한다. 아동들은 성인과 동일한 방식으로 사고하지 않으며, 성인들이 예측하지도 못하는 부분에서 실수한다. 따라서 교육자들은 아동들의 정신적 조작의 단계를 이해해야 하며, 문제나 현상을 아동들의 입장에서 바라봐야 하는데 이를 위해 교사는 면접이나 관찰 등을 사용할 수 있다.

둘째, 구체적인 학습자료를 사용한다. 유치원이나 초등학교 아동들은 구체적인 사물이나 자료, 현상들을 접할 때 학습을 보다 잘할 수 있다. 이 연령의 아동들에게 있어서 언어나 다른 형태의 상징물보다는 구체적 사물을 만지고, 보고, 조작할 수 있는 기회를 제공함으로써 개념들과 그 관계에 대한 이해를 할 수 있도록 도와야 할 것이다.

셋째, 교육은 순차적으로 진행되어야 한다. 어떠한 문제나 개념을 이해시키기 위해 대상에 대한 직접적인 경험을 제시하는 것에서 시작하여 그 다음은 지각적인 특성에 집중하도록 하고, 마지막으로 언어적 논의를 통해 문제를 해결하게 한다.

넷째, 새로운 경험을 도입한다. 언제나 새로운 경험은 개인의 인지적인 구조와 상호작용하여 관심을 유발하거나 이해를 개발한다. 새로운 경험은 항상 기존에 알고 있는 것과 부합하는 것이어야 한다. 그러나 너무 익숙한 것이라면 자극이 되지 못하므로 적절한 수준의 신기성이 필요하다.

다섯째, 학습의 속도를 조절한다. 아동들은 자기 나름의 발달속도를 가지고 있기 때문에, 아동들은 자기 나름대로 학습을 조절할 수 있어야 한다. 이러한 과정에서 모든 학습자들이 동일한 학습의 대상이 되는 것보다는 개별학습을 지향하게 된다. 즉, 어떤 학습자들은 도움을 보다 더 많이 필요로 할 수 있고, 학습자들마다 다른 종류의 도움이 필요하며, 자기 스스로 작업을 할 수 있는 시간도 주어져야 한다.

여섯째, 아동들이 범하는 오류를 분석한다. 아동들에게 주어진 문제가 맞고 틀리는지의 그 결과뿐만 아니라 아동들이 범하는 실수의 유형을 발견하여 그것을 분석하고 해석하여 교육에 사용한다면 아동들의 사고과정에 대해 보다 깊은 이해를 할 수 있을 것이다.

## 3 구성주의적 관점

구성주의는 인지주의적 사고를 확대시켜 발전하게 된 패러다임으로 지식과 학습에 관한 이론이다. 즉, '지식(knowing)'이 무엇인가와 어떻게 '지식이 구성되는가(comes to know)'를 기술하고 있다(Fosnot, 1996). 구성주의 학습이론은 행동주의나 인지주의 학습이론과는 다른 학습관을 갖고 있다. 행동주의와 인지주의는 학습할 가치가 있다고 객관적으로 검증된 학습내용을 학습하기 위해 각 이론의 방법에 따라 학습한 후 그 성취 여부를 평가하는 데 비해, 구성주의는 객관적으로 검증된 지식의 존재를 부정하는 상대주의적 인식론에 근거하고 있다. 즉, 구성주의에서의 지식은 세계에 대한 개인적 경험에 따른 해석이라고 가정하며, 학습은 개인적 경험과 흥미에 따라 지식의 가치가 판단되는 학습자 중심의 교육환경을 기본전제로 한다.

객관주의적 관점에 의하면 학습은 교사에 의해 이미 존재하는 지식이 전달되는 것이고, 모든 학습자들은 획일적인 방법으로 실재를 알게 된다. 그러나 구성주의 관점에서 학습이란 학습자들이 자신이 위치한 물리적, 사회적 세계와 능동적으로 상호작용하는 해석적, 순환적, 구성적인 의미를 만드는 과정이라고 할 수 있다(Fosnot, 1996). 이것은 학습이란 지식의 단순한 획득과 재생산 과정이 아니라 능동적인 구성적 과정이며 사회적, 문화적 과정이라는 것이다. 구성주의에서의 '구성'은 활동의 결과가 아니라 학습자 스스로 설계해 나가는 구성과정을 의미한다(김영환, 1998). 따라서 구성주의에서의 학습은 학습자 개인의 경험과 흥미에 따라 정한 학습내용을 자신이 스스로 구성해 나가는 과정이며, 이 과정을 수행할 수 있는 능력을 갖추었는가에 대한 확인으로 결과가 평가된다.

구성주의 패러다임이 지닌 기본가정과 학습의 특성은 다음과 같다(Driscoll, 1994; Resnick, 1989; Merrill, 1991; 박인우, 1998). 첫째, 지식은 인식의 주체인 학습자에 의해 능동적으로 구성되는 것이다. 학습은 지식의 구성과정이며, 이는 인식주체의 능동성을 포함하므로 지식의 구성은 정보의 기록에 의해 일어나는 것이 아니라 해석에 의해 일어난다. 둘째, 학습은 경험에 대한 개인의 해석이며, 이것은 기존의 지식에 의존한다. 사람들은 새로운 지식을 구성하기 위해 기존의 지식을 사용하는데, 이러한 지식의 형성과정은 학습자가 어떻게 그의 경험이나 능력, 사전지식 등을 학습에 투입하는가에 따른 개인차가 발생한다. 따라서 학습은 학습자의 다양한 관점이 고려된 표상모델을 사용한다. 셋째, 지식은 지적, 물리적, 사회적 맥락에 의존하기 때문에 학습은 실제 관련 상황에서 연습하고 습득되는 것이 바람직하다. 따라서 실제적 활동이 포함되는 복잡한 학습환경을 제공하며 실제 상황과 유사하게 실시되는 상황학습이 효과적인 교수형태가 될 수 있고, 공동으로 협력하여 학습이 이루어질 때보다 효과적이라고 할 수 있다. 또한 이때 구성된 지식은 교사와 동료 등 타인과의 상호작용 속에서 그 타당성이 검토되어 지식으로 형성된다.

그러므로 구성주의자들은 구성적 과정이 학교나 교실의 훈련을 넘어 발생하고 전이되기 위해서는 학습이 반드시 실세계의 맥락을 반영하는 풍부한 맥락 안에서 이루어져야 한다고 주장한다(최정임, 1997). 구성주의적 관점의 교수-학습이론으로는 인지적 도제이론, Anchored 교수-학습이론, 인지적 융통성 이론 등이 있다.

### 1) 인지적 도제이론(Cognitive apprenticeship theaory)

Brown(1989) 등에 의해 제안된 인지적 도제는 고차원적인 인지적 기술을 습득하고 배양하기 위한 방법으로서 전통적 도제방법을 현대사회에서 요구되는 교수방법의 형태로 적용, 변화시킨 것이다. 인지적 도제는 초보자인 학습자가 전문가인 교사의 학습과제를 해결하는 과정을 모방함으로써 실제적 과제를 해결하는 능력을 습득하는 것이다. 이 과정을 통해 학습자는 새로운 지식을 구성함으로써 개념을 발전시켜 나간다. 전문가는 초심자의 지식구성을 도와주는 역할을 하며, 전문가와의 토론, 초심자들 간의 토론을 통해 사회적 학습행동을 습득하고 자신의 인지적 활동을 통제하면서 인지능력을 개발하는 것에 중점을 둔다. 인지적 도제법은 현실과 괴리되지 않은 실생활에서 전문가의 과제수행을 관찰하고, 이후 실제로 수행하면서 자신의 지식상태의 변화를 경험하도록 하는 것이다. 인지적 도제법은 여섯 가지 절차를 제시하고 있다(변영계 외, 2007; 윤광보 외, 2011).

#### (1) 1단계

인지적 도제활동의 핵심적인 과정으로 관찰, 안내, 지원이 제공되는 실제 수행을 통해 인지와 메타인지가 통합된 기술을 획득하는 데 도움을 줄 수 있도록 설계된다.

- 모델링(modeling) : 전문가인 교수자가 시범을 보이면, 학습자는 전문가의 사고와 행동을 관찰한다.

- **코칭(coaching)** : 학생들이 스스로 문제해결을 하도록 교사는 문제해결해 나가는 자신의 사고과정에 대해 단계별로 자세히 설명한다.
- **인지적 기반구축(scaffolding)** : 교사와 학습자가 공동으로 과제를 수행하면서 학습자의 학습에 도움을 주는 디딤돌 역할을 한다. 발판화 설정은 꼭 필요한 경우에만 제공하고, 학습자가 과제수행에 익숙해짐에 따라 점차 감소시키다가 필요가 없는 경우에는 제공하지 않는다.

### (2) 2단계

전문가의 문제해결 과정에 대한 관찰에 초점을 두고 학습자는 이 과정을 통해 자신의 문제해결 전략을 조절할 수 있도록 설계된다.

- **명료화(articulation)** : 학습자가 학습한 지식, 기능, 태도를 명료하게 표현해 보도록 하는 과정을 말한다. 스스로 표현해 봄으로써 지식을 보다 명료하게 인식할 수 있다. 명료화의 장점으로 내재적 지식을 분명히 해주는 것, 지식을 다른 과제에 보다 쉽게 활용할 수 있도록 해준다는 점, 동일한 방법을 다양한 맥락에 활용할 수 있도록 해준다는 점, 동료학습자들이 명료화 과정을 통해 대안적인 관점에 대한 통찰을 촉진할 수 있다는 점을 들 수 있다.
- **반성적 사고(reflection)** : 자신의 수행을 전문가의 수행과 비교하여 반성하는 과정이다.

### (3) 3단계

학습자의 문제해결을 위한 가설수립과 해결을 위해 학습한 지식과 기능을 새로운 방식으로 활용하는 방법이나 가설을 탐색하도록 하여 독립적인 학습을 제공하도록 설계된다.

- **탐색(exploration)** : 학습자가 가설수립과 검증을 위해 배운 지식을 적용하여 스스로 문제해결을 수행할 수 있는 새로운 방식을 탐구해 보도록 하는 과정이다.

## 2) 앵커드 교수-학습이론

앵커드 수업모형(Anchored instruction model)은 밴더빌트 대학(The Cognition and Technology Group of Vanderbilt University; CTGV)에서 개발된 수업모형이다. 이는 수업 시 실제 문제상황을 교수매체(비디오, 컴퓨터 등)를 활용하여 학생들에게 제시한 다음 가능한 대안을 찾아보도록 하여, 학생들 스스로 소집단별 또는 개별적으로 문제를 해결할 수 있는 방안들을 실험해 본 다음 그 해결방안을 찾아내도록 하는 교수-학습방법이다. Anchored 교수-학습이론은 학교에서 학습한 지식을 실제 문제에 적용함에 있어 어려움을 해결하기 위한 대안적인 방법으로, 다양한 교수매체를 활용하여 실제와 유사한 학습환경을 제공해 주고, 모든 지식은 그 지식이 사용되는 맥락 속에서 가르쳐 주어야 효과적이라고 본다. 이는 학습자들에게 비맥락화된 단순한 사실적 지식을 제공하기보다는 구체적이고 다양한 사례를 통해 실제 상황에서 활용가능한 지식을 제공하여 문제해결력을 증진시키고자 하는 데 목적이 있기 때문이다. 이러한 앵커드 교수법을 활용한 예로 Jasper 시리즈가 있다.

앵커드 교수학습의 원리는 첫째, 교수학습 활동은 이야기, 사례, 학생들의 관심사와 관련된 주제 또는 문제 등과 같은 정황을 중심으로 설계된다는 것이다. 둘째, 사용하는 교육과정 자료는 학습자들이 스스로 문제를 탐구할 수 있도록 구성되어야 하므로 앵커드 교수학습에서는 비디오 자료들이 모든 교수-학습을 위한 하나의 큰 정황으로 제시된다. 이 비디오 자료들은 일반적인 비디오와는 달리 학생들이 새로운 지식을 스스로 구성할 수 있도록 고안된다. 셋째, 단순한 강의가 아닌 하나의 이야기로 제시되며, 학생들은 이야기 형식으로 주어진 비디오를 통해 학습내용 및 해결방안을 탐색할 수 있도록 한다.

상황적 교수 학습이론의 수업모형 단계는 다음과 같다(허형, 1997). 첫째, 비디오 상영을 통해 학습동기를 촉진하고 문제상황을 제시한다. 둘째, 수학적 개념의 문제를 실제적 과제를 통해 이해하기 쉽게 이야기 식으로 제시하여 문제해결을 위한 상황을 창안한다. 셋째, 문제를 해결하기 위하여 학습자의 적극적 참여를 유도하고 학습자 중심의 학습환경을 조성한다. 넷째, 여러 가지 사실적 학습자료를 함축적으로 제시한다. 다섯째, 학습자의 복잡한 문제를 해결하고 활용할 수 있는 기회를 제공한다. 여섯째, 학습하고자 하는 개념이 어떻게 구체적인 상황에서 활용될 수 있는지를 제시하고, 여러 가지 유사한 문제를 해결하여 학습의 전이효과를 높인다. 일곱째, 다른 과목과 통합된 복잡한 문제를 제시하여 다른 교육과정과 연계한다.

### 3) 인지적 융통성 이론(Cognitive flexibility theory)

인지적 융통성 이론은 미국 일리노이 대학의 사피로(Spiro, et al., 1987)와 그의 동료 연구자들이 지식습득에 관한 구성주의적 접근의 하나로 제안한 이론이다. 인지적 융통성이란 여러 범주의 지식을 넘나들고 연결지으면서, 다양한 방법으로 급격하게 변하는 상황적 요구에 대처하는 지적 능력을 말한다. 인지적 융통성 이론은 지식의 재현과 그 재현과정을 중시한다. 따라서 이 이론은 초보적 지식과 고차적 지식을 습득할 때의 교수-학습 전략이 결코 같을 수 없다는 점을 기본전제로, 지식의 특성과 지식의 구성과정에 중점을 두고 있다. 인지적 융통성 이론에서는 전통적 교수-학습원칙에 의거한 단순한 지식의 습득을 지양하고, 대신 비정형화된 성격의 지식을 습득하여 복잡성과 비규칙성의 특성을 지닌 고급지식단계에서도 순조로운 학습이 이루어지도록 특정 학문분야의 가장 초보적인 단계에서부터 지식의 복잡성과 비규칙성을 포함시킨 과제와 학습환경을 제공해야 한다고 보고 있다.

인지적 융통성 이론에서의 학습원리는 주제중심의 학습을 하고, 학습자가 충분히 다룰 수 있는 정도의 복잡성을 지닌 과제로 작게 세분화하며, 다양한 소규모의 예들을 제시하는 것이다. 또한 유연한 인지과정을 도울 수 있는 내용지식의 구조를 습득하도록 하기 위하여 같은 내용을 다양한 방법으로 학습할 수 있도록 하고 또 다양한 목적으로 학습하도록 하는 유연한 학습환경이 요구된다.

인지적 융통성 이론이 시사하는 교육적 의의를 살펴보면 다음과 같다. 첫째, 지식에 대한 견해로 인지적 융통성 이론에서는 대부분의 지식이 복잡하고 다원적인 개념으로 형성되어 있다고 본다. 그러므로 지식을 단순화, 구조화하여 제시하는 것은 고차적 지식습득을 오히려 방해한다는 것이다. 둘째, 교수-학습환경의 설계에 있어서 지식을 다양하게 표현할 수 있는 환경을 마련해 주는 것이 중요하다. 예를 들어, 공통적인 원리가 적용되는 다양한 주제를 경험하게 하는 과정을 통해 다양한 형태의 지식을 다각도로 체험하게 한다. 따라서 교사는 학습에 있어서 지식의 지나친 단순화를 피하고 주제에 대하여 다양한 사고를 할 수 있도록 해주어야 한다.

### 4) 구성주의 관점의 교육적 시사점

구성주의의 기본가정에 따르면 지식은 학습자에게 전달될 수 있는 것이 아니며, 학습자 스스로 구성해 나가는 것이다(Merrill, 1990). 따라서 학습자 스스로 지식을 자신의 기억구조 속에 조직화하는 경험을 구성해 나갈 수 있는 환경의 제공이 중요하다. 이러한 학습자 중심의 구성주의적 교수-학습이론이 교수설계에 주는 시사점은 다음의 몇 가지로 요약할 수 있다.

첫째, 수업목표 및 수업평가이다. 수업목표는 학습이 이루어지기 전에 수업설계나 교사에 의해 미리 정해지는 것이 아니라 학생들이 과제를 가지고 문제를 풀어가는 과정 중에 도출되어 학생 스스로 수립하도록 하는데, 이는 학습자의 흥미, 관심 등에 비추어 학습자 스스로 학습목표를 설정하기 때문에 학습에 대한 흥미를 불러일으킬 수 있다. 또한 수업평가는 학업성취도라는 한 가지 측면에 국한하지 말고, 학생의 발표나 포트폴리오를 최대한 활용하면서(Brooks & Brooks, 1993), 과제의 수행과정에서 연속적으로 이루어지도록 해야 한다.

둘째, 학습과제이다. 구성주의는 객관주의 입장에서와 같이 학습내용을 구조화, 연계화시켜 학습자가 완전하게 습득하도록 하는 데 있지 않다. 오히려 학생들의 수준에 맞게 정리되지 않은 복잡한 상태 그대로의 과제를 학습내용으로 하여 학생들이 자신의 현재 지식과 경험수준, 관심에 따라 문제를 선택하고 해결하도록 하는 데 초점을 둔다. 따라서 학습환경은 실제적 맥락과 상황이 고려된 실제 환경의 복잡함을 그대로 반영해야 한다(Lebow, 1993).

셋째, 학습동기 유발이다. 구성주의에서는 협동학습적 학습환경을 활용하여, 개인이 맡아야 할 인지적 부담의 정도를 덜어 주기 때문에 학습자들은 보다 적극적으로 학습에 임할 수 있다. 또한 학습자에게 학습자가 학습하고 수행할 가치가 있다고 판단되는 의미 있고 적절한 과제를 제시해야 한다. 이는 실제적 활동(authentic activity)을 제공함으로써 학습의 목적이나 이유를 아는 경우 그리고 학습자의 흥미와 목적에 부합되는 학습과제를 부여하여 동기유발을 이끌어 낼 경우 효과적인 학습이 될 수 있기 때문이다(박인우, 1996).

넷째, 수업계열과 학습환경이다. 지식은 개인의 경험으로부터 구성되며, 학습이란 개인의 해석에 의해 이루어지므로 지식은 교사에 의해 전달되는 것이 아니라 학습자 스스로 능동적으로 구성하는 것이다. 따라서 교사는 학습자 개개인의 수준을 고려하여 그들 스스로에게 맞는 학습내용을 선정할 수 있도록 조언해 줄 수 있어야 한다. 또한 학습자들이 의미를 구성하는 과정에서의 중요한 활동 가운데 하나는 그 학습과정에 대해 반추해 볼 수 있는 환경을 제공하는 것이다. 이는 학습자들이 자신의 경험과 그것을 습득한 과정을 반추해 봄으로써 초인지적 지식과 기능을 습득하여 보다 더 효과적으로 의미를 구성하게 된다는 데 있다. 따라서 교수자는 학습자가 스스로 학습자의 필요와 목표에 부합되는 자료를 선정하여 학습활동을 전개할 수 있고, 학습과정에 대한 자기 조절능력과 책임감을 갖도록 하며, 자신의 학습의도와 학습내용과의 관련성을 파악하며 초인지적 사고를 할 수 있는 환경을 제공해 주어야 한다(Lebow, 1993).

## 탐구문제

1. 한 아이가 어린 시절 개에게 물린 경험이 있다. 이때부터 아이는 개가 가까이 오면 무서워하며 도망을 다녔다. 이 예에서 고전적 조건화의 측면과 조작적 조건화의 측면을 설명하시오.
2. 무조건 자극과 무조건 반응, 조건자극과 조건반응의 개념을 이용하여, 학교에 대해 부정적인 감정을 지니고 적응이 어려운 다문화가정의 아동으로 하여금 교실에 대해 유쾌한 감정을 느끼도록 교사가 취할 수 있는 방법을 제시하시오.
3. 학습에 대한 구성주의적 관점에 근거하여 평가의 핵심적인 특성에 대해 설명하시오.

Chapter 04

# 교수-학습이론과 모형

교육현장에서 교수-학습의 성과를 극대화하기 위해서는 학습자의 학습이 이루어지는 원리에 대한 이해에 기반하여 교사의 효과적이며 효율적인 수업원리에 대한 이해가 있어야 가능할 것이다. 이번 장에서는 최적의 교수-학습 활동을 위한 교수-학습 이론 및 모형을 탐색하고 그 특성과 적용방안을 제시하고자 한다. 이를 위해 교수-학습 활동에 관련된 대표적인 교수-학습 모형으로 1) 학습성과의 극대화에 초점을 둔 Carroll의 학교학습 모형과 Bloom의 완전학습 모형, 2) 학습자 스스로 지식의 최종형태를 만들어가도록 지식을 얻는 과정, 방법을 강조하는 Dewey의 탐구학습 이론과 Bruner의 발견학습 이론, 3) 기계적 학습이 아닌 지식의 유의미한 습득을 위한 Ausubel의 유의미학습 이론 등을 살펴봄으로써 바람직한 교수-학습 설계를 위한 기초를 마련하고자 한다.

## 학습목표

1. Carroll의 학교학습 모형에서 수업을 극대화하기 위한 수업변인들을 설명할 수 있다.
2. Bloom의 완전학습 모형의 특징을 설명할 수 있다.
3. Dewey의 반성적 사고의 개념과 탐구학습의 장·단점을 설명할 수 있다.
4. Bruner의 발견학습의 특징과 장·단점을 설명할 수 있다.
5. Ausubel의 유의미학습이 이루어지는 과정과 선행조직자의 역할을 설명할 수 있다.

# 1 Carroll의 학교학습 모형

Carroll은 학교교육의 중심목표를 학습자들이 완전학습에 도달하는 데 두었으며, 그의 학교학습 모형은 시간이라는 개념에 주안점을 두고, 학습자는 자신이 과제를 수행하는 데 필요한 시간을 소비한 정도에 따라 학습의 성공 여부가 결정된다고 보았다. 이에 따라 Carroll은 학교학습에 영향을 미치는 교수-학습에 관련된 다양한 변인들과 이들의 상호작용하는 방식을 최대한 고려하여 학습성과를 극대화시키는 데 초점을 둔 개념적 교수-설계 모형을 제공하고자 하였다.

## 1) 학교학습 모형의 기본가정

Carroll(1963)의 학교학습 모형은 지적학습에 작용하는 주요 변인들 간의 상호관계를 기초로 완전학습의 가능성을 이론적으로 뒷받침하고 있다. 이 모형의 특징은 두 개의 시간변인을 도입하고 이와 관련된 하위변인들의 관계에 따라 학습의 정도가 결정된다는 것이다. 두 개의 시간변인은 학습에 필요한 시간과 학습에 실제로 소요한 시간으로 나뉜다. 여기에서 학습의 정도란 도달되어야 할 목표 기준에 비추어 실제로 성취한 정도를 말하며, 이는 어떤 학습과제를 학습하는 데 필요로 하는 시간량에 대해 실제로 얼마만큼의 시간을 그 과제의 학습에 능동적으로 주의집중을 하며 학습에 열중하는 데 사용하느냐의 비율에 의해 결정된다는 것이다. 이를 함수로 나타내면 다음과 같다.

$$\text{학습의 정도} = f\left(\frac{\text{학습에 사용한 시간량}}{\text{학습에 필요한 시간량}}\right)$$

이 모형의 기본가정은 위의 함수관계에 의해서 학습에 필요한 시간은 가능한 줄이고, 학습에 실제로 소요하는 시간은 늘림으로써 학습의 정도를 극대화할 수 있다는 것이다. 따라서 교수－학습의 관심은 학습에 필요한 시간을 줄일 수 있는 방안의 탐색과 학습에 실제로 소요하는 시간을 늘릴 수 있는 방안의 탐색에 있다. 이와 같은 기본가정의 이해와 학습의 정도를 극대화시키기 위해서는 모형 내 관련된 변인들을 이해해야 한다. 각 변인을 살펴보면 다음과 같다.

## 2) 학교학습 모형의 구성변인

학습에 필요한 시간량과 학습에 사용한 시간량을 결정하는 변인들은 수업변인과 학습자 변인으로 구분될 수 있다. 즉, 수업변인은 수업의 질, 학습기회와 관련되며, 개인차 변인은 적성, 수업이해력, 학습지속력과 관련된다.

### (1) 학습에 필요한 시간량

학습에 필요한 시간이란 학습자가 특정의 학습과제를 완전히 학습하는 데 요구되는 시간을 말한다. 학습에 필요한 시간에 직접적으로 관련된 변인으로는 적성, 수업이해력, 수업의 질 등이 포함된다.

#### ① 적성

적성이란 주어진 학습과제를 성취하는 데 필요한 시간으로 정의되는 개념으로 학생 개개인이 일정한 성취수준에 도달하는 데 소요되는 시간의 차이가 적성인데, 동일한 과제를 학습하는 데 시간이 덜 소요되는 학생일수록 그 과제에 대한 적성은 높은 것이며, 시간이 많이 소요될수록 적성은 낮게 된다. 이는 학습과제에 관련된 기초적성과 선행학습 수준의 두 하위요소에 의해 결정된다. 기초적성이란 현재의 학습과제에 관련하여 기초가 되는 적성으로 언어능력, 수리능력, 공간능력, 지각능력 등을 포함한다. 예를 들어, 현재의 과제가 국어나 영어와 같이 어학학습이라면, 그것의 기초적성은 언어능력이 되는 것이다. 따라서 이러한 기초능력은 학습자가 가지고 있는 기본적인 적성으로 이해해야 할 것이다. 그리고 선행학습 수준이란 현재의 학습과제와 직접적으로 관련된 현 학습과제에 대한 앞선 학습을 말한다. 즉, 선행학습은 현 과제 관련 선수학습의 성취수준이라고 할 수 있다. 따라서 한 단계의 학습결과가 다음 학습에 기초가 되어 다음의 학습을 촉진시키는 것으로 작용할 때 선행학습의 의미를 가지는 것이다.

적성은 그 수준이 높으면 높을수록 학습에 필요한 시간을 줄여 주어 결과적으로 학업성과를 높이게 된다. 따라서 교수자는 어떻게 기초적성과 선행학습 수준을 높일 것인가에 관심을 두게 된다. 그러나 기초적인 언어능력이나 수리능력과 같은 기초적성의 경우, 이미 학습자가 가지고 있는 능력으로써 단기적인 처치로 습득하기 어려운 적성이다. 그러므로 이러한 기초적성은 장기적인 처치가 요구된다. 예를 들어 학년 초나 학기 초에 지능검사나 적성검사와 같은 심리검사도구를 활용하여 개인의 기초적성을 확인하고, 그에 따라 장기적인 기초적성 배양을 위한 지도계획이 필요할 것이다. 한편 선행학습 수준의 경우 기초적성과는 달리 그 처치가 단기적으로 가능하다. 따라서 수업과정에서 계속적인 형성평가를 통해 적절한 처치를 함으로써 요구되는 선행학습 수준을 확보할 수 있을 것이다. 결국 장기적인 기초적성의 습득 및 요구되는 선행학습 수준을 확보하려는 노력에 따라 학습에 필요한 시간을 줄일 수 있으며, 만일 개인의 기초적성이나 선행학습 수준이 부족하다면 상대적으로 학습에 실제로 사용하는 시간량을 늘려주는 것도 방법이 될 것이다.

**② 수업이해력**

수업이해력은 수업내용이나 수업에서 사용되는 여러 자료나 학습절차를 이해하는 학습자의 능력을 말하며, 이는 일반지능과 언어능력의 두 가지 요소가 복합된 것이다. 지능은 논리적 학습일 경우, 언어능력은 수업에서 사용되는 언어가 복잡하거나 익숙치 않을 때 학습 정도를 향상시키는 요인이 된다. 적성과 수업이해력과의 중요한 차이는 적성이 과제의 종류와 성질에 따라 변화하는 특수한 능력임에 반해, 수업이해력은 여러 과제에 거의 공통으로 적용되는 일반적인 능력이다. 수업에 대한 이해력이 높으면 그만큼 학습에 필요한 시간이 적게 요구된다. 언어능력의 중요성이 수업이해력에 포함된 것은 대부분이 수업이 언어를 매개로 하기 때문이다. 이는 교사의 언어적 구사나 자료 및 교재에 포함된 언어적 표현과 그에 대한 언어적 이해가 바로 수업이해력의 한 부분이기 때문이다. 수업이해력의 요소인 일반지능과 언어능력은 단기간에 높이거나 습득되기 어렵다. 그러나 수업이해력은 학습과제에 대한 이해력이기 때문에 이 학습과제를 매개로 하여 사용하는 교수방법의 선택에 따라 학습과제를 이해시키는 정도의 차이가 나타날 수 있으므로 교수-학습 방법의 다양화를 통해 수업이해력을 높일 수도 있다.

### ③ 수업의 질

수업의 질은 교수변인으로 학습과제의 제시, 설명 및 구성이 학습자에게 최적의 상태로 접근된 정도를 의미하는 것으로, 관련된 하위요소로는 학습목표의 구체성과 교사언어의 명확성, 과제제시의 적절성, 하위과제의 계열성과 학습속도의 적절성, 학습자 특성 및 욕구 등에 의해 결정된다고 보았다.

- **학습목표의 구체성과 교사언어의 명확성 :** 수업의 명료성은 학습목표의 구체적 제시와 교사언어의 명확성으로 결정된다. 수업은 그 목표가 분명해야 하며, 수업목표는 가능한 구체적으로 진술하여 제시함으로써 수업활동에 필요한 하위의 활동들을 예고하고 결과의 준거를 분명히 제시하는 작용을 해야 한다. 그리고 학습자의 언어발달이나 학습능력 수준 등을 충분히 고려하는 교사언어의 명확성은 수업이해력을 향상시킬 수 있다. 비록 학습자가 언어능력이 부족하고, 수업이해력이 부족하더라도 교사의 의사전달 표현에 따라 그 이해 정도는 달라질 수 있다.
- **과제제시의 적절성 :** 과제의 제시형태와 방법에 따라 그 수업에 대한 이해와 학업성취 효과가 달라질 수 있다. 따라서 과제에 대한 맥락적 지식, 학습영역 및 유형의 이해, 철저한 과제분석 등을 통해 최적의 교수자료 및 교수방법을 선정, 적용하여 수업의 질을 향상시켜야 한다.
- **하위과제의 계열성과 학습속도의 적절성 :** 하위과제의 계열성과 학습속도의

적절성은 학습자에게 알맞은 학습계열을 제공하면서 학습자의 학습속도를 고려하여 적당한 학습기회를 제공하는 것이다. 과제의 계열성이란 과제의 복잡성이나 추상성 수준의 계열화를 말한다. 일반적으로 과제의 제시는 단순에서 복잡, 구체에서 추상수준으로 이끌어진다. 또한 학습자의 학습속도를 충분히 고려하여 요구되는 학습기회를 제공하는 것도 수업의 질을 향상시키는 방법이 될 수 있다.

- **학습자 특성 및 요구 :** 개인의 특성과 욕구를 충분히 고려하여 수업에서 처치를 달리함으로써 가능한 모든 학습자의 학업성과를 극대화시키기 위해서는 학습자의 특성과 요구를 반영하기 위한 진단평가를 도입할 필요가 있다. 이는 진단된 결과에 따라 학습자에게 제시되는 과제의 계열성이 달라질 수 있으며, 학습속도를 고려하는 최적의 학습기회 제공이 가능할 것이기 때문이다.

학생 개인의 적성, 이전 학습경험 및 정도, 학습습관, 성격, 흥미 등을 고려하여 수업을 계획하고 안내할 수 있는 방안은 개별화 수업을 통해 다소나마 가능할 수 있을 것이다. 학습자는 각기 다른 학습양식을 가지고 있기 때문에, 동일한 과제가 서로 다른 방법에 의해 학습될 수도 있다. 어떤 학생은 개별화된 학습조건에서 더 나은 성취를 보일 수가 있고, 다른 학생은 집단수업을 통해 더 높은 결과를 가져올 수 있을 것이다. 이러한 가정을 수용한다면, 수업의 질이란 우선적으로 학습자의 특성을 면밀히 파악하고, 그 결과에 비추어 교수계획을 수립하고 진행하는 것을 통해 보장할 수 있을 것이다.

### (2) 학습에 사용한 시간량

학습에 실제로 사용한 시간량이란, 학습자가 외·내적으로 주의를 기울여 학습한 시간을 말한다. 즉, 학습자가 학습과제를 수행하여 적극적으로 학습에 종사하는 것으로 '주의를 집중하고 또 학습하려고 애쓰는' 시간이다. 학습에 사용한 시간과 관련된 변인은 학습지속력, 학습기회 등이 포함된다.

### ① 학습지속력

학습지속력이란, 학습자가 주의를 기울이고 적극적으로 학습에 열중하여 참여함으로써 실제로 학습하는 데 사용한 시간을 말한다. 학습지속력은 학습자의 주의, 학습동기, 흥미, 태도 등과 밀접한 관계가 있다. 그러므로 학습지속력을 보장하기 위해서는 학습자의 특성에 적절하게 학습과제와 학습과정을 조절하고, 긍정적인 보상과 피드백을 통해 학습자의 주의와 학습동기를 유발시키는 것이 중요하다.

주의를 집중시키기 위한 방법으로는 밑줄 긋기, 글씨의 크기나 모양의 효과, 기타 외적 효과에 의한 집중을 유도하거나 현재의 학습과제와 관련된 학생의 사전경험을 연결짓는 방법이 있다. 그리고 학습지속력을 유도하기 위해 동기를 유발하는 방법이 있는데, 적절한 강화를 활용하여 외적 동기를 부여하거나 학습과제에 대한 만족과 성취를 자극하여 학습자에게 흥미감, 만족감, 성취감, 도전감 등 내적 보상을 얻도록 하여 이를 통해 내적 동기를 유발시키는 방법이 있다. 또한 새롭고 신기한 교수자료 및 매체의 활용도 좋은 방법이 될 수 있다. 한편 이와 같은 학습지속력은 수업의 질에 의해서도 결정될 수 있다. 수업의 질이 좋다는 것은 그만큼 학습자가 학습에 주의를 기울이고 적극적으로 학습에 임하게 하는 결과를 낳기 때문이다.

### ② 학습기회

학습기회는 어떤 과제의 학습을 위해 학생에게 실제로 주어지는 시간량을 말하며 이는 학습에 사용한 시간량을 결정하는 가장 직접적인 요소가 된다. 학습기회는 학습자의 개인차나 수업의 질에 따라 달라져야 하는 속성을 지녔다. 따라서 가능한 학습자의 개인차에 따라 학습할 수 있는 기회를 최대한 제공하는 것이 학습에 소요하는 시간을 늘려 주는 것은 물론 결과적으로 학습성과를 극대화시키는 한 방법이 될 것이다. 그러나 학습의 기회는 모든 학생에게 단순히 학습할 수 있는 시간을 많이 주는 것이 아니라 효율성으로 볼 때, 학습자에게 적합한 학습의 기회를 제공한다는 의미이다. 학습할 기회는 학습자가 학교 학습과제를 소화하는 데 실제적으로 사용되어야 할 최대한의 시간을 의미한다. 학습기회의 부족은 과제소화의 가능성을 낮추게 되며, 반대로 학습기회가 너무 지나치면 유능한 학습자들의 동기가 없어지게 된다. 따라서 학생에게 주어지는 학습기회는 변별적이어야 한다. 그 변별의 준거는 학습자의 특성이나 욕구, 즉 선행학습 수준, 학업적성, 선행경험 등이다.

이상과 같이 Carroll의 학교학습 모형에서의 학습성과를 극대화하기 위해서는 학습에 필요한 시간량(적성, 수업이해력, 수업의 질)과 학습에 소요한 시간량(학습지속력, 학습기회)에 관련된 직접 및 간접 변인들을 충분히 고려하는 수업의 전개에 있다. 이 모형에 내재하고 있는 각 변인들 간의 관계적 의미를 파악하고 그 관계를 정립하는 것이 이 모형에서 궁극적인 목적으로 삼고 있는 학습성과의 극대화를 위한 활동인 것이다. 이러한 앞의 시간변인 모형에 관련한 하위변인들을 함수에 대입하면 다음과 같다.

$$\text{학습의 정도} = f\left(\frac{\text{학습지속력} \times \text{학습기회}}{\text{적성} \times \text{수업이해력} \times \text{수업의 질}}\right)$$

앞서 살펴보았듯이, 학습의 정도를 극대화하기 위해 가능한 학습에 필요한 시간을 최소화하고, 학습에 사용한 시간을 최대화하기 위한 노력이 필요하다. 이를 위해 학습에 필요한 시간에 관련된 적성 수준을 높이고, 수업이해력을 극대화시키며, 질 좋은 수업을 한다면 학습에 필요한 시간을 최소화시킬 수 있을 것이다. 또한 학습에 사용한 시간과 관련된 학습지속력을 최대한 유지시키고, 학습기회를 충분히 제공한다면 학습에 실제 사용하는 시간을 최대화시킬 수 있다.

## 2 Bloom의 완전학습 모형

Bloom의 완전학습 모형은 Carroll의 학교학습 모형을 개선·발전시킨 모형으로, Bloom은 학습에 필요한 시간과 학습에 사용한 시간을 결정하는 변인을 조정함으로써 완전학습을 이룰 수 있다고 보았다. 즉, 완전학습이란, 지적, 능력적인 면에 결함이 있는 5% 정도의 학생을 제외한 약 95%의 학생이 교수내용의 90% 이상을 학습할 수 있다는 것을 말한다. Bloom의 완전학습 모형은 학습성과를 결정하는 요인으로 학습자의 인지적 출발점 행동, 학습자의 정의적 출발점 행동, 수업의 질 등이 있다. 학습에 관련된 주요변인들을 구체적으로 살펴보면 다음과 같다.

**완전학습** 전체 학습자의 약 95%가 주어진 학습과제의 약 90% 이상을 완전히 학습하는 것

### 1) 완전학습 관련 주요변인

#### (1) 인지적 출발점 행동

인지적 출발점 행동은 학습과제를 학습하는 데 필요한 지식, 기술, 능력 등으로 정의된다. 이는 학습과제의 선행학습 요소를 이미 학습한 정도로 학습과제에 대한 특수한 선행학습 능력인 것이다. Bloom은 인지적 출발점 행동이 학업성취의 약 50%를 설명한다고 보았다.

#### (2) 정의적 출발점 행동

정의적 출발점 행동은 학습과정에 참여하려고 동기화된 정도를 말하며, 학습과제에 관련된 동기, 열의뿐만 아니라 자아개념, 학교와 학습에 대한 태도 등을 포함한다. 정의적 출발점 행동은 학습활동의 참여에 영향을 미쳐 결과적으로 학업성취의 수준 및 형태와 학습속도에 영향을 미친다. Bloom은 정의적 출발점 행동이 학업성취도에 미치는 영향력이 약 25% 정도라고 보았다.

### (3) 수업의 질

수업의 질은 제공될 수업이 학습자에게 미치는 적절성의 정도로 이를 구성하는 하위요인으로는 단서, 참여, 강화, 피드백과 학습교정 등을 들 수 있다. 단서는 학습과제의 제시와 설명에 관련되어 교사가 제공하는 모든 정보를 지칭한다. 참여는 학습과제를 학습하려는 학습자의 적극적 노력행동을 의미한다. 강화는 학습의 과정에서 교사가 제공하는 칭찬, 지지 등과 같은 학생행동에 대한 정의적 반응이다. 또 피드백과 교정학습은 학습자의 수행에 대해 교사가 제공하는 강화의 활용형태이다

수업의 질은 교수변인과 관련된 것으로 실제 학습과정에서의 성공 가능성을 25% 예언한다..

## 2) 완전학습의 교수절차

Bloom의 완전학습을 위한 교수절차에서 중요한 사항은 본 수업이 시작되기 전에 '진단평가'를 실시하고, 수업의 과정에서 '형성평가'를 실시하여 그 결과에 따라 보충, 심화학습의 적절한 교수처방을 해준다는 것이다. 구체적인 완전학습의 교수절차를 살펴보면 다음과 같다.

**진단평가** 학습자에게 교수-학습을 투입하기 전에 학습자의 특성을 파악하기위한 평가

**형성평가** 교수-학습 중 학생에게 피드백을 주고 교육과정 및 수업방법을 개선시키기 위한 평가

### (1) 학습 전 단계

완전학습을 위해 학습 전 단계에서는 학습자의 학습결손을 진단하고, 진단평가의 결과에 따라 보충지도를 해야 한다. 학습결손의 진단을 위한 진단평가는 본 과제를 학습하기 위해 미리 알고 있어야 하는 선행학습의 결손 여부 판정과 교사가 가르치려고 하는 수업목표 중에 학습자가 미리 알고 있는 사전학습의 정도를 판정하기 위해서 실시된다. 이 단계에서는 본 수업을 위해 요구되는 선행학습의 결손을 충분히 보충지도 해 주고, 사전학습의 정도를 파악하여 수업의 융통성을 발휘할 수 있어야 한다.

### (2) 학습 중 단계

완전학습을 위해 교수자는 수업 중에 학습의 전개과정을 몇 개의 하위단계로 구분하여 필요한 처치를 시행한다. 첫 단계에서 구체적인 수업목표를 제시해 주고 난 후 수업목표 달성을 위한 수업이 이루어진다. 이와 병행하여 학습이 원활하게 진행될 수 있도록 연습문제의 풀이, 실험-실습 등과 같은 교수-학습 보조활동을 진행한다. 수업이 진행되는 과정에서 학생들의 학습이 원활하게 이루어지고 있는지 확인하기 위해 형성평가를 실시하며, 학습이 잘 이루어진 학생에게는 심화학습을, 수업내용을 충분히 이해하지 못한 학생에게는 보충학습의 기회를 제공한다. 또한 자율학습이나 협력학습의 기회를 제공하여 학습자에게 또 다른 학습기회를 제공한다.

### (3) 학습 후 단계

학습 후 단계는 학습이 마무리된 단계로 학습의 정도를 평가한다. 학습자의 평가 결과는 교사가 이후 수업을 설계하는 데 하나의 준거가 되고, 학생들에게 자율학습 과제를 제시하는 근거가 되기도 한다. Bloom은 이러한 수업의 과정을 통해 학습자가 완전학습을 이룰 수 있다고 보았다.

## 3 Dewey의 탐구학습

Dewey가 제안한 탐구학습은 문제해결 중심 학습으로 반성적 사고과정이 중심이다. 문제해결법(problem solving method)은 문제를 제시하여 이를 해결하는 과정에서 기존의 배운 내용이나 지식을 활용하여 문제를 파악하고 분석하며, 해결책을 고안하는 등 지식, 기능, 태도 등을 종합적으로 획득하도록 하는 학습방법이다. 이는 학습자의 자발적 활동에 의해 문제를 스스로 해결하고 논리적으로 생각할 수 있는 능력, 즉 발산적 사고력을 기를 수 있다는 데 교육적 의의가 있다. 사고는 우리가 문제에 부딪혔을 때 전개되어 그 문제를 해결할 수 있는 해답을 발견함으로써 종결되며, 이러한 사고는 일정한 사고방법에 따라 진행되는 특징을 지닌다.

### 1) 탐구학습의 반성적 사고과정의 단계

Dewey는 사고방법을 암시－지성화－가설설정－추리－검증의 다섯 단계로 설명하고 있다. 이 반성적 사고과정의 단계는 다음과 같다(변영계, 1999; 윤광보 외, 2003).

첫째, 암시(문제확인)단계이다. 인간은 생활환경 속에서 직면한 곤란한 자극에 대해 적절한 적응이나 반응을 하지 못하게 되거나 어려운 문제 혹은 난처한 경우에 당면하게 되면, 어떻게 해야 좋을지 모르게 된다. 이렇게 곤란을 감지하는 것은 문제를 해결하려는 의식을 갖게 되는 문제해결의 출발점이다.

둘째, 지성화(문제의 검토) 단계이다. 직면한 문제를 관찰하여 명확히 하는 단계로, 어려움이 해결해야 할 문제로 인식되면서 막연한 문제사태의 성격을 명료화하는 일이다.

셋째, 가설설정(해결방안 수립) 단계이다. 가설설정의 단계로 문제의 관찰이나 곤란의 검토를 통해 문제의 성격이 명백해지면, 잠정적인 답을 결정하며 이를 검증하고 문제해결을 하기 위한 활동계획을 세운다. 이는 검증을 위한 관찰이나 자료수집 활동의 지침이 된다.

넷째, 추리(추리에 의한 전개)단계이다. 추리작용에 의해 가능성이 현실성으로 진전된다. 해결의 과정이 시행과 수정의 반복을 통해 객관적인 해결체제로 가까워져 가는 단계이다.

다섯째, 검증(행위에 의한 가설의 검증)단계이다. 전개과정에 대한 관찰과 실험을 통해 증거를 제시하면서 가설이 채택 또는 기각되는가를 결정한다.

## 2) 탐구학습의 반성적 사고과정 단계별 교사의 역할

이러한 반성적 사고과정의 단계를 적용하여 문제해결 학습활동을 수업에 적용할 경우 교사가 학습자의 발산적 사고력을 키우기 위해 할 수 있는 각 단계에서의 역할은 다음과 같다.

첫째, 문제인식의 단계이다. 이 단계에서는 학습자가 선택한 문제나 또는 학습자에게 선택시킨 문제에 대해 자세히 검토하고, 그 본질을 정확하게 인식하는 것이 첫단계이다. 즉, 문제에 대한 명확한 인식이 문제해결 학습의 출발단계인 것이다. 학습자 자신이 문제에 직면하여 문제를 의식하면 문제에 대해 강한 학습동기가 유발되고, 문제를 해결하기 위해 그 문제의 성질과 해결방법이나 과정 등을 정하게 된다. 따라서 교사는 학생이 문제를 명확하게 인식하도록 도와주어야 한다.

둘째, 자료수집의 단계이다. 이 단계는 인식된 문제해결에 필요한 자료를 수집하여 연구하는 단계로, 적절한 자료를 수집하고 수집된 자료는 검토의 과정을 거쳐야 한다. 이를 위해 교사는 학생들의 학습의욕을 자극하고 이전의 학습경험에 관계가 있는 여러 가지 경험과 이미 학습된 원리를 상기시킨다.

셋째, 가설설정의 단계이다. 이 단계에서는 학습자는 일련의 가설을 수립하고 그 적용가능성을 검토한다. 이를 위해 수집된 자료를 기초로 실행하고, 검증할 과정을 계획한다. 이때의 계획은 결과를 가정하고 실제적인 행동, 조사, 제작활동이 포함되어야 한다. 교사는 문제사태를 분석, 검토하여 명확한 가설을 설정하도록 하고, 그에 적용할 수 있는 일반적 법칙 또는 원리를 상기시켜야 한다.

넷째, 실행검증의 단계이다. 이는 수집한 자료의 조사, 관찰, 실험, 비교 등의 실제적 검증을 통해 문제를 해결하는 단계이다. 이때는 학습자가 중심이 되어 자주적인 활동을 한다. 교사는 학습자의 활동을 뒤에서 보조해 주는 역할을 수행한다. 교사는 학생의 사고과정에 도움이 되도록 학생들로 하여금 자료를 체계화, 조직화하고 차례대로 자료를 검토하며, 다양한 표현방법을 활용하도록 안내한다.

다섯째, 일반화의 단계이다. 실행하고 검증한 결과를 다시 재확인하여 일상생활에서 일반화하도록 한다. 이때 학습자가 문제장면에 알맞은 법칙의 조합을 발견하면 문제가 해결될 뿐만 아니라 지금까지 없었던 새로운 어떤 것, 즉 원리를 학습하게 된다. 이때 교사는 학생들이 문제의 시사점에 대해 주의 깊게 평가하도록 하여 편견 없는 판단 또는 결론을 내리는 태도를 갖게 한다.

### 3) 탐구학습의 장·단점

탐구학습의 장점은 다음과 같다. 첫째, 학습자의 자발적인 활동을 통해 학습의 자율성과 능동적 태도를 기를 수 있다. 둘째, 직접 부딪치는 생활문제를 학습의 소재로 하기 때문에 구체적인 행동과 직접 경험에 의해 진행된다. 그러므로 학습이 실생활과 관련된다. 셋째, 교재의 논리적 체계에 얽매이지 않고, 학습자의 심리적 계통에 따라 학습이 되기 때문에 흥미에 맞고 이해하기 쉽다. 넷째, 전인교육의 실천적 바탕이 된다. 다섯째, 협동적인 학습활동에 의한 민주적 생활태도가 배양된다. 이에 대해 탐구학습의 단점으로는 첫째, 문제해결 학습은 기초학력을 기르는 데 장애가 될 수도 있다. 둘째, 학습의 방향에 일관성을 잃기 쉽다. 셋째, 노력에 비해 지적 성장이 비능률적일 수 있다는 점이다.

## 4 Bruner의 발견학습

Bruner(1960, 1966)에 의해 제안된 발견학습(discovery learning)이란 학생이 교사의 설명에 의해 지식을 습득하는 것이 아니라, 사실이나 문제의 파악, 가설의 설정, 가설검증과 확인, 실제에의 적용 등의 과정의 추리와 직관을 통해 학생 스스로 지식을 발견하고, 한 교과의 기본적인 지식의 구조를 이해해 나가는 과정이다. 그러므로 교수-학습의 과정에서 지식습득의 결과보다는 과정

**발견** 대상 간에 존재하는 유사점과 차이점을 찾아 관계짓는 것

을 중시한다. 이를 위해 Bruner는 학습자들이 스스로 개념 간의 관계를 발견할 수 있는 기회를 부여하는 것이 가장 중요하다고 보았다. 교사가 학습자들에게 일련의 문제를 제시하게 되면, 학습자들은 그 문제와 유사한 문제들을 해결하였을 때 사용했던 법칙이나 방법으로 주어진 문제를 탐구하게 된다. 따라서 교사는 과학자들이 어떤 개념이나 이론을 발견하였을 때 사용하였던 사고과정과 유사한 탐구사고를 할 수 있도록 지도해야 한다. 그 결과 학습자들은 그 속에서 여러 개념 간의 관계를 발견하게 되며, 자료를 재조직하거나 분류하게 된다. Bruner는 의미 있는 학습이 이루어지도록 하기 위해 학습자들이 스스로 개념 간의 관계를 발견할 수 있는 기회를 부여하는 것이 가장 중요하다고 보았다.

## 1) 발견학습의 주요개념

발견학습이란 학습자에게 교과를 최종적인 형태로 제공하는 것이 아니라 그 최종형태를 학습자 스스로 조직하도록 요구되는 상황에서 일어나는 학습으로 정의될 수 있다. Bruner는 수업이론의 형성을 위해 최소한 학습경향성, 지식의 구조, 계열화, 강화 등을 효율화하는 방법을 제시해야 한다고 하면서, 이를 가장 이상적으로 조직할 수 있는 수업방법으로 발견학습(discovery learning)을 제안했다. Bruner의 발견학습에 관련된 주요개념인 학습경향성, 지식의 구조, 지식의 계열화, 강화 등을 살펴보면 다음과 같다.

**발견학습** 교과를 최종적인 형태로 제공하는 것이 아니라 최종 형태를 학습자 스스로 조직하도록 하는 학습

### (1) 학습경향성

교수-학습 활동에서 우선적으로 고려해야 할 사항은 학습자로 하여금 학습하고자 하는 의욕을 가지게 한다는 것이다. 아무리 좋은 교수방법을 가지고 교수-학습 활동을 전개해 나간다 할지라도 학습자의 학습동기가 유발되지 않는다면, 그것은 교수활동만 있을 뿐 학습활동은 보장하지 못한다. 즉, 학습활동이 이루어지기 위해서는 학습자 자신이 학습하고자 하는 의욕이 우선적으로

생겨나야 하는데, 이를 학습의 경향성(predisposition to learn)이라고 한다. 학습자가 학습하고자 하는 의욕이 생기도록 교수자는 구체적인 탐구활동들을 조장해야 한다. 학습경향성에 관련된 교수변인은 탐구의 자극, 탐구의 유지, 탐구의 방향성 등이 있다. 이를 구체적으로 살펴보면 다음과 같다.

**① 탐구의 자극**

학습자가 학습의욕을 가지고 탐구를 하도록 하기 위해서는 적절한 수준의 불확실성을 가진 문제 및 상황을 제시하여 학습자를 자극하는 것이 필요하다. 학습자의 사고를 자극하기 위해서는 너무 어려운 과제나 너무 쉬운 과제를 제시하지 말고, 적절한 수준(optimal level)의 모호성을 지닌 과제를 제시해야 한다. 이러한 최적 수준의 모호성이 학습자의 학습경향성을 불러일으키고 학습을 지속해 가는 데 도움이 된다. 즉, 어느 정도 학습자가 접근하고 사고할 수 있는 문제나 상황을 제시함으로써 탐구의 가능성을 자극할 수 있다는 것이다.

**② 탐구의 유지**

자극된 학습자의 탐구의욕은 학습목표가 달성될 때까지 계속해서 유지되어야 한다. 이를 위해 교사는 학습자가 학습의 과정에서 실패에 대한 불안감을 갖지 않도록 해주어야 한다. 학습자의 학습활동을 통해 탐구되고 발견된 것이 비록 사소한 것이라도 그를 격려함으로써 탐구활동을 지속시킬 수 있다.

이와 같은 교수활동을 위해서는 허용적이고 민주적인 수업을 이끌어야 한다. 특히 학습자로 하여금 학습과정에서 실수할 수도 있다는 편안한 마음을 갖도록 하는 것이 중요한 교수자의 자세이다. 결국 탐구의 경향을 계속 유지하기 위해 학습자가 가능성을 탐색해서 얻는 이득이 실패에서 오는 위험부담률보다 커야 하며, 교사는 학습자의 실수를 인정하고, 사소한 발견이라도 격려해 주는 수용적인 수업분위기를 통해 학습자의 탐구활동을 유지시켜야 한다.

**③ 탐구의 방향성**

교사는 학습자가 가능성을 탐색할 때 방향감을 제시해 주어야 한다. 가능성 탐색의 방향감을 주기 위해서는 학습과제가 어떤 목표를 향해 나아가고 있다는 것과 진행 중인 학습활동이 그 목표와 관련된다는 것을 학생들이 알도록 해야 한다. 여기에서의 탐구의 방향성이란 탐구해야 할 활동을 분명히 하기 위한 교수목표의 구체적이고 명료한 제시를 의미한다. 따라서 교사가 수업목표를 분명하게 제시해 주는 것도 학습자의 방향감 탐색에 도움을 주는 요인이 된다. 수업의 시작과 과정에서 제시되는 교수목표는 학습자의 탐구활동에 대한 검증의 준거가 될 것이며, 탐구활동의 정확한 이해와 현재의 정보를 보다 쉽게 조작할 수 있도록 유도할 수 있다.

### (2) 지식의 구조

Bruner의 교수이론에서 가장 핵심이 되는 개념이 바로 지식의 구조이다. 지식의 구조(the structure of knowledge)란 한 학문을 구성하고 있는 가장 기본적인 아이디어, 개념, 원리, 법칙 등을 말한다. 즉, 해당 지식을 성립시키는 일반적인 원리나 기본적 관념으로서 이를 토대로 다양한 사실적 지식이 파생되어 새로운 영역을 개척할 수 있는 것을 의미한다. 오늘날처럼 빠른 변화의 시대에서는 곧 변화할 표면적 지식이 아니라 보다 근원적인 관념, 즉 교과지식의 본질을 습득하는 것이 중요하다고 본 것이다. 따라서 Bruner는 학교에서 가르쳐야 할 것은 지식의 내용이 아닌 지식의 구조라는 것이다(Driscoll, 1994).

Bruner(1960)는 "어떠한 주제라도 그 내용의 지적 성격에 충실한 형태로 제시되면 어떠한 발달단계에 있는 어떠한 아동에게라도 효과적으로 가르칠 수 있다(Any subject can be taught effectively in some intellectually form to any child at any stage of development)(p.30)."고 하면서 어떤 영역의 지식도 활동적, 영상적, 상징적 방법으로 표상하여 발달 수준에 맞게 가르칠 수 있고, 학습자의 인지구조에 적응하는 표상형태로 교과의 지식구조를 재조직하는 것이 교육과정이라고 보았다. 즉, 지식의 구조화는 학습자의 수준이나 과제의 특성에 따라 다르게 조직하여 제시할 수 있으며, 지식은 어떠한 방식으로든 쉽게 조직하여 누구에게나 가르칠 수 있다는 것이다. 잘 구조화된 지식이란 표상양식이 학습자의 발달수준이나 과제의 특성에 적합하고, 경제성과 생성력이 있도록 조직된 것이라고 하였다. 지식의 구조화에 대한 보다 자세한 이해를 위해 지식의 구조화에 내포되어 있는 하위개념을 살펴볼 필요가 있다. 구체적인 하위개념으로는 표상양식(mode of representation), 경제성(economic), 생성력(power) 등이 있다.

#### ① 표상양식

Bruner는 어떤 영역의 지식이라도 세 가지 표상양식인 작동적 표상(enactive representation), 영상적 표상(iconic representation), 상징적 표상(symbolic representation) 등의 방법으로 나타낼 수 있다고 보았다. '작동적 표상'은 학습자의 직접적 행위가 포함되어 사물을 직접적으로 조작하면서 이해하는 것을 말하고, '영상적 표상'은 간접적인 그림이나 영상 또는 모형을 통해 이해하는 것이며, '상징적 표상'은 언어나 기호 등을 사용하여 언어적 진술이나 공식을 통해 추상적이고 상징적으로 이해하는 것이다. 지식은 이와 같은 세 가지 표현으로 달리 구조화될 수 있다. 예를 들어, '평형의 원리'에 대한 지식의 구조를 아동의 발달수준과 관련하여 적합한 표현방식을 달리할 수 있다(Bruner, 1966). 아주 어린아동들이 평형의 원리를 이해하도록 하기 위해 시소를 타 봄으로써 원리를 이해할 수 있고 이렇게 실제로 행동하고 작동하면서 이해한다고 하여 '작동적 표상'이라고 한다. 이보다 좀 더 나이가 든 아동들의 경우에는 천칭을 나타내는 모형이나 그림을 통해서도 '평형의 원리'를 이해할 수 있다. 이 수준의 아동들에게는 영상적 표상방식으로 지식을 구조화하여 제시함으로써 이해시킬 수 있다. 초등학교 고학년 정도의 아동들은 '평형의 원리'에 대해 무게는 'W'라는 기호로, 거리는 'S'라는 기호로 상징하면서 W1·S1=W2·S2라는 공식을 통해서도 '평형의 원리'를 이해할 수 있다. 이와 같이 기호와 언어를 통해 표현하는 것을 상징적 표현이라고 한다.

이와 같이 표상방식만 달리한다면 어떤 교과든지 그 지적 성격에 충실한 형태로 어떤 발달단계에 있는 어떤 아동에게도 효과적으로 가르칠 수 있다는 것이 지식의 구조화의 핵심이다.

**그림 4-1** 학습 표상양식

### ② 지식구조의 경제성

경제성이란 어떤 문제를 해결하기 위해 학습자가 소유해야 할 '최소 정보의 양'을 말한다. 지식의 구조는 한 학문의 기본적인 아이디어, 개념, 원리, 법칙을 뜻하기 때문에, 지식의 구조를 중심으로 하는 학습은 경제적인데 이는 많은 사실적 지식들을 요약하여 개념, 원리, 법칙으로 학습하기 때문이다. 따라서 표상양식과 관련하여 상징적 표현이 가장 경제성이 높다.

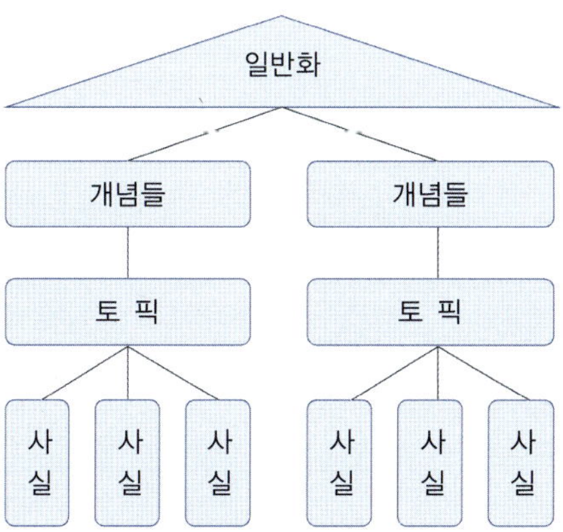


**그림 4-2** 지식구조

#### ③ 지식구조의 생성력

특수한 구조가 학습자로 하여금 일련의 명제나 지식이 그와 관계되는 새로운 명제나 지식의 결과를 찾아내게 하거나 발생시키는 용이성의 정도를 말한다. A, B, C가 있을 때 'A>B'이고, 'B>C'라는 관계에서 'A는 B보다 크다.' 또한 'B는 C보다 크다.' 그러므로 'A가 가장 크고, B는 두 번째로 크며 C가 가장 작다.'는 결과를 알 수 있다. 한편 이와 같은 결과의 생성은 처음부터 'A>B>C'와 같은 구조의 관계에서 훨씬 빠르고 쉽게 도출될 수 있으므로 보다 생성력이 있다고 할 수 있다.

### (3) 지식의 계열화

계열(sequence)이란, 학습할 과제를 제시해 주는 순서와 관련되어 있다. 즉, 학생들이 학습내용을 이해, 변형, 전이하는 데 도움이 될 수 있도록 학습과제를 순서대로 조직하여 제시하는 원칙을 말한다. 일반적으로 단순한 내용에서 복잡한 내용으로, 선수학습을 기초해서 그 다음의 내용으로, 사건의 역사적 발생순서대로, 구체적인 내용에서 추상적인 내용으로 조직해 나가는 것이 계열성의 특징이다. 하지만 Bruner가 제시하고 있는 일반적인 계열화는 지식의 구조화의 표현방식의 순서를 의미한다. 즉, 작동적 표상에서 영상적 표상, 그리고 상징적 표상의 순서를 말한다. 학습과제를 어떤 순서로 제시하는가 하는 문제는 '가능성의 탐색경향'을 촉진하는 문제로서 수업장면에 '적절한 수준의 불확실성'이 계속 유지되도록 학습과제의 제시순서가 결정되어야 할 것이다. 그러므로 최적의 계열화란 작동적, 영상적, 상징적 표상의 순서를 따르는 것이 된다. 그러나 이러한 계열화는 교과의 본질과 구조에 따라 순서가 정해져야 하고, 또한 학습자의 다양한 발달단계 및 수준, 성취능력 등이 고려될 경우 얼마든지 달라질 수 있다.

이러한 지식의 일반적인 계열화를 바탕으로 Bruner는 다음과 같은 기본 가정을 제시하고 있다. 첫째, 모든 학습자에게 통용되는 고정적인 계열은 없다. 최적의 계열화란 발달수준, 학습경험이나 능력수준 등과 같은 학습자의 특성에 따라 달리 적용되는 것이다. 따라서 학습자의 개인차를 고려하여 제시되는 계열화가 가장 적합한 것이다. 둘째, 최초의 지식이나 정보에 대한 학습에서는 가능한 작동적 표상, 영상적 표상, 상징적 표상의 순서로 계열화하는 것이 바람직하다. 이와 같은 가정을 통해 지식의 계열화는 학습자 특성이나 과제특성에 부합되어야 하며, 상황에 따라 이러한 계열을 적절히 혼용하는 것이다. 즉, 어떤 아동은 지식의 이해를 위해 작동적 표상이, 또 다른 아동은 영상적 표상이 필요할 수 있다. 또한 지적 수준이 높거나 이미 직접적 혹은 간접적으로 경험이 있는 아동은 상징적 표상만으로도 이해가 가능할 것이다.

### (4) 강화

Bruner는 학습증진을 위해 적절한 강화의 필요성을 주장하였다. 강화란 학습결과에 대해 보상해 주는 것을 말한다. 발견학습 시 강화가 효과적인 것은 자기학습의 결과를 확인하고 거기서 만족을 맛보는 내적 보상에 의한 의욕 및 내적 동기 때문이다. 따라서 학습자가 스스로 탐구해 가는 발견학습에서 교사는 학습자의 학습 정도를 수시로 확인해 줌으로써 학습의 방향이 올바르게 나아갈 수 있게 해야 한다. 이러한 과정에서 교사는 학습자의 학습 정도에 대한 적절한 피드백을 제공해 주는 것이 중요한데, 긍정적인 성과에 대해서는 칭찬해 주고, 부적절한 성과에는 교정적인 정보를 제공해 주어야 한다. 발견학습은 학습자가 주체이기 때문에 학습자 스스로 자기가 탐구한 학습결과가 성공한 것이라는 것을 알고, 스스로 보상을 받을 수 있도록 해주는 것이 바람직하다. 내적 동기를 부여하기 위해 가능한 한 학습단위가 끝나는 단계에서 학생 자신이 세운 가설시행 과정을 확인하도록 하며, 학습자가 독립적으로 자기학습의 결과를 확인하고, 그것을 자기의 학습에 재활용할 수 있도록 도와주는 형식으로 수업이 진행되어야 한다.

## 2) 발견학습의 과정

Bruner는 자신이 주장한 수업원리 네 가지를 통합해서 교육장면에 적용한 발견학습을 가장 이상적인 수업이라고 주장한다. 발견학습의 과정은 일반적으로 다음 네 단계로 나눌 수 있다(최용섭, 1992).

### (1) 제1단계 : 과제의 파악

교사는 발견할 과제를 학습자에게 명확히 파악시키는 것으로 문제의식을 분명히 가지고 의욕적으로 학습하도록 한다. 이 단계에서 파악되어야 할 과제는 문제해결 학습에서와 같이 생활에 직결된 과제가 아니고 교과의 구조이다. 이 단계에서 교사는 과제파악에 어느 정도 필요한 자료를 제시한다. 이것은 곧 문제해결 학습에서와 같이 현실적 장면에서 일어나는 문제 중에서 학습자의 관심을 끄는 것만이 아니라 교사가 의도한 과제가 곧 학생의 과제로 될 수 있도록 상황을 구성해야 한다. 이렇게 제시된 자료를 학습자들은 주의 깊게 관찰하고 이미 가지고 있는 경험을 이야기하거나 교사의 생생한 설명을 들으며 문제장면을 고찰한다. 이때 중요한 것은 학생들이 학습의욕과 문제의식을 가지고 제시된 자료나 구체적인 사실에 적극적인 관찰을 할 수 있도록 하는 것이다. 이를 위해서는 흥미와 사고의 단서가 될 수 있는 사실이나 자료를 선정하여 제시해야 한다. 관찰할 때 학습자들의 관심은 처음에는 개개의 사실에만 향하여 그 결과 산만한 몇 개의 사실에만 주의하게 된다. 얼마 후 이들 개별적 사실 중에서 의미 있는 몇 개의 사실에 관심이 집중하며 이들을 중심으로 이와 비슷한 특성을 가진 다른 사실들을 모아 상호관계에 입각한 인지구조를 성립시킨다.

### (2) 제2단계 : 과제해결을 위한 가설의 설정

이 단계에서는 제시된 자료와 추가자료를 수집하여 임시로 해결방안을 설정한다. 이는 발견학습에서 특히 중요한 부분으로 직관적 사고에 의한 창조적 가설을 설정하는 단계이다. 이때 무엇이라고 분명히 설명하기 어렵지만 문제 해결의 단서가 되는 생각이 바로 직관적 사고이므로 이 직관적 사고가 논리적 사고로 구축될 때 창조적 발견이 가능하게 된다. 이때 중요한 점은 교사의 적절한 조언과 학습자 개인 및 집단에서 진행되는 의견교환이라 할 수 있다.

**직관적 사고** 엄밀한 논리적 추리과정을 거치지 않고 문제의 해답을 생각해 내는 추리작용

#### (3) 제3단계 : 원리의 발견(가설검증)

이 단계는 사실의 분석과 가설의 종합적 확인이 이루어지며 체계적으로 중요한 사고가 진행되는 단계이다. 위에서 본 가설은 아직 주관적인 상념에 지나지 않는다. 이러한 가설을 객관적으로 타당화시키기 위해서는 가설의 논리적 모순을 수정함과 동시에 사실에 비추어 가설이 갖고 있는 그릇된 점을 수정해야 한다. 이를 위해 교사는 부족한 점을 보완해 주고 사고의 진행을 도와주지만 앞의 단계보다는 적은 보조를 해야 한다.

#### (4) 제4단계 : 원리의 적용

세 번째 단계는 구성된 일반적이고 추상적인 개념을 실제로 활용하고 자신의 것으로 정착시키기 위해 구체적이고 현실적 장면에 적용, 활용하는 지식의 전이단계이다. 이를 위해 원리를 보다 명확하게 이해하고 적용하거나 연습하는 것이 필요하다. 따라서 교사는 총괄평가에 활용 여부를 포함함으로써 학습자들의 지식의 활용 및 적용결과를 주시하고 지도해야 한다.

### 3) 발견학습의 장·단점

발견학습의 장점으로는 다음과 같다. 첫째, 지적 능력의 증대이다. 아동 각자가 구체적인 자료를 통한 활동에 참여할 경우 지적인 잠재력을 키울 수 있다. 둘째, 내재적 보상이다. 발견적인 학습활동을 성공적으로 마쳤을 때 자신의 지적 능력을 지각함으로써 아동은 지적인 쾌감을 맛보고 새로운 문제에 도전하려는 강한 의욕을 갖게 되는 내적 동기유발을 일으킬 수 있다. 셋째, 보편

화된 전략획득이다. 학습자들은 자기 스스로 생각하여 발견한 결과를 습득하는 것뿐만 아니라 발견적인 활동을 통해 학습자는 발견하는 방법, 그 자체를 배우게 됨으로써 동시에 교실 밖에서의 활용 가능한 보편적 전략습득이 가능하다. 넷째, 장기기억이다. 발견학습의 가장 큰 장점은 발견적 활동으로 획득된 정보는 머릿속에서 기억되는 시간이 길다는 점이다. 다섯째, 학습태도 습득이다. 지식의 기억과 회상에만 의존하지 않고 평생 학습자로서의 태도를 습득하게 된다.

이에 대해 발견학습이 지닌 단점으로는 다음과 같다. 첫째, 발견학습에서 의도하는 진정한 지식은 발견을 통해 얻어진다고 하지만, 실제에 있어서는 지식의 많은 부분이 타인에 의해 발견되어 전달되는 것이다. 진정한 지식의 여부는 스스로 발견을 했는가의 여부가 아니라 지식의 실제적 활용 여부에 달려 있다. 둘째, 전통적 강의나 다른 수업방법에 비해 지도와 학습에 소요되는 시간이 너무 많이 소요된다. 셋째, 단시간에 단순한 개념을 많이 전달해야 하는 교과목에서는 비효율적이다. 넷째, 자료준비, 평가 등 교사에게 많은 부담이 부여된다.

### 4) 발견학습의 교육적 의의

발견학습이 잘 이루어지기 위해서 교육현장에서 고려해야 할 점은 다음과 같다. 첫째, 교재의 기본구조에 대한 철저한 학습을 강조한다. 교재의 기본구조란 교재를 이루는 기본적인 아이디어, 개념, 원리 및 법칙을 말한다. 한 교과의 구조를 알거나 교과에 포함된 기본적 원리를 알면 기본 분류체계의 형성을 증진시킬 수 있다. 따라서 교사는 학생들이 교재의 이러한 구조를 철저히 학습하도록 도와줌으로써 교재에 대한 이해가 쉽게 이루어지고 전이가 잘 이루어지도록 할 수 있다.

둘째, 학습의 결과보다 과정과 방법을 중요시한다. 학습의 과정을 지식의 생성과정과 일치시키고자 하는 것이 발견학습이다. 이것은 변화하는 사회의 대응하는 창의적 사고능력을 함양하기 위함이다. 학생들이 발견자 또는 탐구자적인 자세를 가지고 새로운 지식을 획득하고 창조적인 생활을 영위할 수 있도록 하려면 학습자들의 탐구적인 노력을 나타낼 수 있는 환경과 학습의 과정에 대한 탐구적 기술을 습득하도록 해야 한다.

셋째, 학습자의 능동적인 학습을 강조한다. 학습자들이 탐구할 수 있는 자유를 주면서 학습자가 능동적인 학습을 할 수 있도록 하기 위해서는 학습과제를 적절히 구성하고 학습자의 내적 보상에 의한 학습동기를 유발할 수 있어야 한다.

넷째, 학습효과의 전이를 중시한다. 오늘날 급변하는 사회 속에서 생성되는 지식은 한 사람이 일평생을 배워도 다 배울 수가 없다. 그러므로 발견학습 과정에서 습득하는 방법적 지식은 다양한 장면에 적용할 수 있는 전이가 높은 지식이다. 따라서 학습자들이 구조적 지식을 습득하여 이를 기반으로 사고를 확대시키도록 끊임없이 자극을 주어야 한다.

## 5 Ausubel의 유의미학습 이론

Bruner의 발견학습이 학습자 중심의 학습이라면, Ausubel의 유의미학습은 교사의 설명중심의 설명식 수업이라고 할 수 있다. 유의미학습은 개념이 인지구조 속에 정착되는 과정에 초점을 두고 있다. 이는 무턱대고 외워버린 개념들이 기억 속에 오래 머물지 못하여 기존개념과 관계를 형성하지 못하는 기계적 학습(rote learning)과는 구별된다. 수용학습(reception learning)이라는 것은 학습과제 내용이 학습자에 의해 스스로 발견되기보다는 학습자에게 제시되어 학습자가 받아들이는 상황을 의미한다. 이를 학습의 유의미성과 결부시키면, 교사가 제시한 것을 학습자가 의미 있게 수용하여 학습의 내면화를 꾀할 경우 유의미학습이 되며, 그렇지 않고 학습자가 맹목적으로 그 지식을 단지 암기하려 하고 선행지식에 관련시키지 않는 단순 수용학습의 경우 기계적 학습이 이루어지게 된다. 학습이 유의미하게 이루어지기 위한 조건은 다음과 같다.

**기계적 학습** 무의미철자를 학습하는 경우와 같이 이해는 못하지만 기계적인 반복을 통하여 암기하는 것

### 1) 유의미학습의 조건

#### (1) 학습과제가 갖추어야 할 조건 : 실사성과 구속성

학습과제가 갖추어야 할 조건으로 '실사성'과 '구속성'을 들 수 있다. 실사성이란 어떤 명제를 어떻게 표현하더라도 그 명제의 의미가 변하지 않는 명제를 말한다. 예를 들어, '삼각형의 세 각의 합은 180도이다.'로 표현하는 것이나 '세 내각의 합이 180도인 것은 삼각형이다.'로 표현하는 것이나 의미상에 변화가 없다. 이러한 과제를 실사성이 있다고 한다. 구속성이란 일단 임의로 맺어진 관계는 시간이 경과함에 따라 관습으로 굳어지면서 그 관계를 임의적으로 변경할 수 없는 성질을 말한다. 예를 들어, '정삼각형 내각의 합은 180도이다.'는 구속성을 갖고 있다. 왜냐하면 모든 삼각형의 내각의 합은 180도라는 것은 인지구조 속에 이미 존재하기 때문이다. 이처럼 학습과제가 실사성과 구속성을 지녔을 경우 학습과제는 논리적인 유의미가를 지니게 된다.

#### (2) 인지구조가 갖추어야 할 조건 : 관련 정착지식

**▎인지구조** 학습자가 필요할 때 언제든 활용할 수 있는 사실, 개념, 명제, 이론 등의 현재의 지식

인지구조가 갖추어야 할 조건으로는 인지구조 속에 새로운 학습과제와 관련된 지식이 들어 있어야 한다는 점이다. 이러한 인지구조는 경험에 따라 발달하고 변화하는 성질을 갖고 있으며, 인지구조 상부는 일반적, 포괄적, 추상적 인지구조로 구성되어 있고, 하부에는 구체적, 특수적 인지구조로 구성되어 있다. 따라서 새로운 학습과제가 의미 있게 학습되려면 학습자의 기존 인지구조 속에 새 학습과제와 어떠한 관련을 맺을 수 있는 지식이 있어야 하는데 이 지식을 '관련 정착지식'이라고 한다. 이처럼 학습자 내부에 관련 정착지식이 있을 때 학습과제는 논리적 유의미가에서 잠재적 유의미가를 지닌 학습과제로 전환된다.

#### (3) 학습자가 갖추어야 할 조건 : 유의미 학습태세

유의미학습이 이루어지기 위한 세 번째 조건은 학습자가 유의미 학습태세를 갖추어야 한다는 것이다. 여기서 유의미 학습태세란 학습하려는 동기를 말하

며, 이러한 학습동기를 지닌 상태에서 잠재적 유의미가를 지닌 학습과제를 학습자의 인지구조 내 관련 정착지식과 연결시키는 일련의 포섭과정이 유의미학습 과정이다.

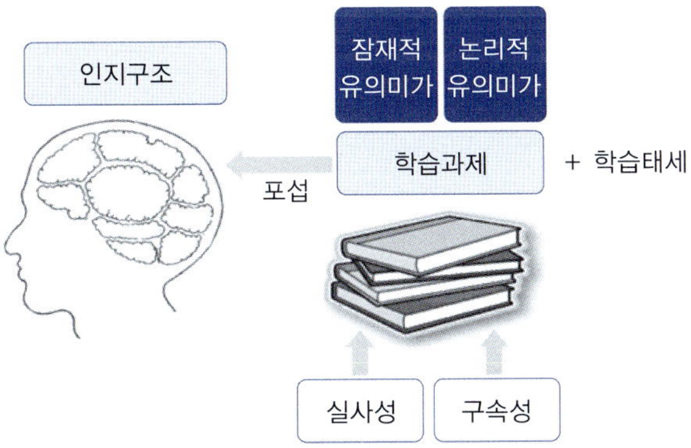


**그림 4-3** 유의미학습의 모형

## 2) 선행조직자

Ausubel은 유의미학습을 위한 전략으로 학습자료의 제시에 있어 선행조직자의 활용을 제안하고 있다. 선행조직자(advance organizer)란 새로운 학습과제 자체보다 추상성, 일반성, 포괄성의 정도가 높은 자료를 새로운 학습과제 제시에 앞서 제시하는 자료로 새로운 정보나 자료를 수용하기 위한 정착초점이다. 즉, 학습자로 하여금 학습하게 될 자료를 학습자의 인지구조 맥락에 자리매김할 수 있도록 돕는 일종의 도입자료이다. 포괄성, 일반성을 지닌 진술문으로 학습과제의 개념적 발판화 기능을 갖춘다면 선행조직자로서 활용될 수 있다. 예를 들어, 수업시작과 함께 던지는 질문, 하나의 이야기, 영화시범 등 여러 가지 형태가 선행조직자로 활용될 수 있는데 하나의 단어일 수도 있고, 한 학기를 놓고 생각하면 첫 수업시간이 선행조직자일 수 있다.

### (1) 선행조직자의 종류

**설명조직자** 전혀 생소한 개념을 가르칠 때 제시되는 것으로 학습내용보다 높은 수준의 보편성, 일반성을 지님

**비교조직자** 학습자가 어느 정도 알고 있는 개념이나 내용을 가르칠 때 제시되는 것으로 유사점과 차이점의 상호관계 파악에 용이함

선행조직자는 설명조직자(expository organizer)와 비교조직자(comparative organizer)의 두 가지 형태가 있다. 설명조직자는 학습자가 친숙하지 못한 학습자료를 제시받을 때 포섭자로서의 역할을 수행하는 선행조직자로 학습과제와 학습자의 인지구조 사이에 전혀 관련이 없을 때 사용한다. 대체로 설명조직자는 학습하게 될 개념보다 높은 수준의 보편성, 일반성을 지닌 개념으로 교사가 학습과제보다 상위에 있는 지식을 설명해 주는 것이다. 또 다른 선행조직자인 비교조직자는 학습과제와 학습자의 인지구조 사이에 어떠한 유사성이 있는 경우에 사용한다. 즉, 학습과제와 인지구조 간의 유사점과 차이점을 지적해 주면서 상호관계를 부각시켜 명료하게 해주며 상호 비교하여 하위개념의 위계질서를 세우도록 도와줄 때 사용된다.

### (2) 포섭의 유형

포섭(subsumption)이란 새로운 학습과제를 학습자의 인지구조 속에 병합시키는 과정이며 이것이 곧 학습이다. 포섭은 몇 가지 유형으로 구분해 볼 수 있다.

#### ① 종속적 포섭

학습자의 인지구조 속에 있는 개념보다 하위의 학습과제를 포섭하는 것을 말한다. 예를 들어, 학습자의 인지구조에 삼각형 일반에 대한 개념은 있으나, 정삼각형, 직각삼각형에 대한 개념이 없을 때를 말한다. 종속적 포섭은 연역적 계열을 따르고 있어 가장 효과적인 학습형태이다.

**연역적 계열** 일반적인 개념을 먼저 제시하고 특수한 개념을 다음에 제시하는 순서

#### ② 상위적 포섭

학습자의 인지구조 속에 있는 개념보다 새롭게 학습되는 개념이 더 포괄적이고 추상적인 경우로, 상위의 학습과제를 포섭하는 것을 말한다. 기존의 인지구조 속의 개념이 포괄적인 새 개념으로 동화되는 수준을 말한다. 예를 들어, 학습자의 인지구조에 정삼각형, 직각삼각형에 대한 개념은 있으나, 삼각형 일반에 대한 개념이 없을 때를 말한다.

③ 병위적 포섭

새로운 개념과 학습자의 인지구조 속에 있는 개념의 수준이 비슷한 경우로 수평적 관계를 유지하면서 서로가 서로를 포섭하는 것을 말한다. 예를 들어, 학습자의 인지구조에 있는 징심긱형의 개념을 토대로 직각삼각형을 포섭할 때를 말한다.

## 3) 유의미학습의 수업원리

### (1) 선행조직자의 원리

선행조직자의 원리는 새로운 학습과제보다 일반성, 포괄성의 정도가 높은 자료를 새 학습과제를 제시하기 전에 제공하여, 이미 배운 내용과 연결 통합하도록 하는 원리이다. 이러한 선행조직자는 수업의 도입단계에서 교사가 해주는 언어적 설명으로, 학습과제와 인지구조 사이에 다리를 놓아 주는 기능을 한다. 또한 선행조직자는 학습과제의 성질, 학습자의 기존 인지구조의 수준 등에 따라 설명조직자와 비교조직자를 적절하게 활용하여야 한다.

### (2) 점진적 분화의 원리

학문내용 중 가장 일반적이고 포괄적인 의미를 먼저 제시하고 점차 세부적인 것과 특수한 것으로 분화시켜 제시해 나가는 원리이다. 즉, 연역적 계열을 따르는 설명적 수업을 의미한다. 이는 학습과제가 위계적으로 조직되어 있을 뿐만 아니라 인지구조가 위계적으로 조직되어 있어 보다 잘 기억되고 학습된다고 가정하기 때문이다.

### (3) 통합조정의 원리

새 개념이나 의미는 이전에 학습된 내용과 일치되고 통합되어야 한다는 원리로 특별히 교육과정의 계열은 전후 학습내용이 서로 밀접한 관련을 맺도록 조직되어야 한다는 것으로, 교사는 앞서 제시한 학습내용과 이후에 제시하는 학습내용 간에 유사점과 차이점을 제시하여 관련성을 갖도록 해주어야 한다. 통합조정의 원리에서는 비교조직자를 활용한다.

#### (4) 선행학습의 요약, 정리의 원리

새로운 학습과제를 학습할 때 현재까지 학습한 내용을 요약, 정리해 줌으로써 학습을 촉진시킬 수 있다는 원리이다.

#### (5) 내용의 체계적 조직원리

설명적 수업을 할 때 학습내용을 계열적, 체계적으로 조직하여 가르치면 학습효과를 극대화할 수 있다는 원리이다.

#### (6) 학습준비도의 원리

학습준비도(readiness)란 학습자의 기존 인지구조뿐만 아니라 학습자의 발달수준을 가리키는 것으로써 학습자의 인지구조를 포함한 발달수준에 맞게 학습경험을 제공해야 한다는 원리이다. 학습준비도는 단순한 유전적 영향만을 말하는 것이 아니고 모든 선행경험과 선행학습을 망라해서 개인의 인지구조와 인지능력의 형성에 영향을 주는 것을 총칭하는 것으로서 누가적이며 발달적 성격을 띤다.

### 4) 유의미학습의 교수-학습에의 시사점

유의미학습이 교수-학습에 주는 시사점은 다음과 같다.

첫째, 선행학습의 중요성이다. 유의미학습에서는 잠재적 유의미를 지닌 과제가 관련 정착의미에 구속적으로 관련되어 의미가 상당히 쉽게 획득되고 이해될 수 있다. 또한 기계적 학습은 외워야 할 과제의 양과 그 과제를 외우는 데 주어진 시간량에 제한을 받지만, 유의미학습은 과제의 양과 경과된 시간량에 구애받지 않는다. 이러한 Ausubel의 이론은 학습과제의 제시에 앞서 그 과제보다 포괄적인 수준의 자료인 선행조직자를 제시하는 것이 효과적이며, 하나의 학습과제가 주어졌을 때 선행조직자는 이 과제의 직접적으로 관련된 정착의미들을 집합시켜 포섭자를 만들고, 이 포섭자는 주어진 과제들을 보다 친숙하게 해주며 새로운 과제의 개념적 근거지를 제공해 줌으로써 학습과 파지를 촉진한다는 것을 보여 준다.

둘째, 학습자 특성을 고려한 유의미언어수업이다. 유의미 언어수업은 기계적인 주입식 수업과 달리 인지구조에 내면화를 경험하는 학습자의 능동성이 반영이 된 교사중심의 설명식 수업에서의 효과성과 효율성을 제시하였다. 즉, 학교현장의 여건과 학생능력에 비추어 교사에 의한 언어적 지도가 효율적인 상황을 근거로 교수-학습에의 지도를 제안하였다. 이때 교수자는 학습자 간 인지적 양식, 일반지능, 학습동기, 지적 호기심, 비판능력, 창의적 사고능력 등의 개인차를 고려하여 학습자 인지구조의 내면화를 꾀하도록 도와야 한다.

셋째, 학습과제의 계열화이다. 수업 시 포괄적인 것을 먼저 다루고 구체적인 개념을 다루는 연역적인 접근법을 사용하여 학습과제의 계열화를 추구함으로써 교수-학습의 효과와 효율을 높일 수 있다.

## 탐구문제

1. Carroll의 학교학습 모형과 관련된 수업변인들을 활용하여 학습의 정도를 극대화할 수 있는 방안을 논하시오.
2. Bruner가 말한 지식의 구조란 무엇이며 이를 교수-학습 현장에서 추구해야 할 목적과 관련지어 설명하시오.
3. 학습의 의미성 측면에서 기계적 학습과 유의미학습을 구분하여 설명하고, 학습자의 역할에 따른 수용학습과 발견학습의 특징을 비교 설명하시오.
4. 고등학교 교과목의 특정 단원을 선정하여, 그 단원을 수업할 때 사용될 수 있는 선행조직자의 예를 들고, 그것이 선행조직자로 수업에서 활용될 경우 어떻게 학습자들에게 유의미학습이 가능하도록 할 수 있는지를 설명하시오.

Chapter 05

# 교수-학습 방법의 유형 Ⅰ

이번 장에서는 교수-학습의 장면에서 구체적으로 활용될 수 있는 여러 가지 방법 중 먼저 교사의 설명을 통해 교육내용을 전달하는 교사중심의 교수방법으로 교육기관에서 가장 보편적으로 사용하는 수업방법 중 하나인 강의식 수업을 살펴보고 난 후, 학습자 중심의 수업방법으로 비교적 다수의 집단이 어떠한 문제를 해결하는 데 서로의 의견을 교환함으로써 학습이 이루어지도록 하는 방법인 토의식 수업을 탐색해 보고자 한다. 이를 위해 강의법과 토의법의 주요단계와 장점과 단점, 사용상의 유의점 등을 살펴보고자 하며, 각 교수-학습 방법의 특성을 파악하여 적절한 교수법을 선택하여 효과적인 활용을 할 수 있도록 하는 데 초점을 두고자 한다.

## 학습목표

1. 강의법의 개념과 주요단계를 설명할 수 있다.
2. 강의식 수업모형을 이해하고 단계별 활동을 설명할 수 있다.
3. 강의법의 장·단점과 강의법 사용상의 유의점을 세 가지 이상 열거할 수 있다.
4. 토의의 기본목적과 주요단계를 설명할 수 있다.
5. 토의법의 장·단점을 세 가지 이상 열거할 수 있다.
6. 토의유형을 열거하고 각각의 특징을 구별하여 설명할 수 있다.

# 1 강의법

강의법(lecture method)은 교육기관에서 가장 보편적으로 사용하는 교육방법 중 하나로, 중요한 정보를 효율적이고 능률적인 교사의 말로써 학습자에게 전달하는 방법이다. 즉, 지식이나 기능을 교사가 선정, 계획하여 학습자에게 전달하고 이해시키며 학습자는 이것을 듣고 생각하며 때로는 필기하면서 학습하는 방법이다.

## 1) 강의법의 역사와 특징

강의법은 역사적으로 고대 희랍시대의 웅변의 한 가지 방법인 모순반박법으로부터 발전하기 시작하여 중세의 대학에서 지적인 내용을 주입하기 위해 주로 사용하던 방법이었다. 그러나 17세기에 등장한 경험주의 교육철학과 노작교육이 강조되면서 일방적 강의나 암송이 학습자의 욕구를 충족시켜 줄 수 없다는 비판이 제기되었다. Comenius(1592~1670)가 『세계도회』를 만들어 언어중심의 학습방법을 타파하려 애썼고, Pestalizzi(1746~1827)가 노작중심 교수방법을 제창하여 교육방법을 개선하려고 노력한 것도 이때이다. 하지만 18~19세기에 들어서면서 Herbart와 그의 제자들은 강의법이 아직도 많은 사람이 모일 수 있는 곳이면 어디에서든 학습자를 가르칠 수 있는 효과적인 교수법임을 인지하며, 교사는 학생들에게 가르칠 관념의 계열을 올바르게 조직하여 제시해야 한다는 형식단계설을 주장하였다. 그는 강의법의 단점을 보완하면서 장점을 살리기 위한 노력의 일환으로 준비단계(preparation), 제시단계(presentation), 결합단계(association), 체계화 단계(systematization), 적용단계(application)의 교수 5단계론으로 수업의 체계화를 시도하였다. 현재 보편적으로 활용되고 있는 강의법의 전형적인 절차인 도입－전개－정리의 3단계 과정은 Herbart의 5단계에 기초를 두고 발전한 것이라고 할 수 있다.

Cruickshank(1995)는 강의의 주된 목적은 청중들에게 분명한 사실, 아이디어, 개념, 지식 등에 관한 정보를 제공하는 데 있다고 하였다. 이러한 강의법의 특징은 첫째, 주로 해설이나 설명에 의해 수업이 이루어진다는 것이다. 둘째, 학습자에게 유의미한 학습과 아울러 기계적 학습이 일어날 수 있음을 인정한다는 것이다(Ausubel, 1977). 셋째, 수업자는 학습자에게 수업자가 지닌 지식이나 정보 등을 전달할 수 있다는 점이다(Clark & Starr, 1986).

## 2) 강의의 주요단계

### (1) 수업 전 준비단계

강의를 위해 준비가 철저해야 한다. 준비시간을 충분히 갖고 정보를 수집하고 강조점을 표시해 두며, 전체 내용을 구조화하고, 내용을 이해시키기 위해 관련된 예들을 풍부하게 준비해 둔다. 또한 활용할 교수매체도 미리 마련해 두고, 마음의 준비도 새롭게 하여 여러 사람 앞에 섰을 때 두려움이 없도록 해야 한다.

### (2) 도입단계(수업시작 준비단계)

수업 초반 도입단계에서는 학생의 동기화와 주의집중이 필요하다. 동기화를 위해 교사는 학생의 이름을 부르거나, 날씨에 대해 언급하거나, 또는 수업과 관련된 재미있는 일화를 이야기해 준다거나 학습목표와 관련하여 학습절차에 대해 이야기해 줌으로써 동기화시킨다. 학생들의 주의를 집중시키기 위해서는 새로운 시청각매체를 소개하거나 학생들이 어떤 역할을 하게 될 것이라고 말함으로써 학생의 호기심을 자극하거나 또는 학습목표를 제시하여 학생의 장래 목표나 관심사와 적절히 연결함으로써 흥미를 유발시키는 방법이 있다. 또한 지난 시간, 지난 학기, 지난 학년에 배운 것을 정리하고 요약하며 회상시키기 위해 학습자에게 질문을 하면서 지적인 자극을 제공할 경우 학습자의 내재적 동기가 형성되기도 한다.

### (3) 전개단계(제시, 결합, 체계화)

전개단계에서는 교과의 내용을 제시한다. 이 단계에서는 주요 핵심부분을 중점적으로 가르치고 개념을 제시하며, 이때 다른 개념과의 특성적 차이를 분명히 하여 제시한다. 또한 교수자는 학습자들로 하여금 비교와 대조를 하게 하여 기존의 알고 있는 개념과 새로운 개념 간의 차이와 유사성 등의 특징을 파악하게 함으로써 지식의 결합이 이루어지게 한다. 체계화는 이전 단계에서 제시되고 결합된 개념들을 분류하고 조직하도록 하는 것이다. 그러나 강의는 한 사람이 여러 학생들을 대상으로 행하는 것이기 때문에 내용이 조금만 지루하거나 재미없으면 주의집중력이 떨어진다. 따라서 강의에서는 주의집중의 유지방법 또한 교사에게 매우 필요하다. 그 방법들을 살펴보면 다음과 같다.

#### ① 자극의 다양화

일정한 강조의 음성이나 변화 없는 제스처보다는 고저, 완급이 있는 목소리나 약간의 변화 있는 몸동작이 더 낫다. 이때 주의할 점은 자신도 모르게 몸에 익은 습관적 표현방식을 없애야 한다는 것이다. 왜냐하면 학습자들은 이때 가르치는 내용과 관계없이 그러한 몸동작에 오히려 주의집중하는 경우가 흔히 있기 때문이다.

#### ② 의사전달 방식의 변화

항상 목소리와 칠판과 분필로 수업을 이끌지 말고 슬라이드, 그래프, 사진 등의 시청각 기자재를 동원하는 것이 학습자들의 주의집중을 유도하는 데 더 효과적이다. 그러나 기자재를 동원하는 경우 간단히 사용해야지 너무 자주 사용하면 오히려 주의를 산만하게 하는 경우도 많다.

#### ③ 적절한 신체활동 필요

교사가 한곳에 서서 부동자세로 강의하는 것보다는 중심에서 약간 변화를 주며 왔다갔다하는 것이 더 효과적이다.

#### ④ 적당한 유머 사용

적절한 유머는 긴장을 풀어 주고 친근감을 갖게 할 뿐만 아니라 주의집중

효과도 크다. 특히 가르치는 내용과 관련될 때 기억에도 많은 도움이 된다. 그러나 너무 주제와 거리가 먼 것은 오히려 주의를 산만하게 하는 경우도 있으니 유의해야 한다.

#### ⑤ 열성적 태도

교사가 열심히 준비하여 정열적으로 가르치면 학생들도 강의내용에 몰두하기 쉽다. 그러나 교사가 준비도 하지 않고 성의 없이 가르치면 지지부진하고 학생들의 주의집중력도 떨어져 학업성취에 부정적인 영향을 준다.

#### ⑥ 질문하기

질문에는 여러 가지 기능이 있다. 주의집중, 강조, 검토 또는 복습, 연습, 확인, 기분전환의 기능이 그것이다. 교사가 강의를 하다가 갑자기 질문을 하면 학생은 이에 답하기 위해 긴장을 하고 주의를 집중하게 된다.

#### ⑦ 노트필기(Note taking)

교사가 중요하다고 말하거나 칠판에 요약·정리하면 학생은 자연히 주의집중을 하게 되고 필기를 하게 된다.

#### ⑧ 유인물 배포

유인물은 강의 중에 그리기 어려운 도표 등을 정리하여 복사하는 것이 좋다. 이를 나누어 줄 경우 학생은 교사의 설명에 주의하면서 이를 보게 된다.

### (4) 정리(적용단계)

정리는 지금까지 배운 내용 또는 강의한 내용을 학습자들이 충분히 학습하였는가를 검증하기 위해 학습자들에게 과제를 부여하여 적용해 보도록 하는 단계이다. 즉, 학습자들이 새로운 개념을 어느 정도 견고하게 통합시켰는가를 확인하는 단계이다. 이 마지막 단계에서 교사는 '잘 들어줘 고맙다.'는 등의 호의를 표시한다. 그리고 학생들과의 간단한 질문과 대답을 통해 꼭 알아야 할 것 또는 궁금한 것에 대해 정리한다.

### 3) 강의법의 장·단점

강의법은 교사중심의 교수법이기 때문에 학습자가 능동적으로 학습활동에 참여할 수 없고, 학습자의 주의를 집중시키기 어려우며 학습자로 하여금 수동적 학습태도를 갖게 한다는 등의 비판을 받고 있다. 그러나 강의법은 아직도 잘만 사용하면 장소와 여건을 불문하고 많은 학습자를 대상으로 교육할 수 있다는 장점이 있다. 구체적인 강의법의 장점과 단점을 살펴보면 다음과 같다.

먼저 강의법의 장점은 첫째, 강의법은 논쟁의 여지가 없는 사실적 정보나 개념들을 논리적이며 객관적으로 분명하게, 제한된 짧은 시간 안에 많은 학습자를 대상으로 동시에 전달하고자 할 때 효과적이다. 둘째, 학습내용을 학생의 수준에 맞게 적절하게 조절하여 교사의 능력범위 내에서 교과서의 내용을 보충, 첨가, 삭제하면서 전달하는 것이 가능하다. 이는 학습자의 동기유발 수단이 될 수 있다. 셋째, 수업자의 설명력이 뛰어날 경우 짧은 시간 안에 학습자의 학습동기를 높이는 것이 가능하며, 특별한 보조자료 없이도 생생한 설명이 가능하다. 넷째, 수업자가 해설이나 설명을 중심으로 하는 수업이므로 학생이 설명자의 수업에 집중할 수 있는 여건이라면 장소에 구애받지 않고 야외 등 다양한 장소로 학습환경을 자유로이 바꿀 수 있다. 다섯째, 교수-학습 내용이 복잡하고 난해할 경우 체계적으로 정리하여 효과적으로 전달해 줄 수 있다.

이에 대해 강의법의 단점으로는 첫째, 학습자의 개성이나 능력을 무시하고 일방적으로 주입시켜 학습자의 동기유발이 힘들고, 학습에 수동적 태도를 지니게 하는 결과를 초래하기 쉽다. 둘째, 수업의 질이 수업자의 능력과 준비에 따라 절대적인 영향을 받게 된다. 따라서 수업자의 능력이 모자라거나 사전에 충분한 수업계획이 없으면 교과서의 상투적인 설명에 그치기 쉽다. 셋째, 강의식 수업은 일방적 전달에 치우치기 쉬우므로 학습자들이 학습활동을 할 때 개별화, 사회화를 기대하기 어렵다. 넷째, 문제해결력이나 창의력 같은 고등정신능력을 개발할 기회가 적다. 다섯째, 주의가 산만한 학습자들은 강의를 분석하지 못하거나 강의내용의 요점을 파악하기 힘든 경우가 많다.

이러한 장·단점을 고려하여 보다 나은 강의법 사용을 위해 교사는 강의를 사전에 철저히 계획하고 연구해야 하며, 강의 중 오디오, 비디오테이프나 OHP 등의 시청각 기자재를 사용하면서 강의 도중에 다양한 질문을 하여 학습자의 주의를 환기시키고 필요 이상의 해설을 피하며, 학습자가 적극적으로 사고하고 학습에 능동적으로 참여하도록 유도해야 한다.

## 4) 효과적인 강의기술

강의법을 위주로 한 수업은 끊임없는 교사와 학생 간의 의사소통 과정이라고 볼 수 있다. 수업내용을 잘 전달하기 위해서는 효과적인 강의기술의 고려는 필수적이다. 교사는 효과적인 강의를 위해 강의진행과구성, 학생과의 상호작용, 언어적(목소리)와 비언어적(몸동작) 표현, 판서계획, 매체활용 등의 자기점검이 필요하다(진영은 외, 2010).

### (1) 강의진행

수업을 진행하는 과정에서 시간관리와 강의에 대한 열의, 강의속도 등을 고려해야 한다.

**① 강의에 열의가 느껴지는가?**

열의가 있는 교사의 몸동작은 생동감이 있고, 목소리가 분명하며, 메시지가 확실하고, 말 한 마디 한 마디에 자신이 있어야 한다.

**② 시간을 의미 있게 보내는가?**

교사의 시간관리하는 모습은 학생들에게 좋은 본보기가 될 수 있다. 수업을 정해진 시간에 시작하여 정해진 시간에 마치는 것이 좋다.

**③ 강의속도는 적절한가?**

수업의 결론은 끝부분에 제시되는 것이 대부분이다. 특히 교과내용의 통합과 활용을 위한 마무리 시간의 확보는 필수적이다. 따라서 강의를 처음에 느

긋이 하다 끝에가서 급하게 마무리한다면 중요한 내용을 학생들에게 인식시키지 못하고 꼭 필요한 교수과정을 건너뜀으로써 지식이 인지에 안착되는 것을 방해하는 결과를 초래할 수 있다.

### (2) 강의구성

강의는 시작과 끝이 분명해야 하며 그 안에 단락과 핵심으로 구성되어야 한다.

**① 강의의 시작이 있는가?**

수업의 시작은 지난 시간에 배운 내용이 무엇인지, 이번 시간에는 무엇을 하고자 하는지, 왜 그것을 학습해야 하는지에 대한 설명으로 이루어진다.

**② 강의에 여유가 있는가?**

학생의 집중력이 떨어질 시간에 학생들의 집중력을 높이기 위해 중간마다 변화를 주는 수업을 구성해야 한다.

**③ 호기심을 유발하는가?**

학생들의 도전감과 지적 호기심을 자극하는 것은 학습동기 유발에 매우 중요하다.

**④ 가장 중요한 내용이 부각되는가?**

해당 차시의 수업내용의 핵심을 학생들이 지나치지 않도록 강의의 도입과 정리부분에 반복해서 강조할 필요가 있다.

**⑤ 강의에 끝맺음이 있는가?**

매 강의의 목표달성 여부를 확인하는 과정을 위해 분명한 강의의 끝맺음을 하는 것이 좋다.

### (3) 상호작용

수업에서 교사와 학생, 학생과 학생 간 상호작용은 매우 중요하다. 따라서 다음의 사항들을 점검할 필요가 있다.

① **학생들이 수업에 참여할 기회를 주는가?**

바람직한 수업은 교사의 일방적인 주도로 이루어지기보다는 학생들의 적극적, 능동적 참여를 유도하여 교사와 학습자, 학습자 간 상호작용이 활발히 이루어지도록 하는 것이 좋다.

② **학생들에게 격려와 칭찬을 자주 해주는가?**

학생들은 교사가 자신에 대해 관심을 갖는지 알고 싶어 한다. 따라서 학생들을 자주 격려해 주고, 칭찬해 주면 학생들은 의욕적으로 수업에 참여하게 될 것이다. 또한 즉각적인 피드백은 매우 효과적일 수 있다.

③ **학생들에게 효과적인 질문을 하고 질문하도록 유도하는가?**

질문은 교수자와 학생이 대화할 수 있는 효과적인 상호작용 방법이다. 좋은 질문은 학생들의 주의를 집중시키고, 학생들의 참여를 유도하며, 사고를 발전시킨다. 따라서 철저하게 준비된 효과적인 질문을 하고, 학생들이 질문할 수 있도록 유도하는 질문을 던지는 것이 효과적이다.

### (4) 목소리

언어적 표현에서 가장 신경 써야 할 부분은 발음의 정확성, 목소리의 크기, 말의 속도, 적절한 억양과 소리의 변화이다.

① **발음은 정확한가?**

대부분의 사람은 자기 나름의 발음방식으로 의사소통을 한다. 예를 들어, 혀 짧은 소리를 낸다거나 '에', '음', '근데' 등 불필요한 말을 말하는 사이사이 넣거나 말끝을 어물어물 넘겨 무슨 말을 하는지 분명히 알아듣기 어려운 경우가 있다.

② **목소리의 크기는 어떠한가?**

목소리의 크기는 말을 효과적으로 전달하는 데 필수적이다. 교사의 목소리가 너무 커서 교실이 쩌렁쩌렁 울리거나 목소리가 너무 작아 뒤에서 잘 들리지 않는 것은 곤란하다. 따라서 이때는 교실 뒤편에 앉아 있는 학생에게 물어 소리의 크기를 적절하게 조절한 후 강의를 시작하는 것이 필요하다.

**③ 말의 속도는 적절한가?**

말의 속도가 너무 빠르면 학생들은 내용을 제대로 이해하지 못하고, 교사의 말을 따라가기 힘들다. 또한 말의 속도가 너무 느리면 학생들은 다른 생각을 하게 될 확률이 높다. 말의 내용을 강조할 것인가 아닌가에 따라 말의 속도가 달라진다. 요점을 말할 때는 되도록 천천히 신중히 말하고, 내용상 비중이 없는 이야기일 경우 말의 속도를 빨리할 수 있다. 주의를 집중시키고 말의 내용을 반전시키고자 할 때 말을 하다 잠시 멈추는 것도 효과적이다.

**④ 목소리의 억양과 속도는 변화가 있는가?**

아무리 목소리의 크기와 속도가 적절하다고 할지라도 단조로운 소리가 계속 이어지면 쉽게 지루해진다. 듣기 좋은 강의를 위해 강약의 변화, 음의 고저, 속도의 빠르고 느림의 적절한 변화를 주어야 한다. 이 자체만으로도 교사는 학생들에게 내용의 중요성과 의도를 전달할 수 있다.

### (5) 몸동작

의사소통에는 언어적 표현뿐 아니라 비언어적 표현도 중요하다. 따라서 비언어적 몸동작, 자세, 시선, 표정 등을 적절히 관리해야 한다.

**① 몸동작이 의도적이고 적절한가?**

의사소통 시 행동을 분석해 보면 60여 가지 신체적 동작 또는 제스처가 있다고 한다. 이런 몸동작은 상황마다 서로 다른 여러 의미를 나타낸다. 따라서 원하는 효과를 낼 수 있도록 적절하게 몸동작을 활용해야 한다.

**② 서 있는 자리를 옮겨 주는가?**

학생들이 오랜 시간 한군데 시선을 맞추고 집중하다 보면 쉽게 피로해지고 졸음이 오기도 한다. 그러므로 강의하는 동안 자리를 가끔 옮기거나 학생들 사이를 지나다니면 학생의 시선을 집중시키는 데 도움이 된다. 그러나 지나칠 경우 학생들의 주의력이 산만해질 수 있다.

**③ 학생들에게 시선을 골고루 주고 있는가?**

강의하는 동안 모든 학생과 한 번 이상의 눈맞춤을 하는 것은 매우 중요하다. 이때 시선을 너무 빨리 움직이지 말고 학생이 교사와 눈이 마주쳤다는 것을 인식할 때까지 순간적으로 시선을 정지시키는 것이 좋다.

**④ 몸동작과 시선의 효과를 극대화하는가?**

교실 안에는 교사 눈에 보이지 않는 숨은 공간이 없어야 한다. 뒤에 앉은 학생에게 칠판 글씨가 잘 보이는지 등의 질문을 통해 자연스럽게 시선과 관심을 주면 교실 전체 분위기가 살아날 수 있다.

### (6) 칠판 쓰기

강의를 진행하며 칠판을 사용하는 것은 의사전달의 효과를 높일 수 있다.

**① 학습효과를 높이도록 칠판을 사용하는가?**

찰판을 사용할 때 다음의 네 가지 효과가 있다.

- **시각적 효과 :** 말로는 묘사나 설명이 충분히 설명되지 않을 때 그림이나 도표, 수식으로 표현할 수 있다.
- **악센트 효과 :** 칠판에 요약해서 쓰거나 쓴 글에 밑줄 혹은 원을 그리면서 중요한 점을 부각시킬 수 있다.
- **브레이크 효과 :** 강의진도가 급하게 나가거나 말의 속도가 빨라질 때 판서를 하여 속도를 늦추고 학생들에게 생각할 기회를 줄 수 있다.
- **본보기 효과 :** 전문인 또는 학자의 필기습관을 보여 줄 수 있다.

**② 판서는 중요한 내용만 다루는가?**

교재에 나오는 내용을 그대로 판서하는 것보다 교사의 말 중 중요한 내용을 요약하는 형태로 판서를 하는 것이 훨씬 효과적이다. 그러나 수업시간 내내 판서만 하게 되면, 학생들은 판서내용을 필기하기에 급급해 교사의 설명을 제대로 듣지 못하고, 수업시간 내내 교사의 뒷모습만 쳐다보게 될 수도 있다.

#### (7) 매체 활용하기

수업에서 매체를 활용할 때 매체내용과 속도, 분량을 고려해야 한다.

**① 매체는 수업내용을 보완하는가?**

파워포인트 자료 등을 제시할 경우 교사의 말을 보완하는 형태로 자료를 제시해야지 스크린에 제시된 내용을 줄줄 읽어 내려갈 경우 강의가 지루하게 느껴지기 쉽다.

**② 진도가 적절한가?**

칠판 쓰기는 강의진행 속도를 늦추는 반면 파워포인트나 OHP를 중심으로 한 강의진행은 빠른 수업속도를 가져올 수 있다. 따라서 학생들이 충분히 이해하고 생각할 수 있는 시간이 제공되도록 진도를 적절하게 조절해야 한다.

**③ 분량이 적절한가?**

매체를 통해 강의를 진행하다 보면 필요 이상으로 많은 분량의 내용을 다룰 수 있다. 따라서 중요한 내용을 효과적으로 제시할 수 있도록 매체자료를 준비해야 한다.

### 5) 질문전략(Question and answer method)

교사의 질문은 수업에서 학습자와의 의사소통을 이끌며, 동시에 교수-학습을 통제하는 강력한 도구라 할 수 있다. 질문은 수업을 역동적으로 이끄는 데 있어 중요한 기술 중 하나로, 교사와 학생은 교육내용과 관련하여 상호 질문을 함으로써 수업을 생동감 있게 만들 수 있다. 효과적인 질문은 학생들로 하여금 적극적으로 응답하게 하고, 학습에 흥미를 갖도록 하는 동기를 제공하며, 학습과정에 적극적으로 참여하도록 이끈다(Borich, 2002).

#### (1) 질문기법

적절한 질문기법은 학생 스스로 질문에 대한 해답을 찾을 수 있도록 돕고 수업에 학생들의 참여를 촉진시킨다. 질문능력을 향상시키기 위한 기법을 살펴보면 다음과 같다(Cole & Chan, 1981).

① 교사는 학생이 질문에 대한 답을 구상할 수 있도록 잠시 생각할 시간을 주어야 한다.

② 학생들이 완전한 답을 하기 위해서는 교사의 자극이나 격려가 요구되며, 이때 학생들은 답을 제공할 가능성이 높아진다.

③ 학생들이 교사의 질문을 정확히 듣지 못했다면 교사는 학생들이 주의를 기울이도록 반복해서 질문한다.

④ 학생들이 질문의 의미를 제대로 파악하지 못했다면 학생들이 쉽게 이해할 수 있는 형태로 질문을 고쳐서 쉽게 설명해 준다.

⑤ 학생들은 정보의 주요내용을 모르기 때문에 종종 질문에 대한 정확한 답을 할 수 없다. 교사는 이점을 정확히 진단하고 추가적인 정보를 제공해 줌으로써 답을 하도록 유도한다.

⑥ 학생들이 제한적 답을 할 경우, 교사는 추가질문을 통해 학생들이 자신의 생각을 명확히 표현할 수 있도록 도움을 주며 다른 관점에서 질문을 살펴볼 수 있도록 학생을 자극한다.

⑦ 학생들은 답을 알지 못할 경우 질문에 반응하기를 꺼린다. 따라서 교사는 학생들이 자신감을 갖고 긍정적인 태도를 지닐 수 있도록 답에 대한 예측이 가능한 질문을 하고 정보를 제공한다.

⑧ 특정 학생이 질문에 답을 하지 못할 경우 다른 학생에게 질문한다.

⑨ 만약 질문이 너무 어려워 학생이 답을 못할 경우 교사는 질문의 인지적 요구 수준을 낮추어 학생수준에 적합한 질문이 되도록 조정할 필요가 있다.

⑩ 교사는 평가적 논평이나 해설을 하면서 학생의 대답을 일련의 질문에 연결하거나 질의, 응답과정 중간마다 정보를 요약해 줌으로써 교육내용을 전체적으로 구조화할 수 있다.

질문은 설명에 영향을 미치고 동료의 대답을 증진시키므로 효과적인 질문을 유도하기 위해 다음의 질문들을 활용하면 보다 효과적인 수업이 이루어질 수 있을 것이다. 교사가 사용하는 질문틀(frame)과 학습자에게 요구하는 인지과정을 요약하면 〈표5-1〉과 같다(KIng, 1990).

**표 5-1** King의 질문유형과 학습자에게 요구하는 인지과정

| 질문유형 | 질문이 학습자에게 유도하려는 인지과정 |
|---|---|
| 1. 왜 ~한지 설명하라.<br>2. 어떻게 ~한지 설명하라. | 수업내용을 다른 말(스스로의 말)로 옮기는 데 있어 겉으로 드러나는 혹은 함축적인 과정과 개념에 대한 분석 |
| 3. ~의 핵심(요점)은 무엇인가? | 수업내용의 겉으로 드러나는 혹은 함축적인 중심 생각에 대한 명시 |
| 4. 어떻게 ~을 ~에 이용할 것인가? | 이전 지식이나 경험에 관련해서 새로 얻은 정보를 다른 상황에 적용하기 |
| 5. ~에 대한 새로운 예로 무엇이 있는가? | 이전 지식과 수정과 예상 가능한 수업내용의 통합 |
| 6. 만약에 ~이라면 어떻게 될까? | 배경 지식의 수정과 예상 가능한 수업내용의 통합 |
| 7. A와 B의 차리는 무엇인가?<br>8. A와 B는 어떻게 비슷한가? | 비교되고 대조되는 두 개념의 분석 |
| 9. ~에 대해서는 어떤 결론을 이끌어 낼 수 있는가? | 제공된 내용을 바탕으로 결론 이끌어 내기 |
| 10. ~는 어떻게 ~에 영향을 주는가? | 주요 생각들 사이의 관계분석 |
| 11. ~의 장점과 단점은 각각 무엇인가? | 개념의 통합과 분석 |
| 12. 가장 ~한 것은 무엇이고, 왜 그러한가? | 결정적인 증거를 바탕으로 한 주된 생각의 전개 |
| 13. 이전에 배운 ~는 ~와 어떤 관련이 있는가? | 이전 지식의 활용과 새로운 정보와의 통합 |

### (2) 질문전략

질문은 교수자와 학습자가 서로 소통하고 있다는 증거이고, 전달한 내용이 제대로 전달되었는지를 확인하는 과정이며, 학생의 주의를 집중시키고 호기심을 불러일으킬 수 있는 방법이다(권성호, 2002).

#### ① 네 가지 질문전략

- **전략 1. 왜(Why)** : 주의집중과 동기유발을 위해 질문한다. 질문을 받았을 때 학생은 수동적인 청취자가 아닌 능동적 참여자의 입장이 되므로 공부의 필요성을 느끼게 된다. 또한 질문은 오가는 것을 전제로 하므로 교사와 학생의 역동적 상호작용을 위해 시행된다. 뿐만 아니라 질문을 주고받음으로써 생각하는 힘을 키워 주고, 다양한 의견을 교환함으로써 비판, 성찰, 반성하는 능력을 기를 수 있다.
- **전략 2. 누구에게(Who)** : 질문은 교사가 학생이 혹은 학생이 교사에게 한다. 그러나 때로 학생이 학생에게 질문하게 하고 답하게 함으로써 활발한 수업이 이루어지게 할 수 있다.
- **전략 3. 무엇을(What)** : 교과내용을 진행해 나가는 각 관계를 포함하는 다양한 질문을 해야 한다. 질문은 교수목표와 관련지어야 하며 학생들이 대체로 정답을 말할 수 있는 질문을 해야 한다. 질문은 직접적이고 명확해야 하며, 학생들이 잘 아는 단어나 언어를 사용해야 한다. 또한 질문은 여러 능력수준의 학생들에게 맞는 다양한 수준의 난이도를 지닌 질문을 해야 하고 학생의 지식, 경험, 능력에 적합해야 하며, 한 번에 한 가지 핵심에 초점을 둔 간단한 질문을 해야 한다.
- **전략 4. 어떻게(How)** : 질문식 수업은 학생 수가 적고, 질문을 통해 상호작용하며 해결할 수 있는 학습내용이여야 하므로 질문할 수 있는 환경인지 고려한다. 또한 질문을 하는 이유가 주의를 끌기 위해서인지, 특정 내용을 강조하기 위해서인지, 스스로 생각해 볼 수 있는 기회를 주기 위해서인지, 수업을 끝내며 정리하기 위해서인지 혹은 이론 간의 관계를 토론하기 위

해서인지 등을 구분하며 질문의 목적을 분명히 할 필요가 있다. 또한 학생들이 질문에 답하지 못하는 이유가 질문을 이해하지 못하기 때문일 수 있으므로 이해할 수 있는 질문을 해야 한다. 그리고 즉시 답이 나오지 않는다고 질문을 반복하거나 다른 학생을 바로 지목하는 것보다는 시간을 주며 질문과 관련된 힌트를 주는 것이 효과적이다. 그리고 "예", "아니오"의 폐쇄형 질문보다 개방형 질문, 직접 질문보다 간접 질문의 형태가 좋은 질문이다. 이뿐만 아니라 한 번에 한 가지 질문, 쉬운 질문에서 어려운 질문 순서로 계열적, 논리적 질문을 해야 한다는 것이다.

**개방형 질문** 질문에 대해 응답자 자신이 원하는 방식대로 자유롭게 응답하는 형식

**직접 질문** 사실에 대한 응답자의 태도나 의견을 직접 질문하여 답을 이끌어내는 것

**간접 질문** 개념을 제시한다거나 사물이 가진 특징을 지적하는 등 우회적으로 관련된 정보를 제공하여 원하는 답을 이끌어내는 것

#### ② 대답 유도하기

학생들이 교수자의 질문에 모두 반응하는 것은 아니다. 따라서 학생들이 반응을 보일 수 있도록 도울 필요가 있다.

- **전략 1. 기다림 :** 질문 후 반응이 나올 때까지 기다리는 방법이다. 어느 정도 시간이 지나 학생들이 자신의 생각을 정리한 후 교사의 물음에 반응하는 학생이 나올 수 있기 때문이다.
- **전략 2. 재질문 :** 같은 질문이지만 다른 각도에서 생각해 볼 수 있는 질문을 제시할 수 있다. 첫 질문이 종합적 대답을 요구하는 포괄적 질문이었다면, 부분적인 대답이 가능한 질문으로 바꿔 볼 수도 있다. 혹은 학생의 학습준비도에 따라 학생수준에 맞춰 다시 질문할 수도 있다.
- **전략 3. 공동토의 후 응답유도 :** 전혀 반응이 없는 경우 짝과 함께 토론할 시간을 준 후 논의내용을 발표하게 할 수 있다. 토론과정을 통해 질문에 대한 답을 찾을 수도 있고, 질문 자체에 무심한 마음을 깨달을 수 있는 기회가 된다. 뿐만 아니라 개인의 부담이 아닌 공동의 책임이 되므로 자연스러운 발표유도가 가능하다.
- **전략 4. 틀린 답의 제시 후 반응유도 :** 물음에 일부러 틀린 답을 제시해 주어 정답에 이르는 생각의 범위를 좁혀 줄 수도 있다. 특히 학생들이 자주 실수하는 오답을 기억해 두었다가 제시해 주면 한층 진지한 경청을 유도할 수 있다.

### ③ 질문받기

학생이 질문하지 않는 이유는 권위에 도전하기를 겁내기 때문이며, 질문하는 과정에서 자신의 허점이 드러나는 것에 대한 두려움 때문이다. 이러한 오해와 근거 없는 불안을 최소화할 수 있는 환경조성이 될 때 학생들은 편안하게 질문할 수 있다.

- **전략 1. 일단 수용 :** 엉뚱한 질문으로 곤란하게 하는 학생일지라도 질문의 기회를 주어야 한다. 단순히 웃기려 하는 질문일 경우에도 무시하기보다는 적절한 정도로 진지하게 대해 주는 것이 좋다. 어떤 질문이든 예민하게 반응하거나 방어적 태도를 취하지 말고 수용해 주는 여유가 필요하다.
- **전략 2. 질문의도 파악 :** 질문내용의 대답에 앞서 질문자의 감정이 자기과시용 설명을 하고자 질문의 형태를 빌어 말을 하고 있는 것인지 파악하거나, 혹은 해당 내용과 동떨어진 내용을 질문하는 경우 질문내용의 불분명한 점을 되묻는 방법으로 질문의 의도를 파악하는 것이 필요하다.
- **전략 3. 질문에 대한 긍정적 반응 :** 질문내용이 주제에 빗나갔거나 답하기 어려운 경우에도 먼저 긍정적으로 반응해 주어야 한다. 어떤 경우든 질문을 무시하거나 모르면서 아는척하는 인상을 주지 말아야 한다. 또한 단답형으로 대답하는 성의 없는 태도도 금물이다.
- **전략 4. 여유 있는 대답 :** 질문이 끝나자마자 기다렸다는 듯 바로 대답하는 것보다는 교수자가 여유 있는 태도로 답을 할 경우, 질문하는 동안 학생 스스로가 해답을 발견할 수도 있고, 이후 질문을 촉진할 수 있는 분위기로 인지될 가능성이 높다.
- **전략 5. 동료의 대답활용 :** 학생이 질문하고 교사가 응답하는 것이 일반적이나, 학생의 질문에 다른 학생이 대답할 수 있도록 기회를 줄 수도 있다.

## 2 토의·토론법

토의법은 1915년 Parker의 회화법(conversational method)에서 시작되어 문답법을 개선, 발전시켜 학습현장에 도입된 것으로 교사-학생 간 혹은 학생들 간에 일어나는 상호작용을 통해 문제를 해결해 나가는 학습형태이다. 토의란 학생이 자기의견을 적절하게 표현하는 능력과 함께 어떤 문제를 해결하는 데 학습자의 참여를 유도하고 서로의 의견을 교환함으로써 타인의 의견을 존중함과 동시에 타인을 이해할 수 있는 기회를 얻을 수 있는 방법이다. 이러한 목적 달성을 위해 토의는 일정한 규칙과 단계에 따라 이루어져야 하며, 개방적 의사소통과 협조적인 분위기와 민주적 태도가 필요하다.

**토의** 공통의 문제에 대한 최선의 해결방안을 얻기 위해 둘 이상이 모여 집단 사고의 과정을 거쳐 해결방안을 모색하는 의사소통 형태

이는 학습자 자신만으로 해결할 수 없는 문제를 집단 속에서 함께 생각하며 문제를 해결해 나감으로써 타인의 의견수용, 합리적 결론도출, 자주적인 학습의욕 생성으로 인한 민주적 태도와 가치관 육성 등의 교육적 효과를 낳는다. 또한 전체 학습에서 발표력이 부족하고 소극적인 학습자들이 자기의견 표현의 기회를 가짐으로써 적극적으로 될 수 있으며 강의식 수업환경에서 주제별 토의식 형태를 다양하게 제시 혹은 구성하도록 해봄으로써 수업의 역동성을 도모할 수 있는 방법이다. 토의와 유사한 것으로 토론을 들 수 있는데 토의는 모두가 협력하여 주어진 문제에 대한 최선의 해답을 찾는 반면, 토론은 문제에 대해 찬성과 반대 입장을 먼저 가진 후 합의점을 찾기보다는 자신의 주장을 논리적으로 전개하여 상대를 설득하려고 한다는 점에서 차이를 가지는 방법이다.

**토론** 대립된 의견을 가지는 사람들이 이론적으로 상대방을 설득하는 의사소통 형태

### 1) 토의·토론의 주요단계

#### (1) 수업 준비단계

토의·토론의 준비단계에서 교사는 수업목표를 명확히 선정하게 이에 맞는 주제와 방식의 선정이 중요하다. 이때 학습자의 능력이나 수준, 관심 정도, 수

업내용의 맥락, 제반여건 등을 고려해야 한다. 특히 학습자들이 관심을 갖지 않거나 문제의식을 느끼지 못하는 주제인 경우 효과적인 토의·토론은 기대할 수 없다(이성호, 1999). 수업 준비단계에서의 교사가 사전에 수업계획을 철저히 갖추어야 할 조건과 유의점은 다음과 같다.

① 교사는 토의·토론 주제로 모든 학생에게 구체적이고 사회적으로 의미 있는 문제나 과제를 주제로 선정해야 한다. 실제적이고 구체적인 사실에 근거를 두지 않으면 흥미를 감소시키거나 공론에 그치게 되며, 무관심하고 무의미한 문제라면 논의가 진행되기 어렵다. 또한 수업 전 교사는 학습자들이 공통으로 학습배경을 갖추도록 해야 한다. 이를 위해 자료 읽기나 TV, 영화 등을 관람하기도 하고, 견학, 방문을 통해 논의주제에 대한 어떤 단서를 얻도록 한다. 그렇지 않으면 해당 주제에 대해 전혀 모르는 상태에서 효율적인 토의·토론이 되지 않으며, 또 소수만이 그 내용을 알고 있으면 그들이 발언을 주도하여 진정한 토의·토론이 일어나지 못한다.

② 토의·토론하기 전 수업참여자들에게 의사소통에 대한 예절교육을 실시한다. 이는 수업 중 학습자가 느끼게 되는 감정손상의 문제와 관련되는데, 논의 도중 동료의 의견에 대해 비웃거나 조롱하거나 은근히 적대감을 나타내는 경우가 발생할 경우 수업의 효과를 기대하기 어렵다. 따라서 토의·토론 수업이 성공적이기 위해서는 학습자들에게 토의·토론은 문제해결의 과정이기 때문에 특정 개인을 지칭하여 비난해서는 안 되며 서로의 의견을 존중하는 모습을 지녀야 함을 사전에 지도한다.

③ 성공적인 토의·토론 수업을 위해 교사는 물리적 환경(크기, 좌석배치, 조명, 소음, 냉·난방 시설 등)을 고려해야 한다. 특히 집단구성의 경우 평소 서로 적대감을 갖는 학생들을 한 집단에 두면 상대방의 의견에 반대를 위한 반대를 하는 경우가 생겨 진정한 논의가 이루어지지 않는다. 따라서 교사는 집단구성에 있어서 이러한 점을 고려해야 한다.

④ 토의·토론 수업이 끝난 후 교사는 전반적 활동에 대한 논평을 해야 한다.

### (2) 수업의 전개단계

토의·토론 수업은 주제의 선정, 주제의 제시, 주제에 대한 검토, 주제에 대한 의사교환, 수업의 종결, 평가에 이르는 연속적인 과정이다. 토의·토론 수업이 진행되는 동안 학생과 교사는 서로 해야 할 역할이 있다.

#### ① 주제의 선정

토의·토론 수업에 들어가기 전, 교사는 논의할 주제와 개요를 신중하게 구성하는 수업을 준비하도록 한다. 학습자 역시 이전 수업활동이나 다른 수업시간에 궁금했던 것에 대해 질문함으로써 토의·토론 수업을 준비한다.

#### ② 주제의 제시

토의·토론 수업을 위한 주제가 선정되었다면 교사는 명확하게 주제를 제시해야 한다. 구두로 할 뿐만 아니라 포스터, 파워포인트 등의 매체를 이용해 제시하면 더욱 효과적이다. 특히 주제를 제시할 때 논의에 필수적인 중요한 정보를 빠트리거나 일부러 주지 않을 경우 논의는 핵심에서 벗어나 겉도는 경우가 많다. 따라서 교사는 사전에 치밀하게 준비를 하여 중요한 정보가 빠지지 않도록 하여 활발한 상호작용이 이루어지도록 해야 한다.

#### ③ 주제의 검토

교사는 학생들이 주제를 보자마자 성급한 결론을 도출하지 않도록 학생들이 주제에 대한 검토를 하도록 유도한다. 예를 들어, “이 주제는 우리에게 어떤 의미가 있는가?”, “이 주제와 관련하여 학생이 아는 것은 무엇이 있는가?” 등의 질문을 제시한다.

#### ④ 주제에 대한 의사교환

본격적인 토의·토론 활동으로 학생들의 활발한 의사교환을 통한 참여가 요구된다. 먼저 학생들은 토의주제에 대해 각자 자신의 입장을 제시한다. 그리고 난 후 자신의 입장에 대한 이유와 근거를 자세히 밝히고, 그 주제에 대해 다른 학생이 갖고 있는 생각을 듣고 다시 그에 답변한다. 또한 자신의 의견에 대한 다른 사람의 비판에 대해서도 적절한 이유와 근거를 들어 방어한다. 그리고 상대방의 의견에 대해 서로 평가해 주고 자신의 입장이 틀렸을 경우 이를 수정하도록 한다. 이때 교사는 발언을 주의 깊게 듣고 적절하게 대답하면서 토론의 본보기가 되는 행동을 보이며, 토의의 의장, 안내자, 요약자, 심판, 중재인으로서 많은 숨은 역할을 수행하게 된다. 여기서 주의할 점은 교사가 주제에 대한 답이나 자신의 의견을 자기도 모르게 은근히 말해 버릴 경우 학생은 교사의 권위에 눌려 자신의 진정한 의견을 내세우지 못하고 교사의 의견에 동조해 버릴 수 있다는 것이다. 또한 학습자가 동료학습자의 의견에 동조해 버려 토의·토론 수업에 참여한 학습자가 자신의 의견을 솔직하게 표현하지 못하고 집단압력에 굴복해 버리는 것도 진정한 논의를 방해하는 요소이므로 교사는 그러한 일이 일어나지 않도록 주의를 기울여야 한다.

### (3) 수업의 종결단계

수업이 끝나는 시점에서 교사는 수업의 종결을 유도하기 위해 토의내용 혹은 토론내용을 요약, 정리하고 남아있는 질문을 확인한다. 이를 위해 교사는 학생들로 하여금 노트정리를 하게 하거나 기록으로 남겨야 할 점을 적도록 한다. 특히, 기대 안 했던 아이디어나 좋은 점, 문제점, 오류 등을 기록해 두면 다음 토의에 많은 도움이 된다는 사실을 인지시킨다. 또한 교사는 전 수업과정의 진행을 면밀히 관찰, 기록하면서 수업 종결부에 토론한 내용의 요약, 정리 및 결론을 도출해야 한다. 이를 통해 수업의 목적달성 여부를 확인하고, 토의·토론 수업 과정에 대한 학생의 평을 들어본다거나 질문지를 통해 반응을 알아보며 전체적인 평가를 내리면서 학습자들에게 피드백을 제공해야 한다. 토론과정을 성적에 반영할 경우 산출근거를 명확히 밝혀야 한다.

## 2) 토의·토론법의 유형

### (1) 토의의 유형

토의의 유형은 집단의 규모, 수업주도 여부, 학습자의 능력, 활동방식, 시간과 장소 등에 따라 다양하게 구분된다.

#### ① 전체 학급 토의·토론법

전체 학급토의는 학급의 전 구성원이 참여한다는 점에서 논의집단이 매우 큰 경우이다. 학생 스스로 토의를 이끌어 갈 경험이 없는 경우에 주로 사용된다. 교사가 집단의 리더가 되는데, 교사는 토의·토론의 쟁점을 제기하고, 학생들의 의견을 유발, 촉진하며, 한쪽 방향으로 편중되지 않도록 한다. 학생들의 다양한 견해를 수용하여 주요요점들을 요약함으로써 수업의 결론을 내린다.

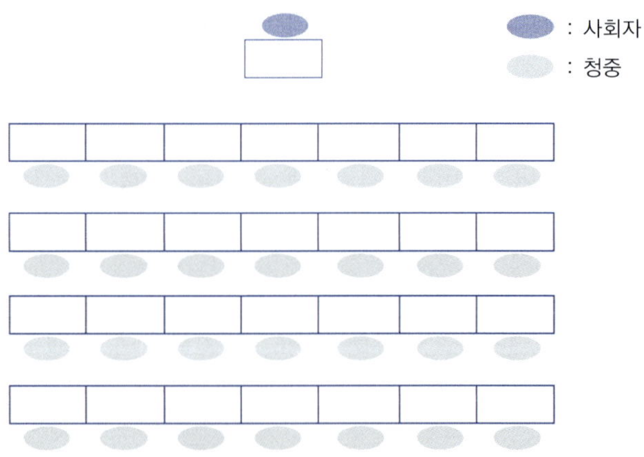


**그림 5-1** 전체 토의 좌석배치

**피시볼 그룹 토의·토론** 토의그룹과 관찰그룹으로 나뉘어 토의와 관찰한 후에 이들의 역할을 바꾸어 실시하도록 하는 방법으로 그룹활동과 의사소통 파악능력을 높일 목적으로 활용된다.

#### ② 피시볼 그룹 토의·토론법

피시볼(fish bowl) 그룹 토의·토론법은 어항이 밖에서 안을 들여다볼 수 있는 것처럼 밖의 집단이 안쪽 집단의 논의과정을 관찰할 수 있도록 하는 방법이다. 먼저 전체 학습을 크게 둘 또는 세 집단으로 나눈다. 한 집단 안쪽에, 다른 집단은 밖에 둥그렇게 원으로 앉게 한 다음, 안쪽 집단이 우선 토의·토론을 한다. 그리고 바깥쪽 집단은 안쪽 집단의 활동을 관찰하며 간단하게 요약한다. 이후 서로 자리를 바꿔 토의·토론을 진행한다.

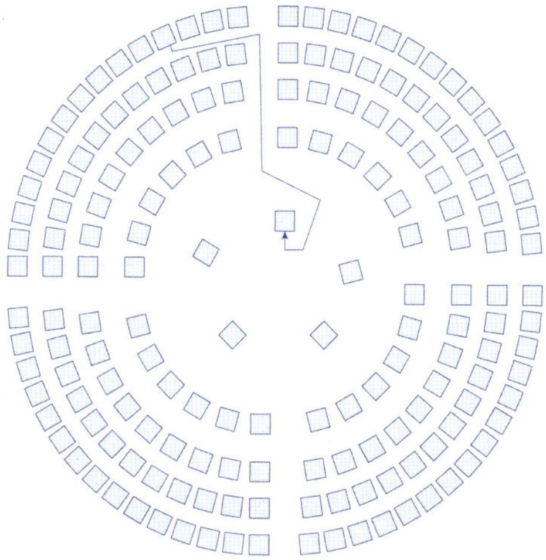

그림 5-2 피시볼 토의 좌석배치

### ③ 원탁식 토의

원탁식 토의(round table discussion)는 가장 기본적인 형태로 어떤 형식에도 구애받지 않고 참가한 전원이 원탁에 둘러앉아 자유로운 분위기에서 좌담하는 방식으로 5~10명 정도가 적당하다. 사회자 혹은 교사는 참가자 전원이 상호대등한 관계 속에서 정해진 주제에 대해 자유롭게 서로의 의견을 교환하는 좌담 형식이다. 여기서 원활한 토의를 위해 참가자들 간의 충분한 협조, 개방적 자세, 공동체적 의식을 가져야만 논쟁을 위한 논쟁으로 빠지지 않을 것이다. 원탁토의를 실시할 경우 참가자 모두가 발언할 수 있도록 기회를 적절히 제공해야 한다.

그림 5-3 원탁식 토의 좌석배치

### ④ 배심토의

**배심토의** 특정 주제에 대해 상반된 견해를 대표하는 몇몇 사람들이 사회자의 진행에 따라 토의하는 형태

배심토의(panel discussion)는 집단구성원이 많아서 각자의 발언이 어려울 때 토의에 참가하는 대표자들이 단상에서 토의하여 다른 구성원에게 공개하는 방법이다. 의견을 달리하는 4~6명의 선정된 대표자와 다수의 청중으로 구성된 후 의장은 배심토론자를 소개하고 문제와 논점을 중심으로 토의를 시작한다. 각자 자기의 의견을 발표하면 청중은 이를 듣게 되며, 필요하다고 생각될 때 의장이

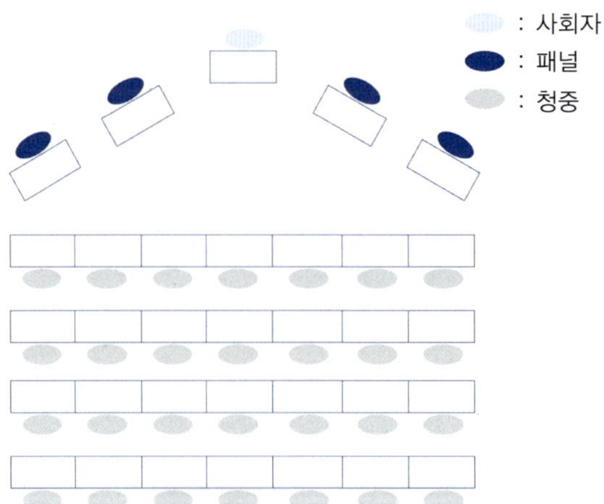


그림 5-4 배심토의 좌석배치

일반 참가자들을 토의에 참가시켜 질문이나 발언의 기회를 주기도 한다. 배심 토론자는 반드시 주제 관련 전문가일 필요는 없으며, 토의는 약 15~45분간 1회에 약 2~3분 정도 범위 내에서 간결하게 의견을 개진함으로써 활발하고 빈번하게 의견교환이 이루어지도록 한다.

### ⑤ 공개토의

공개토의(forum discussion) 형식은 특별한 주장을 가진 전문가나 자원인사 1~2명의 연사가 자신의 의견을 청중 앞에서 공개적으로 발표한 후, 의장의 사회로 연사와 청중 사이의 질의응답을 전개하는 방법이다. 이 방법은 청중이 토의에 직접 참여하여 공식적으로 발표한 연설자에게 질의응답을 할 수 있다는 것이 특징이다. 사회자는 연설시간 조절과 청중의 질문유발, 적절한 발언통제를 하기도 한다. 이는 학생자치회나 학습회의 등에 적합하다.

**공개토의** 전문가나 자원인사의 공개연설 후 청중이 직접 토의에 참가하여 발표자에게 질의할 수 있는 토의형태

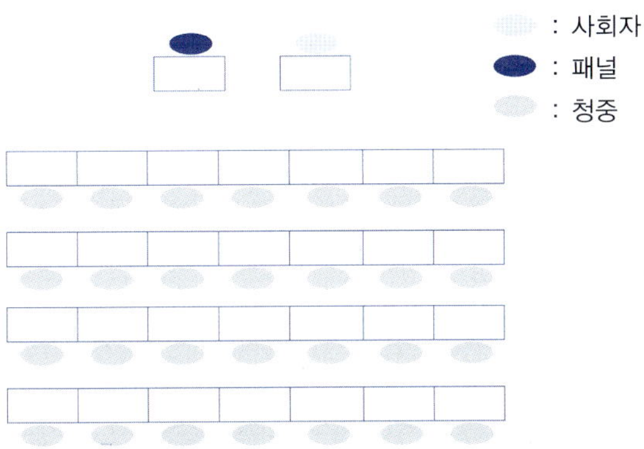


그림 5-5 공개토의 좌석배치

### ⑥ 심포지엄

**심포지엄** 전문가, 사회자, 청중 모두 특정 주제에 대한 전문적인 지식이나 정보, 경험을 지니고 전문가가 각기 다른 의견을 공식 발표한 후 상호의견을 교환하는 좌담형식의 토의형태

심포지엄(symposium)은 2~5명의 연사가 사회자의 안내에 따라 특정 주제에 대해 서로 다른 입장에서 자신의 의견을 준비해 발표하고, 발표자 간 질의응답을 통해 토의한다. 이때 청중이 질문이나 설명을 요구하면 연사가 이에 대답하며 토의를 진행하는 방식이다. 이 형식의 특징은 토의에 참가하는 연사나

사회자, 청중 모두 토의의 주제에 대한 전문가들로 구성된다는 점이다. 따라서 한 주제를 다양한 측면에서 깊이 있게 다룰 수 있다.

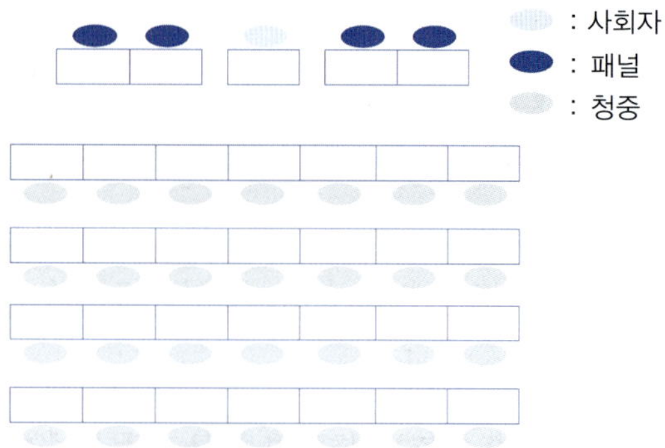


**그림 5-6** 심포지엄 좌석배치

### ⑦ 버즈토의

**버즈토의** 일정 학급 집단구성원 전체가 학습에 참여하며 공통된 학습과제를 신속히 얻고자 할 때 실시하는 토의법

버즈토의(buzz discussion)는 벌들이 윙윙거리는 것 같이 여러 명의 학생들이 집단을 편성하여, 서로 의견을 교환하면서 학습해 가는 방법이다. 미시간 대학의 필립스(Phillips)가 고안한 방법으로, 학급 내 인간관계를 개선하고, 학생의 기초학력을 향상시키기 위한 목적으로 고안되었다. 이 형식은 4~6개의 그룹으로 나누어(6명씩 6분간 : 6·6기법) 집단 내에서 토의하게 한다. 어느 정도 토의가 진행되면 다시 두 집단을 묶어 한 집단으로 하여(6명+6명=12명) 토의를 진행하도록 하여, 최종적으로는 전체 집단이 다 함께 토의결과를 집결시켜 결론을 맺게 하는 방법이다. 분단조직 방법으로는 친구끼리 조직, 남녀혼합으로 조직, 성적에 의해 조직, 흥미나 관심사 등을 중심으로 조직하는 방법 등이 있다. 그리고 분단조직은 학급에 따라 1~2주 또는 1~2개월마다 재편한다. 대체로 1개월마다 재편하는 것이 권장된다. 버즈토의는 처음에 소수인원으로 구성하여 참가자들 간의 친근감을 갖게 한 후 점차 대규모의 집단 내에서 자유롭게 발언할 수 있는 기회를 가질 수 있도록 구조화되어 있다는 점에서 적극적인 토의를 유도하는 것이 가능한 토의방법이다.

그림 5-7 버즈토의 좌석배치

### 3) 토의식 수업에서의 좌석배치

토의식 수업에서는 원활한 대화를 위한 환경조성도 염두에 두어야 한다. 토의하게 될 장소의 크기와 시설 등도 중요하지만 무엇보다도 좌석배치를 미리 결정해야 한다.

토의식 수업의 좌석배치 토의의 권리가 참여자에게 골고루 분배된 분산형과 그 반대인 집중형이 있다. 집중형에는 차륜형, 사슬형, Y자형이 있는데 이는 주로 합의점이 높은 주제에 적당하다. 이에 비해 분산형에는 통로개방형, 원탁형이 있는데, 이는 주로 합의점이 낮은 인문사회과학의 주제를 다루는 토의에 적합한 좌석배치이다. 분산형의 경우는 수업자도 하나의 똑같은 참여자이므로 그 위치가 정확하지 않는데 비해, 집중형의 경우는 수업자의 위치가 학습자의 시선을 모을 수 있는 일정한 곳에 있게 된다. 이러한 점들을 고려하여 도식화하면 〈그림 5-8〉과 같다.

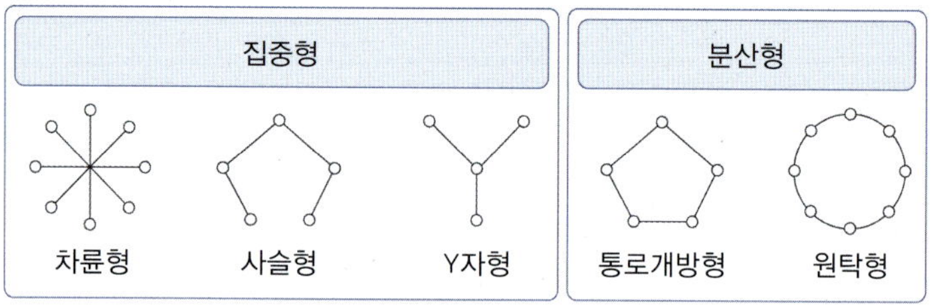


**그림 5-8** 좌석배치 형태

## 4) 토의·토론법의 장·단점

### (1) 장점

① 문제해결력과 고등정신 기능을 기르기에 적절하다. 토론을 잘하려면 원리에 입각하여 비판적으로 사고하고 추리하는 능력이 필요한데 이는 토의를 많이 해보는 가운데 길러진다.

② 표현력을 길러 준다. 토의를 하는 가운데 즉석에서 분명하고 간결하며, 논리적이고 정확하며, 수사적인 표현을 써서 강력하게 구두로 표현하는 능력을 길러 준다.

③ 학생 서로에게 많은 것을 배우며 집단의식과 공유능력을 향상시킬 수 있고, 사회적 기능 및 태도를 형성시킬 수 있다. 정서적으로도 긍정적인 영향을 준다.

④ 문제에 대한 관심과 흥미를 고취시켜 학생들의 자발적, 자율적인 학습활동을 유발할 수 있다.

⑤ 선입견과 편견은 집단구성원의 비판적 탐색에 의해 수정될 수 있다.

### (2) 단점

① 정보의 전달이 매우 늦고, 많은 시간이 소요된다.

② 소수의 의견이 무시되거나 경시되기 쉽다.

③ 토의의 허용적 특성은 학습자의 이탈을 유발할 수 있다.
④ 발표내용보다 발표자에 중점을 두기 쉽고 감정에 흐르기 쉽다.
⑤ 저학년의 경우 형식적인 토의에만 그쳐 비생산적 활동이 되기 쉽다.
⑥ 철저한 사전준비와 관리에도 예측하지 못한 상황이 발생할 수 있다.
⑦ 친숙하지 않거나 잘 이해가 되지 않는 사실과 개념은 효과적으로 토의하기 어렵다.

**탐구문제**

1. 한 교실에 40~50명인 현재와 같은 다인수 학습에서 강의식 수업이 효과적으로 이루어질 수 있는 방법에 대해 기술하시오.
2. 긴 시간 동안의 설명은 학생들의 수동적 역할에 머물게 한다는 점 이외 또 다른 단점을 3개 이상 들고 그에 대해 설명하시오.
3. 토의·토론 수업의 여러 유형 중 저성취 학습자와 내성적 학습자에게 적합한 유형은 각각 무엇이고 그 이유는 무엇인지 설명하시오.

Chapter 06

# 교수-학습 방법의 유형 II

인간은 사회적 존재로 교육의 목적은 개인과 사회의 공존을 위한 것으로 설명될 수 있다. 이러한 목적달성을 위한 가장 효과적인 교수-학습 환경이 바로 협동학습이다. 어떤 협동학습 방법이 교수-학습 현장에서 가장 효율적이고 효과적인가에는 학습자의 특성, 집단구성원의 크기, 집단활동의 구조화 정도 등에 따라 다양할 것이다. 이번 장에서는 구체적이고 다양한 협동학습 방법들과 더불어 실제적인 맥락의 문제상황 속에서 문제를 발견하고 정의한 후 학습주제를 설정하여 협동적으로 문제를 해결해 나가는 교수법인 문제기반학습(PBL), 개별학습과 협동학습의 두 가지 측면을 고려하여 최적의 학습결과를 유도하려는 팀기반학습(TBL), 과제에 대한 집중탐구를 통해 지식과 기술을 학습하게 하는 프로젝트 접근법 등에 대해 살펴보고자 한다.

## 학습목표

1. 협동학습의 개념을 설명할 수 있다.
2. 협동학습을 설명하는 다섯 가지 관점을 설명할 수 있다.
3. 협동학습의 모형을 구분하여 설명할 수 있다.
4. 문제기반학습(PBL)의 원리와 절차를 설명할 수 있다.
5. 팀기반학습(TBL)의 원리와 절차를 설명할 수 있다.
6. 프로젝트 학습의 개념과 특징을 설명할 수 있다.
7. 프로젝트 학습의 절차를 기술할 수 있다.

# 1 협동학습 이론

## 1) 협동학습의 개념과 특징

협동(cooperation)이란 공유된 목표에 대한 개인 간의 관계에서 생기는 행동이며, 단지 타인의 목표달성을 도와주는 것이 주된 목표인 조력과는 구별된다. 협동학습의 정의는 전통적인 소집단 학습과 구별되며, 협동학습의 기본요소에 따라 다양하다. 협동학습이란 학습능력이 각기 다른 학습자들이 동일한 학습과제나 학습목표를 향하여 소집단 내에서 함께 활동하여 공동의 학습목표에 도달하는 학습방법이다. 여기서 전체는 개인을 위하여(all for one), 개인은 전체를 위하여(one for all)라는 태도를 갖게 되고 집단구성원들의 성공적인 학습을 위하여 서로 격려하고 도움으로써 학습부진을 개선할 수 있다(변영계 외, 2007).

이는 1960년대 Herbart가 Dewey의 교육철학, 즉 사회생활에서 항상 이루어지고 있는 팀 개념을 강조하면서 학습자는 학교에서 학습자 간 상호작용을 통해 문제의 답을 찾아나가는 것을 배워야 한다는 데 전적으로 동의하면서 교육에서 팀학습의 중요성과 탐구적 방법을 제시하여 협동학습의 기반을 닦았다. 소그룹으로 학습하는 방법은 이전에도 있어 왔는데, 이는 팀원이 독립적으로 작업한 후 작업의 결과만 모아서 작성하는 형태라 한다면 최근의 바람직한 협동학습은 팀 안에서 학습자들이 서로 토의하는 가운데 바람직한 자신의 생각을 절충하고 명료화시켜 나가는 과정에서 협동하여 의미 있고 오래 기억되는 학습이 되도록 서로 도움을 주는 형태를 의미한다. 이러한 협동학습은 동료에게서 배우는 학습효과가 매우 크며(Slavin, 1990), 대인관계가 원만해지고 사고력도 증진된다.

이러한 협동학습의 특징은 다음과 같다. 첫째, 협동적으로 과업을 수행하고 보상받는다. 둘째, 한 집단은 다양한 성취수준의 학습자로 구성한다. 셋째,

동료지도법(peer tutoring)을 활용한다. 넷째, 학습자 간의 사회적 관계 향상을 도모한다. 이처럼 협동학습은 단순하게 소집단만을 구성하여 학습을 진행하는 전통적 소집단과는 다르다. 협동학습과 전통적 소집단 학습의 차이를 표 6-1 로 나타내면 다음과 같다.

**동료지도법** 학습자가 다른 학습자를 돕고 가르치면서 학습하는 방법

**표 6-1** 협동학습과 전통적 소집단 학습의 비교

| 협동학습 | 전통적 소집단 학습 |
| --- | --- |
| • 적극적 상호작용의 강조 | • 한정된 상호작용 |
| • 학습자 간 피드백 강조 | • 학습자 간 피드백이 거의 없음 |
| • 이질집단의 구성 | • 동질집단의 구성 |
| • 지도력의 공유 | • 특정 학습자에 지도력 부여 |
| • 상호책무성 강조 | • 자신의 과업에 대해서만 책무성 |
| • 사회적 기능의 강조 | • 사회적 기능 무시 |
| • 교사의 관찰과 참여 | • 교사의 관찰과 참여가 거의 없음 |

## 2) 협동학습의 기본요소

협동학습은 단순하게 소집단만을 구성한다고 해서 성취되는 것은 아니며 협동학습의 본질을 지닐 수 있는 전략이 있어야 한다. Doolittle(1995)는 진정한 협동학습이 되도록 하기 위한 전략을 긍정적 상호의존, 면대면 상호작용, 개별 책무성, 소집단과 대인관계 기술, 집단 자기-평가로 다섯 가지를 제시하고 있다.

### (1) 긍정적 상호의존

긍정적 상호의존(positive interdependence)은 집단구성원이 개인의 목표, 집단 내 다른 구성원의 목표, 전체집단의 목표를 달성하는 데 집단의 협동이 필요하며 이것이 중요하다고 생각할 때 이루어지므로 모든 구성원이 성공하지 않고는 구성원의 어느 누구도 성공할 수 없는 상황을 만든다. 따라서 다른 사람의 학습이 자신의 학습에 영향을 주고 자신의 학습이 다른 사람에게 도움을

주는 관계 속에서 협동이 이루어지도록 격려한다. 상호의존은 목표상호의존, 자원상호의존, 역할상호의존, 보상상호의존 등 여러 형태가 있다. 이러한 긍정적 상호의존은 과제의 성공적 수행이 다른 집단구성원의 참여에 달려 있을 때 학생들이 더욱 협동적이 되도록 동기화시킨다.

### (2) 면대면 상호작용

면대면 상호작용(face to face interaction)은 학습을 도와주고 격려하려는 관계를 말하며, 과제를 수행하고 성공적으로 집단목표를 달성하기 위해 집단구성원들 자신이 아는 것을 동료에게 설명하고 토론하고 가르치는 상호작용을 통해 서로의 학습을 격려하고 촉진하는 것과 관련된다.

### (3) 개별 책무성

개별 책무성(individual accountability)은 모든 구성원이 자신에게 부여된 학습자료를 학습하는 동시에 다른 구성원이 학습하는 것을 도와주기 위해 지속적으로 책임감을 갖는 것을 말한다. 협동학습은 모든 구성원의 성취에 기초해 그 집단이 평가받기 때문에 자신 스스로의 성취뿐만 아니라 다른 구성원의 성취에도 도움을 주도록 격려한다. 이를 위해 집단 내 구성원 모두가 과제수행에 필요한 책임을 골고루 나누어야 한다. 이는 각 개인의 성취결과가 그 개인과 집단에게 동시에 영향을 주기 때문이다.

### (4) 소집단과 대인관계 기술

학생이 소집단(small group)에서 능력을 발휘하기 위해 필요한 대인관계 기술(interpersonal skill)들은 협동학습을 하는 동안 학습된다. 즉, 자신의 주장을 소리 높여 이야기하지 않고 대화하려는 태도를 갖는 것, 다른 집단구성원을 믿는 것, 집단 내 충돌을 조정하는 것, 지도력을 공유하는 것과 같은 대인관계 기술은 교사가 보통 직접적이고 구체적인 주의를 줌으로써 습득된다. 협동학습이 성공적이기 위해서는 이 기술이 필수적이다.

### (5) 집단 자기-평가

집단 자기-평가(group self-evaluation)의 목표는 모든 집단구성원들이 집단 목표를 달성하기 위해 협동적 노력을 하여 이루어낸 산출물을 확인하고 향상시키는 것이다. 집단 자기-평가는 집단 초인지의 한 유형을 제공하고, 집단 스스로의 진행과정을 평가하는 과정이다. 이는 결과적으로 집단구성원의 행동이 이로웠는지 해로웠는지와 집단구성원의 행동이 지속되어야 할지 변화되어야 할지를 알려 준다.

**집단 초인지** 학습자들 모두가 집단이 수행한 과제의 수행과정을 점검하고, 통제 및 조절하며, 문제를 능동적으로 해결하는 능력

## 3) 협동학습의 이론적 근거

협동학습이 학습자 간 협동의 시너지 효과를 극대화하여 학업성취에 긍정적인 영향을 미치는 이유를 설명하는 이론으로 동기론적 관점, 사회응집성의 관점, 인지발달론적 관점, 인지정교화 관점, 실제적 관점 등이 있다.

### (1) 동기론적 관점

동기론적 관점의 대표적 학자인 Slavin(1987)에 의하면 전통적인 소집단 학습과 구별되는 협동학습의 주요요소는 집단보상, 개별 책무성, 학습참여의 균등한 기회 등이다. 이 관점에서 협동학습의 효과는 보상 혹은 목표구조에 초점을 두고 있고, 특히 집단 보상에 좌우된다고 보았다. 보상구조란 학습의 성과에 대해 집단 내 다수의 학생에게 보상이 주어지는 것으로 학습동기 유발에 효과적이며, 다수의 학생들에게 성공적인 학습풍토를 조성해 준다. 집단보상은 소집단 구성원들이 미리 설정한 기준을 초과하여 얻은 점수에 따라 주어지는 것이다. 따라서 집단보상이 주어지면 개별 책무성과 학습참여의 균등한 기회가 촉진되므로, 협동학습의 가장 중요한 요소는 개별 책무성, 학습참여의 균등한 기회를 보장하는 집단보상이라고 할 수 있다. 이 관점에서 대표적인 모형은 STAD(Student Teams-Achievement Division), TGT(Teams-Games-Tournaments) 등이다.

### (2) 사회응집성의 관점

**사회응집성의 관점** 협동의 원인이 자기보상을 위해서가 아니라 타인의 성공을 진정으로 바라기 때문이라는 관점

사회응집성의 관점에서는 소집단 구성원들이 집단 내의 다른 구성원을 돕는 이유가 다른 구성원을 걱정하고 그들이 성공하기를 원하기 때문이라고 설명한다. 이 관점에서 대표적인 협동학습 모형은 Jigsaw, 집단조사, 함께 학습하기 등이다. 사회응집성의 관점은 협동학습에서 가장 중요한 요소로 팀형성을 강화하는 협동기술로 보고 있는데, Johnson과 Johnson은 협동학습의 기본요소로 협동기술 외에 보상의존성도 강조함으로써 동기론적 관점과 사회응집성의 관점을 종합하고 있다. 협동기술은 대인관계 기술, 사회적 기술, 의사소통 기술 등과 같은 의미로 사용된다. 대표적인 협동기술에는 타인의 능력을 청취할 수 있는 능력, 번갈아 하기, 도움 구하기, 도움 주기 등이 있다. 이는 복잡하고 비구조화된 학습과제를 해결하는 데 필수적이다.

### (3) 인지발달론적 관점

협동학습과 관련된 발달론적 관점은 Piaget의 이론과 Vygotsky의 이론에 근거한다. Piaget의 이론에 의하면 인지수준이 비슷한 또래 사이의 상호작용에 의한 사회적 인지갈등이 평형화를 깨뜨리고 이것이 학생의 내적 인지적 재구성을 일으킴으로써 발달이 촉진된다. 이에 의하면 협동학습에서 학업성적이 동질한 집단으로 구성하는 것이 바람직하다. 한편 Vygotsky의 이론에 의하면 근접발달영역 이론을 근거로 할 때 이질집단으로 협동학습 집단을 구성하는 것이 바람직하다고 본다.

### (4) 인지정교화 관점

**인지정교화 관점** 상호작용을 통해 정보자료를 인지적으로 재조직하거나 정교화하여 자기 것으로 수용하는 데 효과적이라는 관점

인지정교화 관점에서는 또래의 설명에 의해 협동학습의 효과가 나타난다고 보고있다. 정보가 기억되고 기존 지식과 관련되기 위해서는 학습과제에 대한 인지적 재구성이나 정교화가 반드시 필요하다. 이때 인지적 정교화에 필요한

주요수단인 또래의 설명을 촉진하기 위한 방법으로 협동적 각본을 통해 또래끼리 번갈아 설명하는 상호교수법이 매우 효과적이다.

### (5) 실제적 관점

실제적인 관점에서 협동학습의 효과는 연습의 기회를 많이 제공하는 데 있다. 이는 지시적 수업에서 연습의 기회가 학업성적 성취에 결정적인 요인이라는 것과 그 맥을 같이 하고 있다.

## 4) 협동학습의 교수-학습 절차

협동학습의 교수절차(Arend, 1994)를 단계와 교사행동에 비추어 간략하게 제시하면 다음과 같다.

**표 6-2** 협동학습 단계와 교사의 행동

| 단계 | 교사행동 |
|---|---|
| 1. 수업목표의 제시 및 학습태세 | 수업목표를 검토하고 학습태세를 확립한다. |
| 2. 학습내용 제시 | 언어 또는 교재의 형태로 제시 |
| 3. 학습자의 팀구성 | 팀구성에 대한 설명 및 구성 |
| 4. 팀워크나 학습활동 전개 | 팀활동을 도와줌 |
| 5. 평가 | 팀별 결과의 발표 및 교사의 평가 |
| 6. 학업성취의 인성 | 학습자 개인 및 팀의 노력과 성취를 인정하는 방법의 모색 |

## 5) 협동학습에서의 교사의 역할

① 교사는 수업목표를 구체화해 준다. 협동학습의 구성원은 목표의 명확한 인지 후 공동의 목표를 달성하기 위해 모두가 서로 도와주고 격려하며 상호책임을 지니도록 한다.

② 수업 전에 학습집단의 크기, 학생들을 집단에 배정하는 방법, 수업에 활용할 자료 등을 결정해야 한다.

③ 협동학습에서 모든 구성원이 리더가 될 수 있도록 구조화한다. 이를 위해 교사는 학습과제 구조를 협동적으로 구성하며, 학생들이 긍정적 상호의존성, 개인적 책무성, 협동기술 등을 설명해 준다.

④ 교사는 학생들의 학습을 평가하고, 집단이 잘 기능하도록 도와준다. 이를 위해 집단과정에 촉진자로써 참여하는 것도 바람직하다.

⑤ 교사는 집단구성원의 학습과정을 관찰하고, 협동하는 과정을 분석하여 집단과제를 조정하는 방식으로 적절한 피드백을 제공한다.

⑥ 협동학습의 교사는 집단이 어떻게 과제를 수행할 것인지에 대한 집단과정을 구조화하고, 대인관계 기술을 가르쳐 준다. 이를 위해 협동적으로 학습할 때 필요한 리더십, 의사소통 기술, 신뢰, 갈등의 조정 등 사회적 기능들을 직접 배울 수 있게 한다.

⑦ 토의, 토론방법을 사용한다. 협동학습은 학생들의 생각을 수업의 교육현장으로 끌어들이기 좋은 방법이다. 따라서 교사가 일방적으로 지식을 주입시키는 것이 아니라 학생들이 소그룹 내 역할을 책임지게 하여 조사나 토의 등의 학습과정을 통해 학생들 자신이 주제에 대한 결론을 내릴 수 있도록 도와주어야 한다.

## 6) 협동학습의 장·단점

### (1) 협동학습의 장점

① 학교에서 협동학습으로 행하는 과제가 사회에서 요청되는 과제와 성격이 흡사하여 협동학습을 많이 한 경우 사회에 적응하거나 상호작용을 통한 문제해결에 많은 도움을 받을 수 있다.

② 협동학습은 학습에서의 기본적인 기능, 문제해결력, 사고력 등 인지적 영역뿐만 아니라 인간관계 개선, 자아효능감, 교과목에 대한 선호, 학습

동기와 같은 정의적 영역에서도 효과적이다. 따라서 개별학습보다 더 많은 것을 학습할 수 있고, 혼자서는 어렵겠다 싶은 일도 협동으로 해내다 보면 자신감이 생겨 주어진 과제해결에 필요한 기질, 성향, 태도 등이 개발된다.

③ 학습능력이 높은 학습자의 학습전략을 관찰, 모방함으로써 학업성취가 향상될 수 있고, 다른 학습자가 가지고 있는 학습방법을 관찰하고 배울 기회가 주어진다. 학습자는 동료에게서 어떻게 도움을 요청하고 정보를 얻어낼 수 있는지를 배우며, 이를 위해 필요한 어휘력, 친화력, 분석력 등 다양한 능력들을 배우게 된다.

④ 소집단 활동을 통해 무슨 일이든 서로 나누어 함께 해결하고 그 결과에 대해 보람을 갖는 협력적 태도를 형성하며 타인에 대한 이해를 확장할 수 있다.

⑤ 협동학습은 학습자가 각기 자신의 자원(시간, 에너지, 능력, 성질) 등을 스스로 관리하고 통제하는 방법을 배우게 된다.

### (2) 협동학습의 단점

① 소집단 내에서 특정 학습자나 리더가 어떤 것을 잘못 이해하고 있을 때 다른 사람이 그것을 그대로 따라갈 우려가 있으며 이럴 경우 잘못된 이해가 더욱 강화되는 경향이 있다.

② 학습과정이나 학습목표보다는 집단과정만을 더 소중히 하는 경향을 초래할 수 있다. 이럴 경우 놀이집단으로 변질될 우려가 있다.

③ 학습자가 교사에게 의존하는 경향이 감소하는 대신 또래에게 의존하는 경향이 커질 우려가 있다.

④ 부익부 현상이 발생할 수 있다. 부익부 현상이란 학습능력이 높은 학생이 다른 학생보다 도움을 많이 주며, 긍정적이든 부정적이든 많은 반응을 보임으로써 학업성취가 향상될 뿐 아니라 소집단을 장악하는 현상을 말한다.

⑤ 상대적으로 학습능력이 낮은 학생은 상호작용의 기회를 상실하게 되어

자아존중감의 손상을 입을 수 있고, 상호작용의 기회를 상실하여 학업성취도가 떨어질 수 있다.

⑥ 소집단 참여에 소외된 학습자의 경우 심리적 모멸감이나 수치심을 갖게 되며, 결국 집단활동 속에서 자신을 방어하고 보호하는 전략과 기능만을 키울 우려도 있다.

## 2 협동학습 모형

### 1) Jigsaw 모형

Aronson과 그의 동료들(1978)이 개발한 Jigsaw 분담학습 모형은 집단 내의 동료로부터 배우고, 동료를 가르치는 모형으로 보상구조를 통해서가 아니라 학습과제의 분담, 즉 작업분담 구조를 통해 집단구성원 간의 상호의존성과 협동을 기르는 방법이다. 이 모형의 이름은 그림 짜맞추기 퍼즐(Jigsaw puzzle)처럼 팀별로 학습한 내용의 전개가 모두 끝나야 학습이 완성된다는 점에서 붙여진 것으로 과제를 성공적으로 완성하기 위해서는 각각의 구성원들은 다른 구성원들의 자원을 필요로 하기 때문에, 집단구성원들 사이에 긍정적 자원 상호의존성이 생겨나고, 각 구성원은 성공을 위해 자신이 속한 집단에 헌신적으로 참여하게 된다. Jigsaw 모형의 수업절차는 Jigsaw Ⅰ, Jigsaw Ⅱ, Jigsaw Ⅲ 모두 다음의 기본단계를 거친다(Jacobs et al., 2002).

**Jigsaw 모형** 집단 내의 동료로부터 배우고 가르치는 모형으로 집단구성원 간 상호의존성과 협동성을 유발한다.

#### (1) Jigsaw 모형의 기본단계

① **1단계. 모집단 활동**(home team)

교사는 4~6명으로 구성된 모집단에 전체 학습과제를 몇 가지의 하위주제로 나누어 구성한 전문가용지(expert sheet)를 소집단 구성원 각자에게 하나씩 할

당한다. 각 주제를 맡은 구성원은 그 하위주제에 한해 전문가가 된다. 모집단에서 학생들은 하위주제 외에 각자가 소집단 내에서 해야 할 역할, 예컨대 리더나 기록자와 같은 역할을 정한다.

② **2단계. 전문가 활동**(expert team)

전문과제별 전문가 집단에서의 협동학습 실시단계로, 각각의 소집단에서 동일한 주제를 맡은 각 소집단의 전문가끼리 모집단에서 나와 따로 전문가 소집단을 형성하여 함께 학습활동을 한다. 전문가 집단의 역할은 그 정보에 대해 이해하고 자신의 모집단 구성원에게 가르치는 것이다. 전문가활동은 주로 그 하위주제를 공부한 다음 각자의 모집단에 돌아가서 모집단의 동료들에게 어떻게 핵심내용을 전달해 줄 것인지를 중심으로 토론하게 된다. 이를 위해 교사는 전문가 소집단에서 다루어야 할 학습의 요점과 범위를 안내해 주는 자료도 제공하는 것이 좋다.

③ **3단계. 모집단의 재소집**(home team reconvene) **및 평가**

학생들은 전문가 집단의 활동이 끝났으면 다시 모집단으로 돌아와서 자기의 전문적 지식을 소집단 내의 다른 동료들에게 전수한다. 다른 동료들은 자기가 전문가 활동을 한 내용 외에는 전혀 학습을 하지 않았기 때문에, 다른 영역은 전적으로 동료전문가의 지식에 의존할 수밖에 없다. 따라서 동료의 가르침을 적극적으로 수용하게 된다. 그 과정이 끝나면 전체 과제를 범위로 개인평가를 받는다.

### (2) Jigsaw 모형별 수업절차와 특징

① Jigsaw Ⅰ

Jigsaw Ⅰ 모형은 학습형태가 모집단이 전문가 집단으로 갈라졌다가 다시 모집단으로 돌아와 협동학습하는 절차로 이루어진다. 이 모형의 특징은 학생들이 최종 모집단에서 학습한 내용을 평가받을 때 학습과제에 대한 개인별 평가를 받는다는 점이다. 각 집단구성원의 행동이 다른 구성원에게 보상받도록 도와줌으로써 협동적 보상구조의 본질적 역동성이 존재한다. 그러나 구성원 간의 상호의존성과 협동심을 유발하는 개인의 과제해결의 의존성은 높으나 보상의존성이 낮아지고, 집단보상을 받지 못하므로, 공식적인 집단목표가 없다고 볼 수 있는 모형이다. Jigsaw Ⅰ의 수업절차는 다음과 같다.

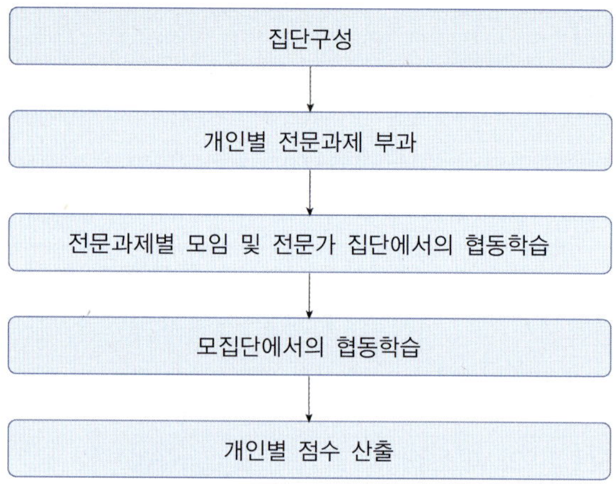


**그림 6-1** Jigsaw Ⅰ 수업절차

② **Jigsaw Ⅱ**

Steinbrink & Stahl(1994)가 Jigsaw Ⅰ모형을 보완하여 제안한 Jigsaw Ⅱ의 모형의 특징은 다음과 같다. 학생들은 개인별 전문과제를 부여받고, 전문과제별 모임을 통해 전문가 집단에서의 학습이 이루어진 후, 전문가 집단에서 모집단으로 돌아와 협동학습이 끝난 후 학생들은 학습과제에 대해 개인별 평가를 받는다. 그러나 Jigsaw Ⅰ과 다른 점은 각 학생의 개인별 점수뿐만 아니라 향상점수에 기초한 집단점수가 산출되어, 개인과 집단을 보상한다는 점이다. Jigsaw Ⅱ의 수업절차는 다음과 같다.

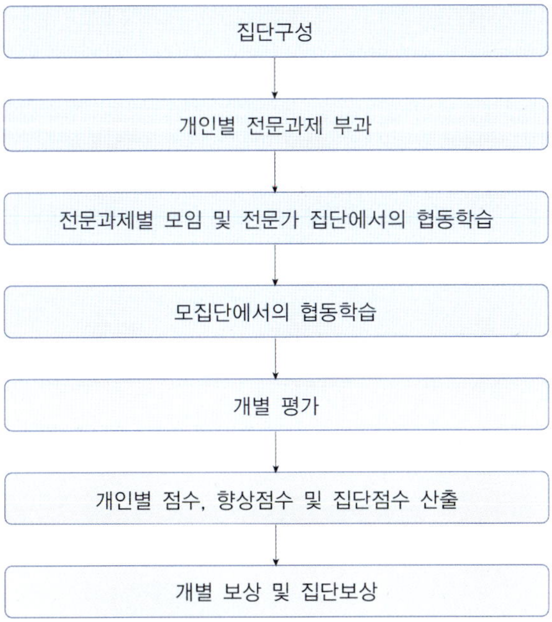


**그림 6-2** Jigsaw Ⅱ 수업절차

### ③ Jigsaw Ⅲ 모형

Jigsaw Ⅲ 모형은 Jigsaw Ⅱ에서 모집단의 협동학습 후 즉시 평가를 받기 때문에 평가에 대비하여 학습정리를 할 시간적 여유가 없다는 점이 지적되면서 개발되었다. 이에 따라 Jigsaw Ⅲ 모형은 수업을 통해 학습한 것을 정리할 수 있는 시간을 위해 평가유예기(interim period)를 두고 모집단에서 평가를 준비하는 과정을 추가하였다는 것과 평가를 며칠 앞두고 다시 모집단 속에서 협동학습 활동을 한 후에 개인별 점수산출과 개인별 향상점수에 기초한 집단점수의 산출을 통해 개인과 집단을 보상한다는 것이 특징이다. Jigsaw Ⅲ의 수업절차는 다음과 같다.

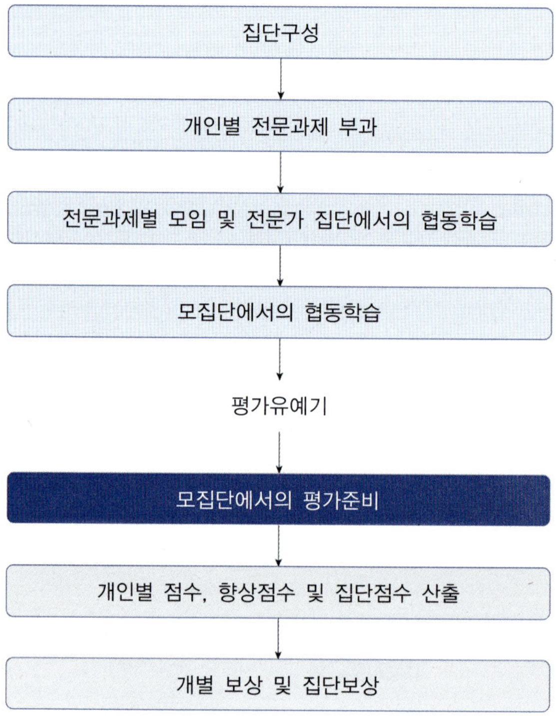


**그림 6-3** Jigsaw Ⅲ 수업절차

### 2) 성취과제분담모형

**성취과제분담모형** 집단구성원들의 역할이 분담되지 않은 공동학습 구조이면서 개인의 성취에 대해 개별적으로 보상되는 개별 보상구조를 지닌 학습방법

성취과제분담모형(Student Team Achievement Division; STAD 모형)은 Slavin이 1978년에 개발한 협동학습 모형으로 초, 중, 고등학교 수학과목에서 주로 활용된다. 이 협동학습의 모형은 집단보상, 개별적 책무성, 성공기회의 균등이라는 중심개념을 중심으로 학습자의 기본기능의 습득이나 지식의 이해를 촉진하는 데 목적이 있다. STAD 모형은 집단구성원의 역할이 분담되지 않은 공동학습 구조이면서 동시에 개인의 성취에 대해 개별적으로 보상되는 개별 보상구조이다. 즉, 개인의 성취에 대해 팀점수가 가산되고 팀에게 주어지는 집단보상이 추가된 구조이다. STAD 모형의 특징은 첫째, 구성원 각자의 목표뿐 아니라

집단의 목표가 있어 서로 돕고 도움을 받으려 한다는 점이다. 둘째, 집단에 대한 책무성과 과제에 대한 분담이 이루어져 개별적 책무성이 강조됨으로써 개인의 능력을 최대한 발휘할 수 있다는 점이다. 셋째, 개인의 능력에 관계없이 집단에 기여할 수 있는 성공의 기회가 균등하게 주어져 스스로 노력하게 된다는 점이다. 넷째, 소집단 간 경쟁이 유발되어 구성원의 결속이 다져지고 구성원들의 학습동기가 촉진된다(전성연 외, 2007). STAD 모형의 수업절차는 다음과 같다.

**① 1단계. 교사의 수업안내**

교사는 수업시작 시 단원의 전체 개요를 설명하여 학생들이 학습내용을 파악하도록 하고, 학습활동의 기본방향을 안내해 준다.

**② 2단계. 소집단 학습**

팀은 4~5명을 한 팀으로 하여 이질집단으로 구성한다. 개인별 특성을 고려한 팀만들기는 학습자들의 성공기회를 동등하게 하는 보완법이 될 수 있다. 팀활동 전 교사는 학습과제지와 정답지를 주고 학생들 모두가 학습내용을 이해할 때까지 팀학습이 계속된다. 이때 과제는 학생들이 완전히 습득해야 할 문제나 정보로 이루어져 있다. 학생들은 짝과 공부하고 문제를 집단적으로 토의하며, 답을 비교하면서 문제를 함께 해결한다.

**③ 3단계. 형성평가**

협동학습이 끝난 후 학생들은 퀴즈를 통해 개별적으로 형성평가를 받아 개인점수로 계산된다. 이는 학습의 책임성을 강화시키는 역할을 한다.

**④ 4단계. 개별·팀별 향상점수**

개별 향상점수는 각 학생의 기본점수를 책정하고 학생이 공부한 것을 퀴즈를 통해 얼마나 향상되었나를 측정·평가하는 것이다. 팀점수는 팀원의 개별 향상점수 총합의 평균점수를 말한다. 이때 향상점수의 계산법을 학생들에게 충분히 설명해 주어 학습자 개개인이 팀점수 향상에 기여하도록 한다.

⑤ 5단계. 소집단 점수의 게시와 보상

단원수업이 끝나면 즉시 팀점수와 개인점수를 게시하고 우수한 개인이나 집단을 보상한다. 집단보상의 경우 집단의 점수가 사전에 설정해 놓은 일정한 기준을 통과할 경우 집단 전체를 보상해 주는 것이 효과적이다.

### 3) 팀보조 개별학습

**팀보조 개별학습** 협동학습과 개별 학습의 혼합모형으로 프로그램화된 학습자료를 이용하여 각자의 수준에 맞는 단원의 개별적 학습. 작업구조는 개별 작업과 작업분담 구조의 혼합구조이며 보상구조 역시 개별과 협동보상의 혼합구조이다.

팀보조 개별학습(Team Assisted Individualization; TAI)은 Slavin, Leavey, Madden이 개발한 모형으로, 수학과목에의 적용을 위한 협동학습과 개별 학습의 장점을 취해 결합한 수업모형이다. 즉, 학습자 개인의 능력에 따라 학습속도를 조절할 수 있는 개별 학습을 활용하고, 개별 보상과 협동보상을 혼합한 것이 특징이다. TAI의 수업절차는 다음과 같다.

① 1단계. 집단구성과 진단평가

학습집단을 이질능력 집단으로 구성한다. 수업시작 전 사전검사를 통해 각 학생의 수준에 적합한 수학 개별화 절차가 학생에게 주어진다.

② 2단계. 학습자료 배포

학생에게는 문제해결식 학습자료를 준다. 학습자료는 학습내용의 개관과 문제해결 절차가 소개된 안내지, 스킬훈련 문제지, 형성평가 문제, 단원평가 문제, 정답지로 구성된다.

③ 3단계. 집단학습

개별 학습 후 스킬훈련 문제지를 풀고, 모두 맞으면 형성평가 단계로 넘어가고 틀릴 경우 다른 스킬훈련 문제지를 푼다. 이때 어려움이 있으면 동료나 교사에게 도움을 요청한다. 스킬훈련 문제지를 다 맞출 경우 단원평가 문제지를 풀어 팀구성원은 두 명씩 짝을 지어 문제지를 상호교환하여 채점한다. 80% 이상의 성취를 나타내면 그 단원에 대한 최종적인 단원평가를 개별로 본다.

④ 4단계. 집단교수

교사는 아동이 학습하는 동안 5~15분간 각 집단에서 같은 수준에 있는 아동을 불러내 직접 가르친다. 즉, A(상1, 중1, 하1)집단, B(상2, 중2, 하2)집단, C(상3, 중3, 하3)집단의 세 집단으로 구성되었다고 가정할 때 교사는 처음에 각 상위능력 집단의 학생 3명을 앞으로 불러 집단교수를 한다. 그리고 중간능력 집단의 학생 3명을 불러 집단교수를 하는 식으로 수업을 진행한다. 물론 집단교수 동안 나머지 학생들은 자신의 집단에서 계속 학습한다.

⑤ 5단계. 집단점수와 집단보상

교사는 매주 말에 집단점수를 계산한다. 집단점수는 개별 시험점수를 합하여 산출하고, 미리 설정한 점수를 초과하면 팀에게 보상을 제공한다.

## 4) 함께 학습하기

함께 학습하기(Learning Together; LT)는 Johnson과 Johnson(1975)에 의해 제안된 방법으로 5~6명의 이질집단으로 집단을 구성한다. 과제는 집단별로 부여하고, 보상과 평가도 집단별로 받는다. 시험은 개별적으로 시행하나 성적은 소속된 집단의 평균점수를 받게 되므로 자신이 속한 집단 내에 다른 학생의 성취 정도가 개인의 성적에 영향을 준다. 또는 집단평균 대신 집단 내 모든 구성원이 정해진 수준 이상에 도달했을 때 각 집단구성원에게 보너스 점수를 주기도 한다. LT의 수업절차는 총 18단계이며 이는 수업절차이자 일종의 원리로 이는 다음과 같다(Johnson & Johnson, 1984, 1994).

**함께 학습하기** 과제, 보상, 평가의 집단별 부과되며, 시험은 개별적으로 보나 성적은 집단 평균점수를 받으므로 자기 집단 내 다른 학생의 성취가 개인성적에 많은 영향을 주는 모형

① 1단계. 수업목표의 구체화

교사는 개념분석과 과제분석을 통해 수업의 적합한 수준이 연계된 학업목표와 협동기술 목표를 수업 전 구체화해야 한다.

② 2단계. 소집단 크기의 결정

교사는 어느 정도의 학습집단이 적절한 크기인지 학습자 특성, 과제의 특성,

수업시간 등을 고려해 결정한다. 일반적으로 2~6명으로 구성하는 것이 좋다.

**③ 3단계. 학생의 소집단 배치**

동질집단 혹은 이질집단으로 할 것인지, 과제지향적 학생과의 그룹구성을 하도록 할지, 동료선택권을 학생에게 줄 것인지 교사가 할 것인지, 소그룹 활동을 얼마 동안 운영해야 할지 등을 결정하여 집단구성을 한다.

**④ 4단계. 교실구성**

집단구성은 관련된 자료를 함께 보며 서로 마주 볼 수 있게 앉게 해야 하고, 다른 소집단을 방해하지 않고 서로 대화를 효과적으로 할 수 있을만큼 가까워야 하며, 교사가 모든 소집단에 가까이 갈 수 있는 공간도 있어야 한다.

**⑤ 5단계. 상호의존성을 촉진할 수 있는 수업계획**

소집단에 할당된 과제가 개인이 아닌 공동의 노력에 의해 완성될 수 있다는 의식을 할 수 있도록 수업자료를 구조화하여 제공해야 한다. 이를 위해 소집단에 하나의 자료만을 제공하거나(자료 상호의존성), 집단구성원 각각이 받은 자료가 과제 완성에 필요한 부분만을 갖고 있으므로 성공적인 수행을 위해서는 집단 내 모든 구성원의 자료가 필요하다는 인식을 유도하는 것이다(정보 상호의존성).

**⑥ 6단계. 상호의존성을 조직화하기 위한 역할분담**

역할분담은 학생들에게 협력적 기능을 가르치는 데 효과적인 방법이다.

**⑦ 7단계. 학습과제에 대한 설명**

교사는 학생들의 과제에 대해 명확하게 설명해 주어야 하며, 수업목표를 설명해 주고 그것과 관련된 과거경험과 새롭게 학습해야 할 개념과 정보를 연결시켜 주어야 한다. 또한 관련 개념을 정의해 주고, 수업절차와 적절한 사례의 제시를 해 주어야 한다. 또한 학생들이 과제에 대해 이해하고 있는지를 점검하기 위해 구체적인 질문을 한다.

**⑧ 8단계. 긍정적 목표 상호의존성의 구조화**

학생들에게 자신이 속한 집단에는 집단목표가 있으며, 집단 내에서 협력적으로 학습해야 한다는 것을 강조한다. 협동학습 집단에서 학생들은 자기에게 주어진 자료를 학습하고, 다른 구성원들도 각자의 자료를 학습해야 집단의 전체 과제를 성공적으로 완성할 수 있다는 것을 인식하도록 한다.

#### ⑨ 9단계. 개별 책무성의 구조화

이를 위해 교사는 무선적으로 구성원을 선택하여 설명하도록 하는 방법, 구성원들이 서로의 학습결과에 대해 점검하도록 하는 방법, 한 집단에서 하나의 보고서를 무선으로 선택하여 점수를 매기는 방법 등을 통해 개별 책무성을 구조화할 수 있다.

#### ⑩ 10단계. 집단 간 협동의 구조화

한 학급의 구성원들 모두가 특정 기준 이상으로 도달한다면 보너스 점수를 받을 수 있다. 또 한 집단이 자신의 학습을 마쳤을 때 다른 집단의 활동을 도와줄 수 있다.

#### ⑪ 11단계. 성공기준에 대한 설명

수업 초 교사는 학생들에게 어떤 학습이 평가받는지 그 기준을 명확히 설명함으로써 학생들이 협동과정 중 혼란을 겪지 않고 구성원 모두가 동일한 기준을 달성하기 위해 노력할 수 있다.

#### ⑫ 12단계. 바람직한 행동의 구체화

교사는 조용한 목소리로 말하기, 차례 기다리기 등의 기초적인 행동부터 해결책을 어떻게 찾았는지 설명하기, 모든 동료들이 집단활동에 참여하도록 독려하기, 동료의 발표를 경청하기 등과 같이 바람직한 행동을 상세하고 구체적으로 제시해야 한다.

#### ⑬ 13단계. 학생의 행동을 모니터하기

집단구성원이 과제완성에 어떤 문제를 가지는지, 협동과정에서 어떤 문제가 있는지를 알기 위해 교사는 지속적으로 집단을 관찰해야 한다.

⑭ **14단계. 과제지원 하기**

교사는 학생의 집단활동을 모니터하면서 중요한 절차와 전략에 대해 지도하고, 학생의 질문에 답하고, 필요한 과제수행 기능을 가르쳐야 한다.

⑮ **15단계. 협동기술을 가르치기 위해 개입하기**

협동기술을 가르쳐야 할 가장 좋은 시기는 학생들이 협동기술을 필요로 할 때이다. 따라서 교사는 인내심을 가지고 지켜보면서 활동에 개입해야 할 때와 그렇지 않을 때를 구분해야 한다.

⑯ **16단계. 수업의 종결**

학생들은 학습한 것을 요약할 수 있어야 하며, 학습한 내용을 다음 수업에서 어떻게 활용할 것인지 알아야 한다. 이를 위해 교사는 수업의 요점을 요약하고, 학생들에게 아이디어를 기억하도록 요구하며, 예시를 제공하고, 학생의 질문에 대답해 주어야 한다.

⑰ **17단계. 학생의 학습에 대한 양적 및 질적 평가**

학생의 결과물은 절대평가를 통해 평가되어야 한다. 이때 학생이 과제를 얼마나 잘 학습하고 있는지에 대한 평가와 더불어 집단구성원이 얼마나 효과적으로 협동했는지에 대한 평가도 이루어져야 한다.

⑱ **18단계. 소집단 활동에 대한 평가**

매일 소집단 활동 평가를 실시할 필요는 없으나 가끔은 실시하는 것이 좋다. 오늘의 집단활동은 얼마나 잘 이루어졌는지, 집단활동에서 무엇을 수행했는지, 어떤 면이 향상되었는지 등을 토론할 필요가 있다.

### 5) 집단탐구

**집단탐구** 각 집단별 조사학습 후 집단은 전체 학급을 대상으로 보고하며, 교사와 학생은 각 집단의 전체 학급에 대한 기여도를 평가하는 모형

집단탐구(Group Investigation)는 Sharan이 제안한 방법으로 2~6명으로 집단을 구성한다. 이 모형은 팀경쟁 요인이 없기 때문에 학습과제의 선정에서 집단보고에 이르는 학습의 전 과정에서 학생들이 주도하여 진행할 수 있는 개방

적인 협동학습 모형이다. GI 모형의 수업절차는 다음과 같다.

① **1단계. 주제선정 및 소집단 구성**

교사는 학생들이 여러 측면에서 해결해 볼 수 있는 일반적인 탐구문제(주제)를 제시한다. 탐구문제에 관해 흥미를 갖도록 탐구문제를 수업 진 미리 빌표하고, 학생들이 탐구문제와 관련된 다양한 자료를 접할 수 있는 기회를 제공해 주어야 한다. 집단탐구 프로젝트는 탐구문제 제시와 일정기간 동안의 자료 탐색이 있은 후에 실질적으로 시작된다. 한 학급에서 학습할 범주를 5~6개를 결정하고, 학생들은 자신의 관심과 흥미에 따라 하위주제를 선택하도록 하여 하위주제별로 집단을 구성한다.

② **2단계. 계획수립 및 역할분담**

1단계에서 선택한 하위주제를 탐구할 계획과 각자의 역할을 분담할 수 있도록 한다. 소집단 내에서 학생들은 토론을 통해 탐구범위, 내용, 방법 등을 결정한다.

③ **3단계. 탐구활동**

집단탐구법의 핵심적인 활동으로 학생들은 개별적으로나 짝을 지어 자신이 맡은 역할을 수행하고 집단구성원들과 정보를 분석하고 통합한다. 이때 교사는 학생들이 탐구과정에서 직면하는 문제를 해결하는 데 도움을 주는 정보제공자의 역할과 학생들이 자신의 역할을 능동적으로 수행하도록 격려하거나 집단 내 토론이 심도 있게 이루어질 수 있도록 격려하는 역할을 수행한다.

④ **4단계. 발표준비**

학생들은 탐구활동 과정에서 수집한 자료를 바탕으로 학습결과를 전체 학생들에게 발표할 준비를 한다. 학생들은 발표방법을 결정하는 과정을 통해 자신들이 수행한 과제의 핵심사항을 추론하고 요약하여 매력적으로 발표할 수 있는 방법을 학습하게 된다. 교사는 발표의 주목적이 각 집단이 선택한 하위주제와 관련하여 탐구한 핵심적인 내용이 무엇인지를 보여 주는 데 있다는 것을 알려 주고, 발표준비 과정에 모든 조원이 능동적으로 참여하도록 한다.

### ⑤ 5단계. 발표

발표시간은 모든 집단에게 공평하게 부여하여 탐구주제의 성격에 따라 2차시 이상 연속해서 진행될 수도 있다. 교사는 학생들과 공동으로 평가지를 제작하여 발표 중에 학생들이 다른 집단의 발표내용을 평가하도록 한다.

### ⑥ 6단계. 평가

교사는 일반적인 탐구문제와 관련된 새로운 사실이나 지식에 대한 평가를 할 수 있다. 이 단계에서 교사와 학생은 공통으로 평가문항을 제작할 수 있다. 즉, 각 집단에서 자신이 탐구한 하위주제와 관련한 주요사항을 2~3개 문제를 만들어 제출하면, 교사는 여기에 첨삭하여 학생들에게 평가문항을 일정 시간 공개한 다음 평가할 수 있다. 또한 학생수행, 협동심, 참여도 등을 고려하여 평가할 수 있다.

## 6) 자율적 협동학습

**자율적 협동학습** 학생 중심 학급토론 방식으로 소집단 구성을 위한 하위주제 선택, 하위주제별 소집단 구성 및 팀워크 형성이 가능한 모형

Kagan(1985)이 고안한 자율적 협동학습(Co-op Co-op) 모형은 집단탐구 모형(GI)과 매우 유사한 모형으로 학급 전체가 학습할 주제를 토론과정을 거쳐 직접 선정하고, 학생들은 각자의 흥미에 따라 소집단을 구성한 후 소집단 내에서 자신이 수행할 주제를 다시 선택하여 집단의 과제를 완성하고, 각 집단의 과제가 함께 모여 전체 학급의 학습주제를 숙달하도록 하는 구조이다. 즉, 이 모형은 집단 간의 상호협동을 통해 학습 전체의 학습목표를 달성하도록 되어 있는 협동학습 구조이다. 이 방법은 학문적 내용과 기술을 효과적으로 학습하기에 적합하여 교과내용뿐만 아니라 개념, 사고기술의 발달, 의사소통 형성, 집단공동체 의식 형성을 위해서도 활용될 수 있다. 자율적 협동학습(Co-op Co-op) 모형의 수업절차는 다음과 같다.

① 1단계. 학생중심 학급토론

교사는 학생들에게 수업을 하게 될 주제와 관련된 개인적 흥미를 발견하고 표현하도록 격려한다. 토론이 시작되기 전 주제에 대한 자료 읽기나 강의 등이 학생들의 호기심 자극에 도움이 된다. 자율적 협동학습 모형의 성공은 이 단계에서 학생들이 얼마나 적극적으로 흥미를 보이느냐에 따라 달려 있다고 할 수 있다.

② 2단계. 학습집단의 선택

학생들은 학급에서 추구하는 목표에 따라 집단을 선택할 수도 있고 집단을 배정받을 수도 있다. 교사는 가능한 한 집단 내 이질성을 최대화시켜 학생들 간의 긍정적인 상호작용과 자아존중감 신장을 유도해야 할 것이다.

③ 3단계. 집단 세우기(team building)와 협동적 기술계발

'우리'라는 집단에 대한 긍정적인 정체성 형성이 되어야 성공적인 성취가 진행될 수 있다. 또한 의사소통 기술을 신장시키기 위한 상대방 말 경청하기, 지원적인 질문, 도움이 되는 비판 등 기술계발 활동은 자율적 협동학습 모형의 전 과정에서 지속적으로 이루어져야 한다.

④ 4단계. 집단주제 선택

집단은 자신의 집단특성에 알맞은 주제를 선택한다. 주제선정 전 교사는 유인물이나 칠판을 활용해 학습 전체 학생이 가장 흥미있게 생각하는 주제들이 무엇인지 보여 주고, 이를 참고하여 집단구성원 간 다양한 토론을 통해 가장 흥미있는 주제를 결정하도록 한다. 각 집단이 주제를 선정하기 위해 토론을 시작하면 교사는 촉진자 역할을 한다. 이때 교사는 각 집단이 선택한 주제가 학급 전체가 학습할 단원의 학습목표에 얼마나 중요한 공헌을 할 수 있는지 알려 주어 학급 전체의 단합을 촉진해야 한다.

⑤ 5단계. 소주제 선택

학급 전체가 학습할 단원을 분업의 원리에 따라 나누었듯이 각 집단은 선택한 주제를 토의를 통해 다시 더 작은 주제로 나누어 구성원이 선택하도록 하

여 각자 맡은 부분을 심도 있게 조사한다.

**⑥ 6단계. 소주제 준비**

학생들은 자신의 소주제에 대해 개별적으로 가능한 많은 준비를 한다. 집단 구성원들은 자신이 선택한 소주제에 대해 책임을 지게 되고 집단 전체의 성패는 자신에게 달려 있다는 것을 인식하도록 해야 한다. 소주제 준비는 학습단원의 특성에 따라 도서관 연구, 자료수집, 전문가와의 인터뷰 등 다양한 방법으로 가능하다.

**⑦ 7단계. 소주제 발표**

학생들은 소주제에 대한 활동을 완성한 후 집단구성원들에게 자신이 학습하거나 만든 것을 발표한다. 소주제 발표가 끝난 후 발표 동안 나타난 여러 가지 의견들을 종합하고 보완해 그것을 집단에 보고할 수 있는 시간을 제공해 주어야 한다.

**⑧ 8단계. 집단발표 준비**

소주제 발표단계에서 나타난 모든 사항을 토론하고 종합하여 집단발표를 준비한다. 이 단계에서는 시너지 원리에 따라 집단구성원들이 준비한 소주제를 단순히 종합한 것 이상의 의미를 담고 있는 발표물이 만들어지게 된다.

**⑨ 9단계. 집단발표**

각 집단은 발표의 내용에 따라 교실을 재배열할 수도 있고, 다양한 자원을 활용할 수도 있다. 집단발표 시간이 초과될 수도 있기 때문이다. 다른 집단에 속한 학생을 정하여 시간관리를 하도록 해야 한다.

**⑩ 10단계. 반성과 평가**

이 단계에서 학생들로 하여금 사회적 기술에 대해 반성해 볼 수 있는 기회를 제공한다. 집단발표 후 교사는 발표의 내용과 형식에 대한 장·단점을 학급 전체가 토론하도록 유도한다. 또한 형식적인 평가양식을 활용하여 집단 구성원이나 집단의 기여도를 평가할 수도 있다.

### 7) 팀경쟁학습 모형

**팀경쟁학습 모형** 게임을 이용하여 팀 간 경쟁을 유도하며 집단 내 협동, 집단 외 경쟁구조를 가진 모형

팀경쟁학습 모형(Teams-Games Tournaments model; TGT)은 기본적인 지식의 습득과 이해력, 적응력의 신장에 초점을 두고 있으며, 게임형식을 학습에 적용한 교수방법이므로 학생들이 학습활동에 흥미를 가지고 적극적으로 참여하게 할 수 있으며 성공의 기회를 모든 아동에게 균등하게 제공한다는 특징이 있다. TGT의 수업절차는 다음과 같다.

#### ① 1단계. 교사의 수업안내

교사는 구체적 학습을 하기 전 전체 학습내용을 대강 파악하여 학습활동의 기본방향을 제시하기 위해 단원의 전체 개요를 설명한다. 이 단계에서 학생의 주의집중을 요하는데 그 이유는 자신들이 해야 할 팀활동 방향과 팀활동이 끝난 후 치를 퀴즈시험의 힌트를 얻기 때문이다.

#### ② 2단계. 집단학습

4~5명의 최대한 이질집단으로 팀을 구성하고, 교사는 팀학습의 의미와 팀규칙을 정해 준다. 팀구성원은 동료와 함께 교사가 만든 문제나 자료들을 학습하면서 집단적으로 토의해 나가며 함께 문제를 해결하고 잘못된 개념을 정정한다. 이때 학생들은 학습에 필요한 전략을 사용할 수 있으며, 자신들의 과제가 정답을 찾는 것이 아니라 개념을 배우는 것임을 인식한다.

#### ③ 3단계. 토너먼트 게임

교사가 학습내용을 제시하고, 팀구성원들이 학습지를 충분히 연습하고 난 후 그 주의 마지막 수업시간에 토너먼트 게임을 시행한다. 각 조는 STAD의 경우처럼 이전의 학력점수 등에 따른 학습능력별로 상위, 중간, 하위의 학생들로 구성되어 있다. 각 구성원은 자기의 능력과 유사한 다른 팀의 학생과 게임하게 된다.

#### ④ 4단계. 집단점수의 게시와 보상

교사는 토너먼트가 끝난 후 순위에 따라 팀점수를 부여한다. TGT는 토너먼

트 결과를 공표함으로써 동기유발 효과가 커진다. 승리한 팀에게는 자유시간 혹은 기타 특전을 제공한다. TGT는 개별 성적을 내지 않는다.

## 3 문제기반학습

### 1) 문제기반학습의 개념

**문제기반학습** 학습자들에게 제시된 실제적인 문제를 해결하기 위해 개별 학습과 협동학습을 통해 공동의 해결방안을 마련하는 과정에서 학습이 이루어지는 학습자 중심의 학습모형

문제기반학습(problem-based learning)은 의대교수인 Barrows에 의해 시작된 학습법으로 강의법을 지양하고 "문제(problem)"를 제시하여 그것의 해결을 통해 학습이 이루어지도록 하는 방법이다. 병원에서 의대생들이 학습하는 과정을 보면 그들은 하나의 문제 혹은 사례(case)를 중심으로 학습하는 것을 볼 수 있다. 예컨대, 알콜성 간경화증 환자가 있을 경우 그 환자에게 있어 문제의 원인을 진단하고, 적절한 치료방안을 모색, 적용하고, 그 결과를 평가함으로써 알콜성 간경화증이라는 문제를 학습해 간다. 이와 같이 학교학습에서도 구체적인 문제를 통해 관련되는 개념이나 원리, 법칙 등을 학습하고자 하는 것이 문제기반학습이다.

실생활과 같이 복잡하고 비구조적이며 실제적인 특성을 지닌 문제를 해결하기 위해 학습자들은 문제해결을 위한 학습목표를 토론을 통하여 스스로 정하고, 역할을 분담하여 개별 학습과제를 정하며, 과제를 해결하는 과정을 통해서 관련 지식을 익히고, 문제해결 능력 및 협동학습 능력과 자율학습 능력을 기르는 학습자 중심의 학습으로 이루어진다. 즉, PBL이란 학습자들이 당면하고 있거나 당면하게 될 수 있는 실제적인 문제를 중심으로 이를 해결해 나가는 과정과 결과를 통해 자기주도적으로 학습하는 학습모형이라고 할 수 있다.

## 2) 문제기반학습의 수업절차

### ① 1단계. 문제제기 단계

문제를 확인하고 해결방안을 모색하기 위해 첫 번째 시도하는 단계이다. 이 단계에서는 아이디어, 사실, 학습과제, 향후계획 등을 확인해야 한다. 아이디어란 문제의 원인과 결과, 그리고 가능한 해결방안에 대한 학생들의 제안이다. 사실이란 질문 등을 통해 수집한 정보로 가설설정에 중요한 역할을 한다. 학습과제란 문제해결을 위해 학생들이 이해해야 할 내용을 말한다. 향후 계획은 문제해결을 위해 학생들이 해야 할 일이다.

### ② 2단계. 문제의 재확인

문제제기 단계에서의 과정을 통해 수집, 분석한 자료를 토대로 문제해결을 위해 모색했던 해결방안을 재조정한다.

### ③ 3단계. 발표

학습한 결과를 동료에게 발표하고, 다른 학습자의 학습결과나 대안적 아이디어를 자신의 것과 비교한다.

### ④ 4단계. 결론

학습결과를 정리하고, 자신의 학습에 대해 스스로 평가한다.

## 3) 문제기반학습의 특징

문제기반학습(PBL)의 특징은 다음과 같다. 첫째, 실제 상황과 관련된 사례를 중심으로 형성된 문제를 통한 수업을 진행하며 학생들의 학습을 도모한다는 것이다. 둘째, 수업방법은 토의와 학생 간의 협동적 작업을 통해 문제해결력 증진, 자신의 의견에 관한 발표력, 반론제기 능력, 협동학습 능력을 강조한다. 셋째, 학생중심의 자기지향적 학습으로 학생들이 학습목표를 스스로 도출, 새로운 정보를 습득하여 자발적, 능동적 학습이 되도록 한다. 넷째, 문제는 학습

요점 조직능력과 문제해결 기술 발전의 수단이 되며, 전체 학습과정을 통해 통합된 지식습득이 가능하다. 다섯째, 개별 학습과 협동학습을 통해 '반성적 사고와 활동'을 강조한다. 여섯째, 교수자는 조력자로서 학습의 촉진과 학습안내자의 역할을 수행한다.

## 4 팀기반학습

### 1) 팀기반학습의 개념

팀기반학습(Team-Based Learning; TBL)이란 문제상황 속에서 개인의 선행학습과 팀구성원 간 상호작용을 통해 개인과 팀의 성과를 극대화하기 위한 구조화된 교수 팀활동으로 팀을 위주로 한 학기 동안 학습활동을 지속적으로 함께 하며 소집단 상호작용을 통해 학습을 효과적이고 적극적으로 촉진하는 교수전략이다. TBL은 학습자의 학습내용에 대한 습득 정도를 확인하는 준비도 확인과정(Readiness Assurance Process)을 기본 메커니즘으로 하여 교수-학습이 진행된다. TBL의 과정은 할당된 사전학습 읽기과제(개인적 준비단계), 개인별 평가시험, 팀평가 시험, 이의제기(appeals process), 교수자의 피드백, 응용활동(적용활동)의 순환적 학습과정으로 구성된다(Michaelson et al., 2002). 협동학습은 학습자의 능력과 특기에 맞는 역할수행을 통해 서로를 학습자원으로 삼아 학습의 시너지 효과를 낼 수 있는 교수-학습 전략임에도 불구하고 무임승차 혹은 봉효과 등의 부정적 인식과 더불어 학습결과의 모호성(예: 뭘 배웠는지 잘 모르겠다) 등을 이유로 활용이 주저되는 경향이 있다. 이러한 점을 보완해 줄 수 있는 방법으로 TBL 전략이 소개되고 있는데, 이는 개인적 학습과 협동학습을 통한 개인학습의 보완, 반복학습, 교수자의 핵심내용 정리가 가능한 미니강의가 피드백, 응용문제 해결이 가능한 수업구조가 이루어질 수 있기 때문이다.

**TBL** 개별 학습과 협동학습이 동시에 요구되며, 이를 통해 지식습득과 지식의 적용 및 활용이 이루어지고 수업 중 이에 대한 확인이 가능한 학습모형

## 2) 팀기반학습의 수업절차

TBL은 크게 학습자료를 읽고 테스트를 통해 확인하는 단계인 준비도 확인 과정과 이 과정을 통해 학습한 내용을 수업시간에 활용하는 개념적용 문제해결 단계로 나뉜다. TBL 수업모형의 전체 과정을 살펴보면 다음과 같다.

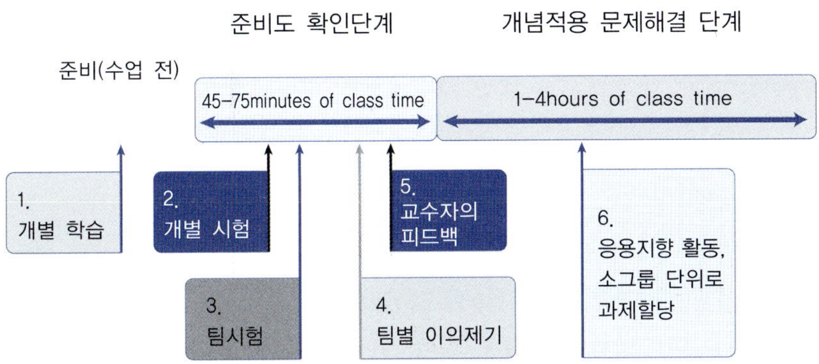


그림 6-4 TBL의 전체 수업과정과 절차

### (1) 준비도 확인과정

**① 1단계. 선행학습(preparation) 단계**

TBL이 진행되기 전 교수자가 제시한 학습자료 가이드에 따라 학생이 교과과정과 관련된 내용들을 미리 학습하는 과정으로 학생들은 학습 전 사전에 부과된 읽기과세(assigned readings)를 읽고 학습해 오는 단계이다. 학습자에게 제시되는 읽기과제는 학습자들이 추후 수업의 이해를 위해 선행학습이 되어져야 하는 개념, 문제, 아이디어에 대한 정보를 포함해야 한다. 이는 본 수업이 시작되기 전 사전에 이루어진다. 학습자들은 수업 전 제시받은 학습 읽기자료를 사전에 학습하고 난 후 수업시간에 해당 읽기자료에 대한 시험을 치르게 된다.

**② 2단계. 준비도 확인(readiness assurance)의 평가단계**

수업을 준비하고 개인별로 선행학습 내용에 관해 확인하고 팀별로 다시 재

**준비도 평가 시험** 사전 학습의 정도를 평가하기 위한 시험

검토하며 교수의 개념 및 개요 정리와 팀별 이의제기에 따른 피드백을 전개하는 과정이다. 평가시험은 수업 첫 시간에 시행되며 사전에 제시받은 읽기자료에 대한 준비도 평가시험(readiness assessment test)으로, 개인별 평가와 팀별 평가로 진행된다. 평가문항은 전형적으로 다지선다형 문항으로 구성되며, 문항은 학습자들이 읽기자료의 핵심개념을 이해했는지 평가할 수 있도록 기본개념에 초점을 두고 제작을 하되, 팀별 평가시험 문제해결 활동을 할 때 집단 내에서 논의를 불러일으키기에 충분할 정도의 난이도가 있도록 제작되어야 한다.

- **개인별 평가 :** 학습자들은 먼저 개별적으로 개인적 준비도 확인검사인 개인별 평가시험을 마치고 답을 제출한다. 팀별 평가가 진행되는 동안 개인별 점수가 채점이 되는데 팀별 평가가 완성되고 점수를 알게 된 후 학습자들은 그들의 개별 답안지를 돌려받으며 자신의 사전학습의 성취에 대한 피드백을 받는다. 개별 학습자들은 자신과 팀 점수 모두를 알게 되고 즉각적이고 구체적인 피드백을 받게 된다. 따라서 학습자들은 개인과 팀의 정답지를 비교함으로써 그룹 구성원들을 지적 자원으로 활용하는 게 얼마나 효과적인지를 알게 된다.
- **팀별 평가 :** 개인별 평가가 끝나면 바로 개인별 평가시험 문항과 동일한 문항을 가지고 팀이 문제를 해결하도록 하는 팀별 평가단계로 바로 진행한다. 팀 내 합의된 정답을 찾기 위해 논쟁이 이루어지고, 이를 통해 학습자들은 읽기자료에 대한 심화된 이해와 동료교수의 기회를 제공받는다. 또한 즉각적인 팀준비도 확인 검사 점수를 부여받음으로써 피드백을 받을 수 있다.

### ③ 3단계. 이의제기(appeals)와 교수자의 피드백 단계

이 단계에서는 팀별로 틀린 문제에 대한 이의제기를 하기 위해 읽기자료를 참고하면서, 학습자들이 사전 읽기 자료를 잘못 이해했거나 테스트 문항에 대한 이해부족으로 틀린 문제에 대해 교수자나 다른 학습자들에게 논리적으로 주장할 수 있도록 할당된 학습자료를 다시 학습할 기회를 부여한다. 이런 과

정은 그들의 주장을 지지하기 위한 "증거제시"를 위해 팀이 함께 작업하는 동안 더욱 활성화된 논의를 하게 만든다. 이 이의제기 과정 직후 교수자의 피드백이 이루어진다. 이때 교수자는 학습자들이 읽기자료에서 제시된 개념들 중 혼동이 유발될 가능성이 있는 학습내용과 관련된 개념을 분명하게 해주고 사전 읽기과제의 가장 핵심적인 부분에 초점을 두어 강조해 주어야 하며, 문제의 모호성에 의해 야기된 오류수정도 동시에 이루어져야 한다.

#### (2) 개념적용 문제해결 단계

개념적용(application) 문제해결 단계는 TBL 수업의 마지막 응용활동 단계로 앞서 개별 평가시험, 팀별 평가시험을 통해 습득된 사전에 학습한 핵심적인 개념의 학습내용에 근거하여 고차적인 사고와 실생활의 문제해결이 가능한 실제상황에서 나타나는 비구조적 문제를 제시하여 이를 해결하도록 하는 단계이다. 이 단계는 개별적으로 수행하거나 집단으로 수행하도록 한다. 이러한 TBL의 순환적 학습과정을 그림으로 제시하면 그림 6-5 와 같다.

### 3) 팀기반학습의 특징

팀기반학습(TBL) 수업의 특징은 다음과 같다. 첫째, TBL을 적용하기에 적합한 수업은 학생들이 이해할 필요가 있고, 문제해결 과정을 수반하며, 팀활동을 통해 질의 응답을 하고, 문제를 해결할 필요가 있는 학습해야 할 정보의 양이 상당할 경우 효과적이며, 대규모 수업인원에 적합한 방법이다(Gomez et al., 2010). 둘째, TBL이 대규모 수업에서 강의식 수업의 대안적 방법이 될 수 있다(Sibley, 2008). 셋째, 학습은 수업 중에 이루어지는 팀단위의 상호작용 활동을 통해 대부분 이루어지므로 교수자는 수업자료를 시수단위 혹은 모듈단위로 나누고, 학생들의 팀을 구성해 주는 역할과 더불어 팀활동의 촉진자 역할을 수행하되, 교수자 주도의 강의는 거의 없는 것이 TBL 수업의 특징이다.

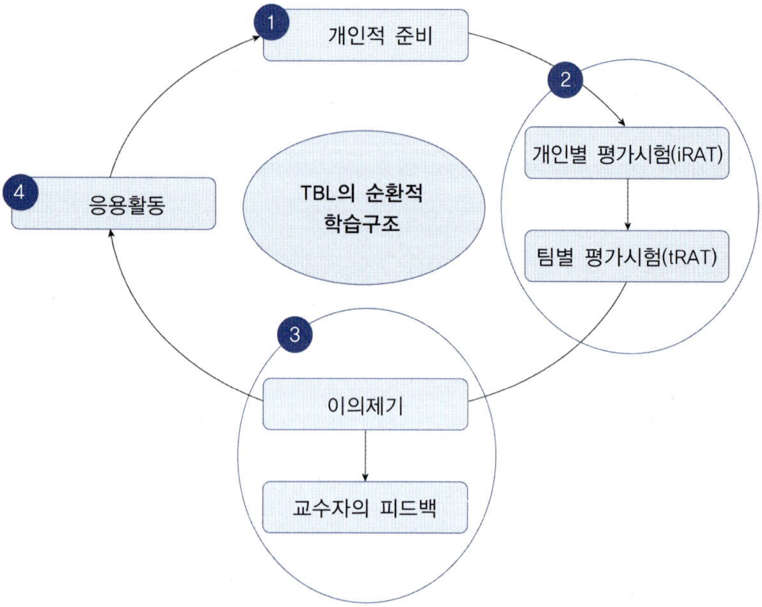


그림 6-5 TBL 순환적 학습과정

### 4) 팀기반학습의 수업방법 사용 시 고려사항

TBL은 3S 법칙에 따라 자료제작과 절차활용을 한다면 매우 효과적일 수 있다(Michaelsen et al., 2002).

첫째, 동일한 문제(same assignments)를 개별 테스트, 팀테스트에 활용한다는 점이다.

둘째, 구체적인 선택(specific choice)이 가능한 문제형태를 사용하라는 점이다. 그러나 정답은 단순한 방식으로 보고될 수 있으나 정답을 결정하는 과정에서 복잡한 의사결정이 요구되는 문항으로 구성해야 한다.

셋째, 동시보고(simultaneous reporting)를 하도록 하라는 것이다. 이때 학생들은 서로에 대한 사고확인과 비교가 가능하여 초인지적 사고력 증진에 도움이 될 수 있다.

### 5) 팀기반학습과 타교수법과의 비교

TBL을 다른 교수-학습 방법들과 비교하면 다음과 같다. 첫째, 협동학습과의 차이이다. 기존의 협동학습 방법은 지식습득과 동시에 이를 실생활의 응용문제에 적용하는 문제해결 능력향상에 미흡하다. 그러나 TBL은 개방적 분위기와 협조적인 의사소통은 가능케 하면서 사전학습을 통해 학습내용 점검과 응용활동을 수업 속에 구조화시키면서 팀학습이 이루어지도록 하는 것이 가장 큰 차이점이다. 둘째, 강의식 수업과의 차이이다. TBL은 단시간 내 설명과 예시로 대량의 지식을 전달하는 것이 아닌 문제풀이 과정을 통해 학습자들이 이미 아는 내용의 경우 그 중요성에 대한 인식을 하도록 하면서, 오류를 범할 수 있는 내용에 대한 집중강의(미니강의)를 진행하는 것이 차별화된다. 셋째, 프로젝트 학습과의 차이이다. 프로젝트 학습은 학습할 내용을 프로젝트를 기반으로 수행하게 됨으로써 다양한 학습자료를 검토하고 탐구와 조사능력을 배양하는 데 초점을 둔다. 반면, TBL은 프로젝트 학습의 일반적인 절차를 활용하면서 제시된 학습자료에 대한 학습자의 개별학습을 강조한다는 점이 차별화된다.

## 5 프로젝트 학습

### 1) 프로젝트 학습의 개념

프로젝트 학습은 진보주의 교육의 영향을 받은 열린 교육자들이 많이 이용하는 교수법 중의 하나이다. 프로젝트 학습을 교수-학습의 중심으로 삼고자 했던 대표적인 인물은 Parker와 Dewey라고 할 수 있다. Dewey는 1886년에 세운 자신의 실험학교에 사회생활과 같은 조건을 재현하고 교사에 의한

**프로젝트 학습** 학습자가 선정한 문제를 중심으로 학습이 진행되며, 학습에 대한 학습자의 책임을 강조하는 학습모형

피동적인 교육이 아닌 활동을 통한 학습을 실현하고자 하였다. 이와 같이 Parker와 Dewey 모두가 전통적인 학교의 교육을 탈피한 통합적이고 학습자 활동중심의 접근법인 프로젝트 형식을 취하게 된 것이다. 이 같은 변화된 교육적 배경에서 특히 Dewey의 영향을 크게 입은 Kilpatrick은 1919년 프로젝트 학습(The Project Method: The use of the purposeful act in the educative process)이라는 제목의 논문을 발표함으로써 프로젝트에 의한 학습활동을 체계화하였다(이성은 외, 2006).

프로젝트 학습은 우리나라의 경우 대학에서는 많이 이용되어 왔으나, 초·중등학교에서 방학 중 숙제로 주어지는 경우가 대부분이었다. 프로젝트 학습은 세계적으로 초·중등학교 학생과 대학생들에게 독립심과 책임의식을 길러 주는 수단이라고 흔히 알려져 있다. 프로젝트 접근법에서 프로젝트란 '한 명 또는 그 이상의 학습자가 책임을 지고 특정한 주제를 심층적으로 연구하는 활동'이다. 즉, 소집단의 학생들이 토론하여 학습할 가치가 있는 특정 주제를 정하고, 그것에 대해 계획적으로 연구하고 문제를 해결하는 유목적적 활동이다. 프로젝트 접근법은 교사가 부과한 활동이나 과제가 아닌 학습자 자신이 제안한 문제나 프로젝트를 수행하게 되며, 학습자가 제각각 하나의 복잡한 문제를 놓고 자기가 맡은 분야를 탐색해 나가는 과정에서 경쟁적인 분위기보다는 협력적인 상호작용 분위기가 교실을 지배한다. 그리고 교사는 불필요하게 학생들에게 이것저것을 부과하기보다는 매 단계에서 필요한 인내와 보조, 그리고 지원을 제공할 뿐이다.

## 2) 프로젝트 학습의 교수-학습 원리

프로젝트 접근법을 체계화하고 조직화한 관련 학자들은 프로젝트 접근법이 교육현장에서 효과적으로 적용되기 위한 몇 가지 기본원리와 가정들을 제시하고 있다.

첫째, 프로젝트 학습은 내적 동기로부터 이루어질 때 가장 효과적이라는 것이다. 이는 학습자들이 학습과정과 결과에서 느끼는 만족감과 성취감이 학습의 효과를 높이고 후속 학습에 대한 의욕을 고취시킬 수 있기 때문이다. 둘째,

프로젝트 접근법은 교사가 아닌 학습자의 책임감을 중시한다. 학습자는 프로젝트 접근법의 제 과정에서 교사와 동료 학생과 함께 끊임없는 선택과 활동을 해 나간다. 만일 어떤 학습자가 프로젝트 접근법의 과정에 참여하지 않거나 소극적으로 참여한다면 학습은 진행되기 어려우며, 결국 그 피해가 동료학습자들에게도 미치게 된다. 셋째, 학습자의 긍정적인 자아개념은 학습과정의 만족과 학습결과의 성취감 그리고 교사와 동료들의 인정 등에 의해 생긴다는 것이다. 넷째, 집단학습의 과정은 학습자들의 사회적 기술 향상에 도움이 된다. 프로젝트 접근법은 개별적으로 이루어지기도 하지만 학습자들에게 협동심과 사회적 기술을 길러 주기 위해 대부분 소집단이나 학급 전체로 추진되는 경우가 많다. 다섯째, 실제적 문제해결력 증진에 도움이 된다. 프로젝트 접근법의 과제는 대개 실세계 속에서 일어나는 현상이나 문제, 쟁점 등을 탐구의 대상으로 삼는 경우가 많다. 또한 부모와 지역사회의 협조가 학습와 과정에서 매우 중요한 영역을 차지함으로써 학교교육과 실세계와의 관련성을 인식할 풍부한 기회가 주어진다. 여섯째, 조사, 실험, 면담 등의 다양한 방법을 통해 사물이나 현상을 탐구할 기회를 제공함으로써 탐구능력과 표현능력뿐 아니라 탐구하는 방법과 기술, 태도 등을 길러 준다. 일곱째, 사고의 유연성 증진에 도움이 된다. 학생은 학습의 진행방향이 잘못되었다고 제안되거나 현재의 내용과 관련된 또 다른 중요한 학습내용이나 더욱 효과적인 학습방법이 제안된다면 언제든지 그 방향과 내용, 방법을 수정, 선택하게 된다. 그리고 교사와 동료학습자의 잦은 대화는 자신의 생각의 한계를 인식하는 기회를 제공하여 사고의 유연성이 높아진다. 여덟째, 체험적 학습기회를 제공하며, 현상이나 사물을 직접 관찰하는 1차적 경험을 제공한다. 이러한 체험적 학습은 효과적인 기억뿐 아니라 현상이나 사물에 대한 친근감과 경외감, 두뇌와 오감의 연결, 학교교육과 실생활과의 관계, 삶에 대한 자체 반성 등 여러 가지 교육적 효과를 가져다준다.

### 3) 프로젝트 학습의 특징

프로젝트 학습의 특징은 다음과 같다. 첫째, 프로젝트 학습은 학습자들이 실세계와 관련성이 있는 실제적인 문제해결에 참여하여 결과물을 창조하는 과정을 통해 새로운 지식과 기술의 습득을 강조하는 교수-학습 방법이라는 것이다(Thomas, 2000). 둘째, 프로젝트 학습을 통해 학습자들은 지식기반 사회와 고도의 테크놀로지기반 사회를 살아가는 데 적합한 능력을 신장시킬 수 있으며, 문제해결 과정을 통한 문제해결 능력과 함께 팀워크, 시간관리, 테크놀로지 활용, 연구를 위한 정보수집 및 정보처리 능력을 신장시킬 수 있다(GLEF, 2003). 셋째, 프로젝트 접근법은 자연스럽고 실제와 같은 방식으로 학습자에 의해 그들의 생각을 표출시켜 수행하는 교수-학습 활동이라고 말할 수 있다. 이 방법은 본래 학습의 과정을 학생들 스스로가 설계하고 실행하는 데 초점을 둔다. 이 방법의 목적은 학생들이 지닌 지식을 기초로 하여 학생들에 의해 설정되고, 그 목적을 성취하는 방향으로 학습활동을 하도록 교사에 의해 격려된다. 넷째, 프로젝트 접근법은 학생이 학습할 것과 학습방법을 결정하는 데 있어 좀 더 자율성을 가진다는 점에서 다른 전통적 방법들과 차이가 있다.

### 4) 프로젝트 학습의 지도단계

프로젝트 학습의 지도단계는 다음의 4단계로 구분해 볼 수 있다.

**① 1단계. 목적의 단계**

학습할 문제가 선택되고 학습목적을 확인하는 학습의 기초적 단계이다. 이 단계에서는 학습문제 선택 시 학습자의 흥미유발이 가능한 것, 기존 지식이나 지능을 토대로 수행할 수 있는 것, 시간낭비가 되지 않는 것, 쉽게 재료를 얻을 수 있는 것, 학교의 교육계획과 관련 있는 것이어야 한다는 점을 유의하여야 한다.

**② 2단계. 계획의 단계**

프로젝트의 학습활동의 성패가 달린 단계로 어린 아동의 경우 치밀한 계획수립보다는 즉시 행동하려는 경향이 강하므로, 자칫하면 소홀해지기 쉬운 단계이다. 따라서 교사는 의미 있는 학습이 이루어지기 위해서 학습자가 실천을 하기에 앞서 그 계획을 비판하는 태도를 가지며 정밀하게 계획을 수립하여 학습을 도모할 수 있도록 해야 한다. 프로젝트 접근법의 교육적 가치는 이 방법이 학습자들에게 자신의 학습활동에 지적인 책임을 질 수 있게 인도하는 방식이라는 데 있다. 그러기 위해 교사는 다음을 고려하여 지도해야 한다. 프로젝트를 통해 어떤 바람직한 지식, 기능, 태도를 얻게 될 것인가? 선택된 활동은 학생들의 발달수준에 적절한가? 프로젝트의 결과나 목표는 과정을 염두에 둔 것인가? 프로젝트를 성공적으로 마치기 위한 적절한 시설과 자료가 있는가?

#### ③ 3단계. 실행의 단계

가장 흥미롭고 활력적인 단계로, 가능한 많은 참고자료를 활용하고 최선의 활동과 노력을 통해 작업을 수행하도록 한다. 여기서 중요한 것은 학습자의 작품이나 활동이 비록 온전하지 않더라도 비판하기보다는 학습자 스스로 더 나은 방향을 탐색하도록 도와주려는 자세이다. 또한 프로젝트 학습은 학습자들의 흥미에 입각한 활동이므로 자칫 혼란이나 무질서하게 될 수 있으므로 이에 대한 지도가 병행되어야 한다. 문제해결 능력을 기르는 것이 프로젝트 학습의 주요목표이므로, 평소 다루지 않았던 문제를 학습자들이 시도해 보도록 하는 것도 중요하다.

#### ④ 4단계. 평가의 단계

완성된 작품이나 활동결과에 대해 학습자 자신이 평가하는 것을 원칙으로 하는 것이 중요하다. 또한 교사의 적절한 조언은 학습자가 문제를 인식하는데 도움이 될 것이다. 그리고 각 프로젝트를 전시나 보고의 형태로 학급 전체에 발표하도록 함으로써 학습자 상호 간 평가를 하고 또 그것을 통해 자신의 평가도 할 수 있는 기회를 제공한다.

### 5) 프로젝트 학습의 장·단점

프로젝트 학습의 장점은 다음과 같다. 첫째, 학습자의 흥미에서 출발하므로 학습활동에 대해 확실한 동기를 부여한다. 이를 위해 해결하려는 문제는 학생들이 좋아하는 것이어야 한다. 둘째, 자기가 계획하고 실천하는 것이므로, 학습에 대한 주체성과 자기주도적 학습능력을 기르는 데 도움이 된다. 셋째, 현실생활에 있어서의 실천적 문제해결의 기회를 주는 것이므로 학교생활과 실제생활을 연결시킨다. 넷째, 구체적인 결과물을 만들어 가는 과정을 통해 학습이 이루어지므로 작업수행의 과정에서 인내력을 기를 수 있으며, 결과물이 만들어진 후에는 성취의 기쁨을 느끼게 된다. 다섯째, 학습자의 창의적 연구를 중시하여 창조적, 구성적 태도를 함양하는 데 적당하다. 여섯째, 집단을 편성하여 작업할 경우 자발적 협력, 관용, 희생의 정신을 기르는 등 사회성이 함양된다.

그러나 프로젝트 학습법의 단점도 존재한다. 첫째, 학습자의 계획에 의해 실천되는 것이므로 시간적, 물질적 낭비가 많아지기 쉽다. 둘째, 학습에 필요한 자료가 많을 경우 얻기 곤란한 것이 있기 쉬우므로, 완성하지 못하거나 충실하지 못하는 경우가 있다. 셋째, 교재의 논리적 체계가 무시될 수 있다. 넷째, 학습자의 흥미에 입각한 활동이므로 학습과정이 혼란스러울 수 있다. 다섯째, 사용하는 재료나 도구는 미리 준비가 잘 되지 않을 때가 많다.

### 탐구문제

1. 모둠별로 보고서를 제출하라고 했더니, 잘하는 몇 사람이 보고서를 작성하고, 그렇지 않은 학생들은 잘하는 사람의 보고서를 그대로 베껴서 제출하였다. 그런 다음 얼마 후에 다시 모둠별 보고서를 제출하라고 했더니, 이번에는 잘하는 학생들이 자신들이 만든 보고서를 모든 학생이 공유하는 것에 화가 나서 보고서 작성에 적극적이지 않았다. 이러한 문제를 해결하기 위한 방법은 무엇이 있을지 논의해 보시오.
2. 협동학습을 시행할 때 학생들의 답변 혹은 상호작용을 유도할 수 있는 전략은 무엇이 있을지 설명하시오.
3. 자신의 전공분야와 관련한 관심 주제를 선택하여 프로젝트 학습법을 사용한 학습지도안을 작성해 보시오.
4. 교사들은 때로 협동학습에서 같은 모둠에 속한 학생들에게 동일한 점수를 주려고 한다. 이는 효과적인 교수방법이라고 할 수 있는지 논하시오.

Chapter 07

# 창의적 사고와 수업

「학교교육의 중요한 과제 가운데 하나가 사고교육이라 말할 수 있다. 어떻게 보면 사고의 개념 자체가 추상적이기 때문에 어려울 수 있고 학자들에 따라 사고의 개념을 다양하게 규정하기 때문이다. 하지만 사고교육의 목적은 사고능력을 기르게 하는 것이다.」

'무엇을 생각하는가, 또는 무엇을 가르치는가'보다는 '어떻게 생각하는가, 또는 어떻게 하면 더 잘 생각하게 할 것인가'의 문제이다. 창의적 사고교육은 창의적 교과를 가르치는 것이 아니라, 창의적으로 사고하는 능력을 기르게 해야 한다.

창의적 사고의 개념은 매우 다양하며 포괄적이지만 대부분 문제해결과 밀접한 관계가 있음을 보여 준다. 따라서 이 장에서는 창의적 사고의 개념, 창의적 사고수업의 성격, 창의적 사고수업의 모형, 창의적 수업의 교실 적용에 대하여 살펴본다.

## 학습목표

1. 창의적 사고에 대한 개념적 이해를 할 수 있다.
2. 창의적 사고에 대한 다양한 제시가 무엇을 의미하는가를 말할 수 있다.
3. 창의적 사고의 다양한 모형과 실제 학교과정의 수업적용을 제시할 수 있다.

## 1 창의적 사고의 개념

**창의적 사고** 과거의 경험이나 지식을 결합하여 어떤 새로운 것을 만들어 내는 능력이나 성격의 과정

**창의성** 문제를 인식하고, 문제를 해결하기 위하여 확산적 사고를 통해 참신하고 독특한 아이디어를 산출해 내는 능력

창의적 사고의 개념은 학자들마다 다양하게 정의되어 왔으며, 창의의 요소와 사고의 요소가 상호작용을 통해 문제를 해결해 가는 체계적 정신활동이라고 보고 구성요소(element), 과정(process), 차원·범위(dimension)의 세 가지 측면에서 개념화하고 있다.

창의적 사고의 이해를 돕기 위하여 창의성과 사고의 개념에 대하여 살펴보기로 한다.

### 1) 창의성의 개념

창의성의 개념에 앞서 구분되어야 할 것은 창의성과 창의력의 개념이다. 창의성이란 '새로운 것을 생각해 내는 특성 또는 성향'으로 볼 수 있으며 창의력이란 '새로운 것을 생각해 내는 능력'으로 정의하고 있으나, 본 장에서는 특성과 능력을 구분하지 않고 두 가지 성격을 포함하며 창의성으로 통일한다.

창의성의 개념은 창의성을 보는 관점에 따라 복잡하고 다양하다. Guilford (1950, 1967)는 유창성, 융통성, 독창성을 창의성의 기본 구성요인으로 하며 정답이나 오답이 없고, 상상력을 발휘하여 주어진 문제에 대해 다양하고 보다 많은 해결책을 산출해 내도록 하는 확산적 사고를 창의성의 핵심요인으로 보았다.

**확산적 사고** 다양하고 가능한 답 또는 해결책을 찾아내는 능력

또한 확산적 사고 외에 문제를 재정의하는 능력, 문제에 대한 민감성, 답을 결정하기 전에 그것을 평가하는 능력, 문제를 분석하고 요약하는 능력, 직관력 등이 창의성에 필요하다고 제안하고 있으며 Sternberg와 O'Hara(1999)는 창의성이란 새롭고, 질이 높고, 적절한 것을 산출하는 능력이라고 하였다. 창의성에 대한 다양한 견해와 정의는 다음과 같다.

**표 7-1** 창의성의 견해와 정의(김정희, 2004; 이신동 외, 2006; 한순미 외, 2005).

| 학 자 | 내 용 |
|---|---|
| Guilford(1950) | 확산적 사고(divergent thinking)의 구성요소에 기반을 둔 사고의 한 특정 유형으로 파악. 사고의 구성요인으로 유창성, 융통성, 독창성, 정교성, 민감성으로 보고 있음 |
| Thurstone(1952) | 새로움이라는 개념 내포와 평범 이상의 발명이나 천재적 사고를 포함한 개인의 자기실현과 표현욕구의 상상적 활동 |
| Torrance(1962) | 문제의식이나 결핍, 지식의 결함, 불가시적 요소들, 부조화 등을 인식하고 이를 해결하기 위해 가설을 세우고, 반복검증, 수정, 재확인하며 완전하게 결과를 전달하는 과정 |
| Getzels(1969) | 새롭고 유용한 산출물, 확산적이고 풍부한 사고과정, 고양되고 내재적인 경험과 같은 세 가지 범주로 정의 |
| Romey(1970) | 아이디어, 사물, 기술, 접근방법을 새로운 방식으로 결합하는 능력 |
| Eysenck(1972) | 새로운 관계를 보여 주는 능력, 비범한 아이디어를 산출해 내는 능력, 전통인 사고패턴에서 벗어나는 능력 |
| Helpern(1984) | 당면하는 과제를 해결하기 위해서 과거의 경험과 지식을 새로이 조직함으로써 가치 있는 아이디어를 생성해 내는 능력 |
| Olsan(1988) | 지적 호기심과 같은 개인의 독특성에서 나오는 내부의 힘으로서 자신에게 가치 있는 참신한 통찰들을 산출하는 능력 |
| Rodes(1990) | 새로운 산출물을 생성해 내는 능력으로서 산출물에 의해 창의력을 평가 |
| Sternberg(1994) | 무엇인가 새롭고, 문제상황에 적절한 것을 만들어 낼 수 있는 능력 |
| Urban(1995) | 주어진 문제나 감지된 문제로부터 통찰력을 동원하여 새롭고, 신기하고 독창적인 산출물을 만들어 내는 능력 |
| Sternberg & Lubart(1999) | 새롭고, 질이 높고, 적절한 것을 산출하는 능력. 창의성의 영역은 광범위하게 연관되어 있으며 일상생활을 포함하여 과학이나 예술활동, 새로운 발명, 프로그램 개발 등 |
| 이경화, 이신동(2003) | 창의성이란 시대적 상황에 비추어 새롭게 독특하며, 적합한 산물을 생성해 낼 수 있는 개인의 능력과 성격이 통합된 구인 |

위의 내용을 종합해 본다면 창의성이란 '문제를 인식하고, 문제를 해결하기 위하여 확산적 사고를 통해 참신하고 독특한 아이디어를 산출해 내는 능력'으

로 요약해 볼 수 있다. 또한 창의성의 가장 분명한 기준으로 문제해결 과정(Runco, 1994)의 부분으로 보고 있다.

창의성을 다음과 같은 네 가지 관점으로 볼 수 있다.

첫째, 지적 능력으로 보는 관점이다. 이러한 관점은 지능의 구조에서 지능을 내용, 작용, 산출의 세 측면으로 보는 것이며 이 세 가지가 상호작용하여 지능이 구성된다고 본다. 세 측면 중 하나인 작용의 차원에서 수렴적 사고와 확산적 사고의 요인으로 창의성을 설명하고 있다.

**수렴적 사고** 어떤 문제에 대해서 정답 또는 해답을 찾아내는 능력

둘째, 사고과정으로 보는 관점이다. 기존의 정보(지식, 심상이나 개념)들을 새롭게 조합, 연결, 또는 결합시킨 것이라고 보는 입장이다. 이러한 사고과정을 창의적 문제해결 과정으로 설명하며, 창의적 문제해결적 사고를 할 때 일어나는 정신적 과정, 즉 인지처리에 관심을 갖는 관점이다.

셋째, 성격특성으로 보는 관점이다. 이 이론은 창의성을 성격의 발생적, 발달적 과정으로 보는 입장과 창의성 자체를 성격의 일부로 보려는 입장의 두 가지로 구분된다. 이 두 견해는 상호 대립적이라고 하기보다는 상호 보완적이라고 할 수 있다.

넷째, 문제해결로 보는 관점이다. 대부분 문제해결에 관한 모델들은 문제해결이 창의적 사고와 밀접한 관계가 있음을 보여 준다. 인간의 정신능력을 네 가지로 구분하였는데, 주의를 집중하는 능력(흡수력), 기억하고 재생하는 능력(파지력), 분석하고 판단하는 능력(추리력), 예견하고 아이디어를 산출하는 능력(창의력)으로 보고 있다(Osborn, 1993).

그 외에 환경요인이나 사고유형으로 보는 관점들이 있다.

창의성은 문제해결과 문제발견의 기초가 되며, 과학기술의 발전, 사회와 행동과학, 인류와 예술에서 중요한 역할을 한다. 현대 삶을 살아가는 데 있어서 중요한 역할을 해주며, 문제해결뿐만 아니라 미래의 대책까지 강구할 수 있는 인간의 사고 능력인 것이다. 위의 창의성의 관점들을 정리하면 다음의 표 7-2 와 같다.

**표 7-2** 창의성의 관점과 내용

| 관 점 | 내 용 |
|---|---|
| 지적능력 | 발명, 이론, 음악, 미술, 연산방식 및 모형과 같은 창의적 행위의 산물 |
| 사고과정 | 지각, 사고, 학습 및 동기부여와 관련된 창의적 사고력 |
| 성격특성 | 기질, 태도 및 습관과 같은 창조를 위한 개인의 특징 |
| 문제해결 | 문제해결 시 창의적 사고의 역할 |
| 환경요인 | 창의적 행위에 영향을 주는 환경맥락 및 문화적 영향 |
| 사고유형 | 지각단계와 같은 사고방식 |

**창의적 사고력** 어떤 사물이나 상황을 비교하고 대조해 그것을 파악하고 분석하는 생각의 힘

**기질** 인생 초기에 나타나는 성격특성의 태세, 1차적 정서를 경험하고 표현하는 가능성에 대한 개인차, 대체로 유전적 요인에 의하여 결정되는 특성으로 성격의 기초가 됨

## 2) 사고의 개념

교육의 본질적인 목표는 '생각하는 힘'을 길러 주는 것이다. 생각하는 힘, 즉 사고력이 중요하고 사고력을 길러 주는 것은 교육에서 우선적으로 부딪치는 문제다. 사고력 교육을 실시한다는 것이 과연 무엇을 어떻게 하며, 사고력 교육의 목적달성을 위하여 무엇을 어떻게 가르치는가는 중요한 문제가 된다. 우선 창의적 사고의 이해를 돕기 위해 사고의 개념에 대하여 살펴볼 수 있다.

사고 이론가들은 여러 관점에 따라 다양한 사고 관련 정의를 제시하고 있다. Burton은 '사고란 의문을 분석하고 문제를 해결하며 여러 가지 복잡한 사실들을 분석하여 타당한 결론을 얻기 위한 비판적 연구'로 보며, Russell은 '사고를 구체적이고 객관적인 증거에 비추어 자료를 검토하는 것'으로 정의하였다(한국교육개발원, 1989).

여러 정의를 종합해 본다면, 사고란 문제해결을 위한 지적 활동으로 기존의 지식과 비판적 사고, 창의적 사고 등의 고등정신 능력을 활용하여 문제를 해결하고자 하는 고등정신 활동으로 볼 수 있다.

사고과정은 사고결정을 포함하는 문제해결 과정으로 볼 수 있으며 세 가지 요소인 지식(knowledge), 기능(operations), 성향(dispositions) 등으로 볼 수 있다.

▌**인지구조** 지각하는 현상을 믿음, 태도 및 기대의 통합적이며 위계적인 형태로 조직된 유의미한 지식의 조직체

▌**초인지** 자신의 인지 또는 사고에 관한 지식과 자신의 인지 또는 사고에 관한 조절과 조정, 상위인지

첫째, 지식적 요소는 사고의 효율성과 적절성으로 지식의 양과 질에 달려 있다고 볼 수 있다. 지식의 습득과정은 개인의 인지구조가 학습과 사고를 촉진하는 방향으로 검증, 수정 혹은 대치 등을 통하여 발달되는 과정으로 본다. 즉, 지식의 습득과 축적과정을 개인의 사고력 향상과정이라고 본다.

둘째, 기능적 요소는 인지적인 것과 초인지적인 것으로 나누어 볼 수 있으며, 인지적인 것은 의미를 찾는 기능으로 의사결정이나 문제해결, 분석, 종합, 추리, 비판적으로 사고하는 기술을 포함한다. 초인지적인 것은 사고에 대한 사고로 의미를 찾고 만드는 것을 지도·감독하는 기능을 말한다.

셋째, 성향적 요소는 호기심, 모호성의 용인, 유창성, 독창성, 체계성, 합리성, 객관성, 판단의 보류, 결단성, 정교성 등이 이에 해당한다. 때문에 학교교육 현장에서의 사고교육은 성향, 인지 등 발달단계에 맞는 다양한 사고력 함양 프로그램이 적용되어야 할 것이다.

Beyer(1988)는 사고기능에 대하여 유치원에서 고등학교까지는 이해, 비교·대조, 분류, 순서화 등의 사고기능들을, 초등학교 3학년에서 고등학교까지는 문제해결 능력과 비판적 사고를, 초등학교 4학년에서 고등학교까지는 분석, 종합, 평가 등의 사고기능들을 적용 가능한 교과에서 지도해야 함을 강조하였다. 창의적 사고의 발현을 위한 기초 사고기능으로 분석, 추론, 평가, 종합의 기능들을 가르쳐야 하며, 교과내용을 구체적으로 지도함에 있어서 다루어야 할 기능적 요소는 다음과 같다.

### (1) 분석

▌**분석** 하나의 정보나 문제를 부분으로 나누어서 그 구성요소들을 확인하고 구성요소들 간에 존재하는 관계를 확인하는 사고작용

분석기능은 '특정 형태나 관계를 분명하게 하기 위하여 목적에 따라 전체를 부분으로 나누고, 분리된 부분들 또는 분리된 부분들 간의 관계를 파악하는 것'이다. 특히 주어진 개념들을 충분히 이해하는 것이 우선적 과제로, 요구되는 개념을 파악 후 상위사고 기능들을 발휘할 수 있다는 점에서 분석기능이 중요하다.

분석기능과 관련하여 제시할 수 있는 주요과제들로는 ① 특성 및 구성요인들 파악하기, ② 관계 및 형태 파악하기, ③ 주요 아이디어 파악하기, ④ 전체의 부분들 파악하기, ⑤ 가정과 조건 파악하기, ⑥ 분석 대상의 재적특성(관점, 의도, 동기) 파악하기, ⑦ 원인과 결과 파악하기, ⑧ 특성 파악 후 분류, 비교·대조하기 등이 있다.

### (2) 추론

추론기능은 '이전의 지식을 이용하여 주어진 것 이상으로 정보를 생성하는 것 또는 새로운 정보와 아이디어를 만들어 내는 것'이다. 추론기능은 정보를 생성한다는 점에서 창의적 영역에 해당하는 기능으로 특히, 모든 고등사고 과정에 절대적으로 요구되는 하위기능이며 그 자체만으로 고등사고 능력을 대신한다고 볼 수 있는 사고기능의 핵심적 기능이다.

주요과제들로는 ① 한 가지 또는 두 가지 전제로부터 새로운 사실을 끌어내기, ② 결과 예측하기, ③ 원인과 결과 끌어내기, ④ 주장의 관점, 숨은 의미, 가정, 근거들 끌어내기 등이 있다.

### (3) 평가

평가기능은 '어떤 목적을 가지고 평가준거나 기준을 이용하여 가치, 아이디어, 작품, 방법, 근거들을 판단하는 것'이다. 또는 주장과 이를 주장하는 근거와 필연적 관계가 정당한가를 판단하는 것이다.

주요과제들로는 ① 평가준거를 설정하여 특정 대상 평가하기(특별한 준거에 따라 사물, 사람, 사고 평가하기, 중요성에 따라 순위결정하기, 대안이나 선택안들 서열화하고 상대적 가치 결정하기), ② 관련된 것과 관련되지 않는 것, 사실과 주장을 구별하기, ③ 편견, 선입견, 사실적 정확성, 신뢰성 등 파악하기, ④ 주장이나 결론의 타당성 및 지지 근거와 논리성 여부 판단하기 등이 있다.

### (4) 종합

종합기능은 '여러 개의 요소나 부분을 전체인 하나가 되도록 묶거나, 새로운 관계 또는 의미를 생성하는 것'이다. 이는 새로운 정보나 이전 지식을 함께 연결하고 묶고 의미 있는 관계를 형성하며 새로운 의미로 발전시키는 기능 등이 포함된다. 즉 고정된 관념에서 벗어나 새로운 관점으로 재배열, 재조직함으로써 새로운 의미 및 관계를 끌어내는 등 창의적 사고의 특성이 반영된다.

주요과제들로는 ① 요약하기, ② 주제문 형성하기, ③ 아이디어, 관계, 경험 등을 독창적 형식을 이용하여 타인에게 효과적으로 전달하기, ④ 계획과 조작 절차 창안하기, ⑤ 문제를 의미 있고 해결 가능한 상태로 재구조화하기, ⑥ 기존의 정보들에 새로운 정보를 연결하여 새로운 관계 및 의미 생성하기, ⑦ 관련 요인들을 다른 방식으로 재결합하기 등이 여기에 해당한다.

## 3) 창의적 사고의 개념

창의적 사고는 다른 사고의 개념과 마찬가지로 여러 가지로 정의될 수 있다. Healpern은 창의적 사고를 '어떤 문제상황에서 아이디어를 형성하고 새롭게 결합하는 능력'으로 지식을 받아들여 기억하는 것보다는 문제를 해결하는 것으로 변화에 대처하는 능력으로 보았으며, Perkins는 '창의적 산출물을 낳는 사고방식'으로 보았고 궁극적 준거는 산출물에 있다고 보았다. 이처럼 창의적 사고의 개념은 여러 가지 측면에서 정의가 된다.

창의적 사고는 인지적 능력의 관점, 정의적 특성의 관점, 문제해결 능력의 관점, 지적·정의적 관점에서 정의할 수 있다. 그 특징을 살펴보면 표 7-3 과 같다(한재윤, 1993).

**인지** 기억 속에 있는 정보의 종류와 그러한 정보를 획득하고, 파지하며, 활용하는 과정

**표 7-3** 창의적 사고의 관점과 내용

| 관 점 | 내 용 |
|---|---|
| 인지적 능력 | • 주어진 사실에서 새로운 무엇인가를 발견해 나가는 과정으로 그 결과는 항상 인간의 능력이 필요하다고 보는 것<br>• 인지능력은 생각을 하는 인간의 공통적 특성이 되며 인지능력이 없다면 새로운 것을 발견해 나가지 못할 것이며 이러한 견해가 창의적 사고를 인지적 능력의 한 특성으로 보는 것<br>• 인지적 사고과정이 나타나기 위해서는 정의적 요소와 그 역할이 꼭 필요하다고 볼 수 있음 |
| 정의적 특성 | • 창의적 사고를 문제의식, 동기부여와 성격이나 태도로 보는 과정<br>• 창의적 사고가 인지적 능력을 개선하고 향상시키기 위해 학습자의 태도 혹은 성격적 측면을 설명해야 한다고 보는 것<br>• 노력을 지속하려는 끈기, 모험에 도전하는 용기 등이 정의적 특성<br>• 창의적 인간의 특성은 바로 이런 정의적 영역의 특성이 잘 나타난다고 볼 수 있지만 인간의 사고를 정의적 영역으로만 보는 것은 아님 |
| 문제해결 능력 | • 창의적 사고를 문제해결 능력으로 설명하는 이론은 주어진 문제를 해결하고 어떤 결과를 도출하는 창의적 문제해결 과정에 초점을 맞춤<br>• 이 이론은 학습자가 문제해결 과정에서 나타내는 사고의 방법론적 측면을 강조하며 창의적 사고는 주어진 문제를 인식하고 정의 내리고, 그 문제를 해결해 나가기 위한 행동을 설정하고, 문제해결에 필요한 과제나 정보를 수집하고 가설을 모색하며, 그 가설을 검증해 나가는 가운데 해결책을 발견하는 등의 단계에서 나타난다고 보는 견해 |
| 지적·정의적 | • 주어진 상황이나 조건 속에서 어떤 문제를 해결해 나가는 과정은 지적인 측면과 정의적 요소 모두를 지니고 있다고 보는 관점<br>• 창의적 사고를 문제해결 과정이나 정의적 과정에서 드러나는 특성을 지니는 것으로 본다는 관점 |

위의 창의적 사고의 네 가지 관점은 창의적 사고를 사고와 행동, 문제상황에서 나타날 수 있는 사고의 한 특성으로 볼 수 있다. 그러므로 위에 제시한 관점을 종합적으로 이해해야 할 것이다. 창의적 사고를 인지적 능력으로 고려할 때, 그 기능으로써 대표적 구성요소는 유창성, 융통성, 독창성, 정교성 등으로 표현된다. 창의적 사고를 정의적 요소로 규정한다면 민감성, 상상력 등의 요소로 평가할 수 있다. 창의적 사고를 사고의 인지적인 기능과 정의적인 요

**유창성** 창의성 가운데서 여러 가지 관점이나 해결안을 빠르게 많이 떠올리는 능력

소들이 상호작용하여 주어진 문제를 창의적으로 해결하는 문제해결 능력으로 볼 수 있다. 따라서 본 장에서는 지식과 창의적 사고의 모형과 창의적 문제해결의 모형으로 3부에서 살펴보기로 한다.

## 2 창의적 사고수업의 성격

창의적 사고란 무엇인가? 이런 질문을 받게 되면 상당히 많은 시간이 필요할 것이다. 앞에서 살펴본 바와 같이 창의적 사고는 매우 다양하고 포괄적이며 너무나 많은 속성을 지니고 있다. 창의성의 견해와 사고력의 견해, 또한 이 두 가지가 결합되어 설명된 창의적 사고의 견해 등 다양한 성격을 가지고 있다. 때문에 사고능력을 문제해결 능력으로 본다면 창의적 사고에 있어서는 '창의적 문제해결력'이란 말의 의미를 분명히 해 둘 필요가 있겠다.

'창의적 문제해결력'이란 창의적 요소와 창의적 기법을 활용하여 "확산적 사고와 수렴적 사고를 반복 활용하여 문제를 발견하고 그 문제와 관련된 자료를 구체적 문제로 진술하면서 창의적으로 다양한 아이디어를 생성하고 해결안을 결정하는 사고과정"으로 정의할 수 있을 것이다. 그렇다면 창의적 사고의 수업은 어떻게 이루어져야 하는가? 아마도 교사가 가지고 있는 창의적 사고에 대한 다양한 지식과 창의적 사고에 필요한 기본적 요소나 과정, 모형을 통해서 어떻게 적합한 교수전략을 적용할 수 있는가이다.

창의적 사고의 수업을 위하여 교사가 갖추어야 할 내용을 몇 가지 제안하면 다음과 같다.

첫째, 창의적 사고에 대한 지식이다. 교사는 창의적 사고에 대한 개념과 구조를 이해하고 학생을 어떻게 이해시키고, 또 교육과정 속에서 어떻게 경험시킬지를 고민해야 할 것이다.

둘째, 학생 발달과 학습에 대한 지식이다. 창의적 사고는 단순한 과정이 아니다. 창의적 사고에 있어서 앞에서 다루어진 인지적 관점, 정의적 관점, 사회적 관점 등 다양한 관점이 있음을 알고 학생이 어떻게 학습하고 어떻게 발달하는지, 어떠한 성격적 특성을 가지고 있는지를 알아야 한다. 적어도 세 가지 관점에서의 전문적 지식을 갖추어야 한다.

셋째, 동기부여와 다양한 창의적 교수전략이다. 학생이 다양한 상호작용 속에서 적극적으로 참여하는 동기(개인, 집단)를 유발시켜야 하며 비판적 사고, 문제해결 기능에 필요한 다양한 수업전략을 이해하고 활용해야 한다.

**비판적 사고** 정확성, 타당성, 가치를 판단하기 위해 어떤 주장, 신념, 정보의 출처를 정밀하게, 지속적으로 그리고 객관적으로 분석하는 것

넷째, 평가능력이다. 창의적 사고는 한 가지의 방법으로 평가되어서는 안 된다. 결과만으로 평가해서는 안 된다는 것이다. 예컨대 창의적 사고의 과정 속에서 어떠한 단계에서 문제가 있는지, 창의적 요소에서는 어떠한 영역에 문제가 있는지 등 학생의 강점과 단점을 포함한 종합적인 평가가 이루어져야 한다. 또한 평가결과를 기록·분석하여 창의적 사고의 개선에 활용할 수 있어야 한다.

다음은 창의적 사고의 특성과 창의적 사고에 필요한 하위요인에 대해 간단히 살펴보도록 한다.

## 1) 창의적 사고의 특성

창의적 사고의 특성은 무엇인가? 창의적으로 생각하는 학생들의 특성을 알면 수업과정 설계 시 도움을 줄 수 있는 것인가?

여러 가지 이론적 논의를 바탕으로 한 창의적 사고의 특성은 다음과 같다.

창의적 사고는 강렬한 열망과 준비를 통해 일어난다. 창의적 사고의 선행요건은 어떤 문제를 면밀히 검토하고 강한 신념을 가지고, 지속적으로 해결하려는 것이다. 창의적인 사람들을 살펴보면 대부분 굉장한 노력가들이며 많은 사람들이 꺼리는 일에 시간과 노력을 투자한다. 그렇다면 주어진 능력의 테두리 안에서의 사고가 아니라 확산적 사고와 관련이 있다고 볼 수 있다. 창의적인 사람들은 현재 자신의 능력과 지식의 한계를 뛰어넘으려 하며, 그것을 위해

새로운 것을 추구하는 데 위험을 무릅쓰고, 주어진 해결책을 거부하는 경향이 있다.

확산적 사고는 흥미, 상상력, 가능성이 있는 창의적 사고를 산출한다. 창의적 사고는 외부보다는 내부에 있기를 요구하며, 이러한 내적 동기는 창의적 사고의 중요한 요소이다. 외적 동기에 의한 일은 창의력을 감소시킬 수 있다.

창의적 사고는 어떤 주제에 강하게 몰두하기보다는 가끔은 사고가 자연스럽게 흐르게 함으로써 조성될 수 있다고 본다. 그러나 학자들은 의식의 장 속에서 자유롭게 사고를 진행시키는 여러 가지 방법을 지적하기도 한다.

창의적 사고는 천재나 영재들의 전유물이 아닌 학습이나 훈련을 통해 얻을 수 있는 사고기능이며 능력이다. 창의적 사고과정에 있어서의 구성요소는 다음과 같다.

### 2) 창의적 사고의 구성요소

창의적 사고의 구성요소에는 문제해결이나 창의적 사고를 도울 수 있는 제반요소들이 포함되어야 한다. 창의적 사고의 구성요소를 정의적 요소와 인지적 요소로 나누어 간략하게 살펴보면 다음과 같다.

정의적 요소로는 '민감성'과 '상상력'이 기본바탕이 되어야 한다. 특히 민감성은 관찰력이 뛰어난 것으로도 볼 수 있다. 남들이 그냥 지나치는 것에 대하여 예민한 감각으로 새로운 아이디어를 내는 것이며, 이는 '문제상황에 대한 민감성'으로 볼 수 있다. 또 하나는 상상력으로 여러 학자들이나 창의적인 사람들은 상상력에 대한 중요성을 언급하고 있다. 사고력의 원동력이 되는 상상력은 과거의 경험이나 지식, 아이디어 등의 표상을 만들어 내는 능력, 즉 눈에 보이지 않는 어떤 사물을 구체적 이미지로 형상해 내는 정신능력을 말한다.

상상력이 발달되려면 과거의 경험이나 지식이 축적되어야 하며 민감성을 바탕으로 상상력이 발달되어야 창의적 사고의 하위요인인 유창성, 융통성, 독창성, 정교성이 발달되어진다. 창의적 사고의 하위요인은 다음의 표 7-4 와 같다.

**표 7-4** 창의적 사고의 하위요인

| 하위요인 | 내 용 |
|---|---|
| 유창성 | 주어진 문제나 특정 상황에서 되도록 많은 아이디어나 해결책 등을 유창하게 산출해 내는 능력 |
| 융통성 | 사고의 융통성이란 한 가지 문제에 대하여 고정적인 사고방식이나 시각 자체를 변환시켜 다양한 해결책을 찾아내는 능력 |
| 독창성 | 기존의 것에서 탈피하여 흔하지 않은 독특한 반응을 보이고 참신한 아이디어를 산출해 내는 능력 |
| 정교성 | 아직 다듬어지지 않은 기존의 아이디어 또는 산출된 아이디어보다 정교하게 다듬어 발전시키는 능력 |

즉, 민감성과 상상력, 다양하고 많은 양의 아이디어를 바탕으로 독특하고 참신한 아이디어가 선정되면, 세밀하고 정교한 작업을 통하여 최종적 아이디어 산출물 형태로 나타나게 된다. 그리고 아직 다듬어지지 않은 아이디어를 다듬고 발전시켜 완전한 산출물 형태로 만들어지도록 토의학습 또는 소집단 학습, 대화를 통하여 피드백(feedback)이 되어야 한다. 이러한 요인을 바탕으로 창의적 사고의 모형도를 다음 그림 7-1 과 같이 생각해 볼 수 있다.

**표상** 관념, 심상, 감각적이고 구체적인 성격을 갖는 의식의 내용

**피드백** 학습자의 수행 결과를 관찰하여 제공하는 것으로서 학습자에게 학습목표를 달성했음을 확인해 주거나 검증해 주는 것

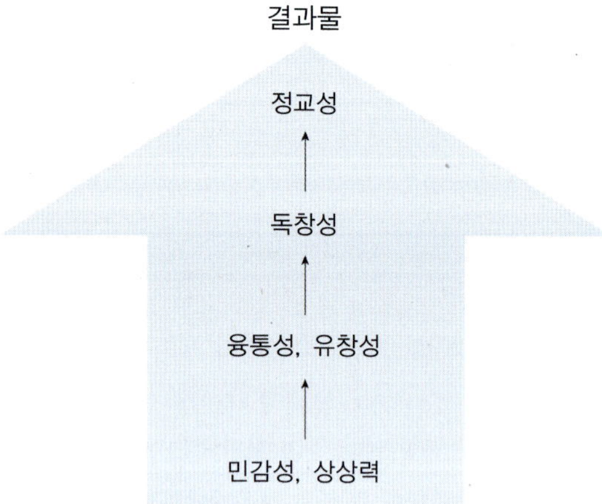


그림 7-1 창의적 사고의 모형도

## 3 창의적 사고수업의 모형

창의적 사고를 위한 수업의 모형은 다양하다. 때문에 본 절에서는 첫째, '지식과 창의적 사고'의 입장모형과 둘째, '창의적 문제해결 모형'의 두 가지 모형을 제시하겠다. 지식과 창의적 사고의 입장은 다음과 같다.

전통적으로 창의적 사고는 기존의 지식을 깨고 나오는 것이라고 인식되어 왔으며 한 분야에서 너무 많은 경험을 쌓으면 기존의 방식대로 일을 진행하려는 경향이 생기게 되어 창의적인 아이디어를 산출하는 것을 방해할 수 있다고 본다. 그러나 다른 한편으로 생각하면 창의적인 아이디어를 갖기 위해서는 그와 관련된 기본적인 지식이 필요함을 부인할 수 없다.

Hayes(1978)는 작곡가, 화가, 시인들을 연구하면서 이들이 업적을 발표하기까지는 그 영역에서 충분한 지식과 세계적 수준의 기술이 필요하며, 이를 획득하기 위해서는 충분한 준비와 연습기간이 필요하다는 것을 보고하였다. Runco(1994)도 창의적 업적을 내기까지 영역에 따라 다소 차이는 있겠지만 그

업적과 관련된 지식을 배우고 연습하는 데 약 10년의 기간이 소요된다는 '10년의 규칙(the 10-year rule)'이 존재함을 언급하였다. 즉, 그 영역과 관련된 지식을 쌓는 기간이 약 10년이 걸리고, 이렇게 쌓은 영역의 관련 지식을 바탕으로 창의적 사고가 표출됨을 의미한다. 다음 그림 7-2 는 창의적 사고를 위해서 지식의 중요함을 강조한 내용이다(Runco, 1994).

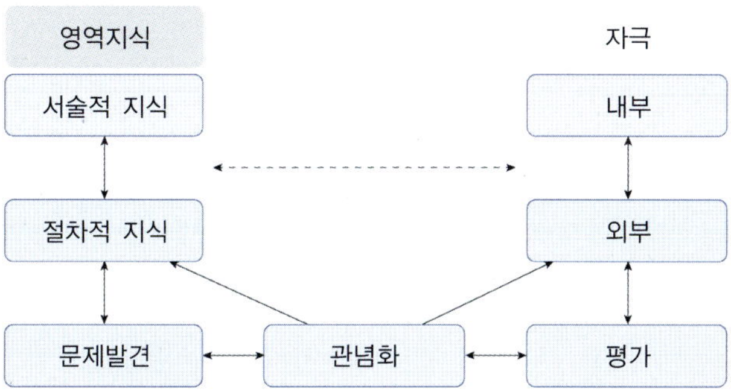


**그림 7-2** Runco(1994)의 창의적 사고모형

그림 7-2 의 모형에서 지식은 서술적 지식과 절차적 지식으로 나누어지는데, 서술적 지식은 사실적인 정보를 제공하여 창의적 사고를 촉진시키고, 절차적 지식은 메타인지와 같은 것으로 전략적 사고를 위한 지침을 제공하면서 창의적 사고를 촉진시키는 것을 의미한다. 즉, 문제를 발견하고 여러 가지 아이디어를 생각해 내는 두 가지 유형의 지식은 상호 영향을 끼치면서 창의적 사고에 기여하게 된다. 관념화는 문제의 발견에서 평가까지의 사고과정이 포함된다.

지식은 때론 어떠한 문제를 다른 각도에서 보게 하는 것을 방해할 수 있음에도, 창의적 산물을 만들기 위해 필요한 것임을 알 수 있다. 특히 영역(관련 분야) 관련 지식은 그 분야의 창의적 업적을 산출하기 위해서 필수적이라 할 수 있다. 다시 말하면, 그 분야에 대한 충분한 지식과 기술을 연마한 후에 지식을 재구성하여 창의적 업적을 성취한다고 볼 수 있다.

**절차적 지식** 과정적 지식, 방법적 지식, 학습한 결과의 기억이 아니라 결과가 성립됨을 증명하기, 과제해결 방법을 순서에 따라서 직접 시연해 보이기 등 수행의 과정과 절차를 아는 것

그림 7-2 모형의 소개는 서술적 지식이나 절차적 지식은 창의적 산물을 만들기 위해 꼭 필요한 요소이며 이러한 지식 없이는 창의적 사고과정이 이루어지기가 어렵다는 것이다.

둘째로 창의적 사고수업의 모형을 '창의적 문제해결 모형'으로 제시를 하며 이 모형은 '확산적 사고와 수렴적 사고를 반복 활용하여 문제를 발견하고 그 문제와 관련된 자료를 구체적 문제로 진술하면서 창의적으로 다양한 아이디어를 생성하고 해결안을 결정하는 사고과정'으로 표 7-5 와 같다.

**표 7-5** Osborn과 Parnes의 창의적 문제해결 과정의 단계(Parnes, 1999; Treffinger, 1995)

| 단 계 | Osborn의 7단계 | Osborn & Parnes의 5단계 |
|---|---|---|
| 1 | 오리엔테이션(문제부각) | 자료발견 |
| 2 | 준비(관련 자료수집) | 문제발견 |
| 3 | 분석(적절한 자료들을 분류) | 아이디어 발견 |
| 4 | 가설(대안적 아이디어 만들기) | 해결발견 |
| 5 | 부화(통찰이 일어나게 함) | 수용발견 |
| 6 | 종합(아이디어와 정보의 조각들을 같이 맞추어 봄) | |
| 7 | 확인(결과로 얻게 되는 아이디어를 판단) | |

표 7-5 의 창의적 문제해결의 모형은 1985년 Osborn과 Parnes의 5단계를 6단계로 발전시켰으며 6단계는 '관심영역발견 – 자료발견 – 문제발견 – 아이디어 발견 – 해결발견 – 수용발견'의 단계이다. 이 6단계는 일반적인 활동 요소 '문제의 이해, 아이디어 생성, 행위를 위한 계획'으로 묶어 재구성하였고 현재 전 세계적으로 널리 사용되는 창의적 문제해결력 과정의 단계가 되었다(전경원, 2000).

1992년 Isaksen과 Treffinger의 창의적 문제해결 과정 세 가지 활동요소와 여섯 가지 활동단계는 다음의 표 7-6 과 같다.

**표 7-6** Isaksen과 Treffinger(1992)의 창의적 문제해결 과정(전경원, 2000)

| 과 정 | 활 동 | 요 소 |
|---|---|---|
| 1 | 문제의 이해 | ① 관심영역 발견 ② 자료발견 ③ 문제발견 |
| 2 | 아이디어 생성 | ④ 아이디어 발견 |
| 3 | 행위를 위한 계획 | ⑤ 해결발견 ⑥ 수용발견 |

표 7-6 의 요소내용은 다음과 같으며 실질적 문제와 창의적 과제에 적용할 수 있도록 많은 기회를 제공해야 할 것이다.

### (1) 관심영역 발견

이 단계는 도전하고 싶은 내용 또는 관심사는 어떤 것들이 있는가의 질문을 다룬다. 여기서의 관심영역은 광범위하고, 일반적으로 제대로 정의가 잘 안 된 면들을 말한다. 이 단계의 기본목적은 좀 더 포괄적 목표 또는 시작지점을 확인하고 선택하는 데 있다.

### (2) 자료발견

이 단계에서는 관심영역들을 살펴보기 위해 중요한 여러 가지 정보를 수집하여 문제를 바르게 진술하는 데 도움이 되게 한다. 자료를 수집한 다음은 문제를 더 잘 이해하는 데 중요한 것을 선택한다.

### (3) 문제발견

이 단계에서는 작업이 가능한 구체적인 것으로 문제를 진술한다. 잘 정의된 문제 진술은 문제해결의 통로를 제시해 주기 때문에 여러 가지 아이디어를 유도해 내는 데 크게 도움이 된다.

### (4) 아이디어 발견

이 요소에는 문제해결에 도움이 되는 많은 아이디어와 융통성, 독특하고 독창적인 아이디어를 생성해 낸다. 그 다음에 이들 가운데 그럴듯하고 유망해 보이는 아이디어를 선택한다. 아이디어 발견은 유망한 아이디어를 다듬고 발전시키며, 최종적으로 선택한 것에 대한 행위계획(action plan)을 위한 것이다. 이 행위계획 요소에는 '해결발견'과 '수용발견'이 포함된다.

### (5) 해결발견

한 개 또는 몇 개의 유망한 아이디어를 가지고 그것을 분석, 개발하고 다듬는다. 아이디어를 분류하고 좁히고 선택하는 데 중점을 둔다. 또 다른 경우에는 준거를 생성하여 아이디어에 적용할 수도 있다. 이 단계에서는 아이디어를 체계적으로 발전시키는 기회를 가진다.

### (6) 수용발견

이 단계에서는 최종적으로 선택한 아이디어를 현실화시키기 위한 행위계획을 만들며, 선택한 아이디어를 다른 사람의 눈으로 들여다보고 체크하며 실천을 위한 구체적 행위계획을 수립한다.

창의적 사고과정의 두 가지 모형 제시는 창의적 사고에 있어서 관련 지식의 강조점과 문제해결에서의 과정을 소개한 것이다. 교사는 이러한 두 가지 모형의 장·단점과 창의성, 사고력, 창의적 사고의 다양한 모형과 관점의 특징을 이해해야 하며 이를 통해 교실환경에서 적용하도록 노력해야 할 것이다.

## 4 창의적 사고수업의 교실적용

창의적 수업의 교실적용에서는 창의적 사고요인의 활동 소개와 창의적 기법, 영역별 교실환경 적용과 창의적 문제해결의 구조를 소개한다.

## 1) 창의적 사고의 하위요인

### (1) 유창성

유창성의 계발을 위하여 할 수 있는 활동으로 마인드맵, 짧은 시간에 쓰기, 브레인스토밍 등이 있으며 학습경험을 할 수 있는 활동으로는 다음과 같다.

**브레인스토밍** 두뇌에 폭풍을 일으킨다는 의미로 기발하고 창의적인 아이디어를 얻는 방법, 당면한 문제를 해결함에 있어서 판단이나 비판을 하지 않고 머릿속에 떠오르는 아이디어들을 종이에 적거나 말로 표현해 본 후 자유연상을 통하여 아이디어들을 결합시키거나 개선하여 논리적으로 체계화시켜 나가는 방법

① 특정한 사물과 관련된 것을 자유롭게 떠올리기
② 특정한 문제상황에서 많은 해결방안 떠올리기
③ 언어나 도형 등에서 가능한 한 많은 것을 연상하기
④ 단어를 제시하고 연상되는 단어를 모두 찾기
⑤ 한 가지 사물을 여러 가지 용도로 활용할 수 있는 많은 아이디어

### (2) 융통성

융통성 계발을 위하여 할 수 있는 활동으로는 이어쓰기, 문장 완성하기, 바꾸어 쓰기 등이 있으며 학습경험을 할 수 있는 활동은 다음과 같다.

① 서로 관계가 없어 보이는 사물들 간의 관련성 생각하기
② 발상의 전환으로 다양한 관점으로 생각하기
③ 숨은 그림 속의 사물을 찾아내어 이야기 꾸미기
④ 똑같은 도형으로 서로 다른 그림 그리기

### (3) 독창성

독창성을 계발하기 위한 활동으로는 상상하여 쓰기, 일반적인 것에서 벗어나 묘사하기 등이 있으며 학습경험을 할 수 있는 활동으로는 다음과 같다.

① 다른 사람과 같지 않은 생각하기
② 기존의 생각이나 사물을 새로운 상황에 맞게 바꾸기
③ 기존의 생각에서 사물 등을 부정하고 생각하기

#### (4) 정교성

정교성 계발을 위하여 할 수 있는 활동으로 생각을 구체화하기, 자세히 쓰기 등이 있으며 학습경험을 할 수 있는 활동으로는 다음과 같다.

① 떠오르는 생각을 구체화하기
② 간단하고 흔한 이야기에 살을 붙이고 자세히 꾸미기
③ 단순한 아이디어를 모아 구체화하기

### 2) 창의적 사고의 기법

#### (1) 브레인스토밍

브레인스토밍은 생각나는 아이디어를 짧은 시간 내에 많은 아이디어를 내놓는 것이다. 어떤 아이디어도 비판하거나 평가해서는 안 되며 이상하거나 색다른 아이디어도 수용되어야 한다. 아이디어를 결합할 때 다른 사람과 함께 해야 하며 반드시 평가 시간이 뒤따라야 한다. 유용한 아이디어를 발달시키고 상세화해야 하며 계획을 세워야 한다. 문제의 확인, 집단구성, 문제제기, 진행, 정리의 순서로 진행된다.

#### (2) 속성열거법

문제의 대상이나 아이디어의 다양한 속성을 목록으로 작성하여 세분화된 각각의 속성에 주의를 돌리는 방법이다. 각각의 속성을 분석하면서 그 속성에 대한 집중적인 생각을 통해 개선, 변형, 대치하는 등의 발상을 하는 방법이다. 대상의 전체 및 주요부분의 성질을 가급적 많이 열거한다. 그 중 개선해야 할 부분에 대해 집중적으로 브레인스토밍한다. 마지막으로 적합한 아이디어를 선정하고 구체화 방안을 선정·검토한다.

#### (3) 스캠퍼(SCAMPER)기법

사고과정에 대한 7개의 약자로 특정 대상이나 문제에서 출발하여 질문에 따라 그것을 변형시킴으로써 다양한 아이디어의 발상을 돕는 방법으로 대체하기(Substitute), 결합하기(Combine), 순응하기(Adapt), 수정하기 또는 축소하기(Modify or Minify), 다른 용도로 사용하기(Put to other uses), 제거하기(Eliminate), 재배열하기 또는 반대로 하기(Rearrange or Reverse)로 구성된다. 미술활동에서는 미술재료의 활용이나 용도의 변환, 또는 평면활동 시에 스케치나 디자인에 있어서 결합, 축소, 수정하기 등의 활동으로 활용된다.

#### (4) 강제결합법(forced relationships)

둘 이상의 아무 관련이 없는 것을 강제로 결합시켜 새로운 아이디어를 산출해 내는 방법으로 양자의 공통점과 차이점을 분석하여 아이디어를 색다르게 생각해 보는 능력을 돕도록 하는 활동이다. 관계가 없는 두 개의 단어를 제시하면 그것을 연결하여 단문을 짓거나 이야기를 꾸미는 방법으로 유연성과 정교성을 기르는 데 쓰인다.

### 3) 창의적 수업의 교실적용

창의적 수업의 내용을 정리하여 교실환경에 적용하려면 다음과 같은 그림으로 정리될 수 있다.

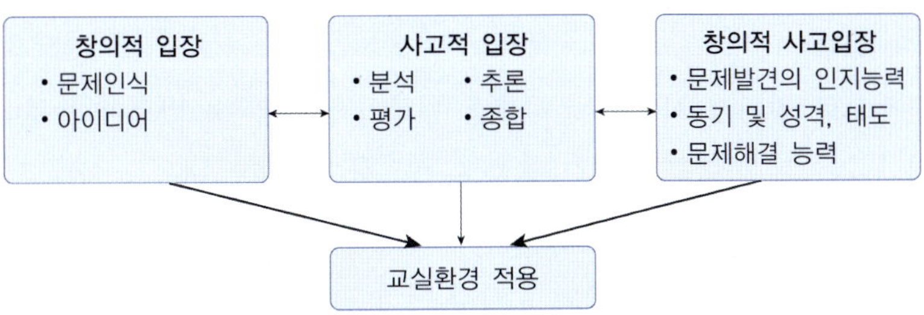


그림 7-3 창의적 문제해결의 교실환경 적용

그림 7-4 의 창의적 문제해결 구조는 창의적 문제해결의 과정을 폭넓게 적용 가능한 구조체계로써 유용하고 새로운 결과를 설계하고 발전시킬 수 있도록 한 틀이며 초등학생부터 성인에 이르기까지 다양한 환경에서 적용될 수 있다. 창의적 문제해결 구조는 과제이해 → 아이디어 생성 → 실행준비의 순이다.

먼저 '과제이해'의 구성요소는 개인의 문제해결 노력(problem-solving efforts)을 고민하고 집중하기 위해 체계적인 노력을 필요로 한다. 과제이해의 3단계는 기획(constructing opportunities), 데이터 조사하기(exploring data), 문제점 구성하기(framing problems)이다. '기획'은 '문제해결 노력'을 위한 주요방향을 정하는데 도움이 되도록 폭넓고, 간결하고, 유용하도록 만들어야 한다. '데이터 조사하기'는 직무(과업, 사업)에 관한 정보, 인상, 관찰, 감동, 질문 등을 만들고 그에 대한 답변을 한다. 이것은 문제해결자가 현재 상황을 이해할 수 있게 해준다. '문제점 구성하기'는 다음 단계에 노력을 기울어야 할 주요문제를 찾아야 한다.

다음으로 '아이디어 생성하기' 구성요소는 단계를 제안하는 문제에 대한 답에서 아주 다양하고 독특한 생각을 하는 것이다. 문제해결자는 기대되는 대안을 정하고 성공적 수행을 계획하기 위해 '실행준비'(preparing for action)를 한다.

실행준비 구성요소의 2단계는 '해결책 세우기'(developing solution)와 '채택하기'(building acceptance)이다. '해결책 세우기'에서는 가능성 있는 대안을 만들고, 정의하고, 분석하며 이 단계에서는 해결책을 위한 대안과 가능성 있는 아이디어를 중요시한다. '채택하기' 단계는 지지와 반대에 대한 잠재적인 원인을 찾고, 해결책에 성공적으로 영향을 줄 수 있는 요인을 규정하는 것이다. 그 목적은 개선할 수 있는 방향으로 선택하고 보다 나은 평가를 위한 해결책을 준비할 수 있다.

결론적으로 창의적 사고는 문제해결 능력이라고 볼 수 있으며 무엇이라고 정의를 내리기는 어렵고 간단한 절차로 습득할 수 있는 내용도 아니다. 하지만 창의적 사고를 통하여 창의적 문제해결을 위한 구성요소와 단계, 또는 개인의 성격이나 성향 등 실생활의 문제와 여러 과제에 대한 접근이 이루어져야 한다.

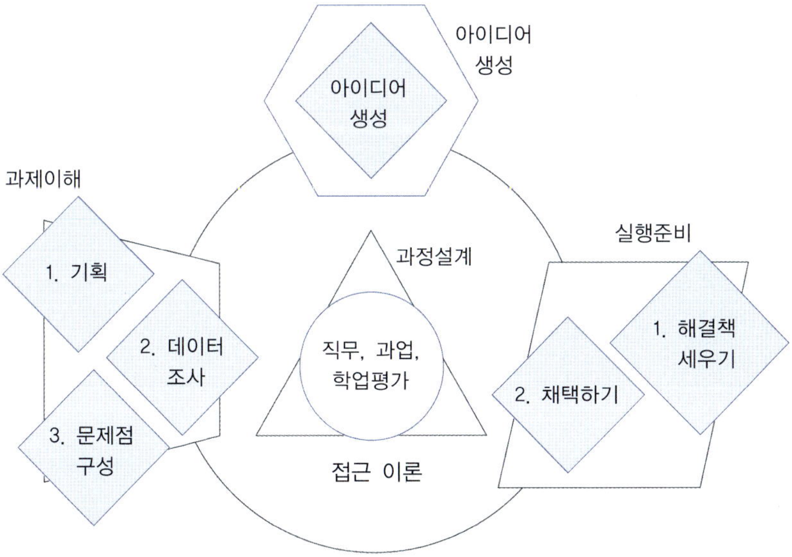


**그림 7-4** 창의적 문제해결 구조(Isaksen, Dorval, & Treffinger, 2000)

창의적 사고와 창의적 문제해결에 대한 연구와 개발은 교육분야에서 창의적 사고를 학습하고 적용하는 데 많은 문제점과 과제를 가지고 있다. 창의적 사고와 창의적 문제해결에 대한 연구와 개발은 다른 교육과정과 마찬가지로 영재교육과 연계되어 재능개발에 대한 핵심적 논제가 되고 있으며 중요한 것은 개인이든 집단이든 문제해결을 위한 아이디어 생성과 생성된 아이디어에 대한 창의적 사고와 문제를 해결하는 것이다.

**영재교육** 타고난 잠재력을 발달시킴으로써 개인과 사회의 발전에 기여할 수 있도록 하기 위해서 정규교육 과정 이상의 특별한 교육 프로그램을 말함

**탐구문제**

1. 창의적 사고의 이해를 돕기 위한 창의성과 사고에 대한 개념을 설명하시오.
2. 창의적 사고에 대한 개념 및 특성과 구성요소에 대해 설명하시오.
3. 창의적 사고의 다양한 모형의 특징과 실제 학교과정의 수업적용에 있어서 장점과 단점이 무엇인가를 제시하시오.

Chapter 08

# 교육공학의 개념과 영역

이 장은 교육공학의 개념과 영역에 대한 내용이다. 교육공학의 개념과 시각교육에서부터 시작한 교육공학의 역사적 발전과정을 먼저 살펴보고 교육공학의 다섯 가지 영역, 즉 설계, 개발, 활용, 관리, 평가 영역에 대해 살펴보고자 한다.

## 학습목표

1. 교육공학의 개념에 대해 설명할 수 있다.
2. 교육공학의 역사적 발전과정에 대해 설명할 수 있다.
3. 교육공학의 다섯 가지 영역을 설명할 수 있다.

# 1 교육공학의 개념과 역사적 발전

## 1) 공학 및 교육공학의 개념

**공학(technology)** 실제적인 과제에 과학적이거나 다른 조직화된 지식을 체계적으로 적용하는 것

공학(technology)은 실제적인 과제에 과학적이거나 다른 조직화된 지식을 체계적으로 적용하는 것이다(Galbraith, 2007). 즉, 공학은 과학의 산업에의 적용(Mehlinger & Powers, 2002)이다. 이상의 정의들은 적용(application)을 강조한다.

공학은 실제 문제를 해결하기 위해 연구가 적용되는 방법으로서 과학에 의해 제공된 연구 및 이론적인 탐색과 실천가가 직면한 실제 현장의 문제 간에 교량적인 기능을 수행한다. 예를 들어, 의학을 생각하면 의사가 인간의 질병을 더 잘 진단하기 위한 실제적인 문제에 직면해 있다. 그런데 이때 X-ray나 MRI와 같은 도구들을 사용하게 된다. 그런데 이들은 이온화 작용과 자력 및 자기장을 다루는 과학적 지식을 적용하기 위해 만들어진 도구들이다. 즉, 환자의 질병을 제대로 진단하는 것과 같은 문제를 해결하기 위해서 공학이 중간다리 역할을 한다. 즉, 실제적인 문제에 직면했을 때, 이 문제를 해결하기 위해서 다른 연구분야의 연구결과를 실제적인 적용을 위해 변형한다.

공학이 문제의 해결책을 제공하지만 이는 그냥 얻어지는 것이 아니다. 연구를 통해 적용안을 결정하고 실행방법을 고민하고 평가하고 평가 후 재조정하는 과정을 통해 얻어진다. 공학을 연구하는 것은 단지 하드웨어의 나열을 의미하는 것이 아니라 사용 가능한 공학을 선별하고 이의 사용에 대한 이유, 그리고 이를 효과적으로 적용하고 통합하고 평가하며 조정하는 방법 등 일련의 과정 모두에 대해 연구하는 것이다.

**교육공학** 교수와 학습에 관한 문제를 해결하는 데 사용할 수 있는 기술적인 과정과 도구의 활용

이상 공학의 개념을 바탕으로 교육공학의 정의를 내릴 수 있다. 교육공학은 교수와 학습에 관한 문제를 해결하는 데 사용할 수 있는 기술적인 과정과 도구의 활용(Seels & Richey, 1994)이다. 교육공학은 교수-학습에 관한 연구를 수행하는 사람과 실제 교수-학습의 문제에 직면한 학습자와 교수자 간에 교량

역할을 한다. 이런 결과를 도출하는 적용도구들로는 교수자와 학습자가 학습을 증진하기 위해 사용하는 원리, 과정, 산출물이 포함된다.

### 2) 교육공학의 유의미한 통합

교육공학은 첫째, "학습자에게 어떤 학습경험이 필요한가?", 둘째, "필요한 학습경험을 어떻게 구현해야 하는가?"라는 두 가지 질문에 답하는 것이라고 할 수 있다. 교수-학습과 관련된 다양한 연구를 활용하여 교수기법, 교수방법, 교수활동 등을 검토한다. 최적의 학습경험을 만들기 위해서 교수내용을 통합한다. 더 나아가 그런 경험이 계획, 실행, 평가되는 방식을 점진적, 심층적, 상호작용적으로 검토한다. 그리고 학습사태가 개별 학습자에게 어떻게 수용되고 경험되어야 하는지를 검토하기 위해서 컴퓨터, 원격학습 장치, 인터넷 등과 같은 다양한 교수매체도 함께 검토한다.

학습경험을 개발하고 이를 학습자가 수용하게 하기 위해서는 다양한 도구를 활용해야 한다. 즉, 다양한 공학을 통합해야 한다. 이를 건축가가 집을 지을 때에 비유하면 비와 바람을 피하는 주거의 기능에 충실하여 단순한 건축재료와 건축방법들을 사용했던 것에서 다양한 재료와 건축방법을 사용하여 주거기능의 효과성과 효율성, 매력성을 높이는 형태로 점점 변하고 있다. 즉, 건축재료 및 방법들 간의 유의미한 통합이 이루어져 유익한 결과를 나타내고 있다. 이를 교수-학습 상황에 대응해 보면 학습자의 학습을 촉진시키기 위한 특정 도구에는 무엇이 있으며, 이를 언제, 왜, 어떻게 사용되어야 하는지를 알고, 나아가 활용의 효과성까지 평가할 수 있는 지식과 기능까지 포함하는 것이 공학의 유의미한 통합이라고 할 수 있다.

### 3) 교육공학의 역사적 발전

교육공학의 개념과 학문의 성격을 이해하기 위해 교육공학의 발전과정을 살펴보아야 한다. 시대적 변화와 더불어 교육공학의 목적, 영역, 방법 등 교수-학습 현장에서 적용하는 데에는 많은 차이가 있었다.

교육공학의 시초를 어떻게 보느냐에 대해서는 많은 이견이 있다. Saettler (1990)는 고대의 동굴벽화에서부터 그 시초를 찾고 있다. 이는 그 당시 사람들의 삶과 관련되는 의식주와 관련된 내용을 의사소통하기 위해 그림이라는 시각자료를 이용하여 벽화에 표현한 것이다. 이런 시각자료는 중요한 의사소통 수단이라고 생각하였기 때문이다. 그런데 대부분의 학자는 교육공학의 기초개념을 확립하고 학문분야로 탐구하기 시작한 17세기 이후를 출발점으로 보고 있다. 17세기 중세 봉건주의 이후 자연과학이 발달하기 시작하면서 사회, 정치, 문화 등 모든 측면에서 변화가 일어나는 실학주의 시대를 맞이한다.

유럽에서 교육학자로 명성을 떨친 Comenius는 획기적인 교수원리를 주장했다. 그는 교육의 목적은 지식, 도덕 및 순종을 교수하는 데 있다고 보고, 교육을 사람답게 살기 위해 필요한 것을 준비하게 하는 수단으로 삼았다. 그는 '대교수학'을 저술하여 교육제도와 교육과정의 개혁을 시도했는데 이는 근대교육의 기초가 되었다. 교수방법은 구체적인 직관을 통한, 즉 언어 이전에 실물을 통한 교육을 주장하며 감각적 경험을 통해 가르치는 것이 더욱 효과적임을 주장했다. Comenius는 최초로 그림이 들어가 있는 『세계도회(*Orbus Pictus*)』(1658)를 출판했다. 이 책에는 150장의 삽화가 들어가 있고 책의 내용도 일반인이 보기에 흥미 있는 내용이 들어가 있다. 또 책의 절반은 라틴어로 나머지 반은 실용어로 써서 누구나 읽을 수 있도록 만들었다. 그는 언어가 아니라 실물을 통한 교육, 감각적 경험을 통한 교육을 주장하여 시청각 교육의 기초가 되었고 오늘날 교육공학으로 발전하는 데 중요한 배경이 되었다. 이 Comenius에게 '시청각 교육의 창시자' 또는 '근대교육의 아버지'라는 칭호를 붙인다. 그 이후 18세기부터 19세기 '감각적 실학주의'와 20세기 초반 '교수과정의 과학화와 공학화'가 교육공학 발전에 많은 영향을 미쳤다. Rousseau의 자연주의 교육사상과 더불어 Pestalozzi(1746~1827), Froebel(1782~1852), Montessori(1870~1952)

와 같은 교육사상가의 출현으로 20세기 진보주의 교육철학이 나타났다. 스위스의 교육학자인 Pestalozzi는 인위적인 교수방법을 배격하고 직관과 자발성의 활동중심 교수방법을 중요하게 여겼다. 독일의 Froebel은 자주적인 활동과 창의력, 신체활동을 통한 표현을 중요시해 획일화된 교과서를 통한 교육보다는 유희, 공작, 그림 등 활동과 교수자료를 통한 교육을 강조했다. Montessori는 여러 가지 교구를 통한 감각교육을 시도했다.

이러한 유럽의 교육사상가들의 활동은 20세기 미국으로 오면서 실용주의 교육철학과 합쳐져 진보주의 교육사상이 나타났다. 당시 진보주의를 대표하는 교육자로 Dewey와 Kilpatrick을 꼽을 수 있다. Dewey는 외적으로는 사회개조와 발전에 기여하면서 내적으로 자기 성장을 도모할 수 있는 인간을 형성하고자 구상했다. 그는 이런 개인과 사회의 조화는 현실 속에 나타나는 문제를 중심으로 반성적인 사고(reflective thinking)를 통해 문제해결 학습이 이뤄져야 한다고 보았고 Kilpatrick은 구안법(project method)을 창안하여 진보주의 교육 이념을 실현하기 위한 기초를 제공했다.

교육공학의 발전과정을 시각교육, 시청각 교육, 시청각 커뮤니케이션, 교수공학, 교육공학 이렇게 다섯 가지로 구분하였고(조규락, 김선영, 2006) 각각의 내용은 다음과 같다.

### (1) 시각교육

교육공학은 미국 교육공학회가 만들어질 시점인 1900년대 초 시각교육으로부터 출발했다. 경험을 구체적으로 제공하기 위해 다양한 시각적 매체를 공교육에 도입하려고 한 시도가 있었다. 예를 들어, 공공도서관을 중심으로 성인교육 프로그램이 개발되거나 박물관의 시설물을 학교교육에 적극적으로 활용하려고 노력했다. 슬라이드, 필름, 표본, 수집품 등 다양한 시각적 매체를 활용했다. 1905년 뉴욕 주는 최초로 시각수업과를 설치하여 각종 슬라이드 자료를 학교에 보급하기 시작하여 시각교육을 본격화하는 계기를 마련하였다(Saettler, 1990). 1923년 미국교육학회(NEA) 안에 교육공학의 첫 번째 공식기구로서 시각교육국이 마련되었다. 그런데 이 당시에는 시각교육은 시각자료들을 단순히 교사의 보조물로 간주했다는 제한점이 있다.

### (2) 시청각 교육

1930년 말의 음향녹음, 축음기의 보급, 그리고 유성영화의 출현으로 시각교육에 청각적인 요소가 통합되어 시각교육은 시청각 교육으로 변모하였다. 특히 교육용 영화필름은 기존의 무성영화에 청각적 자료를 통합한 것으로 제2차 세계대전 당시 군사교육을 효과적이게 하였다. 미국교육학회의 시각교육국도 시청각교육국으로 이름을 바꿨고 해당 기구를 개편하여 전문적인 연구 및 활동을 전개했다. 영화, 슬라이드, 녹음, 라디오, 텔레비전 등의 시청각 교재와 교구를 활용하여 학습이 효과적으로 이뤄지게 하였다.

### (3) 시청각 커뮤니케이션

제2차 세계대전 이후, 시청각 교육은 교육을 양방향적인 커뮤니케이션 과정으로 보는 커뮤니케이션의 개념과 교수-학습 과정을 일련의 요소로 구성된 완전한 체제로 간주하는 초기 체제개념이 도입되어 시청각 커뮤니케이션으로 발전하였다. 시청각 커뮤니케이션은 교수매체를 효과적으로 이용하여 학습자가 지니고 있는 능력을 최대한 개발시킬 수 있는 커뮤니케이션 방법을 의미한다. 이는 교수-학습 보조물로서 매체를 활용하려는 접근에서 벗어나 커뮤니케이션 혹은 의사소통의 과정에서 매체에 효과적으로 접근한다. 1963년 시청각교육국은 시청각 커뮤니케이션에 대한 연구결과를 학술지에 발표했다. 그런데 이 시청각 커뮤니케이션 이론은 내용을 선정하고 목표를 명세화하고 피드백을 분석하므로 통합적인 체제접근의 개념을 완전하게 적용하기 어려웠다.

### (4) 교수공학

1970년대 지식과 인구의 폭발적 증가와 과학 및 문화의 획기적인 발달 등으로 인해 사회전반에 공학이 교수과정으로 확장되기 시작했다. 행동과학 이론과 체제접근 이론을 바탕으로 하고 있다. 시청각교육국은 미국 교육공학 분야의 발전적 추세에 맞춰 1970년 미국교육공학회(Association for Educational Communication and Technology; AECT)로 변경되었다. 전통적인 교수이론에서 탈피하여 교수조건에 따른 최적의 교수전략을 제시하는 관점으로 연구영역이 확대된 교수공학은 어떤 특정한 매체나 고안물의 관점에서 벗어나 특정한 학습목표에 따라 교수학습의 전 과정을 설계하고 실행하며 평가하는 체제적인 방법이다. 그러나 교수공학은 실제적인 본질에 대한 상세한 설명을 해주고 있지 못하다는 제한점이 있다.

**AECT**(Association for Educational Communication and Tcchnology): 미국교육공학회

### (5) 교육공학

1977년 미국교육공학회는 작업 끝에 교육공학에 대한 정의를 내렸다. 정의에 의하면 교육공학은 '인간학습에 포함된 모든 문제점을 분석하여 이에 대한 해결책을 고안하고 실행하며 평가, 관리하기 위한 사람, 절차, 이념, 장치 및 조직을 포함한 복합적이고 통합된 과정(AECT, 1977)'이다. 그 이후 교육공학 분야에서는 사회의 발전 경향에 따라 교육공학의 학문적 성격, 개념적 정의, 실제 현장과의 관련성, 활동영역에 대한 연구와 논의가 계속 있었다. 교육공학의 개념은 미국 AECT를 중심으로 여러 차례 수정 및 보완되어 왔다. 그동안 교육공학의 정의는 앞에서 살펴본 개념의 변천 과정과 관련하여 20세기 초반에 시작하여 지금까지 10여 차례의 공식적인 변화의 과정을 거치면서 오늘에 이르고 있다. 교육공학에 관한 최초의 공식적인 정의는 20세기 초반 '시각교수' 운동과 관련된 교육공학은 '시각교수는 활동사진, 환등사진과 정사진, 괘도, 도표, 실물 등과 같은 다양한 장치의 교실에서의 활용'으로 정의하고 있다. 1994년에 AECT는 교육공학의 정의를 새롭게 내렸다. '교육공학은 학습을 위한 과정과 자원의 설계, 개발, 활용, 관리 및 평가에 관한 이론과 실제다(Seels & Richey, 1994).'라고 하였다. 그리고 Reiser(2007)는 수업설계와 공학(Instruction Design and Technology: IDT)이라는 용어를 사용하여 교육공학에 학습문제 해결과 인간의 수행향상을 포괄하는 확대된 의미의 관점에서 교육공학을 다음과

같이 정의하고 있다.

수업설계와 공학(교육공학) 분야는 교육기관과 직무현장을 포함하는 다양한 업무환경에서 학습과 수행향상을 목적으로 학습과 수행문제의 분석과 교수(instructional)와 비교수적(noninstructional) 과정과 자원의 설계, 개발, 실행, 평가, 관리를 포함한다. 수업설계와 공학분야의 전문가는 체계적이고 체제적인 수업설계 절차를 사용하고 그들의 목적을 성취하기 위하여 교수매체를 활용한다. 최근에는 이에 추가하여 수행문제에 대한 비교수적 해결책에 많은 주의를 기울이고 있다. 앞에서 언급한 개별 영역에 관련된 연구와 이론은 교육공학의 중요한 연구부분이다.

인지이론과 최근 활발하게 연구되고 있는 구성주의 학습이론, 각종 ICT의 발달과 상호작용 교수－학습 매체, 인터넷, 원격교육, 협동학습 등의 교수전략이 교육공학의 연구영역에 직·간접적으로 영향을 주어 교육공학은 새로운 개념 및 정의가 필요하게 되었다. 이에 AECT가 교육공학 개념 연구를 위한 위원회를 중심으로 교육공학을 학습을 촉진시키고 수행을 향상시키는 연구와 윤리적 실천이라고 새롭게 정의하고 있다(Definition and Technology Committee of the Association for Educational Communications and Technology, 2007).

'교육공학은 학습을 촉진시키고 수행을 향상시키는 연구와 윤리적 실천'이라는 새로운 정의에는 몇 가지 핵심들이 포함되어 있는데 첫째, '윤리적'이라는 용어의 포함이다. 이는 교육공학과 설계를 위한 전문적인 결과물과 기준을 이르는 것이다. 또한 '촉진'이라는 용어의 포함이다. 이는 학습을 단순히 통제하거나 창조하는 것이 아닌 학습을 촉진시키고 안내하기 위한 교육공학의 개념을 강조한다. 마지막으로 '수행을 향상시킨다.'는 용어는 학습자가 실제 세상 또는 실제경험에 학습한 개념들을 적용하는 것을 돕는 것을 이른다(Reiser & Dempsey, 2007).

교육공학의 역사적 발전을 연대별로 나열하여 정리하면 다음 표 8-1 과 같다.

**표 8-1** 교육공학의 역사적 발전과정(박숙희, 염명숙, 2010에서 재인용)

| 연대 | 교육공학의 발전과정 구분 | 관련 중요 이론 및 활동 |
|---|---|---|
| 1600 | | |
| | 초창기 | |
| 1700 | • 감각적 실학주의<br>• 낭만적 자연주의 | • Comenius의 『세계도회』 출판<br>• 언어 편중주의 비판<br>• Rousseau |
| 1800 | • 활동중심 교육<br>• 교수자료를 활용한 교육 | • Pestalozzi, Froebel, Montessori |
| 1900 | | |
| | • 진보주의 교육 | • Dewey |
| 1920 | 시각교육 | |
| | | • 시각교육 운동 |
| 1930 | | • DVI(Department of Visual Instruction) 결성<br>• Hoban에 의한 시각자료와 교과과정의 통합 |
| | 시청각 교육 | |
| 1940 | | • 시청각 교육운동<br>• Dale의 경험의 원추<br>• DAVI(Department of Audio-Visual Instruction)로 변경 |
| 1950 | 시청각 교육통신 | |
| 1960 | • 통신이론<br>• 초기의 체제개념<br>• 시청각 교육통신<br>• 교육공학 정의 | • Berlo의 SMCR 모형<br>• Shannon과 Schram의 통신과정 모형<br>• Finn의 교육공학 용어 최초 사용<br>• Finn의 교수체제-검은상자 개념<br>• 시청각 교육통신 모형 |
| | 초기 교수공학 | |
| 1970 | • 행동주의 심리학<br>• 체제접근과 교수개발 | • 프로그램 학습과 교수기계<br>• AECT(Association for Educational Communication and Technology)로 변경<br>• 다양한 교수체제 모형 등장 |
| | 교육공학 | |

| 연대 | 교육공학의 발전과정 구분 | 관련 중요 이론 및 활동 |
|---|---|---|
| 1980<br><br>1990 | • 교육공학 정의 | • 교육공학에 대한 16가지 정의<br>• 컴퓨터의 교육적 활용<br>• 인지심리학의 영향 |
| 2000 | • 교수공학 정의 | • 교수공학의 정의와 영역<br>• 인터넷의 확산, 가상교육<br>• 테크놀로지의 눈부신 발전<br>• 학습자 중심의 개념 |

## 2 교육공학의 영역

교육공학 연구의 하위영역은 앞서 교육공학의 정의에서 언급한 1994년 AECT의 정의에 잘 드러나 있다. 정의에 의하면 교육공학은 '학습을 위한 과정과 자원의 설계, 개발, 활용, 관리 및 평가에 관한 이론과 실제(Seels & Richey, 1994)'라고 하였다. 정의 속에 설계, 개발, 활용, 관리, 평가라는 다섯 가지 영역이 포함되어 있으며 이는 다음 그림 8-1 과 같다. 이들 각 탐구영역의 세부내용을 요약하면 다음과 같다.

### 1) 설계영역

설계영역은 학습의 조건들을 분석하면서 어떻게 전체 교육 및 수업의 과정을 기획해야 하고 어떤 학습환경을 학습자에게 안내해야 원하는 교수목적을 달성할 것인지 다양한 방법과 전략을 기획하는 영역으로서 서로 유기적인 상호관계를 형성한다.

교수체제 설계는 효과적인 수업을 개발하기 위해 학습이론과 수업 관련 처방적 지식을 체계적으로 활용하려는 분야이다. 메시지 설계는 수업에서 어떻게 학습내용을 설계하는 것이 학습효과를 가져올 수 있는가에 관한 연구영역으로 인지과정에 관한 연구결과를 바탕으로 문자, 기호, 그림 등을 어떤 형태

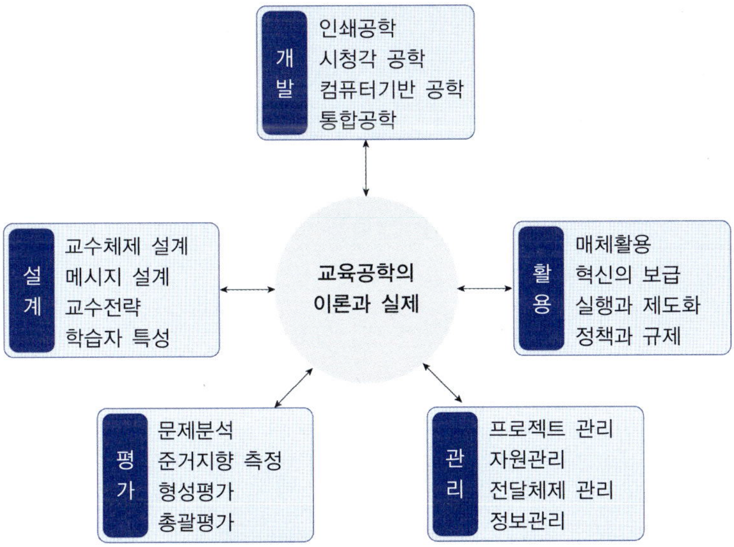


**그림 8-1** 교육공학의 탐구영역

로 제시할 것인가에 관한 연구들이 이에 속한다. 매체특성과 메시지의 제시방식 간의 관계에 관한 연구와 학습목표로 어떤 매체를 활용하는 것이 효과적인가에 관한 연구 등이 포함된다. 교수전략은 특정 학습이론으로부터 수업방법에 관한 시사점을 도출하려는 단편적 차원에서 벗어나 보다 체계적인 처방적 전략을 포함하는 교수방법에 관한 연구영역을 의미한다. 즉, 심리학적 학습이론이 제시하는 연구결과를 통합하여 실제적인 처방을 보여 줄 수 있는 이론의 구축과 관련된 연구이다. 학습자 특성은 학습효과에 영향을 미치는 학습자의 일반적 특성, 즉 나이, 학습스타일, 성격, 지능, 사회·경제적 환경 등과 학습과제와 관련된 선수학습 수준을 의미한다. 이런 학습자 특성은 학습과제의 특성과는 별도로 학습의 성공과 실패 여부에 영향을 미칠 수 있다.

## 2) 개발영역

수업매체의 제작과 개발과 관련된 것이다. 설계단계에서 계획된 교수체제는 개발 영역에서 다양한 교수-학습 방법이나 매체로 발전해 개발된다. 이 영역의 하위 구성요소는 인쇄공학, 시청각 공학, 컴퓨터기반 공학, 멀티미디어 및 정보통신망으로 연결된 가상학습 환경과 멀티미디어의 개발활동을 포함한다. 인쇄공학은 문자자료와 시각자료 등을 책이나 정지화상으로 제작하고 전달하는 방법을 이른다. 문자와 사진 및 그림을 어떤 방식으로 제시하고 조직하는가에 따라 학습과정을 효과적으로 안내할 수 있다.

**컴퓨터 보조수업** (Computer Assisted Instruction; CAI) 학습자 및 교육자의 활동을 컴퓨터를 중심으로 한 기기에 의해 효과적으로 진행하는 교육, 즉 학습자 및 교육자의 활동을 컴퓨터를 중심으로 한 기기에 의해 효과적으로 진행하는 교육

**컴퓨터 관리수업** (Computer Managed Instruction; CMI) 컴퓨터가 학습자에 대한 검사결과를 채점하여 교육과정 목표 대비, 개별 학습자 성취도를 제시하고 시간별, 학습자별로 다양한 자료 및 피드백을 제공하는 교육

**ICT(Information & Communication Technology)** 정보통신기술이라고 하고 정보기술과 통신기술의 합성어로 기존의 IT 개념에 Communication, 즉 정보의 공유 및 의사소통 과정을 보다 강조하는 의미를 내포하고 있음

시청각 공학은 문자를 포함하여 음성, 음향 및 시각자료를 제공할 수 있는 매체로서 전기를 사용하는 전달방식을 의미한다. 대표적으로 OHP, TV, 슬라이드, 영화, 비디오 등을 활용해서 교수자료를 제작하고 전달하는 것을 이른다.

컴퓨터기반 공학은 컴퓨터에 기반을 두고 제작 및 전달하는 방법을 의미한다. 매체로 전달되는 정보가 디지털화된다. 컴퓨터보조수업(CAI)과 컴퓨터관리수업(CMI) 등 수업의 과정을 지원하는 방향에서 탐구되어 왔다. 최근 전자책 혹은 전자교과서라는 새로운 형태의 컴퓨터기반 매체를 활용하고 있다.

매체의 융합현상으로 나타나는 통합공학은 멀티미디어 기술을 보다 발전적으로 활용하는 방식을 지칭하는 용어이다. 통합공학은 컴퓨터기반의 몇 가지 다른 유형의 시청각 매체를 통합하여 다양한 자료와 정보를 개발하고 전달하는 방법을 의미한다. 통합공학은 미래의 발전된 정보사회의 교육환경과 지식기반 사회를 주도하는 강력한 매체가 될 것이다.

### 3) 활용영역

학습을 위하여 절차나 자원을 사용하는 행위에 관한 연구영역으로 교육공학의 영역 중 가장 오래되었다. 교수자료를 교수-학습 상황에 적절하게 활용하고자 노력한 1920년대의 시각교육 운동과 함께 시작되었다. 활용기능은 학습자와 교수자료 및 체제 사이의 상호작용을 의미하는 것으로 첨단 ICT를 기반으로 하는 멀티미디어와 같은 신기술, 또는 혁신의 보급, 집행과 제도화, 정책과 규제 등에 수반되는 행정적인 분야도 포함된다. 매체의 활용은 학습을 위

한 자원의 체계적 활용을 의미한다. 또한 계획된 교수-학습의 절차에 따라서 기대하는 학습목표를 달성하기 위하여 최적의 교수매체를 선정하여 활용하는 방법에 관한 의사결정을 포함하고 있다. 혁신의 보급은 새로운 아이디어의 채택과 확산을 목적으로 계획적인 전략을 사용하는 의사소통의 과정이다(Rogers, 1962, 1995). 어떻게 하면 새로운 교육공학으로 제안된 혁신에 대해 수용자가 긍정적인 인식, 태도, 행동을 나타내도록 할 것인가에 관한 체계적인 접근의 필요성이 대두된 것이다. 혁신에 대한 수용단계로 수용자 유형에 따른 다른 전략의 실천 등이 구체적인 아이디어로 제시되고 있다.

실행과 제도화는 새로운 교육공학을 특정 조직 내에서 적절하게 사용하고 지원하는 것을 이른다. 실행은 새로운 교육공학의 적절한 사용에 초점을 맞추며, 제도화는 그것의 일상화에 초점을 맞춘다. 예를 들면, 학교에서 컴퓨터를 효과적으로 활용하기 위해서는 학교조직의 변화에 대한 철저한 계획이 수반되어야 하며, 그렇지 못할 때는 실패할 수 있다는 연구결과는 실행과 제도화의 중요성을 나타낸다. 이 영역은 특히 우리나라에서 이뤄지고 있는 학교교육의 정보화가 어떤 방향으로 가야 하는가를 제시할 수 있다는 점에서 향후 많은 연구가 필요하다. 정책과 규제는 교육공학의 보급과 사용에 영향을 미치는 사회조직의 규칙과 행위를 의미한다. 교육방송, 교육용 소프트웨어의 개발과 활용에 관련된 각종 정책과 규제에 대해 교육공학적 기준과 표준을 제공하거나 불필요한 규제에 대해 문제점을 지적할 필요가 있다.

### 4) 관리영역

앞의 설계, 개발활동이 일종의 프로젝트 형태를 띠고 있다는 점과 각종 매체센터 및 학습지원 기관과 같은 조직의 관리가 필요하다는 현실적 이유와 관련되는 탐구영역이다. 관리영역은 프로젝트 관리, 자원관리, 전달체제 관리, 정보관리의 네 가지 하위 영역으로 나뉜다.

프로젝트 관리는 수업설계와 개발 프로젝트를 계획하고 감독하며 조정하는 활동을 의미한다. 이런 활동을 통해 프로젝트 관리자는 프로젝트의 목적과 세부 활동을 명확히 하고 예산을 설정하며 교섭을 하는 하위단계를 관리한다. 특히 성공적인 프로젝트의 실행을 위해 방해요소가 무엇인가를 분석하고 그것을 해결하는 역할 등을 규명한다.

자원관리는 자원지원 체제와 서비스를 기획하고 감독하며 조정하는 활동을 의미한다. 자원은 인적자원, 예산, 재료, 시간, 시설, 교수자원 등을 포함한다. 자원관리에서 중요하게 다루는 두 가지 특징은 비용효과성과 학습효과의 정당성이다.

전달체제 관리는 교수자료를 전달할 때, 조직하는 방법에 대해 계획하고 감독하며 조정하는 것을 이른다. 특히 이 영역은 원격교육 프로젝트에서 많이 나타난다. 하드웨어와 소프트웨어의 요구조건의 문제, 사용자와 관리자에게는 요구되는 기술적 지원문제, 수업설계자와 강사들에게는 제공되는 지침사항 등의 문제를 다룬다.

정보관리는 학습자원을 제공하기 위해 정보의 저장, 전달, 처리를 계획하고 감독하며 조정하는 것을 의미한다. 정보관리는 학습자가 보다 쉽게 정보를 사용하게 하는 것과 관련되므로 매우 중요하다. 정보관리를 어떻게 하느냐에 따라 교육과정과 수업설계 분야가 새롭게 규정될 수 있다. 특히 많은 양의 정보를 수업목적으로 저장할 때 어떤 방식으로 할 것인가에 관한 연구는 향후 정보관리 체제의 주요영역이 될 것으로 예상된다.

### 5) 평가영역

교육공학적 과정 및 산물에 대해 가치 및 장점 등을 규명하는 것이다. 설계, 개발, 활용, 관리된 전반적인 교수-학습 상황과 관련된 여러 가지 교육활동을 평가단계에서 문제점을 분석하고 학습자의 학업성취를 포함한 교수-학습 과정의 활동을 형성평가 및 총괄평가를 통해 문제점을 보완하고 교과과정 또는 프로그램의 유용성과 적절성에 관한 최종 의사결정과 관련된 연구를 수행한다. 그래서 학문적 탐구형태의 하나로 교육평가는 체계적이고 준거지향적이며 주로 실증주의적인 지향점을 지닌다. 교육공학적 과정과 산물은 대체로 자료수준, 프로젝트 수준, 프로그램 수준으로 나뉜다. 각각의 과정 및 산물에 대한 평가는 문제분석, 준거지향 측정, 형성평가, 총괄평가의 하부영역에서 이루어진다.

문제분석은 정보수집과 의사결정 전략을 사용하여 문제의 성질과 요소를 확인하는 것을 의미한다. 교육적 요구를 분석하여 어디까지를 교육적 문제로 분류할 것인가를 포함하여 학습자의 특성을 확인하고 우선순위를 결정하는 것을 포함한다(Seels & Glasgow, 1998).

준거지향 평가는 의도한 목표를 학습자가 어느 정도 달성했는지를 확인하는 평가로 절대평가라고도 한다. 준거지향 평가는 수행목표의 명세화, 사전검사, 형성검사, 사후검사 등과 연계되어 발전되어 왔다.

형성평가는 수업의 전개과정에서 활용하고 있는 교수자료나 프로그램의 적절성과 효과성에 관한 자료를 수집 및 분석하여 수업의 진행과정이나 수업에서 활용할 수 있는 교수자료나 프로그램을 개선하려는 데 목적이 있다.

총괄평가는 적절성에 관한 정보를 수집하여 이 정보를 이용하여 향후 지속적인 활용에 관한 결정을 내리는 데 활용된다.

지금까지 언급한 교육공학의 탐구영역 다섯 가지는 다양한 하위범주를 포함하고 있다. 이들 하위영역에서 다루어지는 교육공학의 탐구영역이 교육방법 및 교육공학 전문가가 다뤄야 할 포괄적인 영역이 된다. 가장 최근에 AECT가 내린 교육공학의 정의에 의하면 교육연구에서 연구자에게 요구되는 윤리강령 준수와 수행향상과 관련된 수행공학의 중요한 연구영역이 새로 대두되면서 이런 부분도 반드시 염두에 두고 다섯 가지 영역을 탐구해야 할 것이다.

**탐구문제**

1. 교육공학의 역사적 발전과정과 더불어 교육공학의 개념에 대해 설명하시오.
2. 교육공학의 이론과 실제와 교육공학의 탐구영역과의 상호작용에 대해 설명하시오.

Chapter 09

# 교육공학의 이론적 기초

이번 장에서는 교육공학 영역 안에서 이루어지고 있는 다양한 연구와 실천적 활동의 토대가 되는 기본적인 이론적 기초를 탐색해 보고자 한다. 교수-학습 활동을 설계하고 다양한 교육방법을 적용하는 목적은 학습자들의 학습을 촉진하고 그들의 수행을 증진시키는 데 있다. 이러한 활동을 위해서는 학습이란 무엇인가에 대해 이해하는 것이 중요하다. 다른 측면에서 본다면 교수-학습 활동은 커뮤니케이션을 기반으로 한다. 교수자와 학습자 사이의 커뮤니케이션, 학습자 간의 커뮤니케이션, 그리고 매체와 학습자 간의 커뮤니케이션을 통해 우리는 실제적으로 교수-학습 활동을 진행한다. 이러한 점에서 커뮤니케이션의 본질과 효과적인 커뮤니케이션 방법에 대해서 생각해 보는 것도 중요하다. 마지막으로 교수-학습 활동은 다양한 변인들이 포함되는 역동적인 체제 혹은 시스템이라고 할 수 있다. 교수-학습 활동을 하나의 체제로 볼 때 어떠한 점들에 주목해야 할 것이고, 이러한 관점이 우리에게 주는 시사점은 무엇일까? 위와 같은 논의를 위해 체제이론을 살펴보고자 한다. 학습이론, 커뮤니케이션 이론, 체제이론을 중심으로 교육공학 분야의 이론적 배경에 대해서 탐구해 봄으로써 앞으로 진행될 수업의 설계와 다양한 교수방법의 적용이 좀 더 효과적이고 의미 있게 진행될 수 있을 것이다.

## 학습목표

1. 학습에 대한 행동주의, 인지주의, 구성주의적 설명이 교육공학에 미친 영향에 대해 설명할 수 있다.
2. 커뮤니케이션의 본질과 이를 설명하는 여러 관점들을 살펴보고, 교육공학과의 적용점을 탐색한다.
3. 체제이론의 이론적 요인들에 대해 이해하고, 교수-학습 활동의 장면이 어떻게 체제로 이해될 수 있는지에 대해 논의한다.

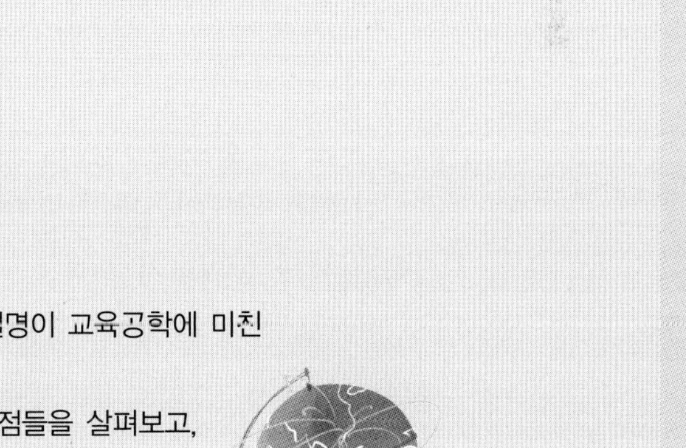

# 1 학습이론과 교육공학

이론이란 어떠한 현상을 설명하기 위해서 제공되는 과학적으로 수용 가능한 원리들의 집합이라고 정의할 수 있다(Schunk, 2004). 이론을 통해 우리는 현상에서 관찰한 내용을 해석할 수 있고, 현상과 관련된 다양한 연구의 성과들은 이론을 통해 조직화되고, 실천을 개선하는 데 적용될 수 있다. 이러한 점에서 교수-학습과 관련된 현상은 교수이론과 학습이론을 통해 더욱 잘 설명되고 이해될 수 있을 것이다. 먼저 학습이론이란 학습이라는 현상에 대한 설명적이고 기술적인(decriptive) 특성을 갖는다. 학습이론에서 다루는 주요한 질문들은 학습이란 과연 무엇을 의미하는가, 학습은 어떻게 일어나며, 어떠한 요인들이 영향을 끼치는가, 학습과 관련된 이해가 어떻게 다양한 교육적 맥락에 적용될 수 있을 것인가와 같은 것들이다. 이와는 구별되게 교수이론은 기대되는 학습의 결과를 얻기 위해서 어떠한 교수방법과 환경을 제공해야 하는가의 문제를 다룬다. 학습이론이 기술적(descriptive)인 특성을 갖는다면 교수이론은 구체적인 목적을 달성하기 위해 필요한 요인들에 대한 처방적(prescriptive) 성격을 갖는다. 교수이론을 구성하는 요소들에 대해서 Reigeluth와 Merrill(1979)은 구체적으로 교수조건(condition), 교수방법(methods), 그리고 교수결과(outcome)를 제시하였다. 교수이론과 관련하여서는 10장의 수업설계를 위한 전략부분에서 더욱 자세히 살펴보기로 하고, 이번 장에서는 3장에서 자세하게 살펴본 학습에 대한 세 가지 관점, 즉 행동주의, 인지주의, 구성주의적 설명들과 교육공학 영역의 연관성, 그리고 그 영향에 대해 살펴보도록 하자.

## 1) 행동주의

### (1) 행동주의와 과학적 탐구

역사적으로 볼 때 행동주의의 등장은 인간의 학습과 관련하여 대단히 중요한 영향을 끼친 최초의 심리학적 견해로 평가받고 있다(Ormrod, 1994). 20세기 초반 러시아의 Pavlov와 미국의 Thorndike 연구에 의해 시작된 새로운 심리학적 견해는 1913년 미국의 심리학자 Watson이 저술한 『행동주의자가 바라본 심리학(*Psychology as the Behaviorist Views It*)』이란 책에서 비로소 행동주의라는 용어로 정리되어 처음 사용되었다(Schneider & Morris, 1987). 행동주의 이전의 심리학 분야는 구조주의(structuralism)와 기능주의(functionalism)라는 두 가지 견해가 양분하고 있었다. 인간의 심리에 대한 구조주의와 기능주의 설명과 연구주제는 상이하였지만, 두 입장이 공통으로 가지고 있었던 한계점은 정확하고 체계적인 연구방법론이 부재하였다는 점이다. 이러한 배경 속에서 행동주의를 옹호하는 초기의 학자들은 심리학이 과학의 한 분야로 인정받기 위해서는 그 대상이 물리학자나 생물학자들의 연구대상과 마찬가지로 객관적인 것이어야 한다고 주장하였다. 연구의 대상뿐만 아니라 연구의 절차 또한 자연과학 분야에서 사용하는 통제된 실험과 비교, 수량적인 자료의 수집과 해석 등을 따라야 한다고 주장하였다. 따라서 행동주의자들의 시각에서는 인간의 마음, 정신, 의식과 같은 주제들은 객관적인 연구의 대상으로서 부적절하고, 오직 외적으로 표현되는 인간의 행동이 심리학의 연구대상이 되어야 한다고 생각했다. 인간의 학습도 마찬가지여서 학습에 대해서 과학적으로 이해하기 위해서는 외적으로 드러난 행동을 통해 인간의 학습을 파악해야 한다고 주장하였다. 이러한 행동주의자들의 주장은 학습을 포함하여 인간의 심리를 탐구하는 데 있어서 과학적인 연구방법을 적용함으로써 학습에 적용될 수 있는 여러 가지 원리들을 소개하였을 뿐만 아니라 교육학을 비롯한 여러 학문분야의 발전에 기여하였다.

**구조주의** 인간의 정신, 특히 의식을 구성하는 요소와 그 구조를 분석하고자 했던 심리학파. 구조주의에서는 지각이 감각이라는 요소의 결합으로 생성된다고 보았다.

**기능주의** 의식의 구조보다는 기능과 목적에 초점을 두고자 했던 심리학파. 주변의 요구에 사람들이 어떻게 적응하는가에 관심을 두었다.

### (2) 행동주의와 교수-학습

학습에 대한 행동주의적 설명들은 다양한 교수-학습의 장면에서 여전히 그 유효성을 증명하고 있으며, 이와 같은 영향은 다음과 같이 정리될 수 있다.

#### ① 행동에 대한 강조

전술한 바와 같이 행동주의적 견지에서 '학습은 경험에 의한 행동의 변화'라고 볼 수 있다. 행동의 변화를 강조하는 행동주의의 입장은 두 가지 점에서 우리 교육현장에 시사하는 바를 살펴볼 수 있다. 첫째, 학습자는 단순히 전달되는 정보를 수동적으로 수용하는 입장이 아니라 적극적인 반응자의 역할을 수행해야 한다는 것이다. 교사의 설명을 들으면서 노트 필기를 한다던가, 질문을 하는 등의 구체적인 행동을 통해 학습을 진행해야 함을 의미한다. 둘째, 학습에 있어서 행동에 대한 강조는 곧 평가의 강조를 의미하기도 한다. 교사가 아무리 훌륭하고 효과적인 수업을 진행했다 하더라도 학습자의 입장에서 실제적으로 어느 정도 학습이 일어났는지를 확인해야 할 필요가 있는 것이다. 실제적인 학습이 일어났는지를 확인하기 위해서는 관찰 가능한 행동의 변화가 일어났는지에 대한 확인(예를 들어, 시험점수의 상승, 올바른 학습태도를 보임 등)이 필요한 것이며, 이를 위해 다양한 평가활동들이 필요함을 알 수 있다.

#### ② 반복적인 연습의 강조

많은 행동주의자들이 자극과 반응의 결합에 대한 반복적인 연습이 그러한 행동을 강화시켜 준다는 점을 강조하였다. 특정한 자극에 대해서 바람직하다고 여겨지는 반응을 철저하게 학습하기 위해서 반복된 연습은 필수적인 요소이다. 예를 들어, 기초적인 산수에 대해 학습할 때 반복적으로 문제를 푸는 것은 계산의 정확성과 문제풀이에 소요되는 시간을 단축시켜 준다. 또한 학습자의 독서력을 신장하기 위해서는 책을 많이 읽어야 한다는 것이 많은 학자들의 공통된 지적임을 우리는 잘 알고 있을 것이다.

#### ③ 바람직한 행동에 대한 보상

Thorndike와 Skinner는 학습에 있어서 보상과 강화를 강조하였다. 학습자들은 자신들의 행동을 통해 바람직한 결과를 얻을 수 있을 것으로 기대되는 행동과 습관을 유지하고 그러한 행동의 발생빈도를 높이려는 경향을 가지고 있다.

1950년대에 Skinner는 교수기계(teaching machine)를 개발하여 행동주의적 원리들을 구체적인 교수-학습의 장면에 적용하고자 하였다. 교수기계는 학습내용을 세분화하고 이를 사전에 설정된 순서대로 배열하여 학습자로 하여금 정해진 순서대로 일련의 학습을 진행하도록 유도한다. 세분화된 학습과제에 대한 학습이 완료될 때마다 학습내용에 대한 문제를 제시하여 올바른 정답을 선택한 학생은 다음 단계로 이동할 수 있지만, 틀린 답을 선택한 학생은 해당 학습과제를 다시 학습해야 한다. 교수기계를 활용한 교수-학습의 과정은 프로그램 교수(programmed instruction)의 개발을 이끌었다. 프로그램 교수법은 다음과 같은 특성들을 포함한다.

- 학습의 내용이 세분적인 단위로 분석되어야 하고, 주의 깊게 설계된 절차를 포함한다.
- 평가문항에 대한 응답을 요구함으로써 학습자들의 적극적인 참여를 요구한다.
- 학습자의 수행을 유지하고 조형하기 위해서 즉각적인 피드백이 주어져야 한다.
- 학습자가 자신의 학습속도를 조절할 수 있다.

Skinner의 교수기계와 프로그램 교수법은 교육에 있어서 체제적인 접근을 시도한 것으로 평가받는다. 또한 Skinner의 이러한 시도는 많은 심리학자, 교육학자들이 교수-학습 활동과 연관된 실제적인 문제들에 관심을 갖게 하는 계기가 되었으며, 이러한 실제적인 문제들을 해결하는 과정에 있어서 실증적이고 과학적인 접근법을 취하게 하는 계기가 되었다.

뿐만 아니라 행동주의 학습이론은 교수설계 과정의 다양한 영역에 적용되고 있다. 예를 들어, 교수설계자는 과제분석을 통해서 학습목표를 달성하기 위해서 학습자들이 수행해야 하는 일련의 과제, 그리고 그러한 과제들을 수행할 때 요구되는 기술들을 목록화한다. 학습목표를 진술할 때에도 관찰이 가능한 행동을 중심으로 기술하도록 요구하는 교수설계의 전통도 행동주의 학습이론의 영향을 받은 것이라고 할 수 있다. 학습자의 수행에 대해 제공하는 피드백이 갖는 중요성, 학습내용에 대한 충분한 연습의 기회를 학습자에게 제공하는 것을 강조하는 것도 행동주의 학습이론이 교수설계 영역에 미친 영향이라 할 수 있다.

## 2) 인지주의

### (1) 인지주의와 교수-학습

인지주의자들은 행동주의자들의 학습을 지나치게 단순한 과정으로 설명하고 있다고 비판하면서, 학습을 비롯한 인간을 대상으로 하는 과학에 있어서 "정신"의 중요성을 다시 한 번 강조하였다. 즉, 인지주의자들에게 있어 학습의 핵심적인 과정은 바로 내적인 정신과정에 있음을 주장하며 이에 대한 연구에 초점을 두었다.

인지주의에서는 학습을 인지구조를 습득하는 것으로 본다(변영계, 1998). 인간이 어떻게 정보를 습득하고, 처리하며, 저장하고, 사용하는지에 관심을 두며, 이러한 과정을 통해 지속적으로 변화하는 인간의 인지구조의 변화가 학습이라고 보았다. 인지주의자들은 학습을 설명하는 데 있어서 학습자의 정신적인 처리과정이 가장 중요한 요소라고 주장한다. 학습자가 정보를 처리하고 적용하는 방식이 개인의 생각과 정신적 구조를 변화시킨다고 본다. 인지주의에 바탕을 둔 학습이론에 있어서 중요한 연구대상은 학습과 교수활동을 매개하는 인지구조, 정보의 처리과정, 그리고 정보의 내적인 표상들을 포함한다. 인지주의에 기반한 학습이론은 게스탈트 이론, 정보처리 이론, 스키마 이론 등이 있다.

### (2) 인지주의와 교수설계

인지주의적인 관점에서 볼 때 학습은 학습자가 기존에 가지고 있는 지식이 활성화될 수 있을 때 효과적으로 일어난다. 따라서 교수활동은 학습자들이 지식을 구조화할 수 있도록 촉진하는 방법들을 적용해야 하며, 새롭게 학습할 내용과 기존의 지식이 어떻게 연결될 수 있는지를 학습자들이 이해하도록 하는 것이 중요하다. 인지주의가 제공하는 학습에 대한 시사점을 통해 교수설계 과정에서 다음과 같은 내용들이 중요시되었다.

**① 메시지 디자인**

효과적인 학습을 위해서는 교수-학습 활동이 얼마나 효과적으로 학습자의 주의를 집중시키며, 습득한 정보를 기억해 낼 수 있는지를 고려하는 것이 중요하다. 구체적인 내용을 소개하기 이전에 전체적인 수업의 구조를 제시함으로써 학습자가 인지적으로 수업의 내용을 구조화하도록 도울 수 있을 것이며, 학습자들의 주의를 끌기 위해 시각적으로 안정되고, 균형감 있는 디자인을 적용하여 학습내용을 제시하는 방법이 고려되어야 한다.

**② 다양한 인지전략의 사용**

교수활동을 통해 새롭게 제시되는 정보가 학습자의 사전적인 지식과 경험과 연결될 수 있을 때 효과적인 학습이 일어날 수 있다. 따라서 많은 사전지식을 가진 학습자일수록 새로운 정보를 유의미하고 효과적으로 처리할 수 있다. 정보의 저장을 위해서 다양한 인지전략들의 활용이 교수-학습 활동에 포함될 수 있을 것이다. 중요한 내용을 반복적으로 제시하거나, 필기방법을 비롯한 다양한 학습법의 소개, 언어로 진술된 내용을 그림이나 표로 정리하는 방법, 많은 정보를 여러 개의 묶음단위로 줄여서 처리하는 청킹, 기억해야 할 내용의 앞글자만을 따서 기억하는 압운법과 같은 다양한 인지전략이 소개되고, 학습자들이 활용할 수 있는 수업의 설계가 필요하다.

**③ 선행조직자**

선행조직자는 교수-학습 과정을 통해 제시될 학습의 내용보다 상위수준의 일반성, 단순성, 포괄성을 지닌 학습내용에 대한 전체적인 소개자료를 의미한다. 선행조직자의 활용은 학습자들이 사전에 알고 있는 지식과 새롭게 학습해야 할 지식 사이의 간극을 연결하는 데 도움이 될 수 있다.

④ **인지적 과제분석**

인지주의적인 학습관을 통해 교수설계 과정에 있어 기존의 관찰 가능한 행위로 학습과제를 분석하는 방식에서 벗어나 인지적인 활동을 학습의 과제로 분석하기 시작했다. 인지적 과제분석을 통해 교수설계자는 학습자들이 수행해야 할 행동뿐만 아니라 수행에 수반되는 혹은 수행을 지시하는 의사결정, 문제해결과 같은 인지적인 과제들을 학습의 주요한 대상으로 포함할 수 있게 되었다.

## 3) 구성주의

### (1) 구성주의와 교수-학습

구성주의는 앞서 살펴본 행동주의, 인지주의와는 성격이 조금 다른 특성을 지니고 있다. 단순히 학습을 설명하는 이론으로서의 위치뿐만 아니라 지식의 존재와 그것을 인식하는 방법, 즉 존재론과 인식론에 연관이 있는 철학적인 입장도 견지하고 있다. 구성주의자들은 대상의 실재성은 객관적으로 존재하는 것이 아니라 그것을 인식하는 사람의 마음속에 존재하는 것이며, 이러한 실재성은 전달되는 것이 아니라 구성되는 것이라고 주장한다. 따라서 대상에 대한 실재성은 하나로 존재하는 것이 아니라 사람마다 다르게 존재하는 것이다. 이러한 대상이 갖는 각기 다른 실재성의 해석 또는 구성이 개인적인 지식의 기반을 형성한다고 보았다.

이러한 구성주의자들의 견지에서 본다면 지식은 외부자에 의해서 전달되거나 강요될 수 있는 성질의 것이 아니다. 지식은 학습자 내부에서 구성되는 것이다. 지식이 구성된다는 점에서 구성주의자들은 같은 견해를 가지고 있지만, 무엇이 지식의 구성에 있어서 중요한 역할을 하는가에 대한 생각에 따라 구성주의자들의 입장을 몇 가지로 구분할 수 있다. 지식을 구성하는 과정에 있어서 개인의 역할을 강조하는 입장에서는 지식이 경험이나, 가르침 또는 사회적인 상호작용에 의해서 획득된 외부적인 세계를 반영하는 것이 아니라 인지적 활동을 통한 추상화(abstraction)를 통해 개발되며, 이러한 지식의 구성과정은 예측할 수 있는 일반성을 갖는다고 보았다. 반면 외부적인 요인을 강조하는 입장에서는 지식의 습득이 외부 세계에 존재하는 구조의 재구조화로 본다. 달리 말하면 경험이나 가르침과 같은 외부적인 요인들이 개인의 신념에 영향을 미치고, 이러한 신념을 바탕으로 개인은 외부적인 세계에 존재하는 구조적 질서를 재해석한다고 본다. 위의 두 가지 입장을 절충해서 지식의 구성을 설명하는 연구자들도 있다. 이들은 지식은 온전히 개인의 내적인 작용에 의해서만 또는 외부적인 세계의 영향으로만 형성되는 것이 아니라 개인과 환경과의 상호작용을 통해서 생성된다고 보는 것이다.

지식의 구성에 대한 각각의 입장은 교수-학습의 상황을 이해하고 개선하는 데 각각의 장점과 유용성을 갖는다. 예를 들어, 개인의 내적과정을 강조하는 입장은 개인이 어떻게 초보자에서부터 시작해서 전문가로서의 지적인 발달을 이루어나가는지를 탐구해보는 데 유용하게 적용될 수 있다. 외부의 영향을 강조하는 입장은 특정한 교과 영역 안에서 어떻게 학습자가 지식의 구조를 정확하게 인식하는가를 결정하고 탐구하는 데 적용될 수 있을 것이다. 절충적인 입장은 동료학습자와의 협동과 같은 사회적인 영향이 학습자가 내용을 해석하고 자신만의 지식을 구성해 나가는 과정에 얼마나 효과적인지를 살펴보는 데 적합할 수 있을 것이다(Schunk, 2004). 지식의 구성에 영향을 미치는 요인에 대한 다양한 시각에도 불구하고, 구성주의자들이 공유하는 학습의 속성은 학습자는 정보를 학습자 개개인의 경험의 맥락 속에서 해석한다는 점이다. 따라서 효과적인 학습을 위해서 필요한 것은 학습자에게 외부의 실재성이 갖는 구조를 전달하거나 습득하기를 강요하는 것이 아니라 개별 학습자들이 외부 세계에 대한 의미 있고, 기능적인 표상들을 구성하도록 도와주는 것이어야 한다는 점이다.

**표상** 추상적인 사물이나 개념을 구체적인 것으로 머릿속에 그려낸 것

## (2) 구성주의와 교수설계

구성주의는 학습의 본질에 대한 인식론, 존재론적 성격을 기반으로 다양한

논의를 촉발하였으며, 구성주의가 지향하는 가치들은 교수설계 과정에 다음과 같은 영향을 미쳤다.

#### ① 목표에서 자유로운 평가

행동주의나 인지주의에 기반한 교수-학습 활동에서는 사전에 학습에 대한 구체적인 목표를 설정하고 이를 기반으로 학습에 대한 평가가 이루어지는 것이 당연하다고 생각하였다. 그러나 구성주의에서는 이러한 형태의 평가가 학습의 본질을 평가하는 데 부적절하다고 생각하였다. 왜냐하면 평가방식은 단순히 평가의 영역에 국한된 것이 아니라 교수-학습 활동 전반에 영향을 미치기 때문이다. 구체적으로 평가해야 할 기준과 목표를 가지고 교수-학습 활동에 임하게 되면, 수업의 방향은 평가의 기준과 목표를 지향할 수밖에 없으며, 이러한 수업은 학습자의 학습활동을 통제하고 왜곡하는 것이기 때문이다. 구성주의에서 바라보는 학습은 다수의 학습자에게 동시에 적용될 수 있는 학습목적이 존재할 수 없기 때문에, 동일한 잣대로 학습자들을 평가하는 대신 학습자 개개인의 관심과 수준에 따라 개별적인 평가가 이루어져야 함을 지적한다.

#### ② 실제적인 과제

실제적인 과제란 실제 세계와 연관되어 있고, 실용적이며 적절한 수준의 복잡성을 가지고 있어서 학습자들이 자신의 수준에 맞는 도전감을 가질 수 있는 통합교과적인 성격을 지닌 과제를 의미한다(Jonassen, 1992). 비록 모든 교과영역에서의 학습이 실제적인 과제를 사용하여 진행될 수는 없지만, 학습에 대한 성과를 보장해 줄 수 있는 유일한 경로를 탐색하기보다는 학습자들에게 의미를 줄 수 있는 다양한 실제적 과제들을 제공하는 데 학습과제의 분석이 이루어져야 함을 강조한다.

#### ③ 학습과정 중심의 접근

구성주의자들이 지지하는 학습은 특정한 정보의 재생산이라기보다는 지식을 구성하는 과정이다. 따라서 학습을 통한 결과물보다는 학습의 과정이 얼마나 학습자들에게 의미 있는 활동이었는가를 살펴보는 것이 매우 중요함을 강조한다.

④ **교사의 역할변화**

행동주의나 인지주의에서 교사의 역할을 정보와 지식의 전달자로 암시하고 있다면, 구성주의에서는 학습을 위한 촉진자의 역할을 강조한다. 구성주의적인 학습이란 학습자 개개인이 새로운 의미를 발견하고 구성해 내는 것이기 때문에 교사는 학습자들이 그러한 의미를 발견하고 구성할 수 있도록 안내하고 촉진하는 역할의 수행을 요구받는다.

## 2 커뮤니케이션 이론과 교육공학

커뮤니케이션 혹은 의사소통은 인간의 가장 기본적인 행위 가운데 하나이며 특히 "인간의 본성에 대한 심오한 통찰을 제공해 주는"(Heath & Bryant, 2000, p.2) 요인이라고 할 수 있다. 따라서 인간의 행위와 본성을 연구의 대상으로 하는 교육학, 심리학, 언론학, 정치학 등 다양한 학문영역에 있어서 커뮤니케이션과 관련된 다양한 이론적 관점들이 발표되었다.

### 1) 커뮤니케이션 이론

Littlejohn(1989)은 다양하게 전개된 커뮤니케이션 관련 이론을 크게 전송적(transmissional) 관점, 행동적(behavioral) 관점, 상호작용적(interactional) 관점, 교류적(transactional) 관점으로 정리하였다.

#### (1) 전송적 관점(transmissional perspective)

전송적 관점은 커뮤니케이션의 속성을 기본적으로 정보의 전달과정으로 보는 것이다. 전송적 관점에서 커뮤니케이션의 과정은 정보를 전달하고자 하는 송신자가 가지고 있는 정보원(전송자의 두뇌)에서 전달하고자 하는 구체적인 메시지(과제제출의 마감시간)를 선택해서 이를 신호의 형태로 변형하여(말을 하거나 이메일을 보내는 것) 전달하면, 전달과정에 있어서는 커뮤니케이션을 방해하는 다양한 형태의 소음(주변의 소음)의 영향 속에서 수신자에게 해당 메시지가 전달되고 궁극적인 정보의 도달점(수신자의 두뇌)에 도착하는 일련의 과정으로 설명될 수 있다.

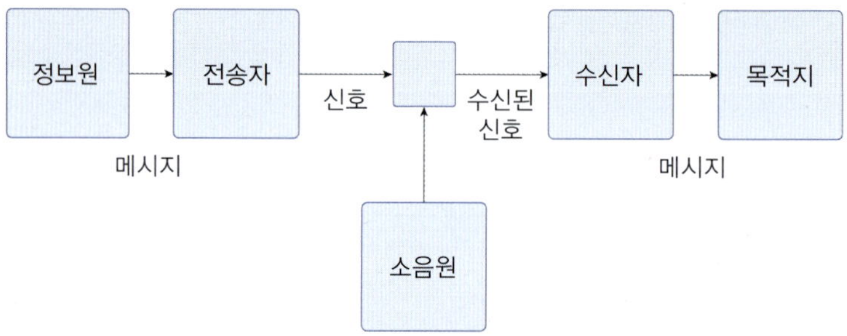


**그림 9-1** Shannon과 Weaver의 커뮤니케이션의 수학적 모형

교육상황에서 정보원은 교사, 교과서, 교육용 웹사이트 등 다양한 형태가 될 수 있다. 전달되는 채널은 대부분 음성적인 채널(대화, 전화)이나 시각적인 채널(쪽지, 이메일, 문서)을 통해서 전달된다. 소음은 메시지가 전달되는 과정을 방해하는 모든 종류의 것들을 포함한다. 예를 들면, 대화 주변에 들리는 시끄러운 소음이나, 글로 전해지는 메시지에 포함된 혼란스러운 그림과 같은 것들이다. 메시지를 전달받은 수신자는 메시지가 내포하는 뜻을 이해하고 이에 대한 응답을 전할 수 있는 메시지를 다시 전송자에게 전달되는 과정을 표현될 수 있다. 즉, 커뮤니케이션 과정을 통해서 전송자와 수신자는 수시로 역할을 바꾸는 것으로 묘사될 수 있다.

전송적 관점은 커뮤니케이션의 과정을 간략하게 표현하여 과정에 대한 쉬운 이해를 돕는다. 반면에 커뮤니케이션 과정에서 얼마나 메시지가 정확하게 전달되는지, 메시지의 전달수단이 메시지를 전달하는 데 적합한 채널을 사용하고 있는지, 전달된 메시지가 원래 가졌던 의도대로 수신자에게 영향을 끼치는지에 대해서는 설명이 부족하다는 비판을 받았다.

### (2) 행동적 관점(behavioral perspective)

앞서 살펴본 커뮤니케이션 과정에 대한 전송적 관점이 지니는 제한점들에 대한 대안적 관점으로 행동적 관점이 등장하게 되었다. 행동적 관점에서는 커뮤니케이션을 기본적인 사극과 반응이 교환되는 상황으로 인식한다. 즉, 전송자가 수신자가 갖는 의미를 자극한다는 것이다. 커뮤니케이션에 대한 행동적 관점을 대표하는 모형이 잘 알려진 Berlo(1960)의 S－M－C－R(Source-Message-Channel-Receiver) 모형이다. Berlo의 모형을 살펴보면 외적으로 표현된 부분에서는 전송적 관점에서 이야기하고 있는 커뮤니케이션의 과정과 큰 차이를 보이지 않는다. 그러나 Berlo는 커뮤니케이션을 이해하는 데 있어서 전송적 관점과는 차별적인 내용들을 제안하였다. 첫째, 커뮤니케이션의 과정을 이해하기 위해서는 정보원(전송자)과 수신자를 단순히 메시지, 즉 정보를 전달하고 전해받는 존재가 아닌 각자의 배경, 지식, 태도 등을 지닌 존재로 이해해야 한다는 점이다. 둘째, 전송적 관점에서는 채널을 메시지가 전달되는 물리적인 형태의 것(전화, 이메일, 글, 음성 등)으로 이해한 반면에 Berlo는 메시지를 해석하는 데 동원되는 인간의 감각적인 요소들로 이해해야 한다고 주장하였다. 또한 그는 전송자에 대한 수신자의 피드백이 매우 중요함을 강조하였다. 피드백을 통해서 전송자는 자신의 메시지를 수신자가 어떻게 이해하였는지를 명확하게 알 수 있기 때문이다.

**표 9-1** Berlo의 S-M-C-R 모형의 개관

| 커뮤니케이션의 주요 구성요소 및 하위요인 | | | |
|---|---|---|---|
| 정보원(source) | 메시지(message) | 채널(channel) | 수신자(receiver) |
| • 커뮤니케이션 기술<br>• 태도<br>• 지식<br>• 사회체제<br>• 문화 | • 요소<br>• 구조<br>• 내용<br>• 처치<br>• 코드 | • 보기<br>• 듣기<br>• 만지기<br>• 냄새 맡기<br>• 맛보기 | • 커뮤니케이션 기술<br>• 태도<br>• 지식<br>• 사회체제<br>• 문화 |

이러한 커뮤니케이션에 대한 행동적 관점은 전송적 관점의 단선적인 표현을 지양하고, 과정에 중심을 두었으나, 커뮤니케이션이 갖는 상호작용적인 속성을 설명하기에 부족하다는 비판을 받았다.

### (3) 상호작용적 관점(interactive perspective)

커뮤니케이션이 갖는 상호작용적인 속성에 초점을 맞추어 이를 이해하려는 노력은 Schramm(1954)이 제안한 모형에 잘 드러나 있다. Schramm은 커뮤니케이션을 정보나 생각 혹은 태도와 같은 것들을 공유하기 위해서 누군가와 공통성을 확립해 나가려는 노력이라고 보았다.

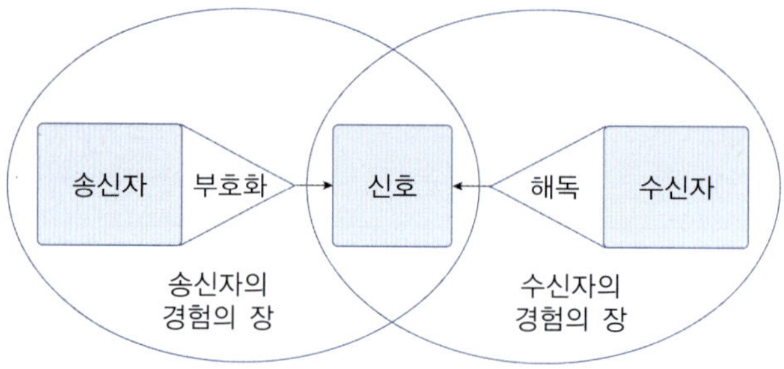


그림 9-2 Schramm의 상호작용적 커뮤니케이션 모형

그림 9-2 에서 제시된 바와 같이 상호작용을 강조하여 커뮤니케이션을 이해하려는 입장에서 볼 때 커뮤니케이션의 과정은 단선적으로 정보가 전달되는 과정도 아니고, 자극에 대한 반응의 과정도 아니다. 커뮤니케이션은 커뮤니케이션에 참여하고 있는 양자 사이에 끊임없이 이루어지는 역동적인 과정이며, 커뮤니케이션의 다른 과정이 진행 중일 때에도 일어나고 있는 속성을 지니는 것으로 보았다. 예를 들어, 하나의 메시지에 대한 피드백이 상대편에게 전달되는 과정에서도 또 다른 메시지는 전해지고 있는 상황이 가능하다는 것이다.

이와 같이 커뮤니케이션을 메시지를 동시에 주고받는 병렬적인 과정이라고 하는 것은 메시지의 교환과정에는 하나의 채널이 아니라 다양한 채널이 동시에 사용되어야 함을 의미한다. 예를 들어, 수업상황에서 교사가 전하고자 하는 내용적 메시지는 교사의 음성을 통해서, 교과서의 활자를 통해서, 심지어는 활자의 크기나 모양에 의해서 전달될 것이다.

또한 Schramm의 모형은 송신자에 의해서 일정한 형태로 부호화(coding)된 상태로 전해진 메시지를 수신자가 단순히 부호를 풀어내는(decoding) 수준에 머무르는 것이 아니라 해석된다는 점을 강조하였다. 즉, 송신자와 수신자 모두는 서로의 입장을 역동적으로 변화시키며 커뮤니케이션이 일어나는 특정한 상황 속에서 자신들이 가지고 있는 배경과 이해에 기반하여 해석된다는 점을 암시하고 있다.

### (4) 교류적 관점(transactional perspective)

상호작용적 관점을 통해 커뮤니케이션 과정에 있어 사회적 요소가 영향을 끼친다는 점이 제기되었으나, 이보다 한발 더 나아가 커뮤니케이션을 통해 결정되는 의미성이 단순히 메시지의 해석이 아니라, 커뮤니케이션 참여자들 간의 의미의 교환과 공동의 의미를 창출하는 과정이라는 점을 강조하는 입장이 제기되었다. 이러한 입장을 지지하는 견해를 교류적 관점이라고 할 수 있다. 예를 들어, Campos(2007)는 커뮤니케이션을 "주체로 하여금 자기 자신에 대한 의미뿐만 아니라 외부 세계에 대한 의미를 만들어 낼 수 있게 해주는 생물학

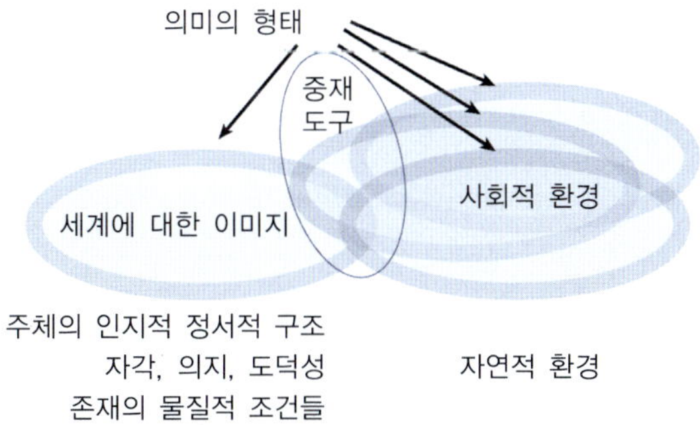


**그림 9-3** Campos의 커뮤니케이션의 의미모형에 대한 생태학

적 메커니즘"(p.396)이라고 정의하였다(Richey, Klein, & Tracey, 2011, p.37에서 재인용). 이와 같은 정의는 커뮤니케이션이 단순히 메시지의 교환, 해석이 아니라 의미와 지식의 창조과정이라는 점을 강조하고 있는 것이다.

Campos가 제안한 커뮤니케이션 과정에 있어서 의미에 대한 생태학적 접근 모형에서는 커뮤니케이션을 참여자들의 정신적 행위와 표상들이 서로 얽혀 있는 상태로 이해한다. 참여자들은 커뮤니케이션을 통해 세계에 대한 표상들을 공동으로 구성하고, 이러한 표상들은 다시 개인적인 의미로 흡수된다. 이러한 개인적인 의미들은 평생을 걸쳐 구성되는 것이며, 윤리적 가치, 정치와 경제적 지향, 지배적인 사회통념과 같은 해당 시대의 다양한 요소들을 반영하게 된다. 따라서 커뮤니케이션은 참여자들이 각자 개인의 정체성을 구성하는 과정이면서 동시에 세계에 대한 맥락적인 지식을 함께 구성해 나가는 과정이라고 이해될 수 있는 것이다.

### 2) 커뮤니케이션 이론과 교육공학

모든 교수-학습 활동은 커뮤니케이션의 과정이라고 할 수 있다(Richey, Klein, & Tracey, 2011). 교수-학습 활동의 전개를 교사와 학습자, 학습자와 학습자, 그리고 학습자와 교수-학습 자료 간의 커뮤니케이션을 포함하는 행위라고 한다면, 교수설계에 있어서도 커뮤니케이션과 연관된 다양한 속성들이 고려되어야 함은 당연한 일이라고 할 수 있다.

커뮤니케이션 이론은 교육공학 분야, 교수설계 분야에 있어서 특히 내용설계와 관련하여 많은 영향을 주었다. 학습과 관련된 내용을 전달하고자 할 때 시각적인 정보로 제공해야 할지, 언어적인 정보로 제공해야 할지, 어떠한 커뮤니케이션을 이용하는 것이 효과적일지 또는 어떻게 하면 좀 더 학습자의 주의를 끌 수 있도록 내용을 구성할지와 관련된 사항들이 모두 커뮤니케이션의 이론에 기반한 고민들이라고 할 수 있다.

## 3 체제이론과 교육공학

체제이론(system theory)은 교육공학 특히 교수설계 영역에 있어서 역사적으로 매우 중요한 이론적 토대가 되어 왔다. 다양한 요인들과 환경들을 고려해야 하는 교수설계의 특성상 체제이론은 교수설계를 시행하고 이를 이해하는 사람들로 하여금 체계적 혹은 체제적인 사고를 가능하게 해주었다. 1920년대 과학철학 분야에서 시작된 체제이론은 이후 교육학뿐만 아니라 다양한 학문영향에 영향을 끼치게 되었으며, 이러한 역사적인 발전 속에 간학문적인 성격을 띠게 되었다. 체제이론의 기본적인 가정은 우리가 경험하고 있는 세계의 많은 부분들이 합리적이고 질서정연하다는 데 있다. 우주, 인간의 몸과 같이 우리 세계의 자연적인 부분들이 이러한 질서정연한 체제의 예라고 할 수 있다. 많은 경우에 있어서 우리는 이러한 체제가 갖는 질서정연함에 대해서 완전하게 이해하지 못하고, 이러한 체제가 작동하는 정확한 성질을 알지 못하기 때문에 우리는 이러한 체제를 무질서한 것으로 인식한다는 점이다. 자연적인 부분들뿐만 아니라 기업체, 정부, 학교와 같은 사회적 조직들이 운영되는 모습도 대체로 조직적이라기보다는 무질서한 것으로 인식하는 경우가 있다. 그러나 체제이론을 지지하는 연구자들은 이렇게 구안된 체제라 할지라도 체제를 움직이는 원리에는 질서와 합리성이 존재한다는 믿음을 가지고 있다. 이러한 질서와 합리성을 탐구하기 위해서 체제이론에서는 체제를 구성하고 있는 요소, 과정, 목적들이 갖는 관련성과 영향력에 주목한다. 체제이론이 제안하고 있는 바에 대해서 좀 더 구체적으로 살펴보도록 하자.

### 1) 체제의 정의와 속성

연구자들에 따라서 체제를 설명하는 요소들 가운데 중점을 두는 측면이 다르기는 하지만 일반적으로 체제는 “요소들 간에 그리고 그러한 요소들이 지니고 있는 속성들 간에 관계성을 가지는 요소들의 집합”이라고 정의할 수 있다

(Hall & Fagan, 1975). 좀 더 쉽게 표현하자면 예를 들어 인간의 몸도 하나의 체제이다. 인체를 구성하는 각각의 신체부분들은 서로 간에 관련성을 맺고 있으며, 이러한 부분들이 갖는 속성들 또한 서로 밀접하게 연관되어 있기 때문이다. 체제를 열린 체제(open system)와 닫힌 체제(closed system)로 구분하기도 한다. 열린 체제란 체제를 둘러싸고 있는 환경과 상호작용을 하는 체제를 칭하며, 반대로 닫힌 체제는 환경과 고립되어 상호작용이 없는 체제를 의미한다. 달리 표현하자면 열린 체제는 환경과의 상호작용을 통해 체제의 모습이 끊임없이 변화하는 체제이며, 닫힌 체제는 변화가 없는 체제이다. 이러한 체제의 속성은 다음과 같은 그림을 통해서 좀 더 자세히 살펴볼 수 있다.

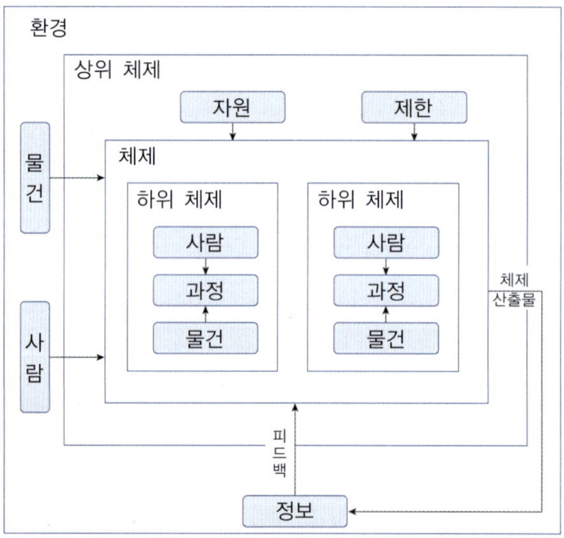


**그림 9-4** 일반체제의 개관(Richey et al., 2011: p.13)

그림 9-4 와 같이 기본적으로 체제는 환경에 놓여 있다. 환경이란 체제에 영향을 미치는 모든 요소들의 총합이라고 개념화할 수 있다. 위계적인 속성에 따라서 환경에 속한 체제를 좀 더 구체적으로 구분할 수 있다. 관심의 대상이 되는 체제는 하위체제를 포함한다. 하위체제는 조직화된 구조를 지니고 있지

만, 대상이 되는 체제보다는 제한적인 기능과 목적을 지니고 있는 체제를 의미한다. 또한 대상이 되는 체제보다 상위범주의 체제가 존재할 수 있다. 상위범주체제로 보면 대상이 되는 체제가 하위체제가 된다. 즉, 상위체제－체제－하위체제와 같은 체제 간의 위계성이 존재한다. 이러한 체제 간에는 단순한 위계적 범주에 의해서 구분되는 것이 아니라, 체제 간의 관계성과 상호작용이 더욱 중요한 특성이다. 체제는 환경에서 체제를 구성하는 사람과 물건(도구)들을 공급받는다. 체제의 작동에 있어서의 질적인 수준은 환경이 어떠한 사람과 물건을 공급하는가에 달려 있다. 상위체제는 체제의 작동에 필요한 자원을 공급함과 동시에 작동에 대한 제약조건들을 규정한다. 예를 들어, 교육체제의 작동에는 교육체제가 속해 있는 사회체제가 어느 정도의 예산을 투입하는가와 같은 여러 가지 제약조건들이 존재할 수 있으며, 이러한 상위체제의 특성에 따라서 체제의 작동이 촉진되거나 제한될 수 있다. 동시에 상위체제는 체제의 산물을 제공받는다. 예를 들어, 교육체제의 결과 또는 산물이라 할 수 있는 학교 졸업생들은 사회체제의 구성원으로서의 삶을 살아가며, 그들이 교육을 통해서 어떠한 지식과 기술, 가치관을 가지고 있는가에 따라서 그 사회의 모습은 규정될 수 있을 것이다. 이러한 점에서 체제적 산물의 특성이 상위체제의 작동에 영향을 준다. 체제가 갖는 이러한 구조적인 특성과 위계적인 관계성은 체제를 분석할 때 있어서 단순히 체제가 갖는 하위요소들을 정확하게 규명해야 할 뿐만 아니라 이러한 요소들이 어떻게 전체적으로 작동하는가를 파악해야 할 것을 요구한다.

체제는 자기안정화(self-stabilization)와 자기조직화(self-orgazniation)를 추구한다. 즉, 환경과의 상호작용을 통해서 요구되는 변화에 대응하여 체제가 안정적으로 작동할 수 있는 내적인 능력을 가지고 있다. 체제의 자기안정적 속성에 있어서 중요한 역할을 수행하는 것은 피드백이다. 체제이론에서의 피드백은 체제가 산출해 낸 결과물과 관련되어 환경에서 수집될 수 있는 정보를 의미한다. 이러한 정보들을 통해 체제는 산출에 대한 긍정적, 부정적 정보 또는 체제가 갖는 오류에 대한 정보들을 확인할 수 있다.

## 2) 체제적 접근

Ryan(1975)은 "체제적 접근이란 조직이나 구조가 생산해 내는 결과를 최적화하기 위한 과학적이고, 체제적이며 이성적인 절차를 의미하는 조작적 개념이다. 이러한 접근은 현재 존재하는 체제에 대한 연구, 문제의 해결, 그리고 기존의 체제에 대한 수정이나 새로운 체제를 개발하기 위한 관련된 여러 가지 조작들을 수행한다."고 정의하였다(Richey et al., 2011; p.17에서 재인용). 표 9-2 과 같이 체제적 접근의 구체적인 단계들과 단계가 지니는 속성들은 여러 학자들에 의해서 제시되었다.

**표 9-2** 체제적 접근의 단계에 대한 비교(Richey et al., 2011: p.17)

| 학 자 | 체제적 접근단계 |
|---|---|
| Banathy(1968) | • 체제에 대한 분석<br>• 문제에 대한 해결책<br>• 체제의 개발 |
| Kafman(1970) | • 체제분석(문제규명, 대안의 결정)<br>• 체제종합(해결전략 선택, 해결전략의 실행, 효과성 결정) |
| Silvern(1972) | • 분석<br>• 종합<br>• 모델링<br>• 시뮬레이션 |
| Ryan(1975) | • 현존체제에 대한 연구<br>• 문제해결<br>• 체제설계 |
| Romiszowski(1981) | • 문제정의<br>• 문제분석<br>• 해결책 설계 · 개발<br>• 실행<br>• 통제 · 평가 |

제시된 접근법들은 규명된 단계를 표현하는 데 있어서는 차이가 있으나, 공통으로 체제에 대해 정의를 사용하고, 체제 내부에 분명한 목적이 존재하며, 체

제의 구조성과 자기규제적인 특성을 지니고 있음을 인정하고 있다. 더욱 분명하게 체제적 접근의 특성을 이해하기 위해서는 체제적 접근이 아닌 사례에 대해서 이해하는 것이 도움이 될 것이다. 단일한 요소나 사건에 대한 분석은 체제적인 접근이라고 말할 수 없다. 왜냐하면 체제적인 접근에서 강조하고 있는 구성요소들 사이의 다양한 관계성에 대한 부분이 누락되어 있기 때문이다. 단일한 요소나 사건에 대한 분석은 체제 안의 다른 요소들과 사건들, 그리고 체제가 갖는 하위체제나 상위체제에 대한 관계성과 상호작용과는 고립된 분석에 머무른다.

### 3) 교육공학에 끼친 영향

체제이론을 통해 우리는 교수-학습 활동을 하나의 체제, 즉 시스템으로 바라볼 수 있게 되었다. 따라서 교수설계는 하나의 변수나 사건을 분석하는 데 그칠 것이 아니라 교수-학습 과정에 영향을 미치는 더욱 다양한 요소들을 포함해야 하며, 이러한 요소들 간의 관계성을 토대로 일련의 과학적인 절차를 통해서 설계되어야 함을 이해하게 되었다. 이러한 점에서 교수-학습 활동을 설계하는 것을 교수체제 설계(Instructional System Design; ISD)라고 칭하는 것이다. 체제이론을 통해 규명된 교수설계의 영역과 요소를 정리하면 표 9-3과 같이 요약될 수 있다.

**표 9-3** 교수체제 설계의 영역과 요소

| 교수설계의 영역 | 교수설계의 주요요인 |
|---|---|
| 학습자와 학습과정 | • 학습자 특성 : 인구통계학적 요인, 개인차 요인, 신념과 태도 등 |
| 학습과 수행의 맥락 | • 풍토 : 외적인 영향과 제한요인들, 조직적 풍토, 물리적 자원 등<br>• 환경 : 지향하는 맥락, 교수-학습 환경, 학습전이 맥락 등<br>• 배경 : 초·중등교육, 고등교육, 기업교육, 평생 및 사회교육 등 |
| 내용구조와 계열 | • 교수적 계열 : 직무과제의 순서, 학습난이도 순서 등 |
| 교수적·비교수적 전략 | • 피드백의 활용 |
| 교수설계자와 설계과정 | • 분석 : 내용, 맥락, 비용, 직무, 학습자, 문제, 조직<br>• 설계와 개발 : 목적과 목표, 전략 및 매체 선정 |

표 9-3 과 같은 교수설계의 영역과 요소들은 10장에서 더욱 세부적으로 살펴볼 것이다. 체제이론은 수업의 장면을 단일한 사건으로 보는 시각에서 벗어나 구체적으로 분석되어야 할 세부적인 요소들을 포함하고 있으며, 이러한 요소들이 전체적으로 작용하는 성격을 가짐을 강조함으로써, 교수설계의 과학적인 접근방법의 발전에 큰 기여를 하였다.

## 4 결론

이번 장에서는 교육공학의 이론적 기초로서 학습이론, 커뮤니케이션 이론, 체제이론에 대해서 살펴보았다. 독자들이 모두 알고 있는 바와 같이 교수-학습의 상황은 매우 복잡하고 역동적이어서 단일한 이론이나 시각에 의해서 모든 것이 충분히 설명된다고 이야기하기 어렵다. 이러한 점에서 교사나 교수설계자들은 교수와 학습을 바라보는 다양한 시각과 이론들에 대한 이해가 필요한 것이다. 하지만 이론에 대해서 이해하고 있다는 점 자체가 훌륭한 교사나 교수설계자를 만들어 내는 것이 아니다. 경험이 뒷받침되지 않는 이론은 다양한 상황적인 요인들이 만들어 내는 영향을 과소평가함으로써 교수-학습의 과정을 잘못된 방향으로 이끌어 갈 위험이 있다. 반대로 이론을 무시하는 경험은 교사나 교수설계자의 노력을 헛되게 할 수 있을 뿐만 아니라 교수-학습의 효과성을 저해하는 요인으로 작용할 수 있다. 이러한 점에서 이론과 경험을 서로 영향을 주고받는 관계라고 할 수 있으며, 이러한 상보성은 교육의 발전을 위해서 필수적인 요소라고 할 수 있다. 결론적으로 이론, 연구, 실천의 결합을 위한 지속적인 노력은 교사와 교수설계자뿐만 아니라 교육에 관련된 전문가들에게 있어서 필수적으로 요구된다고 할 수 있다.

## 탐구문제

1. 행동주의, 인지주의, 구성주의적 시각에서 교사의 역할을 비교하여 설명하고, 이를 다른 학습자와 논의해 보시오.
2. 일반적으로 커뮤니케이션을 잘 한다고 평가받는, 이에 추가적으로 교사로서 커뮤니케이션을 잘하기 위해서 요구되는 특징을 열거해 보시오.
3. 우리나라의 교육체제(시스템)을 구성하고 있는 하위 체제는 무엇이며, 어떠한 특성을 가지고 있는지 생각해 보고, 이를 토대로 학교폭력, 과중한 입시교육 등 특정한 교육문제를 체제적으로 분석하여 하위 요소 간의 구조와 관계성 등을 그림으로 표현해 보시오.

Chapter 10

# 수업설계

좋은 교사가 되기 위해서 필요한 많은 지식과 기술, 태도가 있지만, 그 가운데서도 가장 중요한 것을 꼽으라고 한다면 아마 많은 독자들이 좋은 수업을 준비하고 실시할 수 있는 능력을 꼽을 것이다. 좋은 수업이 어떠한 것인가에 대해서는 사람마다 다양한 견해가 있을 수 있다. 하지만 분명한 사실은 좋은 수업이 있기 위해서는 교사의 많은 준비와 노력이 필요하며, 이러한 준비와 노력이 체제적으로 이루어져야 한다는 점이다.

이번 장에서는 수업을 준비하고 실행하고, 행해진 수업을 평가하는 일련의 활동들을 수업설계라는 개념을 통해서 살펴보고자 한다. 수업을 설계한다는 것이 무엇을 의미하는지, 어떠한 원리들이 적용되어야 하는지를 먼저 살펴볼 것이다. 이를 토대로 구체적으로 수업설계를 위한 몇 가지 모형들에 대해서 살펴볼 것이다. 독자들은 각각의 수업설계 모형이 어떠한 배경에서 개발되었고, 여러 가지 수업모형들에서 공통으로 발견되는 요소들은 무엇인지 유의해서 학습해 보길 바란다.

어떠한 모형이 어떠한 요소를 가지고 있고, 각각의 단계에서 취해야 하는 행동들에는 어떤 것이 있는지를 아는 것도 중요하지만, 더욱 중요한 것은 그러한 단계에서 수집한 정보들을 어떻게 통합하여 좋은 수업을 준비하고 실행하는 데 적용하는가 일 것이다. 이번 장의 학습을 통해 좋은 수업을 위한 여러 독자들의 고민이 조금 더 깊어지길 바란다.

## 학습목표

1. 수업설계의 개념을 이해하고, 수업설계의 중요성을 3가지 이상 기술할 수 있다.
2. 수업을 설계할 때 적용되는 기본적인 원리를 이해하고, 수업설계의 대표적인 모형을 비교하여 설명할 수 있다.
3. 다양한 수업목표 진술방식을 이해하고, 이 가운데 하나의 진술방식을 적용하여 요건에 맞게 수업목표를 기술할수 있다.

## 1 체제적 수업설계의 모형과 절차

### 1) 수업설계의 개념

수업설계는 instructional design이라고 하며, 보통 수업설계라고도 표현한다. 보통 'instruction'을 '수업'으로 해석하므로 여기에서는 수업설계라고 쓰기로 한다. 수업설계는 수업의 과정을 이해하고 개선하는 데 목적이 있다. 수업설계는 '학습자 개개인에게 특정한 학습성과가 나타나는 것을 뒷받침하고 촉진하기 위하여 학습의 원리와 이론, 그리고 공학적 원리와 기법을 수업과정에 적용하여 수업절차, 자료, 방법을 체계적으로 계획하고 개발하는 과정'이다. 또한 '수업목표를 효과적이면서도 효율적으로 성취시킬 수 있도록 수업 관련 변인과 요소를 체계적으로 조직 및 운영하며, 적절한 교수방법을 처방하기 위한 전반적인 수업계획을 수립하는 과정'이다. 이상의 정의를 통해 알 수 있는 핵심 정의는 '효과성', '효율성', '체계적으로 조직 및 운영'과 '처방성'이 된다.

또한 다양한 구성요소 간의 유기적인 상호작용을 강조한 체제적 접근방법에서의 수업설계에 대한 정의는 '교사, 학습자, 교과내용, 물리적 환경, 심리적 특성, 교수방법의 유형 등 다양한 구성요소 간의 상호작용을 통해서 학습자가 의도된 목표를 최대한 성취할 수 있도록 수업의 과정을 투입-과정-산출의 순환적 과정으로 구성하는 방법이라고 정의하고 있다(Dick, Carey, & Carey, 2001).

이상의 정의를 망라하여 수업설계에 대한 정의를 내리면 수업설계는 '교수자, 교육내용, 학습자 등 수업에 필요한 구성요소의 상호작용을 통하여 학습자가 의도한 학습목표를 최대한 성취할 수 있도록 교수-학습 과정을 투입-과정-산출로 이어지는 일련의 순환적 과정으로 구성하는 수업의 청사진(blueprint)을 작성하는 것'이다. 일반적으로 수업지도안은 수업설계안이라고 할 수 없고 수업설계 과정 중 실행 측면에 더욱 초점이 맞춰진 부분이라고 할 수 있다.

즉, 수업의 실행 측면에 초점이 맞춰진 것이고 이를 포함하는 포괄적인 의미는 수업설계라고 할 수 있다.

수업설계의 체제성이 주는 장점은 다음과 같이 다섯 가지로 요약할 수 있다(변영계, 이상수, 2003).

첫째, 많은 학생이 학습목표를 성취하는 데 도움이 된다. 둘째, 학습 소요시간이 단축되고 경제적 비용이 감소되며 투입하는 노력의 정도와 양이 절감되므로 효율적이다. 셋째, 학습자의 흥미를 유발하고 유지하는 데 도움이 될 정도로 매력적이다. 넷째, 학습자가 획득하길 원하거나 반드시 획득해야 하는 필수적인 지식이나 기능을 획득하는 데 도움이 되는 관련성을 갖고 있다. 다섯째, 수업목적, 수업방법, 평가 등이 기대하는 목표수준을 성취하는 데 최적의 교수-학습 과정이 이뤄지도록 일관적이다.

Davis(1974)도 수업설계 과정에 적용할 수 있는 원리를 다음과 같이 제시했다.

첫째, 수업설계의 목표 및 필요조건은 설계과정이 이루어지기 전에 명시되어야 한다. 설계자는 이 체제가 성취하려는 것이 무엇이고 필요조건과 제한점이 무엇인지 분석한 후에 실제적인 설계를 할 수 있다.

둘째, 수업설계 과정은 점진적으로 수정해야 한다. 설계자는 설계과정의 모든 단계에서 목표가 성취되었나를 수시로 점검하여 필요하면 재설계한다.

셋째, 수업설계 과정은 반복적이고 상호작용적이다. 교수-학습 체제는 여러 구성 요소로 이루어져 있는 복합적인 조직체로 이 체제를 구성하고 있는 각 요소는 상호작용적인 관계에 있다. 설계자는 목표를 설정하고 이를 실행하면서 지속적으로 평가하고 목표와 각 단계를 수정하는 과정을 반복한다. 이런 과정을 위해 수업설계는 체제적인 접근법에 의해 수행되어야 한다.

넷째, 수업체제는 모든 구성요소가 목표를 성취하는 데 상호보완적인 관계에 있을 때 가장 효율적으로 작용한다.

다섯째, 수업체제는 이것이 속해 있는 상위체제와 잘 조화되어 적용하도록 설계해야 하지만 상위체제의 목표를 고려하고 교수체제의 목표가 달성될 수 있도록 조화롭게 설계해야 한다. 따라서 단기적인 수업설계는 상위체제인 장기적인 수업설계의 목표를 달성할 수 있도록 상위체제의 목표를 고려하여 조화롭게 설계해야 한다(Gagné & Briggs, 1979).

## 2) 수업설계의 기본원리

수업설계 과정에서 드러난 현장 수업연구에서 효과성이 검증된 교수-학습 과정별 수업설계 원리와 학습원리를 대비하여 제시하면 표 10-1 과 같다(변영계, 이상수, 2008). 기본원리는 학습과 과정, 즉 명확한 수업목표 제시, 학습동

**표 10-1** 교수-학습의 과정에 따른 수업설계 원리

| 수업설계 원리 | 학습 원리 |
|---|---|
| 수업목표의 명확한 제시 | • 학습자가 학습목표를 명확히 인지하면 학습은 촉진된다.<br>• 학습자가 학습목표를 획득하는 절차를 이해하면 학습은 촉진된다.<br>• 학습이 완료되었을 때, 기대되는 결과나 모범작품을 관찰하면 학습은 촉진된다. |
| 학습동기의 유발 | • 학습과제에 집중하면 학습이 촉진된다.<br>• 학습목표와 가치를 인식하면 학습이 촉진된다.<br>• 수업목표 달성에 자신감을 가지면 학습이 촉진된다.<br>• 학습과정에서 성공적 경험을 계속하면 학습이 촉진된다. |
| 학습결손의 발견과 처치 | • 학습자가 해당 과제의 선수학습 요소를 충분히 학습했을 때 목표달성이 용이하다.<br>• 선수학습에 대한 자신의 결손을 분명히 알 수 있을 때, 보충학습 효과를 촉진한다.<br>• 선수학습 결손부분에 적절한 보완학습 자료나 보충학습 자료를 제공하면 효과적이다. |
| 학습내용의 제시 | • 학습능력 수준에 맞게 학습활동을 개별화하면 학습에 효과적이다.<br>• 학습활동에 능동적으로 참여하도록 하면 학습은 촉진된다.<br>• 수업목표와 유형에 따라서 수업사태를 제공해 주어야 효과적이다.<br>• 학습자의 다양한 학습양식에 맞는 수업매체를 선택하여 주어야 효과적이다.<br>• 수업목표의 하위 구성요소를 계열화 순서에 맞게 제시해야 효과적이다.<br>• 학생들의 수업이해력에 맞는 설명방식을 선택하여야 학습이 효과적이다.<br>• 새로운 개념이나 원리학습은 선행조직자를 활용해야 효과적이다. |

| 수업설계 원리 | 학습 원리 |
|---|---|
| 연습 | • 학생들에게 연습의 기회를 제공할 때, 안내를 어느 정도의 수준으로 할 것인가를 고려해야 한다.<br>• 연습은 새롭고 다양한 상황에 적용해 볼 수 있도록 해야 효과적이다.<br>• 연습은 학습자의 개인차를 고려하여 연습량을 조절할 수 있도록 해야 효과적이다. |
| 형성평가와 송환(피드백) | • 학습결과에 대하여 즉각적으로 정보를 제공해야 효과적이다.<br>• 학습오류에 대해서는 즉각적이며, 구체적으로 교정해 주어야 효과적이다. |
| 전이 및 일반화 | • 학습한 것을 자신에게 익숙한 생활경험에 적용해 보면 효과적이다.<br>• 학습 직후 학습내용을 정리하면 파지 및 전이의 일반화 수준이 높아진다. |

기 유발, 학습결손의 발견과 처치, 학습내용의 제시, 연습, 형성평가와 송환, 전이 및 일반화 측면에서 제시할 수 있다.

Briggs(1977)는 수업설계란 교수요구와 목적에 부응하는 방법을 계획하고 개발하기 위한 체제적 접근이라고 했다. 체제적 접근이란 체제의 조화 있는 통합 혹은 전체성을 유지하는 것으로 체제를 구성하고 있는 각 요소의 기능을 독립적으로 최대한 발휘하도록 하면서 동시에 기능이 상호보완적 관계를 이루도록 하여 전체의 기능을 극대화하는 것이다.

### 3) 체계적 접근과 체제적 접근

수업설계와 관련하여 '체계적(體系的, systematic)'과 '체제적(體制的, systemic)'은 구별하여 사용해야 할 용어이다. '체계적'이라는 말은 라틴어에서 유래한 말로 순서, 절차, 간격이라는 의미를 갖는다. '체제적'이라는 용어는 그리스어에서 유래한 말로 유기적 총체라는 뜻이다(Davies, 1981). 체계적 접근은 주로 단계적이고 순차적인 절차를 의미하는 데 반하여 체제적 접근은 역동적이고 비순차적이며 전체 체제의 유기적 총체나 복잡한 생태학적 관계를 이해하기 위한 방법을 의미한다. 체계적이라는 말은 수업설계 활동을 위해 사전에 명세화된 절차를 포함하고 있지만 체제적이라는 말은 학습과정에 영향을 미칠 수 있는 모든 상황적·환경적 변인을 동시에 고려한다(Richey, 1993). 초기 수업설계가 체계적 접근을 강조했던 것은 보다 철저한 분석적 접근을 통해 수업설계에 과학적으로 접근해야 한다는 입장에서 출발했지만 체제적 수업설계는 모든 단계들을 계열적으로 수행하는 과정에서 비효율적이며 많은 시간과 비용을 투자해야 한다는 비판에서부터 출발한다.

### 4) 수업설계 이론과 수업설계 모형

수업설계 이론과 수업설계 모형의 최종적인 목적은 수업의 질을 개선하여 학습자의 학습을 촉진시키는 데 있다. 수업설계 이론은 일반적으로 수업현상을 설명하고 예언하기 위한 수단이 되는 일련의 원리를 이른다. Reigeluth(1999)가 내린 수업설계 이론에 대한 정의에 의하면 사람들을 보다 효과적으로 학습하고 개발하게 하는 방법에 대해 명확한 가이드를 제공하는 이론이라고 할 수 있다. 수업설계 모형은 예견된 교수조건에서 기대한 교수결과를 최대한으로 성취할 수 있도록 수업의 다양한 측면들을 잘 나타내는 일련의 구성요소들 간의 관계를 보여 주는 것이다.

Reigeluth(1999)는 수업설계 이론은 다음과 같이 네 가지 성격을 지닌다고 하였다.

첫째, 설계지향적이다. 이는 기술적인 이론이 아닌 처방적인 이론이어야 한다는 것을 의미한다. 즉, 인과관계에 대한 일반적인 기술이 아니라 어떤 수업목표를 달성하기 위해서는 어떤 수업방법이 효과적인지를 처방한다. 결과보다는 주어진 학습이나 개발을 위한 목표성취를 위한 수단에 초점을 맞춘 직접적인 가이드를 제공한다.

둘째, 수업방법 그리고 수업방법이 사용되거나 사용되어서는 안 되는 상황을 규정하고 있어야 한다. 수업설계 이론은 특정 학습목표와 주어진 학습환경에 따라 어떤 수업방법이 효과적인지를 규정해 주어야 한다.

셋째, 수업방법은 구체적인 구성요소인 방법으로 세분화될 수 있어야 한다.

넷째, 그 방법들은 확률적인 것이지 결정적인 것은 아니다. 즉, 목표획득의 가능성을 높여 주는 것이지 목표성취를 보장하지는 않는다.

이와는 달리 Lippitt(1973)는 수업설계 모형이 다음과 같이 세 가지 특성을 가져야 한다고 주장하고 있다.

첫째, 모형은 미래의 모습에 대해 명확히 기술해야 한다.

둘째, 설계와 관련된 다양한 집단들 간에 의사소통을 촉진해야 한다.

셋째, 설계를 실행하기 위한 일련의 활동을 개발할 수 있도록 사람들을 안내해야 한다.

이상으로 Reigeluth와 Lippitt의 수업설계 이론과 수업설계 모형에 대한 특성들을 요약하면 수업설계 이론이 학습과제, 학습자, 다양한 학습환경에 따라 적절한 수업방법을 처방해 주는 역할을 한다면 수업설계 모형은 설계를 실행하는 사람들에 대한 의사소통과 가이드 역할을 해줘야 한다는 것이다. 이런 논리에 의하면 수업설계 모형이 보다 실천적이고 과정적이고, 수업설계 이론은 실천하기 위해 처방적이라고 할 수 있다. Wilson(1997)은 수업설계 이론이 순수이론이라기보다는 실천적 문제해결을 위한 모형에 가깝다고 주장하고 있다. Dick(1987)은 수업설계 이론이 수업을 만들 때 사용하는 모델로 대변될 수 있다고 주장하면서 수업설계 이론과 모형 간의 구분보다는 연계성을 강조하고 있다. 수업설계 이론이 처방적이고 처방과 관련된 구체적 상황을 기술하고 있으므로 수업설계 모형과 구분하기가 어렵다(변영계, 이상수, 2008).

## 2 수업설계 모형

### 1) Tyler의 수업모형

Tyler는 1930년대 8년간에 걸쳐 미국의 중등교육의 진보를 위한 연구진을 이끈 학자이다. 장기간의 연구를 거쳐 그가 내린 결론은 교육과정과 수업은 실증적인 연구에서 비롯된 근거에 기반을 두어야 한다는 점이었다. Tyler가 제시한 내용들은 교육과정과 수업에 있어서의 문제를 탐구하는 연구의 기초를 제공하고자 하는 것이었으며, 교육과정과 수업을 설계하기 위한 구체적인 방안을 제공하려는 목적은 아니었다. 그럼에도 이후 많은 연구자들과 교사들은 그의 제안을 토대로 교육과정과 수업을 조직화하였으며, 이후에 제안된 다양한 수업설계 모형들에 포함된 요소들을 먼저 제안하였다는 점에서 의미를 가질 수 있다.

Tyler는 교육과정과 수업이 다음의 네 가지 요소로 이루어진다고 보았다.

① 교육의 목적을 규명하는 것
② 교육적 목적을 달성하는 데 유용한 학습경험을 선정하는 것
③ 학습경험을 조직하는 것
④ 학습경험의 효과성을 평가하는 것

교육의 목적과 목표를 규명하는 것은 수업과 같은 교육 프로그램을 계획하고, 이를 지속적으로 개선해 나가는 데 필수적인 요소이다. Tyler는 교육의 목적과 목표를 규명하는 데 세 가지 정보가 필요하다고 보았다. 첫째, 학습자에 대한 정보이다. 학습자에 대한 정보는 학습자의 요구, 흥미, 발달수준과 같은 정보들을 포함한다. 둘째, 현재의 문제점에 대한 정보이다. 문제에 대한 정보를 통해서 이러한 문제를 해결할 수 있는 의미 있는 결과가 어떠한지 규명할 수 있다. 셋째, 내용과 내용영역의 전문가에 대한 정보이다. 문제를 해결하기 위해 어떠한 내용이 학습되어야 하며, 이러한 학습내용을 제공해 줄 수 있는 전문가에 대한 정보가 필요하다.

Tyler는 학습경험을 "학습자와 환경의 외적 조건 사이의 상호작용"이라고 정의하였다. 이를 토대로 Tyler는 학습경험과 관련된 다음과 같은 일반적인 원리를 제안하였다.

① 학습자들은 제시된 학습경험에 참여할 수 있는 적절한 수준의 사전기질

과 사전지식을 소유하고 있어야 한다.

② 학습자들은 학습경험에 참여를 통해 기대된 목적을 달성함으로써 만족감을 얻어야 한다.

③ 특정한 목적을 달성하기 위해서는 다양한 학습경험이 활용될 수 있으며, 광범위한 학습경험의 활용은 교수자와 학습자의 흥미를 유지하는 데 도움이 된다.

④ 학습자는 목적을 달성하는 데 수반되는 내용과 행동들을 연습할 수 있는 기회를 가져야 한다.

⑤ 모든 학습경험은 하나 이상의 결과를 가지며, 때로는 기대되지 않은(바람직하지 않은) 학습의 결과가 발생할 수도 있다.

이러한 학습경험들은 학습에 대한 장기적이고 누적적인 영향을 줄 수 있도록, 학습경험이 서로에게 도움이 될 수 있도록 조직되어야 한다고 주장하였다. 학습경험의 조직원리는 세 가지로 나눌 수 있다.

① 지속성 : 학습자들이 중요한 개념과 목표들에 대해 학습할 수 있도록 수업과 연습은 지속적으로 제공되어야 한다.

② 계열성 : 학습경험은 내용에 대한 더욱 폭넓고 깊은 수준에 다다를 수 있도록 계열화되어야 한다.

③ 통합성 : 하나의 내용영역에 속한 학습경험과 목적은 다른 내용영역의 학습경험들과 연계되어야 한다.

마지막으로 Tyler는 평가의 중요성을 강조하였다. 그는 학습자들에 대한 평가가 수업과정 전, 중, 후로 나누어 이를 비교해야 한다고 생각했다. 또한 졸업 이후에도 그러한 학습이 지속되는지에 대해서 졸업생들에 대한 후속적인 평가와 연구가 필요함을 지적하였다.

## 2) ADDIE 모형

전형적인 수업설계 모형은 설계의 주요단계인 분석(Analysis), 설계(Design), 개발(Development), 실행(Implementation), 평가(Evaluation)의 다섯 가지 단계를 포함하고 있다(Dick, Carey, & Carey, 2001). 이를 두음을 따서 ADDIE라고 하는 학자도 있다.

ADDIE 모형에 포함된 다섯 가지 과정과 절차는 어떤 수업설계 모형에도 드러나는 핵심적인 활동이고 다양한 수업설계 모형의 뿌리가 되는 기본적인 모형이다. 이는 다음 그림 10-1 과 같다.

### (1) 분석(Anaysis)단계

분석과정에서 요구분석, 학습자 분석, 환경분석, 그리고 직무 및 과제분석이 포함된다. 요구분석이란 어떤 바람직한 상태와 현재 상태 간의 차이를 밝히는 것이다. 학습자 분석이란 학습자의 지적, 정의적 특성과 사회문화적 배경·학습양식 등을 말한다. 환경분석은 수업설계 과정에 참여할 인적 자원·기자재, 시설·경비 등의 물적 자원과 개발기간 등과 함께 교실·실험실 등 교수-학습 공간과 교수매체를 포함한다. 직무 및 과제분석은 교육의 목적을 성공적으로 수행하기 위해서 필요한 지식, 기능, 태도 등을 파악하고 이들 간 계열성을 밝힌다(박숙희, 염명숙, 2007).

### (2) 설계(Design)단계

분석과정에서 나온 결과물을 창조적으로 조합하는 일이다. 설계과정에는 수행목표의 명세화, 평가도구의 설계, 프로그램의 구조화 및 계열화, 수업전략과 매체의 선정이 포함된다. 설계과정에서 교육훈련의 전체모습, 즉 청사진 또는 설계명세서를 만든다.

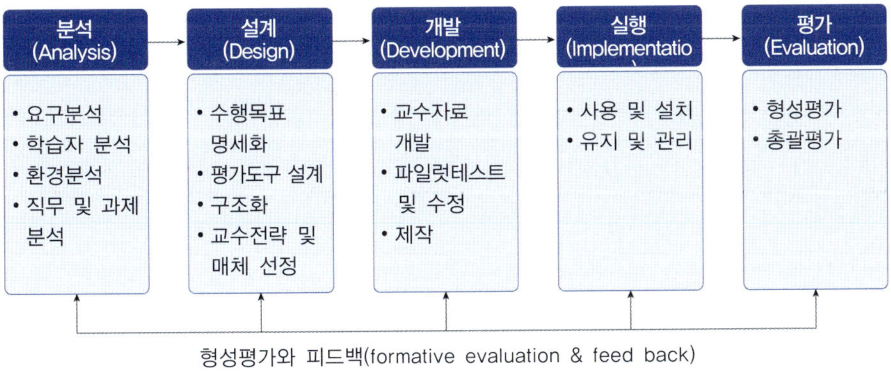


**그림 10-1** ADDIE 모형

### (3) 개발(Development)단계

설계명세서 또는 수업 청사진에 따라 수업에 사용될 수업자료를 실제로 개발하고 제작한다. 설계단계를 통해 나온 산출물은 이 단계에서 수정·보완된다. 즉, 먼저 수업자료의 초안 또는 시제품을 개발하여 형성평가를 실시하고 프로그램을 수정한 뒤에 마지막으로 최종산출물, 즉 완제품을 제작하는 일이 포함된다.

### (4) 실행(Implementation)단계

설계 및 개발된 교육훈련 프로그램을 실제의 현장에 사용하고 이를 교육과정에 설치하여 계속적으로 유지하고 변화·관리하는 활동이 포함된다. 수업내용의 효과적이고 효율적인 전달이 목적이 된다.

### (5) 평가(Evaluation)단계

수업설계 과정의 효율성을 평가하고 수업내용이 효과적으로 전달되느냐를 평가한다. 평가에는 형성평가와 총괄평가가 있다.

### 3) Dick과 Carey 모형

1968년도에 플로리다주립대학교에서는 최초로 체제적 수업설계 모형에 대한 강의가 있었다. 이를 Dick과 Carey가 1978년에 수업설계 모형에 대한 책을 내면서 체제적 수업설계모형과 관련된 모형을 만들었다. Gagné, Briggs, Mager, Glaser, Cronbach 등의 영향을 받아 작성된 것이다. 이 모형은 컴퓨터의 급속한 발달, 수행공학과 구성주의 등의 영향에 의해 2001년에 5판에 걸쳐 재수정을 하고 있는 모형이기도 하다.

이 모형은 수업설계 현장에서 수업설계자가 수업을 설계하고 개발하는 과정에서 필요한 모든 과정을 포함한 교과서적인 모형이다. 전 세계적으로 가장 널리 알려져 있는 모형 중 하나로 손꼽히면서 수업설계를 처음 배우는 초보자들을 위한 기본모형으로 가르치고 있다. 수업설계 절차는 다음 그림 10-2 와 같다.

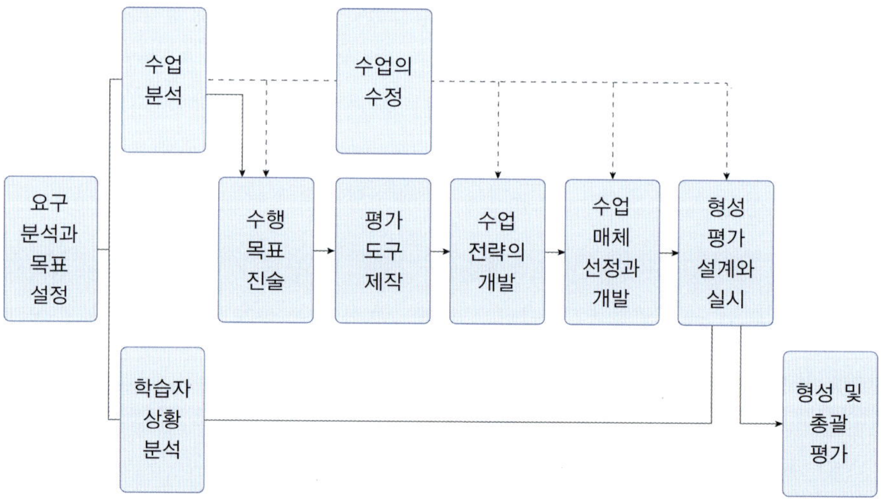


그림 10-2 Dick과 Carey의 수업체제설계모형

이 모형은 수업의 과정을 하나의 체제로 보고 학습자, 교사, 수업자료, 학습환경 등이 학습자의 학습촉진이라는 궁극적인 목표를 위해 유기적인 상호작용의 관계를 형성한다. 그래서 수업설계도 또한 체제적으로 이루어져야 한다고 주장한다. 각 수업설계의 단계를 간략히 설명하면 다음과 같다.

첫째, 요구분석과 목표설정 단계이다. 이 단계에서는 수업이 끝난 후 학습자가 무엇을 할 수 있을지를 규명하는 단계이다. 수업목표는 특정 학습에 어려움을 갖고 있는 학습자를 대상으로 한 요구분석, 특정한 일을 수행하는 사람들에 대한 분석, 새로운 수업에 대한 요구들로부터 결정될 수 있다. 즉, 수업목표를 달성하는 데 있어서 문제를 규명 및 해결하고 향후 더욱 발전시킨다는 것을 전제로 한다.

요구분석은 학습자의 당위적 수행과 현재 수행의 차이를 비교하여 원인을 파악하는 데서부터 출발한다. 원인을 파악하기 위한 다양한 방법을 활용하여 학습자가 획득해야 할 지식(knowledge), 기능(skill), 태도(attitude)가 있는 목표을 진술한다. 이런 유형의 목표를 진술하기 위해서는 '해결한다, 적용한다, 운영한다'와 같은 행동동사를 사용한다. 궁극적으로 이 단계에서는 해당 단원의 최종 수업목표를 도출한다. 수업의 목표는 하위수업 설계행동의 기반이 된다. 수업을 설계하고 개발해야 하는 특별한 문제와 요구가 있는가, 목표 진술이 명료한가, 그리고 수업을 설계하고 개발할 수 있는가와 같은 질문에 답을 제시하는 합리적인 과정을 통해 수업목표를 선택하고 수정하게 된다.

둘째, 수업분석 단계이다. 이 단계의 주요목표는 수업에 포함되어야 하는 지식과 기능 등을 규명하는 것이다. 앞의 단계에서 수업목표를 규명했다면 그 이후 고민해야 할 문제는 "학습자가 이미 수업목표를 수행할 수 있음을 보여준다면 무엇을 가르쳐야 하나?"에 답변해야 하는 것이다. 여기에서 '보여 준다면'에 초점을 두어야 한다. 아는 것이 아니라 아는 것을 어떻게 행하게 해야 하는 것이다. 그러기 위해서는 진술한 목표를 하나씩 검토해 볼 필요가 있다. 각각의 목표를 이루기 위해서는 어떤 기능들을 배워야 하는지 결정해야 한다. Bloom의 지식, 기술, 태도와 같은 세 개의 학습영역이나 Gagné의 언어정보, 지적 기능, 인지전략, 운동기능, 태도, 학습과 같은 다섯 개의 학습영역 중 하나로 범주화한다.

그 다음으로 학습자의 목표 성취를 나타내는 수행행동의 주요단계를 파악한다. 이 단계에는 행동과 내용이 포함되어야 하되 가장 효율적인 순서로 표현되어야 한다. 단계의 순서도 대부분의 태도, 지적 기능과 운동기능적 학습영역에 적절하다. 예를 들어, 언어정보는 대개 연대순이나 전체의 일부, 단순한 것과 복잡한 것, 친숙한 것과 친숙하지 않은 것과 같은 관계에 의해 분석된다. 목표 분석의 마지막에는 학습자가 수업목표를 수행했을 때 보여 줄 성취행동의 개요를 제시한다.

이렇게 일련의 목표의 단계를 규명한 후에는 전체 목표에서 그 단계의 수행을 학습하기 전에 학습자가 이미 알고 있어야 하는 선수학습의 정도와 할 수 있어야 하는 출발점 행동을 결정해야 한다. 하위기능을 분석하는 이유는 불필요한 기능이 있다면 비효율적인 방법이 될 수 있기 때문이다. 하위기능을 너무 많이 혹은 너무 적게 규명하는 것은 문제가 될 수 있다.

**출발점 행동** 학습자가 제시되는 학습을 시작하기 전에 가져야만 하는 선수기능이나 지식, 태도

셋째, 학습자 상황분석 단계이다. 무엇을 가르칠 것인지에 대해 고민할 뿐만 아니라 학습자의 특성, 교수가 이루어지는 환경, 그리고 기능이 실제적으로 사용되는 환경도 고려해야 한다. 학습자에게 가장 적당한 교수를 설계하기 위해서 가능한 한 많은 것을 알아야 한다. 데이터 수집을 하는 데 많은 경비와 시간이 소요되나 유용한 정보를 알아내지 못할 수도 있다. 학습에 영향을 미치는 일련의 변인들을 규명하는 데 학습자 변인도 중요하지만 학습이 일어나는 상황도 중요하다. 학습한 것을 실행하는 환경에 따라 교수매체, 교수전략, 학습자 평가가 달라져야 함을 전제로 한다.

일반적으로 학습자 분석을 위해 알아야 할 정보에는 출발점 행동, 주제에 대한 사전지식, 내용과 전달체제에 대한 태도, 학습동기, 교육수준과 지적 능력, 일반적인 학습선호도, 교육기관에 대한 태도, 집단특성 등이 있다. 이러한 학습자 분석을 통해 얻어지는 데이터는 다양한 방법에 의해서 수집될 수 있다. 현장을 견학한 후 이해관계자들, 즉 관리자, 학습자 등과의 면담을 통해서 정보를 얻어낼 수 있다. 또한 실제 수업을 직접 관찰하여 학습자의 관심, 목표,

태도, 자기보고 기술과 관련된 설문조사 등을 통해 정보를 얻을 수 있다. 이외에도 학습자에게 출발점 행동과 사전 지식, 기능 등을 파악하기 위한 사전 검사를 실시할 수도 있다.

수행환경의 상황을 정확하게 분석함으로써 학습자의 동기, 수업의 타당성을 높이고 새로운 지식과 기능의 실제 현장으로의 전이를 촉진시킨다. 이를 위해서 학습자가 새로운 기능을 활용할 때 얻게 될 다양한 측면의 이익에 대해서도 알아야 한다. 또한 실제 현장의 물리적인 여건과 사회적인 여건도 알아둘 필요가 있다. 그리고 학습한 기능이 실제 현장에서 사용되었을 때 적절한지 여부도 파악해야 한다. 수행환경 파악을 위한 데이터는 학습자 파악을 위한 방법과 거의 유사하다. 이 또한 현장 방문을 통한 면담이나 설문조사와 같은 직접적인 방법을 통해서 가능하다.

수행환경뿐만 아니라 학습환경에 대한 상황분석도 필요하다. 학습환경을 분석하는 방법으로 현실적 상태와 당위적 상태를 규명하는 방법이 있다. 현실적 측면은 수업이 이루어지는 환경을 검토하는 것이다. 당위적 상태는 의도한 수업을 적절히 지원할 수 있는 시설, 장비, 자원을 이른다. 학습상황 분석의 주요 요소는 다음과 같다.

① 수업요구에 대한 교육장소의 적합성
② 직무현장 또는 수행장소를 시뮬레이션할 수 있는 교육장소로서의 적용 가능성
③ 다양한 교수전략과 훈련전달 접근방법에 대한 교육장소로서의 적용 가능성
④ 수업설계와 전달에 영향을 미치는 제약조건

학습환경의 상황을 파악하기 위해 필요한 데이터는 현장분석과 또한 유사하다. 분석의 주요목표는 환경의 제한점이나 사용 가능한 설비를 규명하는 것이기 때문이다. 학습환경도 현장방문을 통해 면담이나 설문조사와 같은 방법을 통해 데이터를 수집할 수 있다.

마지막으로 수업분석을 평가하고 수정하기 위해서 목표학습자의 특성을 지

닌 몇 사람을 선택하여 그들에게 분석이 의미하는 바를 설명한다. 목표를 진술하고 학습자가 무엇을 행동으로 보여 줄 수 있는 것인지를 설명한다. 단계별로 진행하면서 예시해 줄 수도 있다. 그런 다음 일련의 하위기능들이 각각의 목표 단계를 어떻게 지원하는지 설명하고, 출발점 행동이 무엇인지 설명하는 식이 되어 객관적으로 학습자의 의견을 반영한다.

넷째, 수행목표 진술단계이다. 수행목표는 학습자가 한 단원의 학습을 마쳤을 때 무엇을 할 수 있는가에 대한 상세한 기술이다. 학습자의 성취를 기술할 때 행동 목표라는 용어를 사용하는데 이는 수행목표 또는 수업목표라고도 한다. 수행상황에서 학습자가 무엇을 수행할 수 있는지 또는 학습자가 학습상황에서 무엇을 할 수 있는지를 기술하는 최종목표를 다른 방식으로 표현한 것이고 하위목표는 학습자가 최종목표를 성취하는 데 반드시 통달해야 할 단계적 하위기능을 기술한 것이다.

수행목표는 수업분석에서의 기능으로부터 도출된다. 수업분석에서 규명된 각각의 기능을 위해 하나 또는 그 이상의 목표가 기술된다. 때로는 이것은 출발점 행동으로 규명된 기능을 위한 목표를 작성하는 것을 포함한다. 출발점 행동을 위한 목표가 기술되어야 하는 중요한 이유는 출발점 행동능력을 실제로 갖추었는지를 알아보기 위한 평가문항을 개발하는 데 기초가 되기 때문이다.

목표의 구성요소로 세 가지가 있다. 첫째, 수업분석에서 규명된 기능 또는 행동을 기술하는 것이다. 목표는 학습자가 무엇을 할 수 있는지 기술해야 하므로 행동과 내용 또는 개념을 모두 포함한다. 둘째, 학습자가 과제를 수행하는 조건들에 대해 기술한다. 셋째, 학습자 수행을 평가하는 데 사용될 준거를 기술한다. 준거에는 종종 수용할 수 있는 응답의 범위가 진술된다. 준거는 '답이 정확하게 맞아야만 하는가?'에 대한 질문에 해답을 제시한다.

다섯째, 평가도구 제작단계이다. 이 단계에서는 수업목표 진술에서 구체적으로 언급된 수업 후 학습자가 할 수 있는 능력을 측정할 수 있는 도구를 제작하는 것이다. 이로써 학습자의 발전 정도와 교수의 질을 평가할 수 있다. 학습자 중심 평가의 정의는 체제적으로 설계된 수업의 핵심요소인 준거지향 검사의 전통적인 정의와 일치한다. 수업설계를 하면서 사용할 평가도구는 출발점 행동검사, 사전검사, 연습 혹은 리허설 검사, 사후검사 이렇게 네 가지가 있다. 검사문항의 질에는 목표중심 준거, 학습자 중심 준거, 상황중심 준거, 검사중심 준거와 같은 네 가지 범주가 있다. 검사문항과 과제를 만드는 동안 반드시 고려되어야 한다.

여섯째, 수업전략 개발단계이다. 이 단계에서는 설계자가 학습자에게 수업을 어떻게 제시할 것인지를 규명한다. 수업전략에는 그룹토의, 개별 읽기, 사례학습, 강의, 컴퓨터 모의학습, 워크시트, 협동그룹 프로젝트 등과 같은 매우 다양한 교수-학습 활동이 포함된다. 이런 것들은 모두 미시적이다. 설계자가 이런 종류의 결정을 하기 전에 거시적 전략, 즉 학습자에게 주제를 소개하는 것으로 시작해서 학습자가 목표를 달성하는 것으로 마무리 짓는 총체적인 학습전략을 개발하는 것이 필요하다.

일곱째, 수업자료를 선택하거나 개발하는 단계이다. 수업자료에는 교재를 포함하여 학습보조 자료, 비디오테이프, 웹페이지, OHP 등 다양한 매체를 포함한다. 수업목표를 성취하는 데에는 여러 가지 방법이 있으며 이를 위해서 여러 가지 수업매체를 활용한다. 이 수업매체 중에는 이미 개발되어 있는 것도 있지만 새롭게 개발되어야 할 것도 있을 것이다. 따라서 이 단계에서 가장 적합한 수업매체를 선택해야 하고 만약 적당한 수업매체가 없다면 새로 개발해야 한다.

여덟째, 형성평가를 설계하고 실행하는 단계이다. 앞 단계들을 거쳐 완성된 수업 초기안의 문제점을 발견하는 단계이다. 형성평가는 수업의 효과를 높이기 위해 사용할 수 있도록 수업을 개발하는 동안에 데이터와 정보를 수집하는 것을 의미한다. 학습대상자 집단의 여러 구성원들로부터 수업자료의 사용과 효과에 관해 정보를 모으고 그 정보를 사용하여 수업자료를 더욱 효과적으로 만들 것을 강조한다. 수업의 최종안이 만들어졌을 때에는 다른 평가자들이 효과성을 판단하기 위해서 데이터를 수집할 것이다. 이런 평가유형은 종종 총괄평가로 불린다. 이제는 교수가 최종형태이며 다른 유사한 교수형태와 비교하는 것이 적절하다는 점에서 총괄적이라고 한다.

형성평가는 일대일 혹은 임상적 평가, 소집단 평가, 그리고 현장평가 세 가지가 있다. 일대일 혹은 임상적 평가에서는 수업자료를 수정하기 위한 데이터를 얻기 위해서 개별 학습자와 함께 작업한다. 소집단 평가는 대상집단의 대표가 되는 학습자 8명에서 20명 정도를 그룹으로 하여 교수자료를 스스로 학습하고 형성평가에 필요한 데이터 수집을 위해서 시험을 본다. 현장평가에서 학습자 수는 중요하지 않다. 보통 30명 정도면 충분하다. 현장평가에서 가능한 한 '현실세계'와 비슷한 상황에서 수업이 제대로 되는 데 필요한 절차에 대한 평가가 강조된다.

위의 세 가지 형성평가를 실시하기에 앞서 교수개발 계획에는 직접 관여하지는 않지만 관련된 전문지식과 관심이 있는 전문가들의 검토가 먼저 이루어진다. 이런 검토자들의 역할을 설명한 후 세 가지 학습자 중심의 형성평가를 설명한다.

아홉째, 수업의 수정단계이다. 학습자가 어려움을 겪는 부분과 가능한 수정 방안을 찾기 위해서 형성평가에서 수집된 데이터를 요약한다. 요약하는 방법에는 여러 가지가 있다. 주로 수업전략에 근거를 두어 데이터를 해석하고 그 데이터와 학습과정에 대한 이해에 기초하여 수업자료를 수정하도록 한다.

수업자료를 수정하는 기본유형에는 두 가지가 있다. 첫째 유형은 수업자료를 보다 정확하고 효과적인 학습도구로 만들기 위해서 수업자료의 내용이나 취지를 수정하는 것이다. 둘째 유형은 수업자료를 활용하는 절차의 수정과 관련되어 있다.

열 번째, 수업을 실행하고 총괄평가를 하는 단계이다. 형성평가와는 달리 지식의 습득 또는 교수를 지속적으로 사용할 것인가에 대한 결정을 하기 위하여 데이터와 정보를 수집하는 과정이다. 형성평가를 거친 후 수정되어서 주된 문제점이 모두 제거된 후 일반적으로 사용될 수 있을 때까지 평가 전과 후를 비교하는 것을 미뤄야 한다는 주장이 있다. 최근 총괄평가의 방향이 바뀌어서 '어떤 것이 더 나은가?'라는 질문은 더 이상 하지 않고 '수업을 포함한 교수자의 개입이 수업의 문제점을 해결했나?'라는 질문을 한다.

총괄평가를 하는 주요목표는 현재의 수업자료를 계속 사용할 것인지 또는 조직에서 정한 수업요구를 충족시킬 수 있는 새로운 수업자료를 채택할 것인지 결정하는 것이다. 총괄평가에는 전문가 평가와 현장평가라는 두 가지 종류가 있다. 전문가 평가는 현재 사용 중인 수업자료나 후보에 오른 수업자료가 요구를 충족시킬 만한 것인지를 결정하기 위한 것이다. 현장평가는 의도한 수업장면에서 수업자료의 효율성을 입증하기 위한 것이다.

### 4) ASSURE 모형

ASSURE 모형은 Heinich, Molenda, Russell, & Smaldino(1996)가 교수·학습 과정에서 교수매체를 효과적으로 활용하기 위한 방안을 제시하기 위해 제안된 수업설계 모형이다. 그림 10-3 과 같이 ASSURE은 학습자 분석(Analyze learner), **목표진술**(State objectives), 방법, 매체 및 자료의 선택(Select methods, media & materials), 매체와 자료의 활용(Utilize media & materials), 학습자 참여요구(Require learner participation), 평가와 수정(Evaluate & revise)의 여섯 개 단계의 앞글자를 따서 ASSURE 모형이라고 칭하며, 모형을 적용하면 효과적인 수업을 보증(assure)한다는 저자들의 바람도 내포되어 있다.

| A | S | S | U | R | E |
|---|---|---|---|---|---|
| Analyze Learner | State Objectives | Select Methods, Media & Materials | Utilize Media & Materials | Require Learner Participation | Evaluate & Revise |

**그림 10-3** ASSURE 모형

#### (1) 학습자 분석

수업목표를 달성하기 위해서, 가장 적합한 매체를 선택하기 위해서는 학습자들에 대해 이해하고 있어야 한다. 이러한 학습자에 대한 분석은 일반적인 특성, 특별한 출발점 능력, 학습양식과 같은 관점에서 분석될 수 있다. 학습자의 일반적인 특성이란 연령, 학년, 직업이나 지위, 문화요인, 사회경제적 요인과 같은 것을 지칭한다. 이러한 일반적인 특성에 대한 분석은 수업의 수준을 결정하거나 적절한 예시를 제공하는 데 도움이 된다. 구체적 출발점 능력은 해당 수업의 학습을 위해서 학습자가 가지고 있거나 부족한 지식과 기능을 의미한다. 특정한 과목에 대한 학습자들의 선수지식과 태도와 같은 요인들은 다른 요인들보다 학습자들의 학습방법과 과정에 큰 영향을 미친다. 구체적인 출발점 능력은 학습자들에 대한 질문이나 인터뷰와 같은 비공식적인 방법, 표준화된 검사, 또는 교사가 제작한 검사와 같은 공식적인 방법을 통해 확인될 수 있다. 학습양식은 학습자가 학습환경을 지각하고 상호작용하며 감정적으로 반응하는 방식을 결정하는 심리적 특성을 의미한다. 학습양식과 관련된 변인은 지각적 선호와 강점, 정보처리 습관, 동기적 요인, 생리적 요인으로 나눌 수 있다.

**표 10-2** 학습양식의 변인 요소

| 순 서 | 학습양식의 변인 | 내 용 |
|---|---|---|
| 1 | 지각적 선호와 강점 | • 학습자들마다 자신이 선호하고 사용하기에 익숙한 감각통로가 다름 |
| 2 | 정보처리 습관 | • 개인이 정보의 인지적 처리에 접근하는 방식이 다름<br>• Butler(1986)의 사고양식(mind style) : 구체적 계열적, 구체적 무선적, 추상적 계열적, 추상적 무선적 양식 |
| 3 | 동기적 요인 | • 동기 : 사람이 어떤 목표나 경험 쪽으로 향하게 하거나 거부하도록 선택하도록 하는 내적 상태임<br>• 내적 동기요소 : 도전감이나 호기심과 같은 과제, 그 자체나 경험에 의해 생성되는 것<br>• 외적 동기요소 : 경험 혹은 과제와 직접 관련되지 않는 성적이나 보상과 같은 요인에 의해 생성되는 것 |
| 4 | 생리적 요인 | • 성별의 차이, 건강, 환경조건과 관련된 요인 |

### (2) 목표진술

학습자 분석단계가 끝나면 가능한 한 명세적인 목표를 진술해야 한다. 목표는 학습자가 수업의 결과로써 무엇을 할 수 있게 될 것인가의 관점에서 진술되어야 한다. 수업목표를 진술해야 하는 까닭은 첫째, 방법과 매체를 적절히 선택하기 위해서이다. 둘째, 교사가 적절한 평가를 할 수 있도록 돕기 위해서이다. 셋째, 목표가 분명하고 명세적으로 진술되어야 교수와 학습은 목표지향적이 될 수 있기 때문이다. 목표를 진술할 때는 학습자들이 수행해야 하는 것과 수행의 준거가 포함되어야 한다. 잘 진술된 목표는 ABCD를 포함한다. 즉, 그 목표가 누구를 위한 것인가 하는 대상(Audience), 대상이 수업 후에 갖게 될 새로운 행동(Behavior), 그 행동이 관찰될 조건(Condition), 새로운 행동이나 기능이 숙달되어야 할 정도(Degree)가 진술된다. 학습자는 각자가 상이한 특성을 가지고 있으며 목표는 개별 학습자의 능력에 맞아야 한다. 목표는 학습자가 성취해야 할 최대가 아닌 최소 수준을 가리키는 것이어야 한다. 또한 동기부여를 위해서 자신의 목표를 몇 가지로 명세화해 보도록 하는 것도 바람직하다.

### (3) 방법, 매체, 자료의 선택

학습대상을 확인하고 목표를 진술하고 나면 수업의 시작점과 종결점을 확립한 셈이다. 이제는 학습자와 목표 사이를 연결하기 위해 적절한 방법을 결정하고, 방법을 수행하기에 적합한 매체유형을 선택하며, 그 매체유형 내에서 특정한 자료를 결정하는 일을 해야 한다.

수업의 방법을 선택하는 데 있어서 주어진 수업의 목표나 학습자의 특성을 고려하여 한 수업에서도 두 가지 이상의 방법을 선택하여 사용할 수 있다. 방법을 수행하는 데에 적합한 매체유형을 선택하기 위해서는 각 매체의 성격과 함께 수업장면, 학습자 변인, 목표의 성격을 함께 고려하여야 한다. 또한 각 매체유형이 학습자에게 피드백을 줄 수 있는 기능을 가지고 있는지를 살펴보아야 한다.

자료를 획득하는 방법에는 이용 가능한 기존의 자료를 선택하는 방법, 기존의 자료를 수정하는 방법, 새로운 자료를 설계하는 방법이 포함된다.

### ① 이용 가능한 자료 선정하기

교사가 사용하는 대부분의 자료들은 이미 사용해 온 것들이 많다. 이미 만들어져 있거나 이용 가능한 것이기 때문에 주변에서 쉽게 얻을 수 있다. 이러한 자료를 적절히 선택하기 위해서는 매체·공학 전문가를 포함시키기, 출처 조사하기, 선택준거를 결정하기, 매체참조와 평가파일을 개발하기 등과 같은 일이 필요하다.

### ② 기존자료 수정하기

기존의 자료에서 적당한 것을 찾을 수 없거나, 학습자의 다양한 요구에 부응하기 위해 혹은 학습목표에 더 근접하도록 하기 위해서 기존자료를 수정할 필요가 생기기도 한다. 기존자료를 수정하는 방법에는 여러 가지가 있는데 예를 들면 수업게임은 수업에 맞게 놀이규칙을 변화시키거나 난이도 수준을 조절하는 것으로 수정될 수 있다.

### ③ 새 자료 설계하기

기존의 자료를 이용할 수 없거나 쉽게 수정할 수 없을 때 수업자료를 직접 설계하게 된다. 새 자료를 설계할 때에도 목표, 대상, 비용, 기술적 전문성, 기자재, 시설, 시간적 요소를 고려하여야 한다.

## (4) 매체와 자료의 활용

다음은 이전의 단계에서 선택하거나 만든 매체와 자료를 학생과 교사가 활용하는 단계이다. 학생과 교사가 매체와 자료를 활용하는 절차인 '5p'는 교사중심 혹은 학습자 중심 수업 어디에서나 적용이 가능한 것이다. 자료의 사전검토(preview the materials) → 자료의 준비하기(prepare the materials) → 환경의 준비하기(prepare the environments) → 학습자 준비시키기(prepare the learners) → 학습경험 제공하기(provide the learning experience)

① **자료의 사전검토**

수업자료를 미리 보지 않고 사용해서는 안 된다. 교사는 자료가 학습자와 목표에 적당한지 미리 검토해야 한다. 교사 스스로 자료를 미리 검토하면 매체와 자료의 잠재력을 충분히 발휘하면서 사용할 수 있다. 또한 부적절한 내용이나 언어에 학습자가 노출되지 않도록 할 수 있다.

② **자료 준비하기**

수업을 도와줄 매체나 자료를 준비해야 한다. 먼저 수업에 필요한 모든 자료나 매체를 수집한다. 그런 후에 그것을 어떤 순서로 사용할지 결정한다. 특히, 제시자로서 교사의 역할과 학습자로서 학생들은 무엇을 할 것인지 결정한다. 수업에 필요한 자료와 기자재 목록을 작성하여 준비하는 것도 좋은 방법이다.

③ **환경 준비하기**

학습자가 매체와 자료를 사용하기에 알맞은 시설을 준비해야 한다. 편안한 의자, 적당한 조명과 환기, 분위기 조절 등의 요소는 어느 수업상황에서도 준비되어야 할 기본요소이다. 또한 교사는 사용할 기자재가 제대로 작동하는지 수업 전에 미리 확인해야 한다. 학습자가 잘 볼 수 있고 잘 들을 수 있도록 시설을 배열해야 한다.

④ **학습자 준비시키기**

학습자의 수업준비 정도는 학습의 성과에 크게 영향을 미친다. 교사는 수업의 전반적인 개요를 소개하거나 학습자의 동기를 불러일으키는 진술을 함으로써 학습자를 준비시킬 수 있다.

⑤ **학습경험 제공하기**

교사중심 수업인 경우 학습자의 주의를 집중시키고 유지하는 방식으로 전문가의 입장에서 자료제시 형태로 학습경험을 제공한다. 이때에 적절한 자료제시 방법(showmanship)을 가지고 교사는 마치 배우가 관중의 주의를 끄는 것과 같이 학습자의 주의를 끌 수 있어야 한다. 반면 학습자 중심 수업의 경우 교사는 학습자가 인터넷을 통해 주제를 탐구하고, 내용을 토론하고, 포트폴리오를 위한 자료를 준비하고 정보를 친구들에게 제시할 수 있도록 돕는 안내자, 촉진자, 가이드의 역할을 해야 한다.

#### (5) 학습자 참여요구

효과적인 수업이 되기 위해서는 학습자들의 적극적인 사고활동을 유도해야 한다. 학습자들은 그들이 배워야 하는 지식이나 기능을 연습하고 교사로부터 필요한 피드백을 제공받아야 한다.

#### (6) 평가와 수정

수업 후에 학습자의 성취와 그 수업의 영향과 효과, 교사에 대한 평가를 하고 이에 대한 피드백의 제공이 필요하다.

## 3 수업목표 설정

### 1) 수업목표 설정을 위한 요구분석

학습자의 당위적 수행과 현재 수행의 차이를 비교하여 원인을 파악한다. 여기서 '당위적'이란 '세상에서 최선의 것'이라는 의미로 사용되는 것이 아니라 '필수적인 수행수준 또는 조직의 목적과 같은 현실적 의미'로 사용된다. 당위상태와 현재 상태에 차이가 있을 때 이것이 '요구'가 된다. 요구를 이해하기 위해서 사람들이 이에 대해 어떻게 느끼는지 그리고 요구가 사람들에게 어떻게 영향을 미치는지 판단하는 것이 유용하다. 부가적으로 요구에 대한 가능한 원인과 해결책에 대한 그들의 관점들이 크게 도움이 될 수 있다.

요구사정은 전체 설계과정상 매우 중요한 요소이다. 훈련자나 교육자는 요구가 없는 교수를 개발하려면 막대한 비용이 든다는 점을 고려해야 한다. 그러므로 요구분석은 '현장을 중시한' 분석이어야 하고, 수행을 대상으로 해야 한다. 최근 이러한 요구분석에 있어서 인터뷰나 수행에 대한 직접적인 분석을 통해 통찰력을 강화하는 방법들이 사용되기도 한다. '수행자'는 잠재적 문제를 갖고 있는 사람이거나 새로운 장비로 특별한 과제를 어떻게 수행할 것인지를 보여 줄 전문가일 수 있다.

수업목표는 특정 학습에 어려움을 갖고 있는 학습자를 대상으로 한 요구분석, 특정한 일을 수행하는 사람들에 대한 분석, 새로운 수업에 대한 요구들로부터 결정될 수 있다. 즉, 수업목표를 달성하는 데 있어서 문제를 규명 및 해결하고 향후 더욱 발전시킨다는 것을 전제로 한다. 그런데 실제 문제는 처음에 인식하는 것 정도에 그치지 않는다. 예상하지 못했던 문제상황이 펼쳐질 수도 있는 것이다. 그래서 정확한 문제규명이 필요하고 이를 해결할 수 있는 다양한 방법들에 대해 생각해야 한다. 그런데 분명한 것은 교수-학습 상황에서의 문제는 순수한 교수(teaching)에만 기인하지 않는다는 사실이다. 가능한 문제해결책이 규명된 후 그중 교육으로 해결될 수 있는 해결책을 선택해야 한다. 그리고 교육으로 해결하기 위한 다양한 해결책, 즉 복합적인 변화를 마련해야 한다.

## 2) 수업목표 설정의 원리

교육과 관련된 문제와 요구에 대해 다음 몇 가지 질문에 답하는 것으로 요구를 분석하고 목표를 수립하는 데 도움이 된다.

① 요구가 정확하게 기술되었으며 입증되었는가?
② 현재뿐 아니라 미래에도 요구를 예측할 수 있는가?
③ 가장 효과적인 해결책이 교수인가?
④ 문제에 대한 해결책과 제안된 수업목표들은 논리적으로 일치하는가?
⑤ 수업목표가 행정가와 관리자들에게 받아들여질 수 있는가?

수업목표가 명확하게 진술되었는지 파악하기 위한 질문은 다음과 같다.

① 행동들이 명확하게 예시되었고, 측정 가능한 것인가?

② 주제영역이 정확하게 설명되었는가?

③ 내용이 시간이 지나도 비교적 안정적인가?

자원을 파악하기 위한 질문은 다음과 같다.

① 수업목표 영역이 전문적인가?

② 계획을 실천하는 데 가용할 만한 시간과 자원인가?

③ 수업개발 과정에서 수업을 평가하고 수정하는 데 필요한 학습자 집단이 있는가?

수업목표는 위의 질문들에 답하기 전에 반드시 분명하게 해야 할 행동과 내용에 대한 매우 일반적인 진술들이다. 이러한 일련의 과정을 거치게 되면 수업목표를 적절하고 가능하며 명확하게 진술할 수 있다. 수업목표를 명료화하기 위해 필요한 절차는 다음과 같다.

첫째, 수업목표를 기술한다.

둘째, 학습자가 목표를 성취했다는 것을 나타내기 위해 학습자가 수행할 모든 행동목록을 만든다.

셋째, 추가된 행동목록을 분석하여 목적이 성취된 것을 가장 잘 나타낼 수 있는 행동을 선택한다.

넷째, 선택된 행동을 학습자가 보여 줄 것을 설명하는 진술에 포함시킨다.

다섯째, 수정된 목표진술을 검토하고 그 행동을 보여 줄 학습자가 초기의 광범위한 목표를 성취할 수 있는지 판단한다.

Mager(1972)는 모호한 목표의 예로서 '감상하기, 인식하기, 느끼기'와 같은 내적 상태에 대한 추상적 진술을 들고 있다. 이런 종류의 용어들이 종종 목표진술에 사용되지만 학습자들이 이 목적을 성취했을 때 무엇을 할 수 있는지 구체화하지 않았기 때문에 무엇을 의미하는지 알 수 없다. 교수(teaching)가 제대로 이루어졌을 때 학습자가 성취한 목표를 보여 주어야 한다. 목표가 너무 불명확해서 성공적인 수행이 무엇인지 명확하지 않다면 좀 더 자세한 분석이 필요하다.

모호한 목표를 분석하기 위해서는 우선 목표를 기술한다. 그 다음에 학습자가 목표를 달성했다는 것을 나타내기 위해 해야 할 일이 무엇인지 또는 목표를 수행하는 중이라면 할 일이 무엇인지를 나타내도록 한다. 목표를 모두 기술한 후에 다음과 같이 자문해 보면 잘 기술했는지 여부가 드러날 것이다. 만약 학습자가 각각의 수행을 성취하고 보여 주었다면 학습자 목표를 달성했다고 할 수 있는지? 만약 이 질문에 긍정적인 답을 할 수 있다면 목표를 상세하게 기술한 것이다. 목표와 요구에 대한 다양한 의견과 구체적 행동에 대한 합의점을 찾을 수 있도록 많은 전문가를 활용하는 것이 바람직하다.

수업목표에서 가장 중요한 것은 학습자가 무엇을 할 수 있게 될 것인가를 서술하는 것이지만 학습자가 누구인가, 기능들을 어떤 상황에서 사용할 것인가, 어떤 도구들이 사용 가능한지 제시하지 않으면 이 서술은 완전할 수 없다. 이들 양상에 대해 모호한 진술이나 암시를 하기보다는 명료화해야 한다. 수업설계를 하면서 어떤 자료와 도구를 활용할 수 있는지 어떤 수행환경에서 학습자가 학습하며 학습자 자체의 특성은 어떠한가를 파악하는 것은 무척 중요하다. 수업설계를 하기 위해서 반드시 파악해야 할 요소를 나열하면 다음과 같다.

① 학습자
② 학습자가 수행상황에서 할 수 있게 될 것
③ 기능들이 적용될 수행상황
④ 수행환경에서 학습자가 이용할 수 있는 도구

## 3) 수업목표의 영역

학교를 포함한 다양한 교육의 장면에서 무언가를 학습한다고 했을 때 그 학습의 결과물은 모두 동일한가에 대해 생각해 보자. 어떤 상황에서 학습자는 교사의 설명을 통해 새로운 개념을 습득할 수도 있고, 어떠한 상황에서는 습득된 개념을 실제적인 삶의 장면에 활용할 수도 있을 것이다. 또한 이전에 가지고 있던 가치관이나 태도에 변화가 올 수 있고, 새로운 몸의 움직임이 가능해졌을 수도 있다. 이렇듯 우리가 학습이 일어났다고 하는 현상에서 찾아볼 수 있는 결과의 모습은 매우 다양할 수 있다. 교사의 입장에서 수업의 목표를 결정하는 것과 관련되어서 고려해야 할 부분은 수업활동을 통해 성취하기를 기대하는 학습의 성과가 어떠한 특성을 지니고 있는가에 대한 분석일 것이다. 이러한 학습의 영역은 교육목표의 분류, 학습된 능력의 종류와 같은 말로도 사용되었다. 대표적으로 Bloom은 학습의 영역을 인지적 영역(cognitive domain), 정의적 영역(affective domain), 심동적 영역(psychomotor domain)으로 구분하였다. Gagné의 경우에는 학습을 통해 얻을 수 있는 능력의 영역을 언어정보(verbal information), 지적 기능(intellectual skill), 인지전략(cognitive strategy), 운동기능(motor skill), 태도(attitude)의 다섯 영역으로 구분하였다. Merrill은 인지적인 영역을 중심으로 학습의 내용수준을 사실, 개념, 절차, 원리로 나누고, 학습자의 수행수준을 기억, 활용, 발견으로 나누어 이 두 가지 요인의 결합을 통해 학습의 영역을 규명하고자 시도하였다. Bloom, Gagné, Merrill의 학습의 영역에 대한 구분을 표로 정리하면 표 10-3 과 같다.

**표 10-3** 학습의 영역에 대한 비교

| Bloom | Gagné | Merrill |
|---|---|---|
| 인지적 영역<br>• 지식<br>• 이해<br>• 적용<br>• 분석<br>• 종합<br>• 평가 | • 언어정보<br>• 지적기능<br>변별<br>개념(구체적 개념, 정의된 개념)<br>원리<br>문제해결<br>• 인지전략 | • 사실 - 기억<br>개념 - 기억<br>절차 - 기억<br>원리 - 기억<br>• 개념 - 활용<br>절차 - 활용<br>원리 - 활용<br>• 개념 - 발견<br>절차 - 발견<br>원리 - 발견 |
| 정의적 영역 | 태도 | (해당사항 없음) |
| 심동적 영역 | 운동기능 | (해당사항 없음) |

### 4) 수업목표 진술방법

#### (1) Tyler식 진술

Tyler는 수업목표를 이원적으로 보아 '행동요소', '내용요소'로 제시하고 있다. 기대하는 행동특성과 그 행동특성이 적용되는 내용을 함께 진술하는 것이다. 이 식의 진술예시를 보면 다음과 같다.

① 교사의 행동으로 진술하는 것이 아니라 학습자의 행동으로 진술되어야 한다. 예를 들면, '~을 알게 한다', '~을 가르친다' 등의 진술은 바람직하지 못하다. 대신 '~을 할 수 있다' 등으로 구체적 행동용어를 사용해서 진술해야 한다.

② 내용과 행동으로 진술한다.

③ 기대되는 행동을 충분히 세분화하여 진술한다.

④ 암시적 동사가 아니라 명시적 동사를 사용한다.

#### (2) Mager식 진술

학습자가 수행하게 될 행동, 학습행위가 일어나게 되는 조건, 학업의 달성 수준을 판단할 수 있는 수락기준 세 가지 요소로 구성된다.

첫째, 행동. 학습이 끝난 후에 학습자가 무엇을 하게 되어야 하는가를 뜻한다. 가능하다면 관찰 가능하고 측정할 수 있는 행동동사로 진술해야 한다. Tyler의 견해에서 본 행동이라는 개념과 유사하므로 학습자의 지적 혹은 기능적인 측면의 변화를 말한다. 이때 성취행동에 초점을 두고 있기 때문에 이 목표를 내용, 수업전략, 방법 등과 같은 다른 요소를 포함하지 말아야 한다(Nadler & Nadler, 1994). 행동동사의 예로는 '열거한다', '설명한다', '비교한다' 등이 있다.

둘째, 조건. 조건은 수행이 일어날 상황에서 학습자가 처하게 될 한계 혹은 제약 조건을 의미한다. 제약조건은 학습상황의 제약조건이 아니라 최종 수행행동이 직면하게 될 상황의 제약조건을 뜻한다. 즉, 학습자가 목표를 성취하는 데 관련된 상황적 요인으로 어떤 장면, 어떤 상황에서 목표의 달성이 이루어져야 하는가를 의미한다. 예를 들면, '동료의 도움 없이~', '참고서를 활용하여~', '지도를 보고~' 등과 같이 표현할 수 있다.

셋째, 수락기준. 수락기준은 준거가 된다. 준거란 수락될 수 있는 수행수준을 진술한 것이다. 준거가 있어야 학습자의 수행에 대한 목표달성 여부를 판단할 수 있다. 준거는 목표를 달성한 학습자와 그렇지 못한 학습자를 구별하는 잣대가 된다.

Mager식으로 수업목표를 진술한 예는 다음과 같다.

> '50개의 원소기호를 제시했을 때 30개 이상을 외워서 쓸 수 있다.'
> (조건) (기준) (행동)

와 같이 기술할 수 있다.

### (3) Gagné식 진술

성취상황, 학습된 능력, 성취내용, 성취행동, 성취도구·제한점·조건 등 다섯 가지 요소로 구성된다.

첫째, 성취상황. 학습이 이루어지는 환경적인 조건을 이른다. 이는 Mager가 제시한 요소 중 '조건'과 같으며 앞의 예문에서 '50개의 원소기호를 제시했을 때'에 해당한다.

둘째, 학습된 능력. Gagné가 분류한 언어정보, 지적기능, 인지전략, 태도, 운동기능이라는 다섯 가지 목표 유형을 이른다. 즉 다섯 가지 유형에 따라 학습이 최종적으로 구체화된 능력이다. 예를 들면, 언어 정보 유형의 학습은 '말한다', 지적 기능 유형의 학습은 '구별한다', 개념 유형의 학습은 '분류한다', 원리 유형의 학습은 '예증한다', 문제해결 유형의 학습은 '창안한다', 그리고 태도 유형의 학습은 '선택한다', 운동기능 유형의 학습은 '실행한다'와 같은 동사를 주로 사용한다.

셋째, 성취내용. 학습자가 학습하는 내용이므로 목표 유형별로 학습된 능력의 구체적인 내용을 이른다.

넷째, 성취행동. 학습된 능력을 관찰할 수 있는 행동 동사를 이른다. 학습의 유형에 상관없이 다양한 동사를 사용할 수 있으나 학습된 능력을 나타내는 동사는 사용하지 않는다.

다섯째, 성취도구·제한점·조건, 성취행동이 수행될 상황에서의 성취 정도와 범위, 조건 등을 이른다.

Gagné식으로 수업목표를 진술한 예는 다음과 같다.

> 다양한 광물을 제시했을 때 (성취상황) 광물끼리 긁은 흠집을 확인하여 (성취행동)
> 모드 굳기 도표에 따라 (성취도구, 제한점, 조건) 광물의 굳기의 정도를 (성취내용) 구별할 수 있다. (학습된 능력)

와 같이 기술할 수 있다.

### 탐구문제

1. 학교에서 활용하고 있는 교수-학습 지도안의 형식을 살펴보고, 자신의 전공을 고려하여 학년과 단원을 설정하여 교수-학습 지도안을 작성해 보시오.
2. ADDIE 모형을 적용하여 현재 자신이 직면한 문제상황에 대한 해결책을 구안해 보고, 교수설계모형이 문제해결 전략을 위한 도구로 사용될 수 있을지에 대해 동료 학습자와 논의해 보시오.

Chapter 11

# 교수매체의 선정과 활용

이 장은 교수매체의 선정과 활용에 대한 내용이다. 교수매체의 개념과 Hoban과 Dale의 이론을 근거로 한 매체분류 이론과 교수매체의 종류, 교수매체를 선정하기 위해 고려해야 할 몇 가지 사항을 다루고 있다. 교수매체 선정 후 효과적이고도 효율적인 활용을 위해 매체를 활용하는 모형으로 가장 잘 알려진 ASSURE 모형의 기본단계와 실제 적용사례를 소개하고자 한다.

## 학습목표

1. 교수매체의 개념에 대해 설명할 수 있다.
2. 교수매체의 분류에 대해 설명할 수 있다.
3. 교수매체의 특성을 고려하여 선정하고 활용할 수 있는 설계안을 작성할 수 있다.

# 1 교수매체의 개념과 분류

## 1) 교수매체의 개념

**매체** '~과 ~사이'라는 의미를 가지며, 송신자와 수신자 간의 정보를 전달하는 모든 것을 뜻하는 넓은 의미를 가짐

매체(medium, 복수형은 media)는 원래 라틴어에서 유래된 용어이며, '~과 ~사이'라는 의미를 갖는다. 매체는 송신자와 수신자 간의 정보를 전달하는 모든 것을 뜻하는 넓은 의미를 가지며, 이는 의사소통 수단이며 정보의 원천이다. 예를 들어, 비디오, 텔레비전, 도표, 인쇄자료, 컴퓨터 프로그램, 교사 등은 모두 매체의 의미에 포함된다(Smaldino et al., 2005). '하나의 장치'에서부터 '체제'라고 하는 의미까지 포함하고 있으며, 전통적으로는 교재나 자료 등의 구체적인 교수과정의 매개체를 의미하는 것이었으나 오늘날에 와서는 테크놀로지의 확대와 더불어 교수-학습 과정에서 하드웨어를 이용하는 방법 및 계획, 설계, 실행, 평가 기능까지 포함하는 광범위한 개념으로 변화하게 되었다(김혜숙, 이상현, 1998).

이와 같은 다양한 매체가 교수목적으로 메시지를 전달하게 되면 교수매체가 된다. 일상적인 상황에서나 교수-학습 상황 모두에서 매체는 의사소통을 촉진시킨다는 일반적인 매체의 개념을 이끌어 낼 수 있다. 그런데 교수매체는 교육이 달성하고자 하는 목적과 긴밀하게 연관되어 있다. 즉, 교수매체는 교수-학습 상황에서 학습자의 학습을 촉진시키는 궁극적인 목적을 달성하는 데 기여해야 한다는 점이 일반매체와 다른 점이다.

## 2) 교수매체의 분류

**교수매체** 교수-학습 상황에서 학습자의 학습을 촉진시키는 궁극적인 목적을 달성하는 데 기여하는 매체

가장 보편적으로 사용되는 교수매체는 텍스트이다. 텍스트는 문자와 숫자로 책, 포스터, 칠판, 컴퓨터 화면 등 어떤 형태로도 구현될 수 있다. 다음으로 보편적으로 사용되는 매체는 오디오이다. 오디오는 음성, 음악, 기계적 소리, 잡음 등 귀로 들을 수 있는 모든 것을 포함한다. 오디오는 녹음일 수도 있고 현장에서 직접 들려 줄 수도 있다. 시각매체에는 도표, 칠판의 그림, 사진, 책에

제시된 그래픽, 만화 등이 속한다. 동영상 매체도 시각매체이고 비디오테이프, 애니메이션 등에 나타나는 것과 같은 동적 움직임을 보여 주는 매체이다. 흔히 실물과 모델을 매체보다는 학습자료로 생각한다. 조작물은 3차원이고 학습자가 직접 조작할 수 있고 만질 수 있는 매체이다. 사람 혹은 인적 자원도 교수매체에 속한다. 교사, 학습자, 내용전문가 등 모두가 속한다. 일반적으로 인적 자원은 교수매체에 속하지 않는다고 생각하기 쉽지만 학습자는 교사, 동료 학습자 등을 통해 배우기 때문에 인적 자원도 교수매체에 속한다. 교수-학습 상황에서 인적 자원의 역할은 매우 크고 중요하다.

교수-학습에 사용되는 교수매체에 대한 이론에는 크게 두 가지를 꼽을 수 있다. Hoban의 교육과정 시각화 이론과 Dale의 경험의 원추이론이다.

### (1) Hoban의 교육과정 시각화 이론

Hoban은 교육의 주요목적을 인간경험의 일반화에 두었고 학습의 경험을 시각화하는 것을 통해 일반화가 가능하다고 하였다. 이렇듯 일반화가 되기 위해서는 구체적인 경험과 추상적인 언어를 함께 사용함으로써 경험을 일반화시킬 수 있다고 하였다. 매체를 구체성과 추상성이라는 두 개의 축으로 구분하여 이의 정도를 상대적으로 표현하였다. 이는 다음 그림 11-1 과 같다.

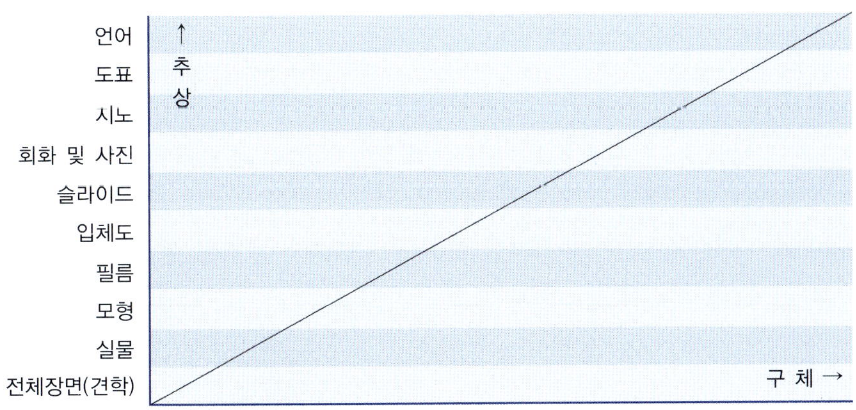


그림 11-1 Hoban의 교육과정 시각화 이론

### (2) Dale의 경험의 원추이론

그림 11-2 는 Dale의 경험의 원추를 기본으로 하고 여기에 Bruner의 표상양식을 합친 교수매체 분류도이다. Dale은 학습자가 현실세계를 경험의 구체 정도에 따라 추상적인 수업활동의 효과성을 결정할 수 있다고 한다. 학습경험의 구체성과 시간 관련 문제를 어떻게 보완할 것인가에 대한 결정은 교사가 지속적으로 고민하고 결정해야 할 문제이고 교수매체를 구체성과 추상성을 바탕으로 분류하여 '경험의 원추(Core of Experience)'를 개발하였다(Dale, 1969). 경험의 원추에 의하면 학습자들은 실제로 경험하는 것에서 시작하여 점차 실제 사건의 관찰자로, 매체를 통해 전달되는 실제적 사태의 관찰자로 마지막으로 사태를 표현하는 상징체계의 관찰자로 이동할 수 있다. 경험의 원추에서 위로 올라갈수록 일반적으로 매체의 추상성이 증대되고 짧은 시간에 보다 많은 정보가 압축될 수 있다. 동일한 정보를 비디오테이프, 녹화, 일련의 시각상징물이나 언어적 상징물로 학습자들에게 제시하는 것보다 직접적 또는 목적적 경험, 구성된 경험, 또는 극화된 경험으로 제시하는 데 보다 많은 시간이 필요하다. 예를 들어, 현장학습은 비교적 구체적인 학습경험을 제공할 수 있으나, 많은 시간의 교수시간이 필요하고 현장학습 자원이 부족하면 이런 계획 자체가 제한받게 된다. 현장학습과 똑같은 경험을 비디오테이프로 제시한다면 현장학습보다 추상적이긴 하지만 보다 짧은 시간에 비용 경제적으로 학습자에게 경험을 제공할 수 있다. 구체-추상 연속선상의 최상 부분에 있는 언어적 설명은 최단시간에 최대량의 정보를 제시할 수 있으나 만약 학습자들이 언어적 상징표현을 다루는 데 필요한 배경적 경험이나 지식을 습득하지 못했다면 경험을 제시하는 데 절약된 시간만큼 학습을 위한 시간은 오히려 손해 볼 수 있다(Smaldino et al., 2005). 심리학자인 Bruner는 Dale과는 다른 관점을 갖고 있었는데 교수매체에 따른 교수활동 분류는 유사하다. Bruner는 자신의 교수이론을 개발하는 과정에서 교수는 행동적(또는 직접적) 경험에서부터 점차 경험의 영상적 표상으로 그리고 상징적 표상으로 진행되어야 함을 주장했다. 또한 학

습자가 직면할 학습자료의 계열은 학습자가 과제를 성공적으로 성취하는 데 직접적인 영향을 준다고 하였다. 이런 이론은 어린아동은 물론 모든 학습자에게 적용된다. 학습과제와 관련하여 적절한 선행경험이 없는 성인학습자들에게 학습과제를 제공할 때는 실제 경험에서부터 영상적 표상으로 상징적 또는 추상적 표상으로 계열화된 수업활동으로 구성하는 것이 학습을 더욱 촉진시킬 수 있다(Bruner, 1966).

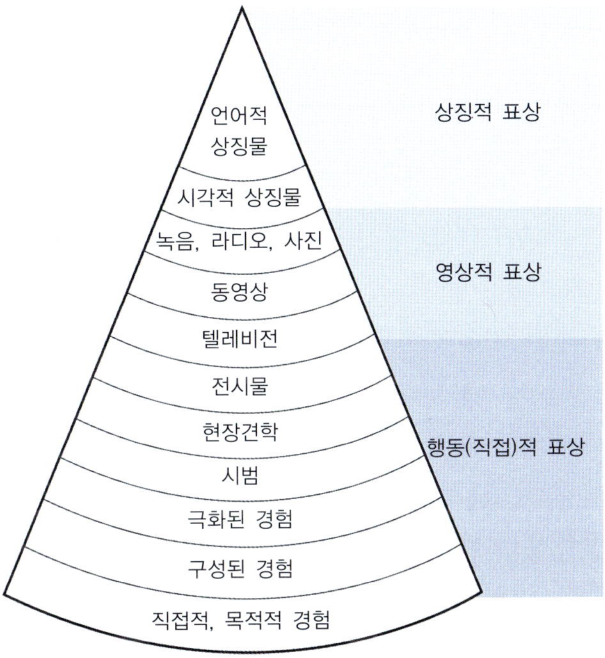


그림 11-2 Dale의 경험의 원추와 Bruner의 표상양식

## 3) 교수매체의 종류

교수-학습에 사용할 수 있는 매체는 종류와 형태가 계속 새로워지고 있다. 공학(technology)의 발달로 교수-학습 상황에서 사용할 수 있는 매체의 종류와 수는 점점 더 증가하고 있다. 최근 몇 년간 상호작용 비디오시스템, 인터

넷, CD-ROM 등의 등장으로 인하여 교수매체는 눈부시게 발전되어 왔고 앞으로도 더 많고 다양한 매체들이 등장할 가능성이 높다.

이들 교수매체를 유형별로 구분하면 인쇄자료, 실물자료, 그래픽 자료, 정사진 자료, 청각자료, 동사진 자료, 컴퓨터 자료, 멀티미디어 자료로 구분할 수 있다(주영주 외, 1999). 우리 주변의 교육 현장에서 사용되고 있는 매체들은 전통적 형태의 유형과 컴퓨터와 웹을 이용하여 첨단매체 유형으로 크게 구분된다. 현장에서 주로 활용되는 투사시각 자료와 교육방송, 컴퓨터와 멀티미디어, 원격교육 등 대표적 첨단매체에 대해 살펴보고자 한다(김은주, 2010).

### (1) 투사시각 자료

교육현장에서 투사시각 자료로 자주 활용되고 있는 것에는 OHP와 TP (transparencies, 투사물) 자료, 실물환등기 자료, 디지털 자료가 있다.

#### ① OHP와 TP자료

교수-학습 과정에서는 한정된 수의 교사가 가르쳐야 할 방대한 학습내용이 있고, 학생의 수는 증가하고 있어서 여러 문제가 생기게 되었다. 이를 해결하기 위해서 교수방법에 많은 변화가 생겼는데 그중 하나가 칠판대용품으로 쓰이는 투시물환등기(Over Head Projector; OHP)의 보급이다. OHP는 교실에서 별도의 암막장치 없이 학생들과 교사가 마주 보고 앉아서 교사의 등 뒤쪽 머리 위로 설치된 스크린에 크고 선명한 상을 비추는 기계이다. OHP는 영사기나 필름스크립 프로젝터와는 달리 조작이 매우 간단해서 누구나 손쉽게 사용할 수 있다. 그런데 최근 들어 다른 최신 매체들의 등장으로 그 사용이 많이 감소하였으나 수업 상황에 따라 OHP를 사용하는 것이 보다 효과적이고 효율적인 경우가 있다. 또한 최근 공학과 매체와 결합하여 사용되는 경우도 있다. 예를 들어, 자료 제시대 위의 원격조정 장치에 의해서 움직일 수 있는 별도의 스테이지를 설치하고, 이 스테이지가 올라가고 내려옴에 따라 줌인(zoom in) 또는 줌아웃(zoom out)되어 화면이 커지거나 작아진다. 또 컴퓨터와 연결되면 컴퓨터 모니터상의 작은 영상을 큰 화면에 투사시킬 수도 있다. 또 자료 제시대 위의 LCD 시스템으로 불리는 프로젝션 패널을 올려놓고 전원을 연결하면, 컴퓨터가 출력시키는 모니터의 영상을 화면에 확대 투영하게 된다. 컴퓨터 대신 비디오카메라나 비디오를 연결하면 움직이는 화면을 볼 수 있다. TP(transparencies, 투시물) 자료는 다음과 같은 특성이 있다.

- 제작에 경비가 많이 들지 않고 시간이 오래 걸리지 않으며, 교사에게 제작에 대한 부담을 주지 않는다.
- 매시간 다시 쓰고 지워 없애는 것이 아니라 반영구적으로 되풀이해서 사용할 수 있어 판서에 비해 시간이 절약된다.
- 슬라이드나 필름 스크립과 달리 그림이나 글씨의 첨삭이 용이하고 교수-학습 과정 중에 자료를 만들어 나갈 수 있다. 겹쳐 놓거나 씌우기 기능을 사용하여 주어진 내용을 비교하거나 한 스텝씩 과정을 소개하면 효과적이다.
- 제작방법에 따라 다양한 표현을 할 수 있어 자료의 다양한 제시가 가능하다. 복사기를 활용한 자료제작이 가능하고 정지된 상에 편광소자를 붙여 영사렌즈 앞에서 편광판을 회전시키면 편광소자의 각도가 편광판과 일치되는 부분만 빛을 통과시켜 움직이는 상을 만들 수도 있다.

### ② 실물환등기 자료

실물환등기는 빛을 통과시키지 않는 불투명한 자료를 스크린에 투사시키는 기계이다. 실물환등기는 자료 제시대 위에 놓인 사진이나 그림에 강한 빛을 비춘 뒤 반사되어 나오는 빛을 반사경과 렌즈를 통해 스크린에 투사하게 된다. 그동안 무겁고 다량의 열을 발산하여 투시물환등기에 비해 다소 활용이 뒤떨어지는 경향이 있었으나 최근 교단선진화 운동의 일환으로 투시물환등기와 실물환등기의 두 가지 기능을 가진 데이터 뷰어(data viewer)가 보급되고 있어 그 활용이 활발해지고 있다. 실물환등기의 특성은 다음과 같다.

- 사진이나 그림, 부피가 크지 않은 동전이나 작은 연장 등의 실물을 크게 확대하여 제시할 수 있다.

- 별도의 교재를 만들지 않아도 주변에 있는 사진이나 그림엽서 등을 가공하지 않은 채 사용할 수 있어 교재제작의 부담을 줄여 준다.
- 공학기술 발달로 제시된 상의 일부 확대는 물론 상의 위치변환이나 저장 등의 기능도 수행할 수가 있다.
- 실내를 완전히 어둡게 해줘야 선명한 상을 볼 수 있다.
- 책이나 잡지가 자료 제시대 위에서 제대로 편평하게 펼쳐지지 않으면 해당 쪽의 모든 부분을 한꺼번에 초점 맞추기가 쉽지 않다.
- 최근에는 교탁 근처에 설치된 텔레비전 카메라로 실물이나 책을 확대 제시해 주는 방법이 대신 사용되기도 한다.

### ③ 디지털 자료

컴퓨터를 이용한 투사자료의 제작과 프레젠테이션을 위해서는 파워포인트가 널리 활용된다. 파워포인트는 마이크로소프트사가 개발한 프레젠테이션 전문 작성 프로그램으로 청중을 대상으로 강의내용, 사업계획, 상품소개 등의 발표작업이나 업무보고 등을 효과적으로 할 수 있게 도와주는 소프트웨어이다. 파워포인트 프레젠테이션을 구성하는 각각의 페이지를 슬라이드라고 하고 하나의 프레젠테이션 파일은 여러 장의 슬라이드로 구성된다. 파워포인트기능의 특징은 다음과 같다.

- 문서작성이 편리하다. 새로운 문서의 작성, 기존 문서의 수정 등이 일반 워드프로세서에서와 같이 편리하게 처리되며, 자동맞춤법 검사, 단어 찾기 및 바꾸기 기능 등 문서작성이 편리하다.
- 슬라이드 순서의 재배치가 용이하다. 이미 작성된 슬라이드의 순서를 사용자가 원하는 순서대로 손쉽게 재배치할 수 있다.
- 사용자가 원하는 다양한 색상을 사용하여 슬라이드를 작성할 수 있다.
- 윈도우의 다른 응용프로그램을 프레젠테이션에 포함시킬 수 있다. 엑셀과 마이크로소프트 워드와 같은 프로그램을 쉽게 불러와 슬라이드에 포함시킬 수 있으므로 표색상, 계산기능, 차트작성 등을 완벽히 지원한다.

- 그래프 및 개체 삽입이 자유롭다. 다양한 형태의 그래프나 그림들을 프레젠테이션에 포함시킬 수 있다.
- 서식 관리기능을 제공한다. 필요시 해당 서식을 지정하여 내용만 수정해서 사용할 수 있다.
- 하이퍼링크 기능을 제공한다. 슬라이드 제목을 단락으로 하는 요약 슬라이드를 쉽게 만들 수 있으며 제목에 하이퍼링크를 추가해 요약 슬라이드를 목차 슬라이드로 쉽게 이동할 수 있다.
- 메모 및 메일 전송기능이 있다. 메모를 추가해 실제 구성을 바꾸지 않고도 다른 사람의 의견을 확인할 수 있으며, MS 아웃룩(MS Outlook)을 활용하여 메일을 전송할 수 있다.
- 웹문서 작성기능을 제공한다. HTML 형식으로 지정해 웹문서로 전환시킬 수 있다. 윈도우즈 NT 서버, 노벨 네트워크, 기업 인트라넷, 인터넷 등에 전송할 수 있다.
- 강력한 도움말을 제공한다. 작업에 필요한 도움말을 표시한다.

### (2) 전자칠판

전자칠판은 컴퓨터와 연결된 보드 위해 특별히 제작된 마커펜으로 수업내용을 판서하고 이를 대형 스크린을 통해 학생들에게 보여 주는 시스템으로 기존의 칠판기능을 대신한다. 전자칠판은 칠판 위주의 전통적인 강의실의 문제를 극복할 수 있는 하나의 대안이다. 전자칠판의 특징을 나열하면 다음과 같다(교육공학용어사전 편찬위원회, 2005).

- 기존칠판과 병행해서 필요에 따라 사용할 수 있다.
- 컴퓨터 화면을 캡처하여 강의하는 방식이므로 모든 형식의 자료를 교안으로 활용할 수 있다.
- 강의내용이 모두 이미지 및 동영상으로 저장되므로 학생들은 필기의 부담을 줄여 강의에 집중할 수 있게 된다.

- 모든 수업내용을 원격지의 서버에 저장해 인터넷을 통해서 언제든지 재학습할 수 있으므로 학습효과가 크다.
- 타이핑으로 교안을 제작할 필요 없이 전자칠판으로 노트 필기하듯 강의교안을 제작할 수 있어서 지속적으로 업데이트가 가능하다.

반면 초기 설치비용이 많이 들고 강의실마다 설치할 경우 관리의 문제, 훼손 및 분실의 우려가 있고 교수자의 적극적인 활용이 없이는 효과를 보기 어렵다는 단점이 있다.

전자칠판이라는 용어는 '상호작용적 칠판(Interactive Whiteboards; IWBs)'이라는 용어로도 표현된다. 이는 비교적 신개념의 접촉식 칠판이다. 이들도 여느 매체와 같이 교수−학습과는 상관없이 사무실에서 사용할 일반적인 매체로 만들어졌지만(Greiffenhagen, 2002), 전 세계적으로 교수매체로서 활용되고 있다. 특히 영국에서 더욱 활발히 사용되는 것으로 나타났다(Smith et al., 2005). 이는 컴퓨터, 빔프로젝터, 소프트웨어, 판넬이라는 네 개의 요소로 구성되어 있으며 스탠드 형식과 벽에 거는 형식의 것으로 나뉜다. 컴퓨터는 접촉식이거나 전용펜을 사용하여 조작할 수 있다. 아직까지는 교수−학습적 차원에서의 효과에 대한 연구가 많이 있지는 않지만 지금까지 나온 연구에 의하면 학습자와의 상호작용을 유도하여 수업에 매우 긍정적인 효과를 주는 것으로 나타났다.

상호작용적 칠판(IWBs)의 적용 사례는 다음과 같다.

- 모든 교실수업에서 웹기반의 학습자원을 사용할 때
- 인터넷과 연결된 비디오물을 보여 주며 개념설명을 도울 때
- 소프트웨어 일부를 시연할 때
- 학급 친구들에게 학생의 작품을 프레젠테이션할 때
- 전자도표를 만들 때
- 텍스트 작업을 하거나 필기를 연습할 때
- 판서된 내용을 저장할 때
- 신속하고 끊임없이 수정 및 검토를 할 때

### (3) 교육방송

21세기의 방송역사는 많은 변화와 발전을 거듭하고 있다. ICT의 발전은 그동안 해오던 지상파 방송의 제한을 극복하고 위성방송, 인터넷 방송을 실현하게 했으며 디지털 방송 시대를 열어가고 있다. 교육방송이 가진 특성은 다음과 같다.

- 효과적인 커뮤니케이션 매체이다. 텔레비전은 다양한 시청각 자료, 즉 음악, 음향, 소리, 사진, 영화, 물체, 표본 등을 화면에 제시할 수 있으므로 효과적인 교육매체이다.
- 우수한 교사나 인물을 교실 안으로 초빙할 수 있다. 오늘날과 같이 전문성이 요구되는 시대에서 교사가 모든 분야에 걸쳐 전문인과 같은 수준의 지식을 구비하기란 쉬운 일이 아니다.
- 세계를 교실현장으로 즉시 가져온다. 세계 각지에서 일어나고 있는 사건들을 교실현장에서 즉시 볼 수 있어서 현장감과 동시성을 준다.
- 시청각에 호소하는 가장 강력한 매체이다. 생생하게 현장을 보여 주고 들려 줄 수 있으므로 잡지, 신문, 라디오와 비교할 때 가장 호소력이 있는 매체이다.
- 다른 매체와 달리 다양한 시청자층을 보유할 수 있다. 텔레비전을 시청하기 위해서는 특별한 기술이나 지식이 요구되는 것이 아니므로 시청자의 교육수준과 관계없이 다양한 층의 시청자를 보유할 수 있다는 장점이 있다.
- 인간육체의 한계를 뛰어넘는다. 텔레비진 카메라의 특수기능을 사용하면 인간의 육안으로 볼 수 없는 미세한 것을 확대하여 볼 수 있고, 순식간에 일어나는 것도 진행과정을 천천히 볼 수 있으며 한 화면에서 변화하는 과정을 비교·관찰할 수 있는 기회도 제공해 준다.
- 교사와 학생의 시간을 절약해 준다. 교사가 혼자서 준비하려면 많은 시간이 소요되거나 경제적인 여건 및 시설이나 설비부족으로 시범이나 제시가 불가능한 것을 텔레비전은 가능하게 해준다.

- 교육적이면서도 오락적인 기능을 갖고 있다. 교육적이면서도 오락적인 학습, 즉 에듀테인먼트(edutaiment: education+entertainment)가 가능하게 한다.

이상의 교육방송을 학교가 아닌 가정에서 시청할 경우, 특히 학령 전 아동이 시청을 할 경우 부모가 함께 보고 궁금한 내용을 설명해 주고 시청한 내용을 반복해 주며 질문을 제시한다면 아동 인지발달이나 학습에 많은 기여를 하게 된다.

### (4) 뉴미디어

기존의 미디어에 새로운 컴퓨터 및 정보통신 기술을 결합하여 과거와는 다른 형태의 정보수집, 정보처리, 정보가공 및 전송과 분배, 그리고 이용을 가능하게 하는 매체이다. 뉴(new)라고 하는 것은 상대적이므로 과거의 전통적인 매체와는 상대가 되는 매체라고 할 수 있다. 뉴미디어의 특성으로 통합성, 디지털화, 쌍방향성을 들 수 있다.

- 여러 가지 매체가 통합되어 단일 매체로 전달된다.
- 매체에 담긴 내용이 디지털 방식으로 전달된다.
- 정보의 교류가 일방향이 아닌 쌍방향으로 이루어진다.

뉴미디어를 구분하는 방법에는 다음과 같은 것이 있다.

- 정보전달 수단에 따른 구분: 패키지계, 유선계, 무선계, 위성계
- 정보의 형태에 따른 구분: 문자미디어, 음성미디어, 영상미디어, 이상 셋을 통합한 멀티미디어

뉴미디어로서의 방송은 새로운 공학에 의한 새로운 프로그램 전달방법 및 시청방법을 의미하여 여기에는 다음과 같은 것이 속한다.

#### ① 케이블 TV

처음에는 수신상태가 좋지 않은 난시청 문제를 해결하기 위해서 시작되었으나 최근에는 방송 프로그램뿐만 아니라 홈쇼핑 서비스, 원격제어 서비스, 케이

블전화 서비스, 케이블 인터넷통신 서비스, 주문형 비디오 서비스 등 다양한 통신서비스를 제공하고 있어서 방송 기능과 통신기능이 결합된 통합매체로서 발전하고 있다. 케이블 TV의 특성은 다음과 같다.

- 케이블 TV는 유선망을 통해서 프로그램을 제공하므로 전파를 이용하는 일반 TV에 비해 수신 상태가 양호하다.
- 일반 TV에 비해 훨씬 많은 채널을 제공한다. 채널은 뉴스전용 채널, 교육전용 채널, 영화전용 채널 등으로 다양화·전문화된다.
- 특정 가입자만 대상으로 프로그램을 제공할 수 있다.
- 가입자와 방송국 간에 쌍방향 의사소통이 가능하다. 단순히 방송 프로그램의 전송뿐만 아니라 각종 정보통신 서비스를 제공하는 매개체로서도 활용된다.

**② 직접 위성방송**

지상에서 송신한 방송전파를 지구 상공의 정지궤도를 순환하는 방송위성을 이용하여 지상에 재전송함으로써 소형 수신안테나를 설치한 일반 가정에서 개별적으로 방송을 직접 수신할 수 있게 하는 방송방식이다. 인공위성을 이용한 방송을 통해 시청 가능 지역이 광범위해졌고 수신상태의 질이 높아졌다. 과거에는 통신과 방송으로 위성이 분리되었으나 요즘에는 통합되었다. 우리나라의 무궁화위성, 홍콩의 AsiaSat2호기는 통신과 방송을 합한 인공위성이다.

인공위성을 이용해 방송신호를 송수신하는 단계는 다음과 같다.

- 방송사는 제작된 프로그램을 지상의 지구국으로 보낸다.
- 지구국에서는 이를 지구상공의 방송위성으로 송출한다.
- 지구국에서 송출된 신호는 방송위성에 부착된 중계기가 수신하여 이를 증폭하거나 변조한 후 다시 지상으로 재전송한다.
- 지상으로 재전송된 신호는 지구국뿐만 아니라 위성수신용 안테나가 설치된 곳이면 어디서나 수신이 가능하게 된다.

### ③ 쌍방향 TV

시청자들이 프로그램이나 광고를 선택해서 시청할 수 있는 TV이다. 유료 프로그램에서부터 첨단 영상편집 및 제작에 이르기까지 다양한 프로그램을 선택할 수 있다. 현재는 준주문형 비디오 서비스(Near-Video-Demand; NVOD), 상호작용적 다중게임, 첨단 영상쇼핑, 홈뱅킹, 주문형 뉴스제공, 쌍방향 교육서비스 등이 이에 속한다. 이를 위해서는 셋톱박스(set-top box)를 설치해야 한다.

현재 이용되고 있는 쌍방향 TV는 제공서비스의 상호작용 정도에 따라 크게 다음과 같이 두 가지 유형으로 구분된다.

- 기존 아날로그 방송용 TV에 필요한 장비를 설치하여 프로그램을 수신하는 방식
- 소규모 디지털 교환시스템을 설치하여 원하는 프로그램을 원하는 방식대로 제공받는 방식

### ④ 고화질 TV

현재의 TV 방식보다 주사선의 수를 늘려 화질과 음향의 질을 증가시킨 TV이다. 주사선이 종래 TV보다 두 배 가까이 되어 화면비율도 커져 영화화면을 보는 듯하다. 미국, 일본, 우리나라에서 사용하고 있는 컬러 TV 방식은 주사선이 525였으나 HDTV의 경우 1080으로 증가했으며 화면비율도 4 : 3에서 16 : 9로 확대되었다. 이로 인해 화면의 선명도도 매우 좋으며 3차원 사운드로서 음질도 뛰어나다.

### ⑤ 웹 TV와 인터넷 TV

웹 TV는 인터넷 TV와 같은 것이나 미국의 MS사에 의해 개발 및 보급되고 있는 것을 웹 TV라고 한다. 인터넷 TV는 텔레비전 모니터상에서 인터넷을 사용할 수 있는 새로운 공학이다. 인터넷 TV를 사용하기 위해서는 셋톱박스를 설치하여 텔레비전 모니터를 인터넷 망에 연결하여 인터넷에 담긴 정보를 텔레비전 화면을 통해서 볼 수 있다.

인터넷 TV와 컴퓨터와의 차이점은 컴퓨터는 계산, 문서작성 등 여러 기능

을 할 수 있으나 인터넷 TV는 인터넷에 접속만 가능하다. 또한 컴퓨터에는 새로운 프로그램을 설치할 수 있고 다양한 정보 입력 도구가 있지만 인터넷 TV는 이런 것들이 가능하지 않다.

⑥ **디지털 멀디미디이 방송**(Digital Multimedia Broadcasting; DMB)

디지털 멀티미디어 방송의 가장 큰 특징은 이동 중에 디지털 영상, 오디오 방송을 시청할 수 있다는 것이다. 차량에 수신기를 부착하거나 휴대전화, 휴대용 수신기 또는 컴퓨터에 연결하여 모니터로 출력되는 형식의 수신기를 구입하여 시청이 가능하다. 그러나 화질이 떨어지고 채널 수가 부족하다는 단점이 있다.

⑦ **인터넷 멀티미디어 방송**(Internet Protocol Television; IPTV)

인터넷 프로토콜을 이용해 전달되는 실시간 디지털 텔레비전 방송으로 콘텐츠의 복합 제공이 가능하다. IPTV의 특징은 양방향성에 있다. 초고속 인터넷 지원을 위한 IP 기술을 이용하므로 실시간 방송서비스에서 무한대의 채널서비스 이용이 가능하다. 홈네트워크, 홈뱅킹, 홈쇼핑 등을 부가적으로 연결할 수 있으며, 이를 통해 교육을 하고 광고를 보면서 직접 물건을 구매할 수 있는 시대가 가능해진다.

## 2 교수매체 선정 및 활용

### 1) 교수매체 선정

교수매체를 선정할 경우 몇 가지 고려해야 할 사항이 있다. 매체를 선정하기 위해서 크게 수업, 과제, 매체, 학습자, 교수자, 환경, 기타 실질적인 요인의 범위를 고려해 볼 수 있다. 이를 좀 더 자세하게 나타내면 다음 표 11-1 과 같다(신재한, 2011). 또한 어떤 교수매체나 공학이든 이를 사용할 때 학습자와 교사는 그와 관련된 저작권에 대해 주의할 필요가 있다.

**표 11-1** 교수매체 선정 시 고려사항(신재한, 2011에서 재인용)

| 고려사항 | | 내 용 |
|---|---|---|
| 수업현황 | 수업집단 형태 | 대집단 또는 소집단 수업 등 고려 |
| | 수업전략 | • 교수자 중심 수업 또는 학습자 중심 수업 등 고려<br>• 설명식 수업 또는 탐구식 및 발견식 수업 등 고려 |
| 학습과제 유형<br>(목표와 내용) | | • 인지적, 정의적, 운동기능적 영역 등 고려<br>• 교육과정의 내용을 다루고 있는지, 내용이 최선의 것이며 정확한지, 난이도와 섬세함 면에서 학습자 수준에 적합한지 등을 고려 |
| 통신과정<br>(매체속성) | | • 매체의 물리적 속성과 기능 고려<br>• 매체의 속성(시각, 청각, 시청각, 동작, 크기, 색채 등) 고려 |
| 인적 요인<br>(학습자) | | 학습자의 연령, 지적 수준, 적성, 태도 등의 학습자 특성 고려 |
| 일반적 요인(교사) | | 교사의 매체에 대한 태도, 사용능력 등 고려 |
| 수업장소(시설) | | 매체를 효율적으로 활용할 수 있는 시설 여부 등 고려 |
| 실질적 요인<br>(시간, 난이도, 비용, 이용 가능성) | | 매체선정에 영향을 미치는 실질적인 제한요인(시간, 난이도, 비용, 이용 가능성 등) 고려 |

## 2) 교수매체 활용: 수업설계 모형 ASSURE

**ASSURE 모형** 매체선정 및 활용을 효과적이고 효율적으로 사용할 수 있도록 도와주는 모형으로 학습자 분석, 목표진술, 방법·매체·자료 선정, 매체·자료 활용, 학습자 참여, 평가와 수정 총 여섯 개의 단계로 구성됨

매체에 대한 기본 정의 및 유형과 선정 시 고려해야 할 사항들에 대해 살펴보았지만 무엇보다도 매체를 수업상황에 제대로 활용할 수 있어야 한다. 매체를 잘 활용하기 위한 방법으로 모형을 활용할 수 있다. 모형을 활용하는 목적은 수업에서 매체의 활용을 효과적이고 효율적으로 사용하고자 하는 데 있다. 매체를 고려하여 선정에서부터 활용까지 일련의 과정을 수행할 수 있도록 도와주는 대표적인 모형은 ASSURE 모형이다. Heinich와 그의 동료들이 1996년에 만들었으며 총 여섯 개의 단계로 이루어져 있다. ASSURE 모형도는 다음 그림 11-3 과 같다.

| 단계 | 내용 |
|---|---|
| 학습자 분석 (Analyze the learners) | • 학습자 확인 : 학생, 피훈련자, 다양한 동아리 등<br>• 일반적 특성, 구체적 출발점 능력, 학습양식 등 |
| 목표진술 (State objectives) | • 명세적 목표<br>• 학습자가 수업결과로 할 수 있는 것 |
| 방법 · 매체 · 자료 선정 (Select method, media and materials) | • 적절한 방법 및 매체유형 선택, 자료결정<br>• 이용 가능한 자료선택, 기존자료 수정, 새로운 자료설계 |
| 매체 · 자료 활용 (Utilize media and materials) | • 자료를 미리 살펴본 뒤 실행연습<br>• 교실배치와 필요기자재 준비 후 수업 실시 |
| 학습자 참여 (Require learner participation) | • 공식적인 평가 전 학습자가 배운 지식이나 기능을 연습(자기검증, 컴퓨터 보조수업, 인터넷 활동, 집단게임 등)하고 피드백(교사, 동료, 컴퓨터)을 받음 |
| 평가와 수정 (Evaluate and revise) | • 전반적인 수업과정 평가 및 차기 수업을 위한 수정<br>• 학습자 목표성취 여부, 방법 · 매체 · 공학의 목표성취에 도움 정도, 학습자의 자료사용 정도 파악 |

그림 11-3 ASSURE 모형도

## 3) ASSURE 모형 적용 사례

ASSURE 모형을 적용하여 실제 수업설계안을 작성해 보자. 다양한 수업설계 모형이 있으나 실제 적용해 보는 것이 무엇보다도 중요하다. 다음 사례는 퍼듀(Purdue)대학의 Mary Ann Ferkis가 개발한 중학교 수학의 수업설계안이다. 우리나라의 사례와 비교되는 면이 있지만 각 단계별로 고려해야 할 사항들을 비교적 자세히 다루고 있어서 참고할 만하다.

**표 11-2** ASSURE 모형을 적용한 중학교 수학 수업설계 사례(Smaldino et al., 2005에서 재인용)

**학습자 분석(Analyze the learners)**

- 일반적 특성

  이 수업의 대상은 평균적인 수준의 학습자에게 맞춘 일반 수학학급에 등록한 중학교 1학년 학생들이다. 이 학생들의 연령범위는 12세에서 14세이다. 여러 학생들이 학습부진으로 확인된 반면 다른 학생들은 상급 수학과정을 들을만한 수준이다. 이들은 다양한 사회·경제적 환경에 속해 있다. 그러나 대부분은 시골의 백인 중류계층이다. 일반적으로 학생들은 잘 행동하지만 교과서 종이, 연필로만 이뤄지는 활동은 따분해 한다.

- 출발점 능력

  중학교 1학년 수학반 학생들은 다음과 같은 것을 할 수 있다.

  - 연구 프로젝트가 제시될 때, 학교 도서관 매체센터를 이용하여 적당한 참고자료를 선택 및 찾아내고 활용하기
  - 책과 그 밖의 다른 형태의 매체를 검토할 때 막대, 선, 원 그래프를 찾아내고 확인하기
  - 막대, 선, 원 그래프에 나타난 모든 통계적, 숫자적 정보를 읽고 해석하기
  - 한 세트의 자료, 색연필, 펜, 캠퍼스, 각도기, 그래프용지가 주어지면 그래프(막대, 선, 원) 그리기
  - 도움이나 참고자료 없이 백분율, 평균, 중앙치, 최빈치의 주어진 예를 정의하고 해석하기
  - 1분당 35단어의 평균 타자속도로 eMAC 컴퓨터에 있는 AppleWorks를 활용하고 표준 키보드 기능을 설명하기

- 학습양식

  학생들은 단순한 교과서를 기반으로 하는 수학숙제를 싫어한다. 이 숙제는 보통 지필평가 문제중심이다. 늘 교과서 문제를 푸는 것을 학생들은 지루하게 생각하고 이것으로 쉬지 못한다. 학생들은 손으로 하는 활동을 적절히 할 때 가장 잘 학습하는 것으로 보인다. 컴퓨터와 인터넷 사용은 내적 동기를 일으킨다. 더구나 그들은 집단학습 활동을 좋아한다. 평가에 있어서 많은 학생들은 지필고사에 어려움과 불안을 겪는 경향이 있다. 그 결과 학생들은 지필고사보다 다른 방법을 사용하여 평가하는 것을 더 좋아한다. 예를 들어, 보고서 작성, 응용 프로젝트 등을 작성하는 것을 이른다.

**목표진술(State objectives)**

- 중학교 1학년 수학반 학생들은 막대, 선, 원 그래프가 주어지면 100% 정확하게 그래프에 나타난 모든 통계적 혹은 숫자적 정보를 말로 설명할 수 있을 것이다.
- 중학교 1학년 수학반 학생들은 한 세트의 데이터가 주어지면 설정된 준거에 따라 AppleWorks 소프트웨어를 사용하여 그래프(막대, 선, 원)를 정확히 구성하고, 프린터를 이용하여 출력할 수 있을 것이다.
- 중학교 1학년 수학반 학생들은 3~4명으로 구성된 소집단에서 집단발표를 위한 주제를 정하고 토론하고 발표할 수 있을 것이다. 발표주제는 통계적 혹은 수학적 정보를 제시하기

위해 자료수집 기법(조사, 관찰, 면접 등)과 그래프(막대, 선, 원) 사용을 포함해야 한다.

- 중학교 1학년 수학반 학생들은 소집단에서 AppleWorks 소프트웨어를 사용하여 그들의 발표 주제와 연관된 자료수집 기법에 관한 보고서를 작성하고 프린터를 이용하여 출력할 수 있을 것이다. 제출한 보고서는 조사, 관찰자 혹은 면접양식의 질, 자료수집 절차, 특별한 자료수집 기법을 선택한 합리적 근거 등에 기초하여 평가될 것이다.
- 중학교 1학년 수학반 학생들은 학급에서 그들이 선택한 주제를 발표할 수 있을 것이다. 수행은 일반적인 내용의 정확성, 그래프의 특별한 사용, 발표의 치밀성에 근거하여 평가될 것이다.

## 방법·매체·자료 선정(Select method, media and materials)

교사는 먼저 교수방법을 선택하고 학교에서 이용 가능한 자료와 기자재를 선택한다. 또한 그 외의 자료를 수정하거나 개발한다. 그가 사용하기 위해 선택한 방법은 소집단 활동을 포함한 대집단 수업이다.

- OHP
  교사는 몇 가지 그래프를 학급에 보여 주는 것이 필요하다. 교사는 수업주제를 소개하기 위해 OHP를 선택한다. 그는 학생들과 함께 그래프 개념을 복습하기 위해 상이한 유형의 그래프(막대, 선, 원)가 그려진 TP를 준비할 것이다. OHP는 교실에서 사용 가능하고 TP를 준비하기 쉽다. 그것을 수업 전 과정을 통해 계속 사용할 것이다.

- eMAC Computer
  학교는 PC와 eMAC 컴퓨터를 모두 가지고 있다. 교사는 둘 중에 하나를 선택할 필요가 있었다. 왜냐하면 교사는 '선정을 위한 평가표: 컴퓨터 하드웨어'를 사용하여 평가했는데 eMAC 컴퓨터에 친숙하지 않았다. 또한 교사는 각 컴퓨터 시스템에 사용 가능한 소프트웨어를 고려했다. 교사는 결국 하드웨어는 수업시간 동안에 사용 가능한 eMAC을 선택하고, 소프트웨어는 그 컴퓨터에 맞는 AppleWorks를 선택했다.

- 비디오 카메라와 녹음기
  교사는 학생들이 그들의 공부와 관련된 비디오테이프와 오디오테이프를 보거나 듣는 것을 좋아하는 것을 관찰했다. 이들은 과제에 대한 동기를 유발시킨다. 교사는 이 학습과제가 자체가 비디오 자료와 잘 부합한다고 확신한다. 학습목표와 과제요구를 만족시키기 위해 비디오 카메라와 녹음기를 선택했다. 또한 교사는 학생들을 평가하는 데 그리고 학생들이 자기평가를 하는 데 이 테이프를 사용하려고 한다.

- 자료투사기(data projector)
  교사는 컴퓨터에서 그래프를 작성하는 과정을 학생들에게 보여 줄 방법이 필요하다. 더구나 학생들은 그들의 컴퓨터로 작성한 그래프를 발표해야 한다. 교사는 유인물을 만들고 그것을 보여 주기 위해 실물화상기나 문서제시용 카메라를 사용할 수 있다. 교사는 이것들 대신 자료투사기를 사용했는데 이유는 수백 장의 유인물을 만드는 데 드는 비용이 비싸기 때문이고, 실물환등기 사용은 학생들이 컴퓨터를 조작할 필요가 있을 때도 교실이 캄캄한 암실이 되어야 하는 데 비해 자료투사기 사용은 그럴 필요 없이 모든 정보를 효과적으로 제시할 수 있기 때문이다.

• 괘도(flip chart)

교사는 학급 내 발표를 위해 그래프를 설계하려고 한다. 그래프는 제목과 눈금에 수치나 명칭이 붙은 XY축을 나타내야 한다. 더구나 그것은 읽기 쉬워야 한다. 교사는 괘도에 그래프를 작성하기 위해 eMAC과 AppleWorks를 사용할 수 있다. 교사는 괘도를 코팅하여 그 위에 학생들이 쓰고 지울 수 있게 한다. 또한 OHP용 TP괘도를 만들면 속도 변화를 줄 수 있을 것이다.

• 유인물

교사는 eMAC과 AppleWorks를 사용하여 괘도그래프와 일치하는 유인물을 만들 것이다. 교사는 각 학생들이 나중에 참고하기 위해 그래프 옆에 요점을 기록할 수 있는 유인물을 만든다. 더구나 유인물은 학습활동 중에 모든 학생들에게 나눠 줄 것이다.

## 매체 · 자료 활용(Utilize media and materials)

• 자료의 사전검토

교사는 MS Words, AppleWorks와 학생들이 만든 비디오테이프를 미리 본다.

• 자료 준비하기

교사는 자기수업의 개요를 적은 한 세트의 요약카드를 만든다. 또한 AppleWorks나 eMAC을 사용하여 괘도 위에 그래프를 그리거나 유인물을 준비한다. 그리고 OHP용 TP를 준비한다.

• 환경 준비하기

수업의 주요부분이 소집단 활동이기 때문에 교사는 교실의 학생 책상을 큰 테이블 형태로 배열한다. 이것은 학생들이 교실에 들어왔을 때 수업이 중단되지 않도록 집단활동을 위해 미리 준비하는 것이다. 이 수업과정 중 몇 번은 컴퓨터실에서 이루어진다. 이 수업활동은 며칠이 걸리기 때문에 매일 특별한 기자재가 준비되어야 한다. 일반적으로 OHP와 괘도는 안내목적으로만 사용될 것이다. 학생들에게 AppleWorks를 사용하는 방법을 가르치기 위해 컴퓨터실을 사용해야 한다. 또한 OHP, 자료투사기, 시연용 컴퓨터를 준비할 필요가 있다. 정규 교실은 학생들의 소집단 계획실행, 전체 발표를 위해 활용될 것이다. 여기에도 학생들의 발표물을 보기 위해 OHP, 자료투사기, 컴퓨터가 있어야 한다. 또한 학생들은 교실에서 그들의 자료를 재생하기 위해 모니터와 비디오를 사용할 것이다. 기자재를 설치한 후에 교사는 모두 잘 작동하는지 점검해야 한다.

• 학습자 준비시키기

교사는 학생들을 준비시키기 위해 수업의 전체적인 계획과 목표를 제시한다. 각 학생들은 소집단 활동을 안내하는 유인물을 받는다. 또한 각 학생들에게 평가절차를 안내한다. 교사는 OHP를 이용하여 중요한 요구사항과 평가기준을 제시한다.

• 학습경험 제공하기

이 수업을 진행하는 동안에 교사는 OHP, 자료투사기, 컴퓨터, 괘도, 비디오를 사용하여 자료를 제시한다. 일반적인 자료제시법과 각 매체의 사용기법은 다음과 같다.

- 일반적 기법 : 교실 앞면 중앙에 스크린을 놓는다. 그것은 OHP용으로 사용된다. 괘도

의 정보를 제시할 때 교사가 오른손잡이이면 괘도를 앞면 중앙이나 왼쪽에 놓는다. 비디오와 모니터는 스크린의 오른쪽에 놓는다.

- OHP : 자료를 소개하고 요약하기 위한 개요로 사용한다. OHP 위에 있는 TP 자료를 설명하기 않을 때는 전원을 끈다. 각 TP의 설명을 위한 요약을 프레임 위나 겉종이에 써놓는다. 연필을 포인터로 사용한다. 투사하고 싶지 않은 정보는 가린다.
- 괘도 : 모든 사람이 보기에 충분히 큰 글자와 그림을 사용한다. 말할 때 학생들을 바라본다. 괘도를 학생들의 눈높이 정도의 높이로 세운다. 모든 페이지를 괘도에 확고하게 고정한다. 괘도 끝에 요약 메모를 해 둔다.
- 비디오 : 조명, 좌석, 소리크기를 점검한다. 시청할 주요요점을 칠판 위에 목록화한다. 새 어휘를 미리 봐둔다. 좋은 역할모델이 된다. 교사도 함께 프로그램을 본다. 적당한 추후 활동과 토론을 제공한다.

## 학습자 참여(Require learner participation)

• 대집단 활동

복습, 안내, 연습문제처럼 학급에서 각 학생들은 괘도 위에 제시된 그래프(막대, 선, 원)를 읽고 해석한다. 각 학생들은 쓰고 지울 수 있는 코팅된 괘도 위에 직접 발견한 점을 쓴다. 교사는 이 방법을 사용하여 학급에서 각 개인에게 연습문제를 제시하고 피드백을 해준다. '간단한 제시' 동안에 학습학생들은 괘도와 동일한 그래프가 그려진 유인물을 받는다. 이것은 그들이 앞으로의 참고를 위해 연습한 것을 기록할 수 있게 한다. 학생들은 AppleWorks로 그래프(막대, 선, 원)를 작성하는 것을 연습하고 결과물을 출력하기 위해 컴퓨터실을 활용하는 방법을 배운다.

• 소집단 활동

대집단 활동 후에 학생들은 소집단 활동에 참여한다. 학생들에게 기본자료를 수집하고 해석하고 발표하는 과제가 제시된다. 주로 각 집단발표를 위한 주제를 제시하고 토론하고 동의하는 활동에 함께 참여한다. 발표주제는 자료수집 기법(조사, 관찰, 면접 등)과 수치정보를 제시하기 위한 그래프 사용을 포함해야 한다.

학생들은 소집단 발표를 위해 학교 내에서 자료를 수집한다. 각 집단은 조사, 관찰, 개별 면접 중 어느 방법을 통해 자료를 수집할지 선택한다. 각 집단은 그들의 발표주제와 연관된 자료수집 기법에 관한 보고서를 쓰고 출력하기 위해 AppleWorks를 사용한다.

• 조사

조사기법을 선택한 소집단은 조사양식을 만들고 보고서를 쓰기 위해 AppleWorks를 사용할 수 있다. 이 집단은 조사한 각 구성원의 오디오테이프를 제출해야 한다.

• 관찰

관찰기법을 선택한 소집단은 관찰기록지를 만들고 보고서를 쓰는 데 AppleWorks를 사용할 수 있다. 이 집단은 조사한 각 구성원의 오디오테이프를 제출해야 한다.

• 개별 면접

개별 면접기법을 선택한 소집단은 면접기록지를 만들고 보고서를 쓰는 데 AppleWorks

를 사용한다. 이 집단도 역시 면접을 한 구성원 각각의 비디오테이프나 오디오테이프를 제출해야 한다.

각 사례에서 학교매체 전문가는 오디오테이프와 비디오테이프를 사용하는 집단을 돕기 위해 도서관 혹은 다른 교실의 사용시간을 배당한다. 집단발표를 할 때, 교사는 각 집단의 오디오테이프와 비디오테이프를 재생하는 데 필요한 기자재를 제공해 준다.

각 집단의 보고자는 그들의 자료를 괘도나 그래프로 제시한다. 학생들은 AppleWorks를 사용하여 그래프(막대, 선, 원)를 정확하게 만들고 출력해야 한다. 집단발표를 할 때, 교사는 각 집단이 자료투사기를 사용하여 발표할 수 있도록 필요한 기자재를 준비한다. 각 집단은 그들의 그래프에 제시된 모든 통계정보를 정확히 읽고 해석하여 구두로 발표해야 한다.

## 평가와 수정(Evaluate and revise)

• 학습자 성취의 사정

'정보통계' 단원의 학생지식을 평가하기 위해 다음 평가양식을 사용한다. 이 양식은 학생들이 완성하도록 설계되었다.

| 평가항목 | 평가내용 |
|---|---|
| 자료수집<br>(20점) | 1. 집단의 각 구성원은 적어도 한 번은 자료를 수집하고 이것을 테이프에 녹음했는가?<br>2. 자료수집장을 만들고 기록했는가(조사, 관찰, 면접)?<br>3. 보고서는 자료를 수집한 단계를 정확히 설명했는가?<br>4. 보고서는 특별한 수집기법을 선택한 것에 대해 타당한 이론적 근거를 진술했는가? |
| 자료제시<br>(20점) | 1. 그래프가 읽기 쉬운가?<br>2. 그래프에 적절한 표제가 있는가?<br>3. 그래프의 요소에 정확하게 이름을 붙였는가?<br>4. 그래프를 출력한 것으로 제시했는가? |
| 발표양식<br>(40점) | 1. 발표주제와 주제선정의 이유를 소개했는가?<br>2. 자료수집 방법을 설명하고 방법선정에 대한 이론적 근거를 제시했는가? |

| 평가항목 | 평가내용 |
|---|---|
| 발표양식<br>(40점) | 3. 자료수집 테이프를 보여 주었는가?<br>4. 그래프 형태로 결과를 보여 주었는가?<br>5. 질문을 위한 시간을 남겨 두었는가?<br>6. 적절한 질문에 대답했는가? |
| 해석<br>(20점) | 1. 그래프를 정확히 읽고 해석했는가?<br>2. 그래프에 제시한 모든 통계적 정보를 설명했는가? |

• 매체와 방법의 평가

활용한 매체와 방법을 성공적으로 평가하기 위해 교사는 그래프 제작방법을 학생들에게 가르치고 학생들이 발표한 후 학생들의 소감을 듣는 활동을 한다. 또한 교사는 그런 전체적인 과정 동안에 학생들과 정보를 교환한다.

교사는 그래프 제작시간 다음에 즉각 학생들의 소감을 듣는다. 교사는 수업 중에 일어날 어떤 쟁점을 소개한다. 교사는 학생들에게 그들의 좌절을 해결하고 감격을 나눌 시간을 제공한다. 또한 교사는 스프레드시트 프로그램을 사용하여 그래프를 만드는 방법을 학습하는 것의 중요성을 소개한다. 그 기법의 추후 사용 가능성을 설명하는 자세한 예도 논의한다. 학생들의 활동 소감을 듣는 시간의 주요목적은 학생들이 컴퓨터를 사용하여 그래프를 만드는 것이 즐거웠는지를 평가하고자 하는 것이다.

교사는 모든 학생들이 발표를 마친 후에 두 번째로 소감을 듣는 시간을 가진다. 교사는 특히 수업의 각 단계를 소개한다. 첫째, 괘도로 간단한 제시를 하는 복습 및 소개단계, 둘째, 그래프 제작시간, 셋째, 발표계획 시간, 넷째, 보고서 작성을 위해 컴퓨터를 사용하는 시간, 다섯째, 학생발표, 각 단계별 필요한 수정을 하기 위해 학생들의 참여가 중요하다. 더구나 학습자 성취에 대한 평가 기법이 논의된다. 교사는 소감을 듣는 연습을 완료하기 위해 학생들에게 프로젝트의 목적을 쓰게 한다. 또한 그런 활동을 좋아하는지 여부와 이유를 기입하게 한다.

- 전체적인 수업평가

학생과 교사는 학습자 성취, 매체 및 방법의 전체적인 평가를 위해 교사가 개발한 평가 양식지에 답한다. 학생이 답한 점수의 평균을 교사의 인식 정도와 비교한다. 불일치한 부분이 있으면 교사는 학습활동, 매체선택, 방법과 평가자료에 대한 자신의 선택을 수정할 필요를 발견하게 될 것이다.

### 탐구문제

1. 미래의 교실환경에 맞는 교수매체에는 어떤 것들이 있으며, 이들을 선정한 이유가 무엇인지 설명하시오.
2. ASSURE 모형에 따라 교수-학습 지도안을 만들고 가장 어려운 부분은 무엇인지 설명하시오.

Chapter 12

# ICT와 멀티미디어의 활용

교육현장은 다양한 정보통신 기술(Information and Communication Technology; ICT)의 발전에 의해 많은 변화가 일어나고 있다. 교수-학습 과정의 효과성을 높이고 더욱 의미 있는 학습 경험을 학습자에게 제공할 수 있는 교사는 정보통신 기술의 발전이 가져다주는 변화와 새로운 가능성, 그리고 유의점들에 대해 잘 이해하고 있어야 한다. 이번 장에서는 ICT와 관련된 우리나라 교육계의 흐름에 대해서 살펴보고, ICT를 활용하여 수업을 계획하고 실행하는 과정에서 어떠한 활동들이 가능한지에 대해서 알아보고자 한다. 또한 ICT 교육에서 가장 많이 활용되고 있는 멀티미디어 교수-학습 자료의 활용과 관련하여 근거가 되는 이론을 살펴봄으로써 더욱 효과적으로 멀티미디어를 활용할 수 있는 교사로서의 능력을 배양해 보도록 하자.

## 학습목표

1. ICT와 관련된 여러 가지 개념에 대해 이해하고 ICT를 활용한 교육활동을 준비하고 실행할 수 있다.
2. 멀티미디어를 학습에 활용하는 것에 대한 이론적 근거를 살펴보고, 효과적으로 멀티미디어 자료를 교수-학습 활동에 적용할 수 있는 방안을 탐색할 수 있다.

# 1 ICT 활용교육

## 1) ICT 활용교육의 개념적 이해

ICT는 Information and Communication Technology의 약자로서 1990년대 중반 이후 우리나라의 교육정보화 사업이 본격적으로 진행되면서 '정보통신 기술을 활용한 수업'을 지칭하는 대표적인 용어로 자리 잡아 왔다. ICT 활용수업은 일반적으로 학교교육에서 컴퓨터 및 인터넷을 활용하여 진행되는 다양한 수업활동을 지칭하는 개념으로 사용되었다(임정훈, 2011). ICT 활용교육을 포괄하면서 학교현장에서 사용되고 있는 용어로는 정보통신 기술교육이 있다. 정보통신 기술교육은 다음 그림 12-1 과 같이 크게 소양교육과 교과활용 교육으로 나눌 수 있다(교육인적자원부, 2005).

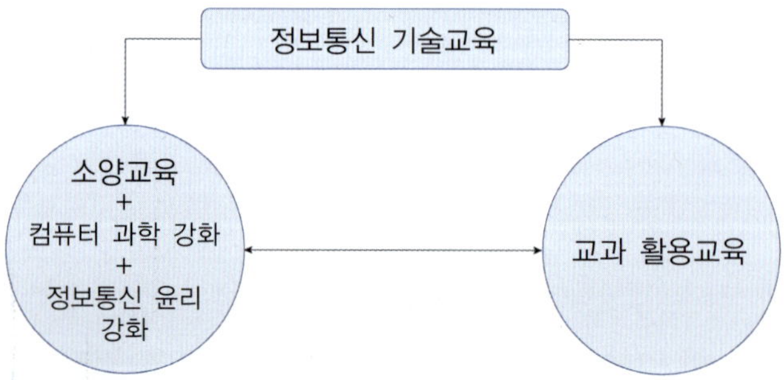


그림 12-1 정보통신 기술교육의 분류(교육인적자원부, 2005, p.8)

정보통신 기술교육 가운데 소양교육은 정보통신 기술에 대한 기초능력의 배양에 중점을 두고, 이와 더불어 컴퓨터 과학에 대한 이해, 정보통신 윤리와 관련된 교육을 포함하고 있다. 컴퓨터 과학에 대한 교육을 강화하는 것은 기존의 단순한 기능 위주의 응용 소프트웨어의 사용법에 대한 교육을 지양하고, 정보통신 기술에 대한 원리, 개념 등 컴퓨터 과학 측면의 교육을 강화하여 미래의 지식 정보사회를 유지·발전시킬 수 있는 잠재적인 인재들을 육성하는 것에 대한 필요성이 제기되었기 때문이다. 또한 정보통신 기술의 급속한 발달로 많은 학생들이 컴퓨터와 인터넷을 쉽게 사용할 수 있으나, 이 과정에서 타인과 자신의 정보생활에 대한 적절한 윤리의식 및 대응방법에 대한 교육이 수반되지 않아 많은 문제점이 나타나고 있는 것이 현실이다. 예를 들어, 인터넷을 통해 성인정보나 여러 가지 불건전 정보에 학생들이 쉽게 접근한다거나, 사이버 범죄에 노출되는 등 정보통신 기술의 발달로 인한 교육적 역기능과 관련된 여러 가지 사례들을 우리는 어렵지 않게 찾아볼 수 있다. 이를 예방하기 위해서는 초·중등 교육에서 정보통신 윤리가 확립될 수 있도록 근본적이고 충분한 교육이 필요하다.

교과 활용교육은 교과목별 수업을 진행함에 있어서 정보통신 기술교육의 영역에 해당하는 내용들이 접목되어 학습될 수 있도록 지도하는 것을 의미한다.

정보통신 기술교육의 지도내용은 '정보사회의 생활', '정보기기의 이해', '정보처리의 이해', '정보 가공과 공유', '종합활동'의 다섯 개 영역으로 구분된다. 각 영역의 내용과 목표를 구체적으로 살펴보면 다음과 같이 정리할 수 있다.

### ① 정보사회의 생활

정보사회의 생활영역은 정보의 올바른 사용방법과 정보 보호 및 표현방법에 대한 학습을 통해 일상생활에서 정보통신 윤리를 실천하도록 함으로써 정보사회의 일원으로 바람직한 생활을 할 수 있도록 함을 목표로 삼는다.

### ② 정보기기의 이해

정보기기의 이해영역은 컴퓨터를 포함한 각종 정보기기의 작동원리와 방법 및 사이버 공간의 환경구성을 이해하도록 함으로써 학생들의 일상생활과 학교교육 활동을 위한 기초적인 능력이 함양될 수 있도록 함을 목표로 삼는다.

### ③ 정보처리의 이해

정보처리의 이해영역은 다양한 정보의 종류를 인식하고 효율적인 문제해결 방법을 찾아내는 능력을 키우도록 한다. 또한 정보통신 기술의 적용이 가능한 알고리즘적 사고와 프로그램 작성 능력이 신장될 수 있도록 함을 목표로 삼는다.

### ④ 정보 가공과 공유

정보 가공과 공유 영역은 컴퓨터 활용방법과 인터넷과 같은 사이버 공간에서의 정보전달 및 교류방법을 이해함으로써 사이버 공간을 직접 만들고 관리하는 방법을 익히며, 사이버 공간에서 표현되는 다양한 형태의 자료를 제작할 수 있는 능력, 서로 다른 형태의 자료가 갖는 제한점을 이해하도록 하는 것을 목표로 삼는다.

### ⑤ 종합활동

종합활동 영역은 학생들의 일상생활 및 교과활동에서 정보통신 기술의 원리 이해, 정보통신 기술의 활용, 정보사회의 구성원으로서의 참여가 이루어질 수 있도록 자기주도적 학습과제나 팀프로젝트 등의 활동을 통하여 창의력, 문제해결력, 논리적 사고력, 자기표현력과 같은 고등의 사고능력이 신장되도록 함을 목표로 삼는다.

정보통신 기술교육의 지도내용은 학교급에 따라서 차별화된 목적을 설정하고 있다. 초등학교에서는 기본적인 컴퓨터 조작을 통해 정보통신 기술에 대한 기초적인 내용을 습득하고, 문제해결 능력을 신장하기 위한 논리적 사고력을 증진시키며, 응용 소프트웨어를 활용하는 방법과 정보사회에 참여하는 태도를 익혀 올바른 정보통신 윤리의식이 형성되도록 하는 데 목적을 둔다. 중학교에서는 초등학교에서의 학습을 기반으로 컴퓨터의 구성 및 동작원리를 이해하고, 문제해결을 위한 알고리즘적 사고력을 증진시키며, 사이버 공간에서 올바른 윤리의식을 실천하도록 지도하는 것을 목적으로 두고 있다. 고등학교에서는 사이버 공간의 형성이나 운영에 대한 원리를 학습하여 정보의 생산이나 교류에 적극 참여할 수 있도록 하고 정보통신 윤리나 정보보호에 대한 이론 및 원리를 습득하여 미래지식 정보사회의 변화에 능동적으로 대처할 수 있도록 지도하는 것을 목적으로 삼고 있다.

위와 같은 정보통신 기술교육의 영역별 내용에 대한 단계별 접근방식을 포함하는 체계는 표 12-1 과 같이 정리될 수 있다.

**표 12-1** 정보통신 기술교육의 내용체계(교육인적자원부, 2005)

| 영역 / 단계 | 정보사회의 생활 | 정보기기의 이해 | 정보처리의 이해 | 정보가공과 공유 | 종합활동 |
|---|---|---|---|---|---|
| 1 | • 정보사회와 생활의 변화<br>• 컴퓨터로 만나는 이웃<br>• 컴퓨터 사용의 바른 자세<br>• 사이버 공간의 올바른 예절 | • 사이버 공간의 이해<br>• 네티켓과 대인 윤리<br>• 인터넷과 게임 중독의 예방<br>• 바이러스, 스팸으로부터의 보호 | • 협력하는 사이버 공간<br>• 사이버 폭력과 피해예방<br>• 개인정보의 이해와 관리<br>• 컴퓨터 암호화와 보안프로그램<br>• 저작권의 보호와 필요성<br>• 정보사회와 직업 | • 사이버 기관과 단체<br>• 사이버 공간의 윤리와 필요성<br>• 암호화와 정보보호 기술<br>• 정보산업의 발전과 미래 | • 올바른 네티즌 의식<br>• 정보보호법률의 이해<br>• 네트워크 속에서의 정보보호<br>• 정보사회와 직업선택 |
| 2 | • 컴퓨터 구성요소의 이해<br>• 컴퓨터의 조작 | • 운영체제의 사용법<br>• 컴퓨터의 관리<br>• 소프트웨어의 이해<br>• 유틸리티 프로그램의 활용<br>• 주변장치의 활용 | • 컴퓨터 동작의 이해<br>• 컴퓨터 사용 환경설정<br>• 네트워크의 이해<br>• 정보기기의 이해와 활용 | • 운영체제의 이해<br>• 네트워크의 구성요소와 원리<br>• 컴퓨터 내부 구조의 이해<br>• 자신의 컴퓨터 구성 | • 운영체제의 동작원리<br>• 서버와 네트워크 구조 |
| 3 | • 다양한 정보의 세계<br>• 재미있는 문제와 해결방법 | • 숫자와 문자정보의 표현<br>• 문제해결 과정의 이해 | • 멀티미디어 정보의 표현<br>• 문제해결 전략과 표현<br>• 프로그래밍의 이해와 기초 | • 알고리즘의 이해와 표현<br>• 간단한 데이터 구조<br>• 입·출력 프로그래밍 | • 데이터베이스의 이해와 활용<br>• 프로그램 제작 과정의 이해<br>• 응용 소프트웨어 제작 |
| 4 | • 생활과 정보의 교류<br>• 사이버 공간과의 만남 | • 사이버 공간에서의 정보검색과 수집<br>• 문서편집과 그림작성 | • 사이버 공간 생성, 관리 및 교류<br>• 수치자료 처리<br>• 발표용 문서작성 | • 정보 공유 및 협력<br>• 정보교류 환경의 설정<br>• 웹문서 제작<br>• 멀티미디어 자료의 활용 | • 멀티미디어 자료의 가공<br>• 웹사이트 운영 및 관리 |

| 영역<br>단계 | 정보사회의 생활 | 정보기기의 이해 | 정보처리의 이해 | 정보가공과 공유 | 종합활동 |
|---|---|---|---|---|---|
| 5 | • 정보사회에 대한 올바른 인식과 이해 | • 문제해결을 위한 정보의 수집, 생성 및 보호 | • 책임 있는 협력활동을 통한 문제해결 | • 다양한 멀티미디어 정보를 활용한 정보교류 | • 사이버 공간에서의 올바른 정보공유 |

단계별 내용의 적용은 1단계는 초등학교 1, 2학년, 2단계는 초등학교 3, 4학년, 3단계는 초등학교 5, 6학년, 4단계는 중학교 1, 2, 3학년, 5단계는 고등학교 1학년을 기준으로 제시된 것이다. 그러나 단계별로 설정된 내용이 반드시 학습의 순서를 의미하는 것은 아니고, 학교의 상황이나 특성, 학생의 수준을 고려하여 목표를 설정하고 탄력적으로 운용할 수 있다.

정보통신 기술교육을 통해 이루고자 하는 교육적 목표는 컴퓨터 관련 교과나 재량활동, 특별활동 등 한정된 영역 안에서의 활동만으로는 목표를 달성하기 어려우며, 교과학습에서도 함께 고려되어야 한다. 교과별로 정보통신 기술교육이 함께 이루어질 수 있는 주제들의 예시는 다음과 같다.

**표 12-2** 정보통신 기술교육의 교과별 활용(교육인적자원부, 2005)

| 국어과 | 도덕과 | 사회과 | 수학과 | 과학과 |
|---|---|---|---|---|
| • 텍스트 상호성 이해<br>• 비판적 사고력 신장<br>• 언어의 사회적 구성 이해<br>• 문제해결력 강화<br>• 어휘력(문식성) 신장<br>• 의사소통 능력 강화<br>• 문학(언어)현상의 이해<br>• 발산적 사고와 창의적 언어사용 | • 감정이입 능력 증대<br>• 도덕정보 수집을 통한 문제해결<br>• 도덕적 판단능력 강화<br>• 도덕적 토론능력 강화<br>• 집단 탐구학습 능력 증대<br>• 도덕적 실천의지 함양<br>• 도덕적 경험공유<br>• 도덕적, 반성적 경험표현 | • 사회현상의 이해<br>• 반성적 탐구 설계 및 수행<br>• 자료 분석 및 해석<br>• 대안이나 결론도출 및 평가<br>• 가치판단 및 의사결정<br>• 사회문제에 대한 토의 및 토론<br>• 사회참여 | • 수의 어림 및 규칙 찾기<br>• 수와 도형의 기본 개념 및 절차 이해<br>• 함수개념 이해 및 탐구<br>• 수학적 귀납 추론능력 신장<br>• 수학 정보탐색을 통한 문제해결<br>• 수학적 의사소통 | • 자연현상에 대한 흥미와 호기심<br>• 과학의 기본개념 이해<br>• 과학개념의 실생활 적용<br>• 과학적 탐구능력 향상<br>• 과학적 탐구능력의 실생활 활용<br>• 과학적 태도함양<br>• 과학적 소양함양<br>• 과학이 기술과 사회에 미치는 영향인식 |

| 실과(기술·가정) | 체육과 | 음악과 | 미술과 | 영어과 |
|---|---|---|---|---|
| • 생활소양<br>• 실생활 체험<br>• 실생활 문제해결력 강화<br>• 기술적 소양<br>• 기술적 활동체험<br>• 기술적 문제해결력 강화<br>• 가정생활 소양<br>• 가정생활 체험<br>• 가정생활의 실천적 문제해결력 강화 | • 운동실기 수행증진<br>• 스포츠와 무용의 심미적 요소 감상<br>• 게임전술 관련 고등사고력 증진<br>• 사회적 상호작용 함양<br>• 스포츠 경기문화 감상<br>• 건강과 여가증진 | • 음악의 기본개념 이해<br>• 가창능력 향상<br>• 기악능력 향상<br>• 창작능력 향상<br>• 감상능력 향상<br>• 음악에 대한 문제해결력 신장 | • 영상문화 이해<br>• 미술정보 탐색을 통한 문제해결<br>• 이미지 제작능력 함양<br>• 이미지 변형 능력 함양<br>• 창의적 조형 능력 함양<br>• 매체 활용능력 강화<br>• 미술정보 상호교류<br>• 비판적 수용능력 향상 | • 음성언어 메시지 이해<br>• 음성언어 메시지 표현<br>• 문자언어 메시지 이해<br>• 문자언어 메시지 표현<br>• 음성 및 문자언어를 통한 상호작용<br>• 언어적 요소학습<br>• 비언어적 의사소통 방식 및 생활양식 학습 |

교과별 내용에 대한 교수-학습 활동을 진행하면서 정보통신 기술을 활용함으로써 교사는 학생들이 정보통신 기술의 활용능력을 신장시킬 수 있는 기회를 제공할 뿐만 아니라 수업방법을 더욱 효과적으로 개선할 수 있을 것이다.

예를 들어, 국어과 영역에서 제시된 '텍스트의 상호성 이해'라는 주제와 정보통신 기술을 접목한 수업의 활동을 살펴보자. 정보통신 기술을 활용하여 학생들은 이미 생산되고 표현된 텍스트들에 대해 다른 텍스트들과 비교하고 상호성을 판단하는 학습을 경험할 수 있게 된다. 인터넷 신문에서 동일한 기사에 대해서 어떤 나른 세목들이 붙어 있는지 비교하기, 웹게시판을 이용하여 기존의 작품을 새로 쓰기, 문학을 패러디한 애니메이션이나 영화를 감상하고 감상문을 작성하기, 문학작품에 대해 직접 역할극을 만들고 동영상으로 제작하여 보기, 시를 감상하고 디지털 영상편지를 만들어 보기와 같은 학습활동들이 텍스트의 상호성 이해에 도움이 되는 교수-학습 활동일 것이다. 이러한 학습활동은 매체를 통한 예술장르 간의 변용을 이해할 수 있게 하여 학습자들이 예술의 다양성에 대해 이해하고 감상할 수 있는 능력을 신장시킬 수 있을 것이다.

또 다른 예로 과학과 영역의 '과학의 기본개념 이해'와 정보통신 기술을 접목한 교수-학습 활동을 생각해 보자. 과학에서 다루는 지식은 사실, 개념, 법칙, 이론, 가설 등이 있으나 이들 가운데 교과서에는 주로 개념을 다룬다. 학습자들은 이러한 개념에 대한 학습을 기반으로 과학용어를 사용하거나 과학과 관련된 도서를 읽을 수 있다. 과학적 기본개념들은 구체적인 작동과정의 표현이 가능한 애니메이션이나 구체적 조작이 가능한 시뮬레이션을 통해서 더욱 쉽게 이해될 수 있다. 뿐만 아니라 과학적인 오개념을 정확한 개념으로 수정하기 위해서는 구체적인 증거가 교수-학습 자료로 제공되는 교수활동이 효과적이며 이러한 자료가 정보통신 기술의 활용을 통해 제시될 수 있다. 이와 같은 활동들에는 과학적 개념의 위계를 개념도 프로그램을 활용하여 그려보기, 각기 다른 자연현상을 제시한 멀티미디어 자료를 개념별로 분류하기, 백과사전 웹사이트에서 과학용어를 검색하고 그 의미를 정리하기, 과학 관련 동영상을 보고 동영상에서 제시된 과학개념을 설명하기, 컴퓨터나 인터넷 기반의 시뮬레이션을 통해 과학개념을 적용한 모의실험을 수행하기, 과학 오개념을 소개한 웹사이트를 인터넷에서 검색하여 정리하기와 같은 활동들이 포함될 수 있다.

**개념도** 학습상황에서 제시되는 개념들(사실, 원리, 아이디어, 법칙 등)과 개념들 간의 관계를 원, 삼각형, 사각형, 연결선, 화살표 등의 사용하여 도식화하여 나타낸 그림

위와 같은 정보통신 기술교육 혹은 ICT 활용교육은 7차 교육과정 시행시기에는 국민 공통 기본 10개 교과의 수업을 진행함에 있어서 10% 이상의 비율로 ICT 활용을 하도록 편성되었다. 그 이후 2009개정 교육과정 시행 이후에는 '창의적 체험활동', '자율활동', '동아리 활동', '진로활동' 등의 영역에 걸쳐 개별 학교의 상황과 교육과정의 편성에 맞게 자율적으로 실시하도록 권장되고 있다.

### 2) ICT 리터러시

교육정보화 및 정보통신 기술교육의 목적은 지식정보화 사회라고 일컬어지는 21세기를 살아가는 학습자들이 스스로 지식을 획득하고 발전시켜 나갈 수 있는 능력을 기르도록 하는 데 있다. 이에 따라 창의력, 문제해결력, 의사소통 능력 등 학습자들이 반드시 갖추어야 할 핵심적인 역량을 소유하기 위해서 필

요한 정보통신 소양, 즉 ICT 리터러시(ICT literacy)에 대한 관심이 증가하고 있다. 지식정보화 사회에서 ICT 리터러시는 교수-학습 현장에서 다른 교과의 학습에 영향을 미치며 사고력, 종합력, 문제해결력과 같은 고차원적인 정신능력을 신장시킬 수 있는 기초적이고 선행적인 능력이라는 공감대가 형성되고 있는 것이다(백순근, 김동일, 김미량, 김혜숙, 유혜림, 박소화, 김세원, 김미림, 2008).

리터러시(literacy)는 전통적으로 읽고 쓸 줄 아는 능력을 의미하는 것으로 과거에는 문자언어에 국한되어 사용된 개념이다. 그러나 사회적인 환경의 변화와 커뮤니케이션 도구의 변화로 인해 그 의미가 확대되어 다양한 언어형태(문자언어, 영상언어, 디지털 언어 등)로 우리에게 주어진 자극을 이해하고 해석하며 사용할 줄 아는 능력으로 확장되어 사용되고 있다(서정희, 2011). 멀티미디어를 비롯한 디지털 정보의 통합적인 특성 때문에 다중적인 의미를 지닌 다양한 리터러시 개념들이 등장하게 되면서 컴퓨터 리터러시, 정보 리터러시, 테크놀로지 리터러시, 미디어 리터러시, 디지털 리터러시, ICT 리터러시 등의 용어가 사용되고 있는 실정이다.

이처럼 다양한 새로운 형태의 리터러시 가운데 ICT 리터러시의 개념을 명확히 이해하기 위해서 ICT 리터러시, 정보 리터러시, 미디어 리터러시 간의 개념 차이를 정리하면 표 12-3 과 같이 정리될 수 있다.

**표 12-3** ICT 리터러시와 정보, 미디어 리터러시 비교(백순근 외, 2008, p.15)

| 구분 | ICT 리터러시 | 정보 리터러시 | 미디어 리터러시 |
|---|---|---|---|
| 주요 정의 | 정보사회에서 정보 관련 문제를 해결하기 위하여 디지털 기술, 의사소통 도구, 네트워크 등을 적절하게 사용하는 능력이며, 아울러 정보사용에 관한 윤리적, 법적 인식을 바탕으로 정보를 검색, 조직, 평가하는 능력 | 정보가 필요할 때 관련된 정보를 검색, 평가, 효과적인 사용을 할 수 있는 개인이 가진 일련의 능력 | 인쇄기반 미디어나 전자미디어 모두 접근, 분석, 평가, 생산할 수 있는 개인의 능력 |

| 구분 | ICT 리터러시 | 정보 리터러시 | 미디어 리터러시 |
|---|---|---|---|
| 배경 학문 | 컴퓨터 과학, 정보학 | 도서관학, 정보과학 | 미디어 과학, 사회과학 |
| 주요 관심 | 특정 디지털기기, 소프트웨어, 기반기술 | 정보처리 및 관리 | 미디어 비평<br>(메시지의 비판적 분석) |
| 공통점 | • ICT 도구와 전략적 지식 두 가지 차원에서 원칙기술<br>• 모두 ICT에 기반을 두고 있음<br>• 문제해결을 위한 정보의 필요성 인식<br>• 검색, 평가의 전략적 지식을 포함<br>• 인지적 능력은 리터러시와 분리되지 않음(Lonsdale & McCurry, 2004) | | |
| 차이점 | 기술적 노하우에 초점도구로서 ICT가 기본이 됨 | ICT가 중요하지만 정보 리터러시, 미디어 리터러시의 학습과정에서 상보적 역할 | |

정보 리터러시는 필요한 정보를 검색하고 평가하여 이를 주어진 상황에 맞게 사용하는 개인의 능력과 관련된 리터러시를 의미하며 도서관학과 정보과학에 토대를 두고 등장하였다. 정보 리터러시는 정보를 처리하고 관리하는 측면에 관심을 두었지만 그 과정에서 다양한 ICT가 사용된다는 점에서 ICT 리터러시와 관련성을 가지고 있다.

미디어 리터러시는 인쇄, 시청각, 디지털 미디어 등 모든 형태의 미디어에 대해 접근하고 분석, 평가, 생산해 낼 수 있는 능력과 관련된 리터러시로 미디어 과학과 사회과학을 토대로 등장하였다. 미디어 리터러시가 다루는 미디어의 범주에 ICT가 상당부분 포함된다는 점에서 ICT 리터러시와 관련성을 갖는다.

위와 같은 정보, 미디어 리터러시의 개념을 토대로 ICT 리터러시와 관련된 기존의 논의들을 살펴보면 ICT 리터러시는 일반적인 교육의 성과를 나타낼 수 있으며, 다른 여타의 리터러시를 포함하는 포괄적인 개념으로 사용되고 있다. 구체적으로는 ICT 도구에 대한 활용, ICT를 통한 정보의 활용이라는 두 가지 측면을 포함하고 있다. 이러한 점에서 ICT 리터러시는 "ICT를 활용하여 문제를 인식하고 필요한 정보를 탐색·수집하며, 비판적으로 분석하고, 효율적으로 관리하고 활용하며, 목적에 맞게 새로운 정보를 제작함으로써 타인과 효과적으로 의사소통할 수 있는 능력"(서정희, 2011, p.3)으로 정의할 수 있다.

우리나라에서는 2000년대부터 초·중등학생 ICT 학생 능력기준 및 교육과정 개발(이철환, 김영애, 이원규, 노석구, 김성렬, 한선관, 2001), 교사의 ICT 활용능력 기준의 표준화 및 교육과정 상세화(이준, 손윤선, 김영애, 서유경, 김성은, 2002), 일반 국민을 대상으로 하는 ICT 활용능력 기준의 표준화 및 교육과정 상세화(이준, 김영애, 서유경, 김성은, 2002), 중·고등학생용 ICT리터러시 검사도구 개발(백순근 외, 2008), 수행형 ICT 리터러시 검사도구 개발(백순근, 임철일, 김혜숙, 유예림, 김미림, 이소라, 2009) 등 다양한 집단을 대상으로 하여 ICT 리터러시의 개념화 및 이를 측정할 수 있는 도구의 개발을 진행하여 왔다.

현재 우리나라에서 초·중등학생들을 대상으로 ICT 리터러시를 측정하기 위해서 사용되는 검사도구가 포함하고 있는 능력요소와 세부적인 예시에 대한 프레임워크는 표 12-4 와 같다.

**표 12-4** ICT 리터러시 능력요소별 개념 및 세부능력 예시(서정희, 2011, pp.7~8)

| 능력요소 | 정의 | 세부능력 예시 |
|---|---|---|
| 정의<br>(define) | 문제를 인식하고 필요한 정보를 파악할 수 있는 능력 | • 해결해야 할 문제가 무엇인지 파악할 수 있다.<br>• 문제에 필요한 정보를 파악할 수 있다.<br>• 조건에 맞는 정보가 무엇인지 확인할 수 있다.<br>• 디지털 정보 및 기술에 대한 내용을 기본적으로 이해하였다. |
| 접근<br>(access) | 적절한 디지털 환경에서 정보를 수집하고 탐색할 수 있는 능력 | • 잠재적인 정보자원을 확인할 수 있다.<br>• 디지털 환경에서 적절한 정보출처에 접근할 수 있다.<br>• 디지털 환경에서 정보접근 방법을 이해할 수 있다.<br>• 디지털 환경에서 정보탐색 방법을 이해할 수 있다.<br>• 디지털 환경에서 정보수집 방법을 이해할 수 있다.<br>• 정보기술을 이용하여 정보를 검색할 수 있다. |
| 평가<br>(evaluate) | 정보를 비판적으로 분석하고, 가치와 적합성을 판단할 수 있는 능력 | • 디지털 정보의 질을 분석·평가할 수 있다.<br>• 디지털 정보의 타당성을 분석·평가할 수 있다.<br>• 디지털 정보의 정확성을 분석·평가할 수 있다.<br>• 디지털 정보의 권한을 분석·평가할 수 있다.<br>• 디지털 정보의 신뢰성을 분석·평가할 수 있다. |

| 능력요소 | 정의 | 세부능력 예시 |
|---|---|---|
| 생성<br>(create) | 문제의 목적에 적합하게 새로운 정보를 설계하고 제작할 수 있는 능력 | • 수집된 정보들을 실제적 활용을 위해 새로 조직할 수 있다.<br>• 기존에 가지고 있던 지식에 새로운 정보를 통합할 수 있다.<br>• 기존의 정보를 개조·변경할 수 있다.<br>• 새로운 정보구조를 설계할 수 있다.<br>• 새로운 정보를 생성할 수 있다. |
| 관리<br>(manage) | 수집되고 생성된 정보를 효율적으로 조직하고 보호할 수 있는 능력 | • 존재하는 스키마에 정보를 적용할 수 있다.<br>• 정보들에 맞는 새로운 스키마를 생성하여 정보들을 관리할 수 있다.<br>• 정보를 안전하게 보호할 수 있다. |
| 소통<br>(communicate) | 정보를 가지고 의사소통할 수 있는 능력 | • 디지털 정보를 가지고 의사소통하는 처리과정을 이해할 수 있다.<br>• 디지털 정보의 의사소통 처리기술을 이해할 수 있다.<br>• 효과적인 방법(매체를 이용하여)으로 전달할 수 있다.<br>• 디지털 정보를 이용하여 인간과 인간이 의사소통할 수 있다.<br>• 인간과 디지털기기가 의사소통할 수 있다. |

현재 우리나라의 ICT 리터러시 측정은 초등학생을 대상으로 하는 기초수준(core)과 중학생을 대상으로 하는 발전수준(advanced)의 두 가지 검사도구가 있으며, 선다형 문항뿐만 아니라 실제 학생들의 수행을 측정하는 수행형 문항도 함께 개발되어 활용되고 있다.

2010년도에 전국 초·중학생 가운데 1%에 해당하는 학생들을 대상으로 실시한 ICT 소양검사(ICT 리터러시 검사) 결과에 따르면, 초등학생(초4~초6)의 81.7%, 중학생(중1~중3)의 71.8%가 숙련 및 우수 단계에 속하는 것으로 나타났다. 이전에 수행되었던 유사한 형태의 검사에 있어서도 초등학생들에 비해 중학생들의 ICT 리터러시 수준이 다소 낮게 나타나는 경향이 나타났다. 이는 학년이 올라갈수록 요구되는 리터러시의 수준도 복잡해지고 정교해지는 데 반해, 고차적인 문제해결과 사고를 요구하는 문제해결에 ICT를 활용하는 능력이 부족한 것으로 해석할 수 있다. 따라서 기본기능이나 기초소양 위주의 ICT 활용을 넘어 효과적이고 생산적인 학습의 도구로 ICT가 활용할 수 있도록 도와줄 수 있는 교사의 지속적인 노력이 필요하다. 또한 학생들의 ICT 리터러시 수준에 직접적인 영향을 미치는 교사들의 ICT 리터러시 수준에 대한 조사와 교사와 예비교사들의 ICT 리터러시를 높일 수 있는 여러 가지 방안들이 지속적으로 제공되어야 하는 것으로 나타났다(서정희, 2011).

### 3) ICT 활용의 교육적 효과

임정훈(2011)은 ICT 활용수업이 전통적인 교수자 중심의 수업형태와 비교하여 다음과 같은 장점이 있음을 제시하였다.

첫째, 과거 수십 년간 학교현장에서 주된 형태를 이루어 온 지식전달 위주의 교육방법과 교실이라는 물리적 공간으로 제한된 교육환경에서 벗어나 학습자의 자율과 특성을 존중하고, 다양하고 유연한 학습활동의 수행을 가능케 한다.

둘째, ICT를 활용한 정보검색 및 의견교환을 통해 학습목표와 학습전략의 수립, 학습결과의 평가 등 일련의 교수-학습 과정에서 학습자가 주도적인 역할을 수행할 수 있도록 지원함으로써 자기주도적인 학습환경을 구성하는 데 도움을 줄 수 있다.

셋째, 다양한 ICT를 활용하여 정보의 검색, 수집, 분석, 종합 등 새로운 정보를 창출하는 과정에 학습자가 직접적으로 참여함으로써 학습자의 문제해결력과 창의력을 신장시키는 데 도움을 줄 수 있다.

넷째, 문제해결 학습, 프로젝트 학습, 사례기반 학습, 상황학습, 협동학습 등 다양한 형태의 교수-학습 활동을 지원함으로써 기존의 획일화된 교수-학습에서 벗어나 학습자의 동기를 유발할 수 있을 뿐만 아니라, 교수-학습의 질적, 양적 신장을 이룰 수 있다.

다섯째, 교수-학습 활동의 시간적, 공간적 제약에서 벗어날 수 있는 교육의 장을 제공함으로써 학습자의 사고의 폭을 넓히고, 학습의 기회를 확장할 수 있는 환경을 제공할 수 있다.

### 4) ICT 활용수업의 실제

ICT를 실제 수업에서 적용하는 구체적인 상황들에 대해서 살펴보자. 한국교육학술정보원에서는 ICT를 활용한 수업의 활동형태를 크게 여덟 가지로 정리하였다.

**표 12-5** 정보통신 기술활용 여덟 가지 수업활동 유형

| | | |
|---|---|---|
| ① 정보탐색하기 | ② 정보분석하기 | ③ 정보안내하기 |
| ④ 웹토론하기 | ⑤ 협력연구하기 | ⑥ 전문가와 교류하기 |
| ⑦ 웹펜팔하기 | ⑧ 정보 만들기 | |

이러한 활동유형은 수업을 실제 진행함에 있어서 한 가지 혹은 그 이상의 유형을 혼합하여 적용할 수 있을 것이다.

#### (1) 정보탐색하기

**개념 :** 정보탐색하기는 학습자가 해결해야 하는 과제가 주어졌을 때의 첫 번째 단계로서 인터넷 검색엔진, 웹사이트, CD-ROM 자료, 인쇄자료, 또는 정보를 가지고 있는 사람 등 다양한 형태의 정보원에서 자료를 탐색하고 필요한 정보를 찾아보는 유형이다. 이 유형은 과목의 특성상 교재에서 얻을 수 없는 다양한 자료를 찾아서 활용하는 기초적인 정보검색과 정리에서부터 주어진 문제를 새로운 방법으로 해결하려는 문제해결 능력배양, 그리고 탐구활동을 통해서 새로운 것을 탐구하려는 적극적인 탐구자세의 신장 등의 목적에 활용될 수 있다.

**과정 :** 탐색과제 선정 및 수업의 준비 → 과제안내 → 학습계획 수립 및 정보수집 → 탐색결과 발표 및 공유

**① 탐색과제 선정 및 수업의 준비**

교사는 교육과정을 분석함으로써 학습활동에 학습자들이 탐색해야 할 적절

한 과제를 선정하고 이를 목록화한다. 적절한 탐색과제는 비구조화된 문제, 약간의 혼란스러움을 포함한 문제, 해당 학습내용과 직접적으로 관련성이 지닌 문제, 학습자의 이전 경험, 관심, 흥미와 연결되는 실제 상황이 포함된 문제, 학습자의 관점과 습득한 지식과 정보에 따라서 여러 해결방안이 나올 수 있는 특성을 지닌 문제이다. 이러한 성격을 지닌 탐색과제가 선정되고 학습자가 선택할 수 있도록 목록화되면, 교사는 학습자의 정보탐색에 도움이 될 수 있는 웹사이트의 범위, 또는 참고사이트의 목록을 제공하고, 학습자들 간의 모둠활동 시 모둠의 구성, 개인의 역할분담에 대한 사전계획을 수립하고, 학습자의 수준을 고려하여 필요하다면 탐색활동에 필요한 ICT 도구(검색엔진의 활용, 웹사이트 검색방법 등)에 대한 사전교육의 실시 등을 고려해야 한다. 또한 개별 정보 탐색활동, 또는 소집단 정보 탐색활동 등 학습자 집단의 구성에 따라서 필요한 컴퓨터의 활용이 가능한 환경을 사전에 구비해야 한다.

**② 과제안내**

학습자에게 과제를 제시할 때는 학습자의 실생활과 관련된 경험을 중심으로 한 상황을 제시하여 학습자의 동기를 유발하는 것이 좋다. 이러한 과제안내 방식으로는 과제와 관련된 실제적인 문서나 편지, 신문기사의 제시, 과제와 관련된 인물이 실제적인 문제를 해결하도록 요청하는 형태의 서술, 실제 상황과 관련된 인물의 육성녹음이나 비디오 자료를 제시하는 방법 등이 있을 것이다. 상황을 제시한 후에는 학습자가 해당과제를 더욱 명확하게 이해하도록 추가적인 교사의 설명이나 자료의 배부가 필요할 수 있다. 과제안내와 함께 과제해결 방법에 대한 기초적인 안내(정보의 검색, 선별, 평가, 분석방법에 대한 안내)를 제공한다.

**③ 학습계획 수립 및 정보수집**

학습자는 개별 또는 모둠별로 제시된 과제를 파악하고, 이를 해결하기 위한 방법을 찾기 위해 교사와 논의하거나 모둠별로 토론활동을 실시한다. 이후 교사가 제공한 정보원을 포함하여 적절한 모든 정보원을 파악한 뒤, 이를 비교·분석하여 최적의 정보원을 선택하는 활동이 진행된다. 교사는 교실을 순회하면서 학습자들이 정확하게 과제를 파악하고 있는지, 이에 대한 해결방안이 올바르게 수립되었는지를 점검하고, 추가적인 안내, 조언, 격려를 제공하는 역할을 수행한다. 학습자는 개별적으로 또는 모둠 안에서의 역할에 따라 다양한 정보원에서 필요한 정보를 수집하고 찾아낸 정보를 분류하여 적합한 정보를 가려낸다.

#### ④ 탐색결과 발표 및 공유

학습자는 가려낸 정보들을 체계적으로 정리하여 최종결과물을 만든다. 개별 또는 모둠별 발표를 통해 한 가지 과제에 대해 다양한 관점을 접하고 이해할 수 있는 경험을 갖게 된다. 교사 또는 학습자는 정보탐색 과정을 통해 정리된 내용을 학급 홈페이지와 같은 공간을 통해 게시함으로써 정보를 공유한다.

### (2) 정보분석하기

**개념 :** 정보분석하기는 다양한 방법을 통해 수집한 원자료를 문서편집기나 스프레드시트, 데이터베이스 등을 이용하여 비교, 분류, 조합 등의 분석과정을 통해 결론을 예측하고 추론해 보는 유형이다. 이 유형은 수집한 자료의 분석과정을 통해 결론을 도출하고 추론하는 탐구능력을 증진시키기 위한 목적으로 활용될 수 있다.

**과정 :** 원자료 확보계획 수립 및 수업준비 → 학습안내 → 원자료 확보 및 자료 분석을 위한 도구선택 → 자료의 비교, 분류, 분석활동 수행 → 결과 발표 및 공유

**스프레드시트(spread-sheet)** 회계, 자료관리, 통계 등의 계산을 위해 사용되는 표 형식의 계산용지나 이를 컴퓨터에서 사용할 수 있게 구현한 프로그램을 의미한다. 엑셀이나 로터스, 한셀 등의 프로그램이 이에 해당한다.

#### ① 원자료 확보계획 수립 및 수업준비

교사는 학생들이 원자료를 확보할 수 있는 다양한 방법을 생각하고, 이를 안내할 수 있는 계획을 수립해야 한다. 원자료는 시간적으로 변하는 자료(날씨정보, 가격정보, 인구정보 등)를 웹사이트 검색을 통해 수집하거나, 개인의 의견이나 개인정보(좋아하는 물건, 취향, 의견 등) 등을 웹기반 설문조사를 통

해 알아보거나, 실험결과의 데이터 또는 구체적인 대상의 특성을 파악한 자료를 정리하는 등의 다양한 방법을 통해서 확보될 수 있다. 또한 이를 이용하여 자료를 비교, 분류, 분석할 수 있는 활동을 학습자가 수행할 수 있도록 원자료에 접근할 수 있는 웹사이트의 사용방법에 대한 안내자료 준비, 웹기반 설문조사의 목적과 시행방법에 대한 안내, 자료의 비교, 분류, 분석을 위한 ICT 도구(데이터베이스 소프트웨어, 스프레드시트 소프트웨어, 그래픽 소프트웨어 등)에 대한 사용방법 안내 및 추가적인 교육의 필요성 검토 등에 대한 준비가 필요하다. 수업에 대한 준비과정에서 고려해야 할 사항은 사용하고자 하는 프로그램이 해당 학교에서 활용 가능한 것인지에 대한 여부도 확인해야 한다.

#### ② 학습안내

학습자의 정보분석 활동을 위해서 교사는 학습목표 및 원자료 확보방법에 대한 안내를 제공한다. 자료분석 활동의 다양한 예(그래프, 표, 다이어그램 등)를 제공한다. 원자료 확보 및 자료분석 활동, 결과제출 등 일련의 학습활동에 대해 교사의 추가적인 설명이나 자료를 배포하여 학습자들이 학습과정을 숙지할 수 있도록 돕는다.

#### ③ 원자료 확보 및 자료분석을 위한 도구선택

학습자는 사전에 제공된 원자료 확보방법에 대한 안내에 따라 자료를 수집한다. 즉, 웹사이트를 방문하거나, 웹을 기반으로 설문조사를 계획하고 실시하며, 실험결과 자료를 정리하는 등의 활동을 진행한다. 이를 통해 학습자는 원자료의 결과를 표현해 줄 수 있는 스프레드시트, 데이터베이스, 그래픽 소프트웨어 등의 도구를 적절하게 선택하거나 조합하고, 도구를 사용하여 도표, 그래프 등 다양한 형태로 원자료의 정보들을 재조직한다.

#### ④ 자료의 비교, 분류, 분석 활동 수행

학습자는 재조직한 자료를 형태별로 분류하고, 결과를 예측하는 설명을 기록한다. 또한 동료학습자와 자료분석에 대한 토론을 실시한다. 이 과정에서 교사는 미리 결론을 제시하지 않으며, 학습자가 개별적으로 또는 학습자 간의 토론을 거쳐 다양한 결론을 예측하고 추론할 수 있도록 유도하며, 시간을 융통성 있게 배정하는 것이 중요하다.

**⑤ 결과 발표 및 공유**

학습자는 기록한 설명과 토론결과를 정리하여 분석결과 보고서를 작성한다. 개별 또는 모둠별 발표를 통해서 학습자는 다양한 예측과 결론이 존재할 수 있음을 이해한다. 이러한 결과는 교사 또는 학습자가 학급 홈페이지와 같은 공간을 통해 게시함으로써 정보를 공유한다.

### (3) 정보안내하기

**개념 :** 정보안내하기는 교사가 주도적으로 학습자들의 학습을 이끄는 ICT 활용 수업활동 유형이다. 미리 잘 짜인 수업과 같이 교사가 사전에 수업을 계획하여 필요한 단계에서 교육용 프로그램이나 CD-ROM 타이틀, 교육용으로 구축된 홈페이지를 통해 학습자들에게 학습내용을 안내하는 활동이 주를 이룬다. 이러한 유형의 수업을 위해서는 사전에 교사가 적절한 교육용 프로그램, CD-ROM 타이틀을 선택하는 능력과 필요한 프레젠테이션 자료 또는 홈페이지를 구축할 수 있는 기술과 시간을 필요로 하나 불필요한 정보의 개입을 사전에 방지하고 학습자들이 시간을 효율적으로 사용할 수 있는 장점이 있다.

**과정 :** 수업계획 수립 및 수업준비 → 학습안내 → 학습전개 → 학습결과 정리 및 평가

**① 수업계획 수립 및 수업준비**

정보안내하기 유형의 수업을 계획하는 데 있어서 교사는 학습자에게 제공할 수업의 자료를 확보하는 방법을 선택하여야 한다. 수업자료는 일반 시중에서 구입하거나 무료로 획득할 수 있는 교육용 CD-ROM 타이틀, 교사에 의해서 작성된 프레젠테이션 자료, 교사에 의해서 구축되거나 이미 활용되고 있는 교

육용 홈페이지 등을 통해서 확보될 수 있다. 수업자료를 확보하는 방법에서 교사가 고려해야 할 점은 학습과제의 성격, 교사의 능력, 시간과 노력에 대한 효율성과 같은 요소들이다. 또한 지식이나 절차에 대한 이해, 개념의 형성과정에 있어서 풍부한 멀티미디어 자료들을 제공하는 것이 학습에 효율적이라고 판단될 때, 학습의 초기단계나 정리단계에서 학습목표를 제시하거나 동기유발, 학습내용의 적용을 위해서 관련 정보를 제시할 필요가 있을 때, 수업을 전개하는 과정에서 학습자와의 상호작용이 수시로 필요하다고 판단될 때 이러한 유형의 수업을 준비할 수 있다. 위와 같은 기준들에 의해서 수업의 유형에 대한 근거가 마련되면, 수업의 목적에 따라서 필요한 수업자료를 개발할 것인지 또는 기존의 자료들을 선택하여 활용할 것인지를 결정하는 것이 필요하다. 수업자료를 만들거나 선택할 때는 교사의 일방적인 내용전달이 아니라 학습자들의 토론이나 의견을 유도할 수 있는 다양한 자료를 포함하고, 구체적으로 교사와 학습자 또는 학습자 간 상호작용을 진행할 수 있는 방법들에 대한 계획을 수립하는 것이 중요하다.

### ② 학습안내

준비된 수업자료의 형태에 따라서 추가적으로 학습활동에 대한 안내가 필요한 경우가 있다. CD-ROM 타이틀을 활용하는 경우 학습목표와 CD-ROM 타이틀에 대한 안내, CD-ROM 타이틀의 활용방법, 학습시간 및 보충, 심화학습에 대한 안내가 필요하다. 프레젠테이션 자료를 활용하는 경우 다양한 멀티미디어 자료를 통해 수업목표 및 학습과제를 제시하고, 수업의 전반적인 과정과 평가방법에 대한 안내가 포함되어야 한다.

### ③ 학습전개

학습자는 CD-ROM 타이틀, 프레젠테이션 자료, 교육용 홈페이지를 보면서 제시된 내용을 토대로 개별적 혹은 모둠별 학습을 진행한다. 학습자는 교사가 제공하는 다양한 의사소통 채널(채팅, 게시판, 이메일 등)을 통해 교사 또는 학습자 간 상호작용을 진행한다.

#### ④ 학습결과 정리 및 평가

학습자는 학습한 내용에 대해 개별적 혹은 모둠별로 정리를 한다. 추가적으로 교사와 상호작용한 내용, 학습자 간 상호작용의 결과를 홈페이지를 통해 공유한다. 교사는 학습자의 학습과정과 결과에 대한 평가를 기반으로 학습자에게 개별적 혹은 모둠별 피드백을 제공하고, 그 결과를 학습자들이 확인할 수 있도록 게시한다.

### (4) 웹토론하기

**개념 :** 웹토론하기는 채팅이나 게시판, 이메일 등을 활용하여 특정한 주제에 대해 허락받은 특정한 참여자 또는 불특정 다수가 자신의 의견을 개진하는 것을 기반으로 하는 수업유형이다. 이러한 형태의 수업은 다른 사람의 의견을 존중하는 태도와 합리적인 사고를 신장할 수 있으며, 면대면 토론학습에서 부담을 느끼는 학습자들을 적극적으로 참여시켜 의사소통 능력을 신장하는 데 도움이 될 수 있다.

**과정 :** 웹토론 주제선정 및 수업준비 → 학습안내 → 토론활동 → 토론결과 확인

#### ① 웹토론 주제선정 및 수업준비

교사는 교육과정을 토대로 적당한 토론주제를 선정하고 이를 목록화해야 한다. 적절한 토론주제는 학습자가 문제의식을 가질 수 있으며, 다양한 관점이 도출되며, 학습자의 경험, 관심, 흥미 이전 학습내용과 연결되는 실제적인 상황을 포함하며, 시사성이 있는 것이 좋다. 토론주제의 선정은 교사가 제시하거나 학습자들이 목록 가운데 선택하는 방법이 있다. 학습자의 효과적인 토론을 위해서 교사는 추가적으로 토론에 필요한 자료확보에 도움이 될 수 있는 참고자료 및 웹사이트의 목록을 제공한다거나, 토론학습에 필요한 게시판의 활용 가능성을 학교 또는 학급 홈페이지, 교사 개인 홈페이지 등을 통해서 사전에 살펴보고, 효율적인 토론진행을 위한 사전규칙(근거자료의 제시, 네티켓 등)을 마련할 필요가 있다.

② **학습안내**

교사는 학습자에게 토론주제와 토론방법에 대해서 안내를 제공하고, 구체적으로 논제의 확인, 전체 의견 보기, 찬성·반대의 선택, 자기의견 올리기, 다른 사람 의견 보기, 질문이나 반론을 위한 자료의 준비 등의 핵심적인 토론활동들을 학습자들에게 확인시켜 주어야 한다. 학습자가 토론학습의 목표를 명확히 이해할 수 있도록 설명자료를 첨부하거나 토론방에 게시글을 공지한다.

③ **토론활동**

학습자는 개별적 혹은 모둠별로 토론주제를 선정하고 모둠별 토론의 경우 개인별 역할을 분담한다. 다양한 자료를 토대로 찬성 또는 반대를 위한 근거자료를 수집한다. 논제를 확인하고 자신의 의견을 올리고, 다른 의견을 살펴본다. 교사는 온라인이나 오프라인상에서 토론이 원활하게 진행될 수 있도록 적절한 개입을 유지하며, 학습자들 간에 충분한 의견교환이 이루어질 수 있도록 조정자의 역할을 수행한다.

④ **토론결과 확인**

개별적으로 선택한 주제 이외의 다른 토론주제에 대해서도 어떠한 의견들이 개진되었는지를 확인한다. 토론의견을 종합하여 개별 또는 모둠별로 종합하여 발표한다.

### (5) 협력연구하기

**개념 :** 협력연구하기는 교실이라는 전통적인 교수-학습의 공간을 넘어 다른 지역, 다른 나라의 학습자들과 공동관심 사항에 대해서 각각 자료를 검색하고 취합하여 결과물을 공유하는 형태의 수업활동이다. 이러한 유형의 수업을 통하여 학습자들은 자신이 속한 지역이나 국가 이외의 다른 학습자들과의 교류를 통해 서로 다른 환경과 문화에 대해서 이해할 수 있는 기회를 얻을 수 있다. 이러한 유형의 수업은 교사에게 있어서 교육과정을 통합적으로

운영할 수 있는 기회를 제공한다.

**과정 :** 연구과제 선정 및 수업준비 → 학습안내 → 연구계획 수립 및 정보수집 → 연구결과 발표 및 공유

**① 연구과제 선정 및 수업준비**

ICT를 활용한 협력적 연구활동을 위한 과제는 학생이 다른 관점을 접하고 이해함으로써 이익을 얻을 수 있거나, 지리적 위치가 다른 곳에서 수집된 자료가 학습주제를 가장 잘 설명할 수 있을 때, 차이점과 상이성에 대한 논쟁을 다루는 경우, 문제해결, 갈등해결, 그리고 의사소통 기술을 신장할 수 있을 것으로 기대할 수 있는 성격을 지닌 것이 좋다. 교사는 관련 웹사이트나 온라인 모임을 통해 협력연구 수업을 진행할 동료교사를 구하거나, 이미 계획 중인 협력연구 수업에 참여할 수 있다. 동료교사와의 논의과정을 통해 연구과제의 선정, 연구의 범위, 참여인원, 정보교환 방법 등이 구체화될 수 있다. 학습자들에게는 사전에 웹을 기반으로 하는 협력연구 활동에 필요한 ICT 기술(이메일의 활용, 게시판의 활용, 수집한 정보의 등록방법 등)에 대한 추가적인 교육을 실시해야 하는 경우도 있다.

**② 학습안내**

교사는 학습자에게 협력적으로 진행할 연구과제의 목록을 소개하고, 협력연구에 참여할 상대 학생과 교사들을 소개한다. 이와 더불어 협력연구 과정에서 지켜야 할 내용들과 협력연구가 진행될 웹사이트나 게시판의 사용방법에 대한 소개가 이루어져야 한다.

**③ 연구계획 수립 및 정보수집**

학습자는 개별 또는 모둠별로 자신들에게 제시된 연구과제를 파악하기 위한 협의를 진행한다. 협의과정에서 연구과제에 해당하는 결과를 도출할 수 있는 정보수집 방법에 대한 선정이 이루어진다. 교사는 학습자들이 정확하게 연구과제를 파악하고 있는지를 점검하고, 협력적인 활동이 이루어질 수 있도록 학습자들을 격려하는 역할을 수행한다. 학습자들은 다양한 정보원을 이용하여

정보를 수집하고 찾아낸 정보를 정리한다. 정리된 정보들은 상대 학생들과 공유되며, 상대 학생들이 제공한 정보를 토대로 자신들이 수집하여 정리한 정보와의 유사점과 차이점에 대한 추가적인 분석을 진행한다.

#### ④ 연구결과 발표 및 공유

상대 협력자와 공동으로 정리한 연구결과를 게시한다. 학습자들은 개별 혹은 모둠별 연구과제에 대한 연구결과물들을 보고 소감을 작성하거나, 후속 토의활동을 진행한다.

### (6) 전문가와 교류하기

**개념 :** 전문가와 교류하기는 인터넷을 통해 특정 분야의 전문가를 포함한 학부모, 졸업한 선배, 타학교의 교사 등과 의사소통을 하면서 관련 분야의 전문가들이 가지고 있는 전문지식을 학생들의 탐구 및 학습활동을 지원하는데 활용하고자 이루어지는 수업유형이다. 전문가와의 교류는 이메일, 화상회의, 원격회의 시스템 등의 ICT 기술요소를 활용하여 이루어질 수 있다. 이러한 유형의 수업은 더욱 심도 있는 정보의 조사를 목적으로 할 때 효과적으로 진행될 수 있다.

**과정 :** 수업계획 수립 및 준비 → 학습안내 → 전문가 교류활동 수행 → 결과 정리 및 발표

#### ① 수업계획 수립 및 준비

교사는 교육과정을 참조하여 전문가 교류활동에 적합한 주제를 선정하고 이를 목록화한다. 전문가 교류활동에 적합한 주제로는 폭넓은 내용보다는 깊이 있고 복잡한 주제, 답을 알지 못하거나 기타의 자료에서는 찾을 수 없는 질문에 대한 답을 포함한 주제, 대인관계를 형성하거나 의사소통 기술을 발전시킬 수 있는 주제, 특정한 학문분야나 특정 시대에 대해 깊이 있는 정보가 필요한 주제, 구체적인 삶의 경험이나 조언이 필요한 주제들이 있을 수 있다. 전문가 교류활동에 있어서 중요한 사항은 주제에 적합한 전문가를 찾고 수업에 참여

할 수 있도록 사전에 준비하는 것이다. 따라서 교사는 주제와 관련된 지식인이나 전문가를 찾아서 도움을 요청하는 메일이나 전화연락을 통해 전문가와 접촉을 취하고, 전문가로부터 도움을 받고자 하는 부분을 구체적으로 전달해야 한다. 전문가 교류활동의 진행을 위해서 필요한 ICT 기술에 대한 학습자의 사전경험이나 수준을 고려하여 추가적인 교육이 필요한 경우 이를 시행하고, 필요한 환경이 준비되어 있는지를 점검한다.

② **학습안내**

교사는 학습자에게 전문가 교류활동이 필요한 이유에 대해 제시한다. 또한 교류활동에 참여하는 전문가의 이력이나 학습주제와의 관련성을 설명한다. 학습자들에게는 전문가에게 질문할 내용을 명확히 하거나 전문가와 교류하기 위한 약속시간을 잘 지키도록 하는 일, 활동이 종료된 후 감사의 인사를 전하는 것 등과 같은 사항에 대한 안내를 제공한다.

③ **전문가 교류활동 수행**

학습자는 개별 또는 모둠별로 전문가에게 질문할 내용을 선정하여 정리하고 이를 검토한다. 전문가와 다양한 방법(이메일 교환, 실시간 채팅, 화상회의, 수업시간을 활용한 면대면 만남 등)을 통해 얻고자 하는 정보를 수집한다.

④ **결과 정리 및 발표**

학습자들은 전문가로부터 얻는 정보를 정리하여 발표한다. 전문가와의 교류과정에 대한 반성 및 토론활동을 수행한다.

### (7) 웹펜팔하기

**개념 :** 웹펜팔은 인터넷 이메일을 이용하여 여러 지역의 다른 사람들과 개인적인 교류를 하거나 언어학습 또는 문화에 대한 이해를 목적으로 교류를 하는 유형이다. 세계의 여러 나라 학습자들을 대상으로 개인적인 교류관계를 형성하거나, 다른 지역, 국가의 언어, 문화, 역사, 지리 등을 이해하기 위한 목적으로 활용될 수 있다.

**과정 :** 수업계획 수립 및 준비 → 학습안내 → 웹펜팔 활동 수행 → 결과 정리 및 발표

#### ① 수업계획 수립 및 준비

교사는 웹펜팔 활동의 적합한 주제를 선정한다. 웹펜필과 관련될 수 있는 주제들은 언어 또는 문화에 대한 학습과 이해와 관련된 주제, 대인관계를 형성하거나 의사소통을 발전시킬 수 있는 주제들을 포함할 수 있다. 교사는 웹펜팔 활동이 효과적으로 이루어지기 위해서 연락이 가능한 상대자나 학급을 찾고, 웹펜팔을 지원하는 사이트(예를 들면, www.epals.com)에 자신의 학급에 대한 설명을 등록하여 교류를 원하는 학급이나 교사가 관련 정보를 확인할 수 있도록 준비한다. 해당 웹사이트를 통해서 알맞은 학급이나 교사를 선택하여 연락을 취하고, 웹펜팔 활동을 진행할 시간, 기간, 교류주제 등에 대해 의견을 교환한다.

#### ② 학습안내

교사는 학습자에게 웹펜팔 활동의 의미와 필요성을 제시한다. 웹펜팔 주제 목록을 제시하고 토론을 통해 관련 주제를 선정하도록 안내하고, 학습자에게 네티켓 및 교류방법에 대한 안내를 제공한다.

#### ③ 웹펜팔 활동 수행

학습자들은 개별 혹은 모둠으로 선정한 주제에 대해 자료를 탐색하여 정리한다. 정리한 내용을 영어로 번역하고 필요하다면 도우미 학생이나 교사의 검토를 받는다. 정리된 자료를 상대방에게 전송하고 상대방이 보내온 자료를 읽고 토론을 실시한다.

#### ④ 결과 정리 및 발표

상대방과의 교류활동 과정과 결과를 정리한다. 다른 학습자 또는 모둠에게 교류활동 결과를 발표한다.

### (8) 정보 만들기

**개념 :** 정보 만들기는 문제해결 과정에서 산출된 각종 결과물들을 다른 사람들이 볼 수 있도록 보고서나 프레젠테이션 자료, 홈페이지 등의 형태로 만들어 내는 유형이다. 이 유형은 만들기 활동 자체가 하나의 목표가 되어 인터넷 신문 만들기, 포스터 만들기, 그림엽서 만들기 등과 같이 표현하고 싶은 것을 나타내는 창의적인 표현능력을 증진하는 데 활용할 수 있다. 이 유형의 활동들은 웹문서 작성 및 파일관리에 대한 기술을 비롯해 읽고, 쓰고, 편집하고, 수정하는 일반적인 교양기술과 협동심을 함께 함양할 수 있는 수업활동이라고 할 수 있다.

**과정 :** 수업계획 수립 및 준비 → 학습안내 → 개발활동 수행 → 정보 정리 및 공유

#### ① 수업계획 수립 및 준비

교사는 학습자들의 협력에 의한 저작활동이 가능한 주제를 교육과정을 참고하여 선정한다. 효과적인 저작활동이 이루어지기 위해서 사전에 저작도구를 선정하고 사용할 소프트웨어를 확보한다. 저작활동에 사용될 ICT 기술에 대한 학습자의 수준을 고려하여 추가적인 교육활동의 필요성에 대한 검토를 진행한다.

#### ② 학습안내

교사는 저작활동의 목표를 학습자와의 토론을 통해 확인한다. 아울러 저작활동에 사용될 저작도구(문서편집기, 그래픽 소프트웨어, 웹에디터 등)의 종류 및 기능을 안내한다.

#### ③ 개발활동 수행

학습자들은 모둠을 구성하여 개발활동에 대한 계획(역할분담 및 시간 등)을 수립한다. 학습자는 역할에 따라 필요한 자료들을 수집하고 정리하며, 수집된 자료들이 저작물에 어떻게 표현될지에 대한 방향에 대해 토의한다. 교사는 개발활동에 소요되는 시간이나 공유자료의 분배, 결과물의 게시 등 전반적인 활동의 과정을 학습자 주도적으로 수립하고 관리할 수 있도록 안내한다.

④ **정보 정리 및 공유**

개발활동을 통해 산출된 저작물을 모둠에서 최종적으로 확인한 후 적절한 공간을 통해 게시한다.

## 2 멀티미디어의 교육적 활용에 대한 근거이론

개인용 컴퓨터가 보급되어 교육의 영역에서 활용되기 시작한 이래, 컴퓨터를 활용한 다양한 교육적 활동에 대한 논의가 이루어져 왔다. 컴퓨터 보조학습(Computer Aided Learning; CAL), 교수기계(Teaching machine), 지능형 교사(Intelligent tutor) 등에 대한 연구와 개발이 컴퓨터를 교육적 활동에 이용하고자 했던 역사적 시도라고 볼 수 있다. 컴퓨터 및 관련된 정보통신 기술의 비약적인 발전은 과거 독립적인 기기들을 통해서 접했던 사진, 그림, 영상, 음성 등 다양한 형태의 교수자료를 컴퓨터만을 가지고도 사용이 가능하게 되었다. 또한 컴퓨터의 정보처리 속도의 향상과 기억장치의 용량 증대, 인터넷 연결속도의 향상은 대용량의 정보도 손쉽게 이용하는 것이 가능하게 되었다. 이러한 발전을 통해 최근에 개발되는 교수-학습 자료는 대부분의 경우 멀티미디어를 활용하고 있으며, 이전보다 다양한 형태의 정보양식을 학습자들에게 전달함으로써 학습의 효과성 증대를 꾀하고 있다. 그렇다면 왜 단일한 형태로 정보를 전달하는 것보다 다양한 형태로 정보를 전달하는 것, 즉 멀티미디어로 정보를 제시하는 것이 학습에 효과적일까? 이러한 의문에 대해서 기존의 연구들을 인지과학적인 접근과 사회문화적인 접근으로 구분하여 살펴보도록 하자.

### 1) 인지과학적 접근

앞에서 학습한 바와 같이 인지주의적인 관점에서는 인간의 사고과정을 컴퓨터의 정보 연산과정에 비유하여 설명하고 있으며, 가장 대표적인 것이 정보처리 모형이다. 앞으로의 논의를 위해 한 번 더 정보처리 모형의 중요한 내용을 상기해 보도록 하자. 인간은 감각기관을 통해서 외부 환경으로부터 유입되는 자극을 수용한다. 이러한 정보는 선택적으로 단기기억 또는 작동기억으로 불리는 곳으로 이동하며, 단기기억은 명칭이 의미하는 것처럼 정보가 잠시 머무르는 곳이고, 처리할 수 있는 정보의 용량이 제한적인 속성을 갖는다. 반면에 처리된 정보가 장기간 저장되는 장기기억은 정보를 수용하는 용량이 매우 크다고 알려져 있다. 장기기억에 저장된 정보는 마치 그물망과 같이 사건과 개념들이 연결되어 있으며, 부호화 과정을 거쳐 장기기억에 저장된 정보들이 필요에 의해서 인출되어 현재의 정보를 해석하고 적절한 의사결정을 내리는 데 활용된다.

위와 같이 정보가 처리되는 과정에서 눈여겨보아야 할 것은 단기기억, 즉 작동기억에서 정보가 어떠한 채널을 통해 처리되는가 하는 점이다. 외부에서 유입되는 자극의 형태, 달리 표현하자면 정보가 전달되는 양식(modality)은 크게 인쇄된 문자, 그림과 같은 시각적인 형태와 소리, 음성과 같은 청각적인 형태로 구분될 수 있다. 인간의 인지과정과 관련된 최근의 연구에서 가정하고 있는 바는 인간은 시각적 자료와 청각적 자료에 대한 서로 다른 정보처리 채널을 보유하고 있다는 점이다(Mayer, 2001).

두 채널 간의 차이를 개념화하는 데는 두 가지 방법이 있는데 하나는 감각양식에 근거하는 것이고, 또 하나는 표상양식에 근거하는 것이다. 감각양식에 근거하는 것은 학습자가 제시된 내용을 어떠한 감각기관을 통해 수용하는가에 초점을 맞추는 것이다. 예를 들어, 그림, 비디오, 애니메이션, 인쇄된 활자는 학습자의 눈을 통해 수용된다. 또한 음성, 배경소리는 학습자의 귀를 통해 수용된다. 이러한 방식으로 보면, 수용된 정보는 한 채널을 통해 시각적으로 자료를 처리하고, 다른 채널을 통해서는 청각적으로 자료를 처리하게 된다. 반대로 표상양식에 근거하는 방법은 제시된 자극이 언어적(글자, 음성언어) 또는 비언어적(그림, 비디오, 애니메이션, 배경소리)으로 처리되는지의 여부에 초점을 둔다. 표상양식의 접근에 따르면 주어진 정보는 한 채널을 통해서 언어적 자료를 처리하고, 다른 채널을 통해서는 그림에 해당하는 자료와 비언어적인 소리를 처리한다.

두 가지 접근법에 있어서 문제가 되는 부분은 활자로 제시된 문자정보와 배경소리의 처리에 달려 있다. 컴퓨터 화면을 통해 활자로 제시되는 문자정보는 감각적 접근양식에서 보자면 시각적인 정보채널을 통해 처리되고, 표상적 접근방식을 따르면 언어적인 채널에서 처리된다. 비언어적인 음악을 포함하는 배경소리에 대해서 감각적 접근양식을 따르면 청각적 채널에서 처리되지만, 표상적 접근방식을 따르면 비언어적 채널을 통해서 처리된다. 어느 접근법을 따르는 것이 명확한지 또는 두 접근법에 본질적인 차이가 존재하는지에 대해서는 추가적인 연구가 필요하다. 다만, 이러한 논쟁을 수렴하여 Mayer는 이중채널의 가정을 적용하여 기존의 정보처리 모형을 확대하여 그림 12-2 와 같이 표현하였다.

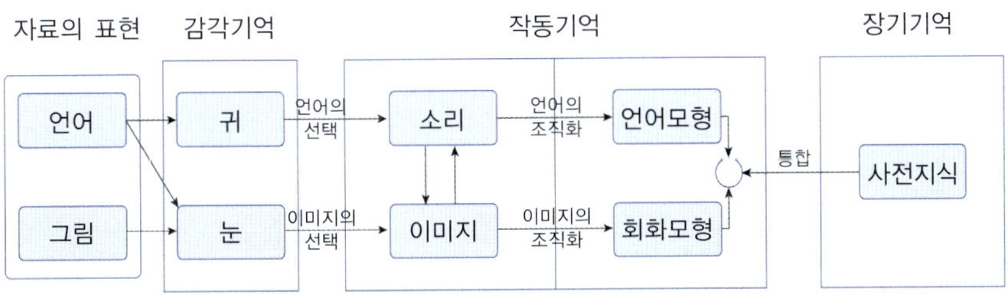


그림 12-2 멀티미디어 학습의 인지이론

인간이 정보를 단일한 채널을 통해 처리하는 것이 아니라 두 개의 독립된 채널을 통해 처리한다는 가정이 기존의 작동기억이 갖는 속성 가운데 정보처리 용량에는 한계가 존재한다는 점을 부정하는 것은 아니다. 정보처리 용량에 일정한 한계가 있다는 점은 두 개 채널의 속성에도 유효하게 적용되어 한 번에 각 채널에서 처리할 수 있는 정보의 용량은 제한적이다. 이러한 정보처리 용량의 한계를 넘는 정보가 유입될 때 인간의 인지부하(cognitive load)를 경험하게 되며, 이러한 경우 학습자는 비효율적이나 부적절한 인지처리 과정을 경험하게 된다. Sweller(1999)는 인지부하의 종류를 내적 인지부하와 외적 인지부하로 구분하였는데, 내적 인지부하는 주어진 정보 자체의 속성이 매우 복잡하여 파악하기 힘든 경우를 의미하는 반면, 외적 인지부하는 주어진 자료의 제시방법이나 충분치 못한 메시지가 전달되는 경우를 의미한다. 따라서 유능한 교사는 학습할 내용을 효과적으로 설계하여 학습자의 외적 인지부하를 최소화하는 방법을 알고 있어야 한다.

Mayer와 동료학자들은 다년간 멀티미디어에 기반한 학습의 효과성에 대한 일련의 연구를 통해 단일한 형태의 정보를 전달할 때보다 두 가지 형태의 정보를 전달할 때, 즉 멀티미디어를 통해 내용을 제시하였을 때 학습의 효과가 높다는 결론을 내렸다(Mayer, 2001). 이와 함께 멀티미디어 학습자료의 설계와 활용과 관련된 몇 가지 원칙들을 다음과 같이 제시하였다.

### (1) 공간인접 원리

학생들은 학습내용에 해당하는 글과 그림이 같은 페이지 또는 한 스크린상에 서로 멀리 떨어져 있을 때보다 가까이 제시될 때 더 나은 학습을 한다.

### (2) 시간인접 원리

학생들은 학습내용에 해당하는 글과 그림이 순차적으로 제시될 때보다 동시에 제시될 때 더 나은 학습을 한다.

### (3) 응집원리

학생들은 관계없는 자료가 포함되는 것보다 제외될 때 더 나은 학습을 한다. 즉, 흥미롭지만 내용과 관련 없는 글과 그림이 내용에 추가될 때, 흥미롭지만 내용과 관련 없는 소리와 음악이 내용에 추가될 때, 내용과 관련 없는 글이 내용에 추가될 때 학습이 방해된다.

#### (4) 양식원리

학생들은 멀티미디어를 통해 제시되는 내용에서 애니메이션이 포함되는 경우 글이 인쇄된 활자의 형태로 제시되는 것(애니메이션+활자)보다 음성해설로 제시될 때(애니메이션+음성해설) 더 나은 학습을 한다.

#### (5) 중복원리

학생들은 애니메이션과 음성해설(애니메이션+음성해설)로 제시되는 내용보다 애니메이션, 음성해설, 그리고 인쇄된 활자가 제공될 때(애니메이션+음성해설+활자) 더 나은 학습을 한다.

#### (6) 개인차원리

멀티미디어 학습자료를 효과적으로 설계하여 활용함에 있어서 그 효과는 사전지식 수준이 높은 학습자들보다 낮은 학습자들에게 공간능력이 낮은 학습자들보다 높은 학습자들에게 더 강하게 나타난다.

### 2) 사회문화적 접근

인간의 학습에 대한 인지주의적 접근을 보완 또는 대립하는 또 하나의 흐름은 인간의 인지과정에 사회문화적인 맥락이 어떠한 영향을 미치는가에 대한 관심이다. 멀티미디어를 활용한 교수-학습 자료가 이러한 사회문화적인 맥락과 연계되어 있다는 점은 다음과 같은 가정들에 기반하고 있다(황상민, 김성일, 김소영, 변은희, 이재호, 조광수, 최상섭, 이정모, 1998).

첫째, 인간의 인지과정에 있어서의 역동성, 즉 역동적인 인지(dynamic cogntion)

에 대한 가정이다. 이것은 인지의 과정 자체보다는 인지적인 행위를 강조하면서 인지란 특정한 목표를 달성하기 위한 기능적인 체계로서의 인지를 강조한다. 이러한 점에서 멀티미디어 교수-학습 자료는 지식을 담고 있는 그릇이며 인간은 이 그릇에 담겨진 지식을 역동적으로 찾아내는 과정을 수행한다는 점이다.

둘째, 인간의 인지가 상황적이라는 점이다. 상황적 인지(situated cogniton)는 인지적 활동이 일어나는 사회적 맥락이 단순히 그 인지적 활동을 둘러싸고 있는 맥락에 불과한 것이 아니라 인지적 활동 자체에 영향을 미치는 중요한 요소라는 점이다. 따라서 인지적인 것과 사회적인 것을 구분해서 생각해 왔던 관점들에 대해 도전적인 입장을 취한다. 이 관점에 따르면 학습은 상황과 맥락에 의존적인 것이며, 이러한 상황과 맥락이 제거된 학습의 경우 전이의 어려움을 겪는다. 멀티미디어 교수-학습 자료는 이러한 상황과 맥락을 더욱 효과적으로 전달할 수 있는 수단이다. 예를 들어, 어떠한 사례를 학습자에게 제공할 때 사례에 대해 글로만 설명하는 경우와 비디오를 통해 사례를 제공할 때 어떠한 경우가 더욱 효과적으로 사례와 관련된 상황과 맥락을 제공하는지를 생각해 보면, 멀티미디어를 활용한 비디오 기반의 사례제시가 더욱 효과적이라는 점을 쉽게 이해할 수 있을 것이다. 이러한 상황적, 맥락적 요소가 포함될 때 학습자는 의미 있는 학습을 수행할 수 있다는 점이다.

셋째, 인지는 개인적인 차원에서 이루어지는 것이 아니라 사회적인 현상이라는 점이다. 공유된 인지(shared cognition)라는 용어로 표현되는 이러한 관점에서 보자면 교사가 제시하는 멀티미디어 교수-학습 자료는 해당 사회가 공유하고 있는 지식을 내용의 전개, 지식의 종류와 특성 등으로 구체화하며 이를 다양한 정보양식을 통해 전달하고 있는 것이다.

**탐구문제**

1. 자신의 학교생활에서 ICT를 활용하여 효과적으로 학습이 이루어졌던 경험을 이야기해 보시오.
2. ICT 활용교육 등 첨단 정보통신 기술을 교육적으로 활용하는 과정에서 발생할 수 있는 부작용들에는 어떠한 것들이 있으며, 이를 어떻게 예방할 수 있을지 논의해 보시오.

Chapter 13

# 다양한 교육의 장과 교육공학

이 장은 다양한 교육의 장면에서 교육공학적 접근이 이루어지는 것과 관련된 내용을 다룬다. 초·중등교육과 고등교육, 기업교육과 평생교육의 장에서 교육공학이 어떻게 접목될 수 있는지 주로 e-러닝을 중심으로 살펴보고자 한다.

## 학습목표

1. 초·중등교육에서 교육공학적 접근의 현상을 설명할 수 있다.
2. 고등교육에서 교육공학적 접근의 현상을 설명할 수 있다.
3. 기업교육에서 교육공학적 접근의 현상을 설명할 수 있다.
4. 평생교육에서 교육공학적 접근의 현상을 설명할 수 있다.

교육공학의 영역에서 다루었듯이 교육공학은 설계, 개발, 활용, 관리, 평가라고 하는 다섯 가지 하위영역을 갖는다. 이들 영역은 결국 교육공학이 다양한 학문과 접목하여 그 분야의 교수-학습, 즉 교육이 잘 설계되고 평가하기까지 이르는 일련의 과정에 관여한다. 즉, 각 분야의 학습자와 다양한 특성을 반영한 교육을 설계, 개발, 활용, 관리, 평가하여 해당 교육이 당면한 문제를 해결하고 목적을 달성하게 하는 실천적인 학문이 된다. 이를 이해하기 위해서 초·중등 및 고등교육과 그리고 기업 및 평생교육과 연관되어 교육공학이 실천할 수 있는 부분을 살펴볼 필요가 있다.

## 1 학교교육과 교육공학

### 1) 初·중등교육과 교육공학

초등교육 과정은 우리나라 「초·중등교육법」 제23조에 의하면 국가수준의 교육과정을 근거로 시·도 교육감이 지역수준 교육과정을 편성·운영지침을 작성할 수 있으며, 학교는 교육과정을 운영해야 한다고 명시되어 있다. 이는 다시 국가수준과 학교수준으로 나누어지는데 이미 정해진 교육내용을 근거로 다양한 교육방법을 선택할 수 있다.

#### (1) 초·중등교육과 e-러닝

1980년대에 정보화 사회로 접어들면서 교육에서도 변화가 일어났다. 시간과 공간에 구애받지 않고 학습할 수 있는 개념으로 변화되었다. 특히 21세기 지식정보화 사회에서는 정보기술의 급속한 발달과 함께 정치, 경제, 사회, 문화 등 사회구조 전반에 걸쳐 정보와 지식의 가치가 높아지고 지식습득, 창출 및 활용능력이 국가경쟁력을 좌우하는 가장 중요한 요소가 되었다. 지식과 정보의 검색, 응용, 창조, 보급이 중요하므로 원하는 정보를 원하는 때에 얻을 수 있어야 한다. 이러한 환경변화에 대응하여 개인의 학습선택권 확대, 학습의 적시성, 학습의 경제성을 중요시하는 e－러닝은 전 세계적으로 지식사회 기반에서 새로운 교육패러다임으로 부각되고 있으며, 단순히 전자매체를 학습에 활용하는 차원을 뛰어넘어 국가경쟁력을 강화시킨다.

우리나라는 교육정보화를 통해 정보통신 기술과 같은 능력을 계발한다는 점

**표 13-1** 초·중등교육에서의 e－러닝 모형(송상호 외, 2005)

| 구 분 | 수업방식 | e－러닝 수업모형 | 수업형태 |
|---|---|---|---|
| 온라인 중심 | 오프라인 교실 수업과는 구분되어 온라인을 기반으로 이루어지는 방식으로 가정에서 e-러닝 콘텐츠를 활용하거나 학습상담 활동을 통해 이루어지는 방식 | 사이버 자율학습 | 학습자가 개별적으로 자신의 학습능력과 학습목표에 맞춰 e-러닝 콘텐츠를 선정하여 자기주도적으로 학습을 수행하는 유형 |
| | | 사이버 교사촉진 모형 | 학습자가 e-러닝 콘텐츠를 갖고 개별적인 자율학습을 수행해 나갈 때, 교사가 개입하여 학습자의 학습활동이 원활하게 이루어지도록 관리 및 점검하고 안내하는 유형 |
| | | 사이버 학급운영 모형 | 사이버 공간에서 사이버 학급을 편성하고 학습마다 담임교사를 배정하여 각종 학습활동을 지원하고 도움을 제공하는 유형 |
| | | 사이버 학습상담 모형 | 사이버상에서 학습활동이 이루어지는 동안에 학습에 관련된 사항을 질문하고, 이에 답변하는 등의 학습관련 상담내용을 온라인으로 제공해 주는 유형 |
| 오프라인 －온라인 연계 | 오프라인 교실 수업과 온라인 사이버 학습활동이 정규수업 시간이나 재량 수업, 특별활동 수업, 주 5일제 수업 등에서 교수학습 활동으로 이루어지는 방식 | 커뮤니케이션 기반 교수학습 모형 | 교실수업과 온라인 활동을 연계하여 학습공동체를 중심으로 교수-학습 활동을 수행함에 있어서 면대면 수업에서 부족한 상호작용과 커뮤니케이션 활동을 보완하면서 면대면 수업의 집합식 교육의 유용성을 활용하는 유형 |
| | | 보충심화형 연계수업 모형 | 학교에서 정규수업을 통해 중요내용을 학습하고 학습자가 개별적으로 부족한 부분을 e-러닝 콘텐츠를 활용하여 보충·심화하는 유형 |
| | | 주 5일 수업제 연계 모형 | 주 5일제 수업에서 실시하는 유형으로서, 오프라인상에서 학습계획을 수립하고 오프라인 및 온라인에서 개별 혹은 집단으로 자기계발, 재량활동, 체험학습 활동 등을 수행하는 형태 |

에서 기존 교육과 차별된다. 정보통신 기술은 학습자의 학습과 생활의 도구로 활용할 수 있어야 한다. 그러므로 네트워크를 통해서 제공되는 많은 양의 정보를 검색하여 유익하고 신빙성 있는 자료를 선택하고 정보에의 접근, 획득, 분석, 조합, 평가, 적용하는 총체적인 능력인 정보 리터러시가 필요하게 되었다.

우리나라 전국의 초·중등학교에 인터넷망을 설치하여 교사와 학생들이 인터넷의 많은 자원과 자료를 용이하게 교육현장에서 이용할 수 있도록 했으며, ICT를 활용한 수업을 강조하여 자연스럽게 이런 기술에 적응하게 했다. 나아가 e－러닝이라는 개념으로 정보통신 기술을 활용한 새로운 교육이 펼쳐지고 있다. 초·중등교육에서 e－러닝의 모형을 크게 두 가지로 나눌 수 있는데, 하나는 온라인 중심의 모형이고 다른 하나는 오프라인－온라인 연계의 모형이다. 이들 두 모형은 세부 모형으로 다시 나뉘고 이에 따른 수업형태를 드러내면 표 13-1 과 같다.

초·중등교육 분야에서의 e－러닝 추진단계는 1단계 인프라 구축(1996~2000), 2단계 ICT 활용(2001~2003), 3단계 e－러닝(2004~2005), 4단계 u－러닝(2006~ )으로 나뉜다. 특히 웹 2.0의 등장과 스마트폰 등 각종 기기 등장으로 한층 더 e-러닝의 체계를 갖춰 나가게 되었고, 특히 방송과 통신의 융합형 서비스인 IPTV가 교수매체로 활용되면서 많은 변화가 일어났다. 초·중등교육에서의 e－러닝의 현황을 나열하면 다음과 같다(지식경제부 외, 2010).

### ① 교수·학습 지원센터-에듀넷

1996년 교육정보종합서비스시스템으로 개통된 이후 PC 통신 기반에서 웹기반으로 서비스 형태를 바꾼 뒤 우리나라 교육정보화의 중심적인 역할을 담당해 왔다. 최근에는 웹 2.0을 기반으로 하는 개방과 참여, 공유, 협력이 가능한 오픈마켓 플레이스 개발 및 적용, 교사들 간의 교수자료 공유를 위한 지식마을 서비스를 2009년부터 오픈하여 서비스하고 있다. 2010년에는 에듀넷 2.0으로의 변신을 꾀하고 지식나눔 운동, 대한민국 어린이 기자단 운영 등 교육정보의 공유와 확산을 위해 지속적으로 서비스를 개선하고 있는 중이다.

② **사이버 가정학습**

2004년 '교육정상화를 통한 사교육비 경감대책' 발표에 따라 출범하였다. 방과 후 학습자가 가정에서 e-러닝을 활용해 교육 서비스를 받는 시스템이다. 주요 교과인 국어, 영어, 수학, 과학, 사회를 중심으로 콘텐츠를 개발·서비스하고 있으며 대상은 초등학교 4학년에서 고등학교 1학년 학생이다. 콘텐츠는 보충, 심화, 기본 세 가지로 되어 있어서 학습자의 수준을 고려하였다.

EBS 수능강의, 사이버 가정학습 체제의 도입으로 e-러닝은 급속히 활성화되고 있다. 국가차원에서 효과적인 e-러닝 추진을 통해 국가경쟁력을 강화시킬 필요가 있으며, 이를 위해서 다음과 같이 문제점 해결안이 구비되어야 한다. 교육이 당면한 문제를 해결하려면 교육공학적 접근이 필수적이다.

① **질관리 체제 구축**

e-러닝에서 질관리 체제를 구축해야 한다. 콘텐츠, 서비스 등의 질관리가 e-러닝의 성공적인 요소이므로 질관리 체제 구축은 반드시 필요하다. 사이버 가정학습, 방송통신고등학교, 원격연수원, 원격대학 등의 콘텐츠를 대상으로 한 질관리는 더욱 부족한 실정이다.

② **체계적인 R & D 추진**

e-러닝은 교육체제를 혁신하고 지식정보 사회의 인재를 육성할 수 있는 지식기반 사회의 새로운 교육 패러다임으로 빠르게 변화하는 관련 기술을 수용하고 정책에 효과적으로 반영하여 교육현장에서 활용할 수 있도록 e-러닝 R & D의 적극 추진이 필수적이다. 미국의 MIT 미디어랩, 교육혁신을 위한 영국 스탠포드의 SCIL 등과 같은 국가차원의 e-러닝 사업 추진이 필요하다.

미국에서는 P-12 교육의 개혁을 위해 수업설계·공학적 접근이 있었다. 최근의 「낙제학생방지법(No Child Left Behind Act; NCLB Act)」에 의해 제시된 책무성 운동도 있었고 급변하고 있는 교육적 요구와 실제를 충족하는 데 공교육 시스템이 한계가 있었기 때문에 체제적 변화과정에 수업설계·공학전문가들이 활약하였다. 이들은 생태학적·체제적인 변화를 위해 필요한 세 가지 핵심영역

중 하나인 '핵심업무와 지원업무'의 성과를 위해 일했다. 예를 들어, 전체 교육구 향상과정을 설계하기 위해서 이해관계자들 간의 공유된 비전을 개발하고 학생들의 요구에 맞춰 고쳐진 균형 잡힌 교수모형을 만들어 교육구 전체의 수행표준을 작성하고 그런 표준 대비 수행평가를 위한 교육구 전체의 사정을 개발했으며 사정결과를 보고하기 위한 정련된 도구를 만들었다(Reiser & Dempsey, 2007). 향후 이런 과정을 좀 더 체계적으로 거치면서 문제점을 지속적으로 수정·보완해야 할 것이다. 이 외에도 수업설계·공학 전문가들의 활동이 필요하다.

### (2) 교수-학습과 교육공학

심정은(2009)은 초등학교에서 이루어지는 환경교육 과정을 설계하고 운영하는 다양한 단계를 설명했다. 그중 '교육과정 운영계획' 단계만을 떼어 이에 필요한 교육공학적인 접근의 예시를 나타내면 다음 표 13-2 와 같다. 초등교육에서 환경교육이라는 새로운 교육과정을 효과적이고 효율적이며 매력적으로 설계하고 운영하기 위해서 교육공학적 접근을 시도할 수 있다. 이때 가능한 접근은 다양한 교수-학습 이론을 근거로 학습자 및 환경을 분석하고 수업목표를 설정하는 학습설계에서부터 수업자료를 개발하고 매체를 선정하고 활용하며, 평가하는 단계 모두를 포함하고 있다.

## 2) 고등교육과 교육공학

대학교에서의 e-러닝은 인터넷 강의 혹은 사이버 강의로 알려져 있다. 대부분의 대학에서 이러한 형식의 대학강의 형태를 도입하고 있다. 이미 많은 대학생들이 사이버 강의를 수강한 경험이 있으며, 대부분의 대학들이 인터넷 강의를 정식 학점으로 인정하는 등 오프라인 수업과 연계하여 운영하고 있다. 대학 교수-학습 지원센터와 같은 조직이 대학의 e-러닝 발전에 기여하고 있다(산업자원부 외, 2005).

**표 13-2** 교육공학적인 접근의 예시

| 단계 | 고려사항 | 내용 | 교육공학적 접근 |
|---|---|---|---|
| 교육과정 운영 계획 | • 시간배당 기준<br>• 연간시간 운영계획<br>• 연간진도표<br>• 교과별 교육과정 재구성 계획<br>• 특별활동 및 재량활동 운영계획 | • 학년의 시간배당 기준은 어떠하며, 학급시간표는 어떻게 조직할 것인가?<br>• 연간시간 운영계획 중 환경교육 가능 시수는 어떠한가?<br>• 연간진도표에 따른 교과별 재구성은 어떻게 할 것인가, 단원목표에서의 융합인가, 지도내용에서의 융합인가, 내용영역은 어떠한가(교수학습 지도안 및 보조학습지 개발 등), 조정이유는 무엇인가, 조정사항(첨가, 삭제, 순서, 시수, 강조 등)은 무엇인가 등<br>• ICT 재량활동에서 소재로 사용할 환경교육 내용은 어떠한 것이 있으며, 내용의 영역별 비중은 어떠한가? | • 학습자의 수준과 학습의 환경을 고려하여 적당한 교육시간을 정한다.<br>• 환경교육을 위해 지도할 내용을 정한다. 우선적으로 목표를 설정한다. 수업설계 및 교수학습 지도안을 작성하고 수업자료를 개발한다. 적절한 매체선정과 다양한 수업방법과 전략을 수립한다.<br>• 최신의 매체를 활용하기 위해서 ICT 수업으로 적용할 것인지 다른 방법으로 적용할 것인지 여부를 결정한다. |

임병노 등(2003)의 연구에 일반 대학의 e-러닝은 대학개혁뿐만 아니라 대학교육의 향상에 다음과 같은 미흡한 점들이 드러난다.

첫째, 대부분의 대학이 e-러닝 전담조직을 갖추고 있지 않거나 갖추고 있어도 전문성이 결여되었다. 둘째, 대학 내 e-러닝 관련 학점인정 정책이나 교원평가에 대한 체계적인 규정·제도가 마련되어 있지 못하다. 셋째, e-러닝 콘텐츠의 개발은 전문인력이나 외주에 의한 것이 아니라 담당교수의 개별 개발에 의존하고 있다. 넷째, e-러닝의 강좌개설이 개인교수의 요구에 의하여 이루어지고 운영도 교수의 자의적인 운영이 대부분이었으며, 평가도 해당 교수나 학습자에 의해 이루어지고 있다. 다섯째, 교수들이 e-러닝을 부담스럽게 생각하고 기피하는 경향이 있다. 여섯째, 학습자를 위한 지원책이 매우 부족했다.

호주와 미국 대학교에서 이루어지는 교육공학적 접목을 살펴보면 다음과 같다. 호주의 한 대학교의 수업 설계자는 변화하는 교육계획들의 요구를 충족시키기 위해서 개별 강좌 지도자들과 함께 일하는 것에서부터 출발하여 현재는 집단접근법을 사용하는 방식으로 수업설계를 하고 있다. 온라인 학습이 널리 실시됨으로써 온라인 강좌 및 온라인 교수법과 테크놀로지의 활용에 관한 교수훈련의 교수법과 테크놀로지의 활용에 관한 교수훈련의 설계와 개발에도 교육공학적 접근이 이루어진다. 블랜디드 학습계획과 관리별 새로운 생산 소프트웨어의 실행과 교수설계팀의 축소로 인해 개별 강좌팀과 주로 일해 온 수업설계자들은 대안적인 접근법을 모색하기도 한다. 예를 들어, 블랜디드 학습을 위해서 우수사례에 관한 모형을 개발하는데 이를 위해 일련의 팀들과 같이 연구하고 교수-학습에 관한 연구를 위한 실천공동체를 촉진시킨다. 그러기 위해서는 수업설계에 관한 문헌과 교육이론과 실제(예를 들어, 구성주의, 온라인 교수법, 블랜디드 학습 등)에 관해 최신 정보를 알아야 한다(Reiser & Dempsey, 2007).

미국의 어느 대학교의 수업설계자는 신임교수를 위한 오리엔테이션을 계획하고 운영한다. 여기에서 동기, 프레젠테이션 기술, 강의계획서 작성, 학습유형, 협력학습과 같은 다양한 주제들을 다룬다. 이와 더불어 교수들과 개별적으로 만나 교과전문가인 그들이 수업의 목적과 목표를 기술하고 학습자의 관심을 지속적으로 유지하여 학습을 증진시킬 수 있는 전략과 활동을 설계, 개발, 실행할 수 있도록 도와준다. 또한 그들이 교수기술과 학습자의 학습을 측정하기 위한 평가도구를 개발한다. 이런 과정을 마친 후 교수들은 설계과정과 모든 구성요소들에 대해 이해하게 된다. 또한 교수팁(Teaching tip)을 교수들에게 규칙적으로 이메일로 보낸다. 특별한 워크숍을 설계하기 위해 학과장의 요구를 반영하기도 한다(Reiser & Dempsey, 2007).

# 2 기업 및 평생교육과 교육공학

## 1) 기업교육과 교육공학

기업교육은 학교교육과 달리 기업의 이윤추구라고 하는 것과 직결된 근본적으로 성격이 다른 교육의 목적을 갖는다. 그래서 교육공학적인 지식과 기법을 통해 기업교육 프로그램 구성될 필요가 있다. e-러닝도 기업에서 먼저 시작하여 학교에 소개된 것을 생각한다면 기업교육에서의 공학적 접근은 불가분의 관계가 아닐 수 없다.

실제 '기업교육공학'이라는 용어가 생겨날 정도로 기업 내에서 발생하는 경영상의 문제를 해소하기 위해서 실천학습이 적용되고 있다. 기업교육공학은 기업교육에 대한 체제적 접근을 통한 대안적 교육방법으로 종사자의 직무행동의 변화, 즉 효과성과 효율성을 도모한다(김현덕, 2004). 특히 정보화 사회에 들어서면서 정보에 대한 신속한 학습능력과 기존 정보의 조합능력 및 조합된 정보로부터 새로운 정보를 창조하는 능력을 갖춘 인적 자원을 개발하는 데 목적을 둔다.

이러한 상황을 잘 반영하는 것으로 실천학습이 있다. 이러한 학습방법론을 제시하는 것도 기업교육에서의 공학적 접근에 의해서 가능하다. 실천학습은 전 세계의 여러 기업, 즉 GE, IBM, Dupont, Simens 등에서 개인, 팀 및 기업의 발전을 위한 핵심적이고도 효과적인 방법으로 여겨진다(Boshyk, 2000). 실천학습은 조직, 그룹, 개인이 당면하는 실제 문제를 다루고 문제에 대한 해결책을 소규모 집단활동을 통해 도출 후 현장에서 실천하며, 그런 과정에 대한 성찰을 통해 실천적인 지식을 학습하여 조직 및 그룹에 환원하여 개인 및 조직의 발전을 도모하는 과정이다.

**실천학습(action learning)** 조직, 그룹, 개인이 당면한 실제 문제를 다루고 문제에 대한 해결책을 소규모 집단활동을 통해 도출 후 현장에서 실천하며 학습하는 것

교육공학적 접근은 또한 e-러닝을 통해서도 가능하다. 국내 e-러닝 시장은 2008년 기준으로 1조 8,670억 원 규모로 연 8.7%의 성장률을 기록하고 있

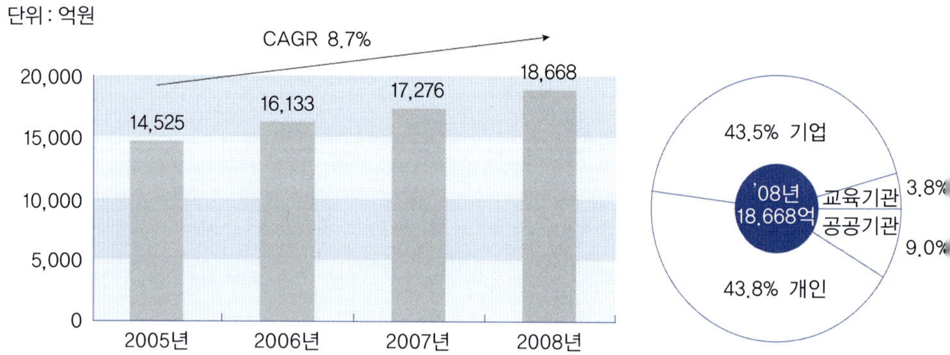


그림 13-1 국내 e-러닝 시장규모, 성장률, 구성비(한국전자거래진흥원, 2009)

다. 개인, 기업, 교육기관, 공공기관을 포함한 국내 전체 e-러닝 수요시장은 성장추세를 이어가고 있으며 개인과 기업의 수요가 차지하는 비중이 높다.

## 2) 평생교육과 교육공학

e-러닝이 전 세계적으로 국가경쟁력을 강화하는 핵심동력으로 여겨지면서 미국에서는 연방교육부가 e-러닝을 교육 패러다임 변화를 주도하는 도구로 규정하고 있고, 유럽연합(EU)에서는 EU의 발전전략인 'eEUROPE 2002'와 'eEUROPE 2005'의 최우선 정책과제로 e-러닝을 채택했다. 또한 싱가포르에서는 인터넷 확산에 따른 e-Lifestyle이 보편화될 것으로 보고 싱가포르를 아시아의 허브로 육성하는 정책을 추진하는 등 전 세계적으로 e-러닝을 교육혁신 및 평생학습 사회를 구현하고 사회통합 및 정보격차 해소를 위한 정책수단으로 적극 활용하고 있다(산업자원부 외, 2005).

우리나라에서도 교육부가 2004년 11월에 e-러닝 정책을 통해 평생학습 사회 구현과 국가인적 자원개발이라는 목표를 달성하고자 'e-러닝 활성화를 통한 국가인적 자원개발 추진전략'을 마련하여 추진하였다. 이는 'e-평생학습

국가건설(Beyond e-Learning Korea)'을 목표로 'e-러닝 활성화를 통한 공교육 보완혁신', 'e-러닝 클러스터 조성을 통한 핵심인력 양성', 'e-러닝을 통한 직업능력 개발 지원', 'e-공동체 구축을 통한 지역통합' 등 4대 주요 정책과제를 제시하고 각 과제별 목표달성을 위한 세부 과제를 설정하였다. 이를 그림으로 나타내면 그림 13-2 와 같다.

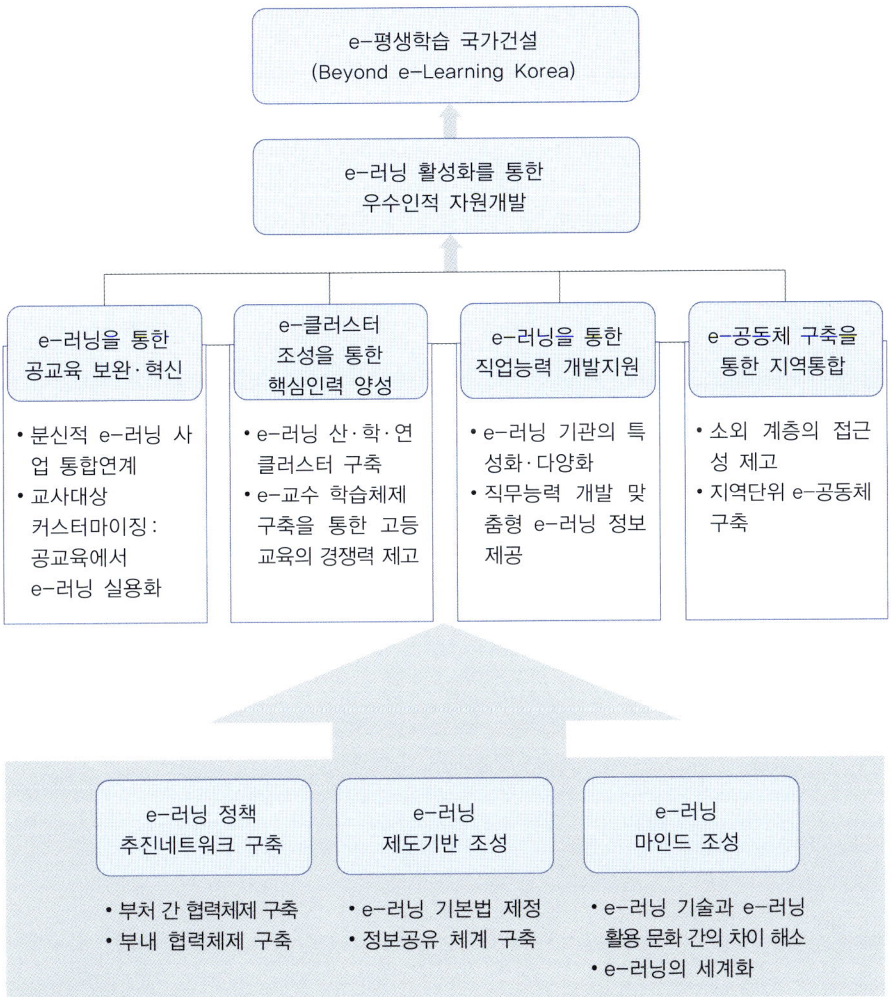


**그림 13-2** e-러닝 활성화를 통한 국가인적 자원개발 추진전략(산업자원부 외, 2005)

최근 들어 우리나라에서는 평생교육 및 평생학습의 영역에 교육공학적 접근이 더욱 활발히 이뤄지고 있다. 평생교육법 제 33조에 '누구든지 정보통신매체를 이용하여 특정 또는 불특정 다수인에게 원격교육을 실시하거나 다양한 정보를 제공하는 등의 평생교육을 실시할 수 있다'고 하면서 평생교육에서의 원격교육을 공식적으로 인정하고 있다. 다양한 학습기회와 환경이 구축되어 누구나 질 높고 유용한 학습자원을 손쉽게 접근할 수 있는 정보 인프라가 구축되어야 한다. 누구나 원하면 언제든지 학습할 수 있는 열린교육, 평생학습의 이념을 구현하기 위한 새로운 교육 패러다임으로의 원격교육이 필요하게 되었다(윤길준, 2002). 최근 지역 평생교육시설 중심의 오프라인 평생교육 운영으로 평생교육정보와 학습의 기회에 대한 격차가 발생하기 시작했다. 평생학습에 참여할 기회가 부족한 소외계층, 평생교육 인프라가 열악한 지역주민 등의 평생교육 접근성 제고를 위해 온라인 평생학습 지원체제를 구축할 필요성이 대두되었다. 최근에 소득에 따른 평생학습의 참여율에 격차가 발생하고 평생학습의 장애요인으로 '시간부족(70.9%), 가까운 거리에 교육훈련기관 부재(15%)를 꼽고 있는 것을 보아서도 최신 원격교육이 한 형태인 온라인으로 시간과 공간의 제약 없는 국민행복 평생학습 환경을 조성할 필요가 있다(권재현, 2013).

또한 가장 최근에는 교육부가 한국형 MOOC을 도입하여 세계 석학 강의를 시·공간 제약 없이 누구나 수강하고 전 세계 학생, 전문가 등과 토론과 자료를 공유하는 온라인공개강좌를 운영할 계획도 갖고 있다.

**MOOC** 수강 인원의 제한 없이(Massive), 모든 사람이 수강 가능하며(Open), 웹 기반으로(Online) 미리 정의된 학습목표를 위해 구성된 강좌(Course). 12년부터 미국 Coursera(스탠포드대, 예일대 등 총114개 기관의 강좌 운영), edX(하버드대, MIT 등 총64개 대학의 강좌 운영), Udacity(스탠포드대, 조지아공대 등 12개 기관의 컴퓨터공학 분야 강좌 운영) 외 영국( FutureLearn), 프랑스(FUN), 독일(Iversity), 중국(XuetangX) 등으로 확산

### 탐구문제

1. e-러닝 활성화 차원에서 학교교육을 포함한 평생교육에 제안할 수 있는 교육공학적 접근에는 어떤 것이 있는지 설명하시오.
2. e-러닝 외에 어떤 부분에서 학교교육을 포함한 평생교육에 제안할 수 있는 교육공학적 접근이 가능한지에 대해 설명하시오.

Chapter 14

# 교육의 미래전망

교사는 기본적으로 변화를 촉진하는 역할을 수행한다. 변화를 효과적이고 효율적으로 촉진하기 위해서는 교육을 둘러싼 여러 가지 요인들의 변화양상에 대한 지속적인 관심과 탐구가 요구되며, 이러한 탐구를 바탕으로 어떻게 자신의 교수-학습 활동을 변화시킬 것인지를 결정할 수 있어야 한다. 이번 장에서는 교육에 영향을 미치는 여러 가지 요인들의 변화양상에 대한 논의를 정리해 보고, 미래의 학교현장에서 일어날 수 있는 교수-학습 활동을 살펴봄으로써 교사로서 갖추어야 할 미래사회에 대한 대처능력을 되짚어 보는 계기를 갖도록 하자.

## 학습목표

1. 교육의 장면에 영향을 미치는 여러 가지 요소의 변화양상을 이해할 수 있다.
2. 다가올 미래의 교육의 모습과 이에 대응하는 교육방법과 교육공학의 과제들을 탐색할 수 있다.

# 1 교육의 변화와 요소

교육의 근본적인 목적은 인간의 지식, 태도, 가치관, 행동의 변화에 있다. 뿐만 아니라 이러한 교육활동의 모습 또한 우리를 둘러싸고 있는 여러 가지 변화양상을 반영하며 지속적으로 변화하고 있는 속성을 지닌다. 교육에 영향을 미치는 요소에는 무수히 많은 요인들이 있을 수 있지만, 이번 장에서는 영향력이 상대적으로 크다고 할 수 있는 사회적 변화, 기술적 변화, 그리고 학습자의 변화가 어떠한 방향으로 전개되고 있는지를 탐색해 보자.

## 1) 사회적 변화

공교육 제도를 통한 학교교육은 사회상의 변화에 따라서 역사적으로 많은 변화를 경험하였다. 그럼에도 학교에서 이루어지는 교육에 대한 비판은 끊임없이 제기되고 있는 실정이다(김희규, 2009). 이러한 상황에서 미래사회에 우리가 지향해야 할 학교의 모습을 살펴보는 것은 매우 중요한 작업이 아닐 수 없다. 미래학교의 변화양상을 제도적인 측면, 교수-학습 환경 측면, 교수-학습 활동 측면으로 나누어 살펴보자.

### (1) 학교교육 제도의 변화

많은 연구자들이 현재 우리나라의 학교교육 제도의 여러 가지 측면의 특징과 제한점에 대한 연구를 실시하였다. 한국교육개발원(김영철, 박재윤, 김흥주, 윤종혁, 김태은, 2006)에서 수행한 연구에 따르면 현재 우리나라 학제의 문제점으로 교육목적 및 목표의 불명확성, 교육단계별 수업연한 설정에 있어서 학습자의 발달 및 사회적인 변화요구 반영의 미흡, 고등학교 교육과 대학교육과의 연계성 부족, 학제구분의 획일성 등을 지적하고 있다. 이러한 문제점을 개선하기 위해 미래교육의 학제로 제안한 내용들에는 기본학제 이외의 교육적 요구를 수렴할 수 있는 특별학제의 신설, 학교에서의 평생교육 기능 강화, 유치원 → 초등학교 5년 → 중학교 4년 → 고등학교 4년을 중심으로 한 신학제 도입모색 등을 대안으로 제시하였다.

이와 관련하여 2008년 한국교육개발원(이혜영, 강영혜, 박재윤, 나병현, 김민조, 2008)에서 실시한 미래학교 모형에 대한 연구에서는 우리나라 미래학교의 모형을 단기(5년 후), 중기(10~15년 후), 장기(15년 이후)로 구분하여 제시하였다. 단기적인 학교의 변화모습은 현행 학교에서 확인되는 여러 문제점들을 개선하는 모형으로 고등학교 교육과정의 특성화, 교육과정 이수형태 및 학제의 다양화, 소수자들의 교육적 요구의 제도적 반영 등을 특성으로 제시하였다. 중기적인 학교변화의 모형으로 제시한 학교유형 다양화 모형은 교육수요자의 교육적 요구의 다양성을 고려하여 교육과정, 교육대상, 학교설립 및 운영주체, 교육이념, 교육공간의 영역에 있어서 다양성을 확보한 학교모형으로의 변화를 예견하였다. 장기적인 학교모형은 평생학습 체제로의 전반적인 사회적 변화와 맞물려 연령이나 학년중심의 학교모형이 폐기되고 사회의 모든 구성원이 필요에 의해 학습할 수 있는 학습지원 공간으로서의 변화된 학교의 모습을 예측하였다.

김희규(2009)는 현재 우리나라 학교체제가 안고 있는 문제점을 지식의 공급자로서의 학교라는 독점적인 위치, 교육과정 운영의 경직성으로 인한 다양한 학습경험 제시의 미흡, 고비용 저효율의 구조, 학제에 따른 학습의 연계성 미흡을 지적하였다. 이러한 현재의 학교모습을 바탕으로 미래사회로의 변화추세에 비추어 미래의 학교는 학습자 중심 교육의 구현, 학습자의 삶을 풍부하게 구성할 수 있는 통합적인 경험과 지식을 중심으로 한 학습, 획득된 능력을 중심으로 한 학력인정, 학교교육의 인적 자원 구조의 유동성 증가를 설명하였다.

한국교육학술정보원이 수행한 연구(강이철, 김회수, 엄우용, 최현종, 2007)에서는 유비쿼터스 시대의 도래로 인하여 변화될 학교의 모습을 u-스쿨로 표현하고 있다. u-스쿨에서는 기존의 학교체제에서 추구하였던 비전과 목표와는 다른 학습조직, 사회적 교류센터로서의 역할을 수행할 것으로 예측하였으며, 이에 따라 교육목표, 방법, 환경, 기능에 있어서도 변화가 필요함을 설명하였다.

국내외의 학교제도 및 교육과정에 대한 변화상을 예측하고 있는 선행연구들은 사회적인 환경과 요구의 변화로 야기되는 학교의 역할과 기능에 대한 변화, 다양하고 융통성 있는 교육과정 운영, 학습자 중심의 유의미한 학습경험 제공, 개인적인 요구에 부합하는 교육기회의 제공 등으로 요약될 수 있다(김명랑, 정종원, 2010).

### (2) 교수-학습 환경의 변화

학습환경에 대한 선행연구는 심리·사회적 환경과 물리적인 학습환경에 대한 연구로 구분할 수 있다(박인우, 2010). 심리·사회적 학습환경에 대한 선행연구들은 교사와 학습자가 인식하는 교실의 분위기, 또래문화, 교직구조, 교사의 태도 등에 대한 주제들을 포함하고 있으며, 물리적 환경에 대한 연구보다 상대적으로 많은 연구가 이루어지고 있다(박인우, 2010). 물리적인 학습환경은 교실을 구성하는 책걸상과 같은 교구, 공간배치, 좌석배치, 공기, 조명, 온도와 같은 요소들에 대한 학습자와 교사의 선호도, 학생의 성취도와의 연관성 등에 대한 주제를 중심으로 수행되었다(Berry, 2002; Chan & Petrie, 1998; Herzog, 2007).

미래의 교수-학습 환경을 구성함에 있어서 여러 선행연구들은 전통적인 교실의 개념에서 탈피한 교수-학습 환경 구축의 중요함을 주장하고 있다. 강이철과 동료연구자들의 연구(강이철 외, 2007)에서는 미래학교의 공간구성 원칙으로 동기유발이 가능한 공간, 유연성이 보장된 공간, 상호협력이 가능한 공간, 반성적 활동이 가능한 공간, 커뮤니티 중심 활동이 가능한 공간, 종합예술활동이 가능한 공간 등으로 구분하여 미래학교와 교실의 환경이 구축되어야 함을 지적하고 있다. 박인우를 비롯한 연구자들이 수행한 연구(박인우, 김갑수, 김경, 전주성, 고범석, 2006)에서도 미래교실의 설계에 있어서 개인학습 공간의 설치, 소집단 활동 학습공간의 증가, 융통적 학습공간의 증가, 공학기반의 공간조성, 개인 휴대단말기의 활용, 사회적 공간의 조성수업모형 기반의 여섯 가지 학습공간의 특성을 제시하고 있다.

미국의 EDUCAUSE의 학습공간에 대한 연구에서는 미래학습 공간을 설계하기 위한 원리로 활동적이고 사회적 학습전략(active and social learning strategies), 인간중심의 설계(human-centered design), 학습촉진을 위한 도구(devices that enrich learning)를 포함하고 있다(Brown & Long, 2006). 미국 MIT대학과 마이크로소프트사의 협력으로 이루어진 iCampus 프로젝트에서는 미래의 학습공간을 실무와 연계된 학습공간, 학습지향성을 내포하고 있는 공간, 전통적 교실 개념으로부터의 탈피, 분배된 교실, 보이지 않는 테크놀로지를 접목한 공간으로 규정하고 있다( 표 14-1 참조).

**표 14-1** 미래 교수-학습 환경의 구성원리와 내용

| 구 분 | 내 용 |
|---|---|
| 강이철 등 (2007) | 동기유발이 가능한 공간, 유연성이 보장된 공간, 상호협력이 가능한 공간, 반성적 활동이 가능한 공간, 커뮤니티 중심 활동이 가능한 공간, 종합예술 활동이 가능한 공간 |
| 박인우 등 (2007) | 개인학습 공간의 설치, 소집단 활동 학습공간의 증가, 융통적 학습공간의 증가, 공학기반의 공간조성, 개인 휴대단말기의 활용, 사회적 공간의 조성 |
| iCampus | 실무와 연계된 학습공간, 학습을 유도하는 공간, 전통적 교실개념으로부터의 탈피, 분배된 교실, 보이지 않는 테크놀로지의 접목 |
| NLII | 인간중심의 학습공간, 다양한 형태의 학습활동을 지원하는 공간, 외부와의 소통이 가능한 설계, 융통성 있는 공간설계, 사용자 편의·안전·기능성의 고려, 학교기관의 가치를 나타내는 공간 |

국내외의 미래지향적 학습공간에 대한 특성을 규명하고자 진행된 선행연구에서는 몇 가지 공통된 원리들을 제공하고 있다. 즉, 전통적인 학교와 교실의 보습이 시식의 전달을 용이하게 하는 획일적인 공간으로 특징지을 수 있다면, 미래학습 환경에서는 공간사용자의 다양한 상호작용을 촉진하고, 여러 공학적 요소들이 학습에 활용될 수 있도록 지원하는 공간이 되어야 한다는 점, 그리고 협력에 기반한 학습활동이 이루어질 수 있는 공간이 되어야 한다는 점이다.

### (3) 교수-학습 활동의 변화

학습공간을 구현하는 것은 교육과 학습에 대한 지배적인 패러다임과 인식의 실제적 표상을 만들어 내는 것이므로, 학습과 교육에 대한 패러다임의 변화는 학습이 일어나는 공간설계의 변화를 수반한다. 혁신적이고 미래지향적인 학습환경 구축을 위한 일반적인 지침들에 대한 논의는 교육활동에 대한 지배적인 이론변화의 영향을 받은 것으로 해석될 수 있다. 행동주의와 인지주의에 기반을 둔 교수-학습 활동의 모습이 주가 되었던 과거와는 달리 구성주의적 입장을 견지하는 새로운 시각이 교육의 여러 가지 모습들을 설명해 내는 주요한 이론으로 등장함에 따라 교실현장에서 이루어지는 교수-학습 활동의 모형에도 많은 변화가 야기되었다.

예를 들어, 대학의 대형 강의실과 같은 학습공간이 교수자 중심, 정보전달 위주의 교수-학습 패러다임을 대변하는 것이라면, 학습공간의 가변성, 융통성, 간학문성을 강조하는 공간설계의 원리들은 적극적이고, 협력적이며, 학습자 중심적인 교수-학습 패러다임의 중요성을 강조하고 있는 것이라고 할 수 있다.

학습에 초점을 두고 학습공간을 구현하기 위해서는 다양한 학습모형에 대한 이해가 우선시해야 한다. 어떠한 학습활동이 일어날 것인가 또한 그러한 학습활동을 촉진하기 위해서는 공간적, 기술적 측면에서 구체적으로 어떤 부분이 설계요인에 포함되어야 하는지 분석되어야 한다. 미국의 NLII(National Learning Infrastructure Initiative)에서는 다음과 같은 질문들이 학습공간의 설계를 위한 분석과정에 포함할 것을 제시하고 있다(National Learning Infrastructure Initiative, 2004). 학습자들의 학습경험은 어떠한 모습일 것인가?, 정보를 전달하는 것에 초점을 둘 것인가?, 학습이 이루어지는 데 초점을 둘 것인가?, 테크놀로지의 사용은 학습을 어떠한 방식으로 보조할 수 있을 것인가?, 테크놀로지의 사용이 문제중심 학습을 보조할 것인가?, 협력적 학습을 보조할 것인가?, 개별화된 학습을 보조할 것인가?, 학습공간의 설계가 전체 학교의 발전방향과 어떻게 부합되는가?, 학습공간이 교육적 목적 이외에도 사용될 수 있는가? 영국의 통합정보체제위원회(Joint Information Systems Committee; JISC)에서는 미래학습의 유형을 이동학습(mobile learning), 네트워크 기반의 학습(connected learning), 시각적 상호작용 학습(visual and interactive learning), 지원된 학습(supported learning)의 네 가지 유형으로 제시하고 있다(JISC, 2006).

우리나라에서 학교마다 교과교실제를 확산하려는 움직임들도 교과특성에 부합하는 차별화된 교실공간을 구성함으로써 교수-학습 활동의 다양성을 촉진하고자 한다. 즉, 학습공간의 설계에 있어서 교수-학습 활동의 고려가 기본적인 고려요소가 되어야 함을 대변한다고 할 수 있다.

### 2) 기술적 변화

하루가 다르게 변화하고 있는 정보통신 기술의 발전상은 미래의 학교와 교실에 있어서 어떠한 테크놀로지 요소들이 새로운 형태의 교수-학습 활동을 위해 사용될지에 대한 예측을 어렵게 하고 있다. 세계 각국의 다양한 기관과 조직에서 테크놀로지의 변화상을 예측하고 있지만, 교육분야에 적용한 테크놀로지의 발전방향을 모색하는 데 있어서 가장 빈번하게 인용되고 있는 보고서는 미국에서 매년 발간하는 "Horizen Report"가 대표적이라고 할 수 있다. Horizen Report는 마이크로소프트사의 재정지원을 바탕으로 New Media Consortium (NMC)과 Consortium for School Networking(CoSN), EDUCAUSE Learning Initiative(ELI)의 협력을 바탕으로 진행 중인 프로젝트로서 새롭게 부각되고 있는 정보통신 관련 테크놀로지들을 찾아내고 이러한 테크놀로지가 교수, 학습, 연구, 창작활동 등에 있어서 어떠한 영향을 미칠 것인가를 예측하고 있다. 발간된 보고서를 통해 테크놀로지의 교육적 활용과 관련한 미래의 모습은 다음과 같은 특성을 지닐 것으로 예측하였다.

### (1) 주요 변화양상과 도전

① 인터넷을 통해 지속적으로 확장되고 있는 풍부하고 다양한 학습정보의 접근성은 교육기관의 전통적인 역할인 지식의 전수, 학습의 지도, 학습 결과의 인증에 대한 역할에 도전이 될 것이다.

② 정보통신 기술의 발전으로 인하여 사람들은 언제, 어디서나 그들이 원할 때 학습할 수 있는 환경을 기대할 것이다. 빠른 시간 안에 원하는 정보에 접근하거나 일을 처리하는 것이 더욱 가치 있는 것으로 여겨지는 풍조가 심화됨으로 인해 인간관계에 있어서도 온라인을 통한 관계형성이 지금보다 늘어나게 될 것이다. 이러한 현상은 비형식적인 학습의 기회를 증가시킬 것이며, 적시학습과 발견학습과 같은 학습행태를 증가시킬 것이다.

**적시학습(Just in time learning)** 문제나 과제를 해결하기 위해 필요한 지식과 기술을 사전에 학습하여 이를 나중에 활용하는 방식에서 벗어나, 학습자가 당면한 문제나 과제를 해결하고자 하는 요구에 의해 관련된 지식과 기술을 시간적 지체 없이 바로 학습하는 형태

③ 클라우드 컴퓨팅에 기반한 형태의 테크놀로지의 사용이 지속적으로 증가할 것이며, 테크놀로지 사용에 대한 지원의 형태도 지금보다 더욱 분산된 형태로 변화할 것이다. 개인이 소유한 정보가 어디에 저장되는가의 문제에 대한 일반인들의 관심은 더욱 줄어드는 대신 개인이 원할 때 해당 테크놀로지에 원활하게 접속하여 사용할 수 있는가가 더욱 중요한 관심사로 부각됨으로 인해서 개별적인 하드웨어의 특성에 제한받지 않고 인터넷상에서 자유롭게 이용할 수 있는 형태의 테크놀로지 사용이 증가할 것이다.

④ 학습에 있어서의 협력이 강화되고 학제 간 접근, 간학문적 접근, 통합적 접근과 같은 방식의 협력적인 학습활동이 증가할 것이며, 이를 지원하기 위한 다양한 형태의 테크놀로지의 발전이 이루어질 것이다.

⑤ 학습과 직무에 있어서 디지털 리터러시와 관련된 역량의 개발에 대한 중요성이 지속적으로 증가하게 될 것이며, 교사양성과 교사 계속교육에 있어서 중요한 분야로 자리매김할 것이다. 디지털 리터러시와 관련된 역량은 단순히 지속적으로 변화하고 있는 하드웨어와 소프트웨어의 사용에 머무르는 것이 아니라, 디지털화된 맥락 속에서 새롭게 관찰하고, 사고하며, 이를 통해 새로운 지식을 창출하는 수준을 포함하는 범위를 의미한다.

### (2) 부각될 새로운 테크놀로지

#### ① 모바일 컴퓨팅

모바일 컴퓨팅 환경은 다양한 하드웨어를 통해 시간과 장소에 구애됨 없이 네트워크에 접속할 수 있는 환경을 지칭한다. 모바일 컴퓨팅에 기반한 다양한 기술들은 시간이 지날수록 더욱 정교해지고 있으며, 새로운 인간활동의 영역을 개척해 가고 있다. 교육현장에 있어서 모바일 컴퓨팅의 활용은 그동안 개인정보의 보호, 교실에서의 모바일기기 사용과 관련된 규제, 자유롭게 네트워크에 접속할 수 있는 기반환경의 확대와 같은 선결요건들로 인해 대폭적인 확산이 이루어지지 못했다. 하지만, 이미 많은 학습자들이 다양한 형태의 모바일 기기를 실생활에서 이용하고 있고, 학습상황에 적용하고자 하는 많은 연구들이 진행되고 있는 상황에 비추어 볼 때, 머지않아 모바일 컴퓨팅 환경에서의 다양한 학습의 본격적인 실현이 가능할 것으로 예측된다.

모바일 컴퓨팅의 대표적인 예로는 스마트폰의 활용을 들 수 있다. 스마트폰은 풀 브라우징(full browsing)을 지원하는 무선인터넷 접속, 터치, 음성인식 등의 직관적인 인터페이스, 응용 프로그램을 통한 다양한 수행을 지원한다는 점이 기존의 휴대폰과 차별되는 점이라고 할 수 있다. 스마트폰의 경쟁력은 어플리케이션이라 불리는 다양한 응용 프로그램을 사용하여 학습, 사무, 오락, 쇼핑, SNS(Social Network Service) 등의 활동에 사용할 수 있다는 점이다.

스마트폰을 비롯한 스마트기기들을 이용하여 가능해지는 모바일 컴퓨팅은 실시간으로 필요한 정보를 탐색하고, 학습의 결과물을 문자, 음성, 멀티미디어 등의 다양한 형태로 저장할 수 있다는 점에서 현장학습과 같은 맥락에 기반한 학습활동의 효과성을 높이는 데 기여할 수 있을 것이다. 예를 들어, 미국의 볼스테이트 대학교(Ball State University)에서는 지질학과 관련된 수업활동 시간 중 학생들이 캠퍼스 곳곳에서 수집한 지질학적 자료들을 수집하고 분석하는 학습활동의 진행을 트위터를 통해 실시간으로 동료학습자와 교수자에게 전달하고 이에 대한 온라인 토론을 실시하고 있다. 일본의 아오야마 대학교에서는 학생들에게 아이폰을 배포하고 이를 통해 교재내용의 배포, 학습일정의 관리, 평가 등에 활용하며, 출석 또한 내장된 GPS를 이용해 점검하고 있다(권기덕 외, 2010).

② **공개교육 자료**(open content)

OCW(Open Course Ware)와 같은 형태의 공유자료를 학습에 이용하고자 하는 노력은 이미 십여 년전 전부터 진행되어 왔다. 공개교육 자료의 증가로 학습의 대상이 되는 정보에 대한 접근성은 더욱 확장될 것이고 학습에 있어 중요한 점은 이러한 정보를 어떠한 방식으로 활용하는가의 문제가 될 것이다. OCW에 기반하여 다양한 영역에서 학습공동체가 형성되고 있다. 예를 들어, 영국의 개방대학에서 운영하는 'OpenLearn' 프로젝트에서는 원하는 학습자라면 누구나 학습모둠에 참가하여 열린 학습자료를 이용한 학습활동에 참여할 수 있다. 학습자뿐만 아니라 교수자들의 공동체도 형성되고 있다. 미국 텍사스주에 위치한 트리니티 대학교(Trinity University)에서는 교수진들에게 자신들의 학술적인 성과물에 대해 자유로운 접근을 허용하도록 권장하는 정책을 시행 중이다. 국경 없는 교사모임에서 운영하는 온라인사이트(www.teacherswithoutborders.org)도 다양한 형태의 공개자료를 제공함으로써 교육자료에 대한 교사들의 접근성을 확대하고자 노력하고 있다.

OCW와 같은 형태의 열린 자료운동은 현재의 교육과정과 체제 안에서 접근이 어려웠던 학습내용이나 비용이 많이 소요되는 학습과 관련된 학습요구가 증가할 것이며, 학습자들의 자율적인 선택권의 보장방안으로서 지속적으로 확대될 것으로 예상된다.

③ **디지털교과서**

전자책, e-book으로 불리는 디지털화된 책의 개발은 40여 년간의 긴 역사를 지니고 있으나, 최근 들어 보급과 확산속도가 빨라지고 있다. 단순한 문자자료의 제시가 아니라 읽고, 저장하고, 편집하고, 메모하는 활동들을 지원해주고 휴대성이 용이한 기기에 종이책 수백 권 분량의 내용을 담아 다닐 수 있는 전자책의 활용은 더욱 일반화될 것으로 예측되고 있다. 그러나 전자책의 활용과 보급에 있어서 몇몇 장애물들이 있었다. 예를 들어, 전자책의 형태로 출간되는 학술적인 교과서의 수가 많지 않았으며, 고화질의 그림, 삽화를 표현하는 데 지금까지의 기술에서는 어려움이 있었고, 전자책의 활용형태도 종이로 출간되는 도서의 부록이나 참고용으로 사용되는 경우가 많았다. 전자책과 관련된 기술의 지속적인 발전과 인식의 변화는 이러한 장애물들을 극복하고 그 활용의 영역을 확장하게 되었다. 전자책은 잉크를 픽셀로 바꾸는 형태의 변화수준에 머무르는 것이 아니라 주제어 검색, 사전검색, 독자의 메모, 북마크 등의 기능들과 읽고 있는 책들에 대한 관련 도서와 정보의 검색을 한 자리에서 가능하게 해줌으로 인해 독서활동에 대한 전반적인 변화를 촉진한다 (Johnson, 2009).

**픽셀(pixel)** picture element의 약자로, 특정한 빛과 색을 가진 이미지를 독립적으로 할당할 수 있는 화면상의 최소 단위

국내에서도 이러한 전자책의 발전양상에 따라서 현재의 서책형 교과서를 전자교과서, 디지털교과서로 전환하려는 정책과 관련 연구들이 활발하게 전개되고 있다. 2011년에 발표된 정부의 스마트 교육체제 구축방안에 따르면 2007년부터 시범적으로 개발되어 일부 학교에 적용되어 왔던 디지털교과서의 사용을 점진적으로 확대하여 2015년부터는 현재 학교에서 사용하고 있는 서책형 교과서와 병행하여 사용할 수 있게 한다는 계획을 포함하고 있다. 디지털교과서는 교과서, 참고서, 문제집, 학습사전 등의 내용을 동영상, 애니메이션, 가상현실 등의 멀티미디어와 통합적으로 제공하여 상호작용의 증대 및 학습자의 특성, 능력, 수준에 맞추어 학습의 기회를 제공하도록 구현된 교재로 정의할 수 있다(장상현, 2010).

### ④ 증강현실

증강현실이라는 용어는 1990년 보잉사의 연구자였던 Tom Caudell이 인간이 현실세계에서 인지하는 능력을 여러 가지 정보, 미디어와 융합함으로써 더욱 강력한 인식능력의 향상을 도모하고자 한 데서 비롯한다. 과거 이러한 증강현실을 체험하기 위해서는 헤드셋, 데스크탑 컴퓨터 등 휴대가 불가능한 기기들을 이용했으나, 최근 들어 스마트폰과 같은 모바일기기들을 이용하여 증

강현실을 체험할 수 있는 기술들이 개발되어 상용화되었다. 현재 스마트폰에서 사용할 수 있는 증강현실 프로그램은 식당이나 상점에 대한 다른 소비자들의 평가, 관련 정보들을 제공하는 프로그램에서부터 카메라로 비춘 사물에 대한 위키피디아의 정보를 제시해 주고, 증강현실을 이용한 모바일게임이 개발되는 등의 수준에 이르고 있다. 증강현실을 학습과 관련한 상황적인 정보를 제공하는 데 있어서 기존의 한계점을 극복할 수 있는 기술로 평가되고 있다. 예를 들어, 보잉사에서는 이미 증강현실을 이용한 작업용 안경을 현장에서 사용하고 있는데, 정비공이 이 안경을 착용하게 되면, 비행기 정비를 위한 단계적인 절차, 필요한 공구와 사용법 등에 대한 안내를 즉각적으로 제공받을 수 있다. 학습에 있어서 증강현실의 활용은 게임과 연계하려는 활동이 활발하게 진행되고 있다. 마커기술을 적용한 증강현실상의 게임은 2차원 형태의 게임판이나 게임지도 등을 3차원 형태로 변환이 가능하도록 지원할 수 있다. 증강현실의 학습적인 적용의 또 다른 형태는 모델링을 포함한 학습활동의 지원이다. 학습자들은 자신들이 설계한 결과를 증강현실 기술을 이용하여 신속하게 산출해낼 수 있고, 더 나은 디자인을 위해 개선될 수 있는 부분들에 대한 시각적인 피드백의 교환활동이 가능해질 것이다. 뉴질랜드의 캔터베리 대학교에서 개발한 프로그램은 2차원적인 스케치 도면을 증강현실을 통해 3차원적 형상으로 변환하는 것을 가능하게 함으로써 학습자들이 디자인한 사물에 대한 물리적인 특성들을 더욱 신속하게 이해할 수 있도록 지원해 주고 있다.

#### ⑤ 동작기반 컴퓨팅

비록 교육분야에 있어서는 활발히 사용되지는 않지만, 최근 들어 사람의 동작과 신체적인 표현을 인식하고 이에 기반한 컴퓨팅을 가능하게 하는 새로운 기술들이 개발되고 있다. 특히 게임분야에 있어서 더 이상 손으로 조작하는 것이 아니라 자연스러운 사용자의 몸의 움직임을 포착하고 해석하여 이를 게임에 이용할 수 있는 가능성에 대한 활발한 탐색이 이루어지고 있다. 이러한 동작기반 컴퓨팅은 새로운 기기가 출시될 때마다 그 사용법을 익혀야 하는 기존의 상호작용 방식 대신 오히려 하드웨어가 사람의 움직임을 이해하여 움직이는 새로운 형태의 상호작용 방식을 제안하고 있다. 더 나아가 컴퓨터를 사용한다는 기존의 관념을 변화시킬 수 있다는 점에서 혁신성을 지닌다.

동작기반 컴퓨팅을 학습에 이용하며, 현재 시뮬레이션과 같은 학습형태의 실재성은 더욱 높아질 것이다. 즉, 현실에서 수행해야 하는 동작 그대로를 학습과정에 반영할 수 있기 때문에 학습자들의 학습경험은 굉장히 즐겁고, 자연스러운 모습이 될 것이다. 특히 정교한 수행을 학습해야 하는 분야에 있어서의 적용 가능성이 높을 것으로 예상된다. 예를 들어, 의학교육 분야에 있어서 동작기반 컴퓨터의 효과성을 측정하기 위해 Banner Good Samaritan Medical Center에서 외과수련의를 대상으로 Wii를 이용하여 훈련을 한 그룹과 그렇지 않은 그룹의 외과수술의 시뮬레이션 수행결과 Wii를 사용한 그룹의 결과가 그렇지 않은 그룹보다 48%의 향상을 가져왔다(Badurdeen, Abdul-Samad, Story, Wilson, Down, & Harris, 2010).

### 3) 학습자의 변화

**학습자의 변화** 학습자의 변화와 관련되어 이하에 기술된 내용은 계보경, 김현진, 서희전, 정종원, 이은환(2011)의 '미래학교 체제 도입을 위한 Future School 2030 모델 연구'의 내용 중 일부이다.

사회의 변화와 기술의 변화에 따라 변화된 환경에서 자라나는 미래세대의 학습자들도 지금 세대의 학습자들이 가진 특성과는 다른 모습을 보일 것이다. 다가올 미래세대의 학습자들을 의미하는 다양한 용어가 있었다. OECD CERI에서는 미래학습자를 새천년 학습자(Millennium leaners)로 지칭하며 1980년대 후반에 태어나 컴퓨터와 같은 첨단 테크놀로지 환경에서 성장하고 생활하는 세대(Pedro, 2006)로 설명하고 있다. 이 세대는 ICT(Information and Communication Technology)를 이용한 멀티태스킹, 즉각적 의사소통, 정보관리에 능통한 특성을 보인다고 하였다. 강명희(2009)는 미래학습자를 1980년대 이후 태어난 세대로서 어릴 때부터 멀티미디어에 노출되어 멀티미디어를 생활의 일부로 받아들이는 세대로 정의하고 있다(강명희 외, 2009). 테크놀로지를 학습, 일, 놀이, 의사소통 등 일상생활에서 편안하고 친구처럼 인식하고 활용하며, 학교와 직장업무의 효율성과 효과성을 높이는 데 사용하면서 라이브채팅, 문자메시지, 스마트맵, 블로그 위키 등과 같은 용어가 일상용어로 활용된다고 설명하고 있다. Prensky(2001)는 디지털 원주민(Digital Native)이란 용어를 통해 태어나면서부터 디지털 환경에 노출되어 개인용 컴퓨터, 휴대전화, 인터넷, MP3와 같은 디지털기기들을 사용하면서 기존 세대와 전혀 다른 방식으로 생각하고 행동하는 신인류로 정의하고 있다. Tapscott(2009)은 미래학습자를 넷세대(net generation)로 표현하며, 1977년부터 1997년까지 출생한 Y세대와 1998년 이후의 Z세대를 포함한다고 말하고 있다. 이들 세대는 물질적인 풍요 속에서 높은 수준의 교육을 받았으며 테크놀로지와 온라인 미디어에 익숙하여 온라인을 통한 사회활동에 익숙한 세대로 보고하고 있다.

### (1) 미래학습자의 특성

미래학습자의 특성을 설명할 때, 학자에 따라 테크놀로지 영향, 경제적 성장에 의한 영향, 국제적 위상변화에 따른 영향, 사회문화적 변화에 의한 영향 등의 다양한 기준으로 설명하고 있다(강명희 외, 2007; Tapscott, 2009; Pedro, 2006; Presky, 2001; Veen, 2005).

이 중 미래학습자의 특성을 가장 많이 설명하고 있는 영향은 테크놀로지 요소이다. 개인용 컴퓨터의 대중화, 인터넷 보급, 휴대폰 보편화 등을 통해 그 영향력은 가속화되었다(Presky, 2001). Veen(2007)은 미래학습자를 Homo Zappiens라고 부르며 이들이 빠른 속도를 선호하고 여러 과제를 복합적으로 수행하며, 항상 웹과 연결되어 있기를 원하며, 학습과 놀이를 동시에 할 수 있다고 말하면서 표 14-2 와 같이 기존 세대와 미래학습자의 특징을 비교하였다.

### (2) 미래사회 학습자의 핵심역량

강명희(2009)는 미래학습자의 핵심역량을 규명하면서 교육성과를 학교교육 중심에서 학교 외의 환경의 다양한 경험까지 포함되어야 하며, 미래사회에서는

**표 14-2** 기존 세대와 미래학습자와의 비교(Veen, 2007)

| 기존 세대(Homo Sapiens) | 미래학습자(Homo Zappiens) |
|---|---|
| 일반 속도 | 빠른 속도 |
| 한 가지씩 과제수행 | 멀티태스킹 |
| 순차적 접근 | 비순차적 접근 |
| 한 가지 정보처리 | 연속성이 없는 정보처리 |
| 읽기기능 우선 | 상징적(iconic) 기능 우선 |
| 분리 독립된(stand alone) | 연결된(connected) |
| 흡수하면서 배움 | 검색하면서 배움 |
| 학습과 놀이는 분리 | 놀이하면서 학습 |
| 내면화하면서 학습 | 외재화하면서 학습 |
| 실제에 초점을 둠 | 판타지를 이용함 |

한 가지 영역이 아닌 다양한 영역에서 능력과 지능을 개발해야 한다고 주장하였다. 미래학습자가 갖추어야 할 역량에 대한 연구는 표 14-3 과 같이 OECD, ATCS(Assement & Teaching of 21st Century Skills project), UNESCO, 한국교육개발원 등에서 다양한 관점으로 연구되어 왔다. OECD의 CERI에서는 미래학습자의 핵심역량을 특정 맥락 내에서 심리사회적인 측면에서 나타난 복잡한 요구들을 충족시킬 수 있는 지식, 기술능력으로 정의하고 하위요소로 '도구를 상호작용으로 사용하기', '이질집단과 상호작용하기', '자율적으로 행동하기'를 제시하였다(DSeCo, 2006). 한편 OECD 공동연구에서는 인지적, 정의적, 사회문화적 측면에서 가가 이해수준과 수행수준으로 구분하여 학습자 핵심역량 요소를 제시하고 있다(강명희 외, 2007). ATCS에서는 생각하는 방법, 일하는 방법, 일을 위한 도구사용, 세계시민으로서의 삶으로 구분하여 역량요소를 제안하였다(Binkley et al., 2010).

**표 14-3** 미래학습자 핵심역량에 대한 선행연구

| 구 분 | 내 용 |
|---|---|
| OECD CERI<br>(DeSeCo, 2006) | 도구를 상호적으로 사용하기, 이질집단과 상호작용하기, 자율적으로 행동하기 |
| OECD 공동연구<br>(강명희 외, 2007;<br>강명희, 2009) | • 인지적-이해수준(세계의 이해) : 수학, 과학, 탐구기술, 추론능력, 정보처리, 성찰적 사고<br>• 인지적-수행수준(세계에의 실천과 변화) : 도구활용, 자원활용, 판단력, 비판적 사고, 창의력, 초인지<br>• 정의적-이해수준(자신의 이해) : 자기개념, 자기인식, 자기효능감, 자기존중감, 불확실성 포용, 에러에 대한 긍정적 태도<br>• 정의적-수행수준(자신의 실현) : 주의력, 정직, 책임감, 신뢰성, 몰입, 목표설정, 혁신 및 지속성<br>• 사회문화적-이해수준(공동체 참여가치 인식) : 언어, ICT 활용, 의사소통 기술, 다문화 이해, 시민의식<br>• 사회문화적-수행수준(공동체 내 참여 및 개선): 차이에 대한 인정 및 존중, 공동체 의식, 팀워크, 리더십<br><br>〈IT 활용 핵심역량〉<br>• 인지적 영역 : 정보수집, 지식구성, 지식활용, 문제해결<br>• 정의적 영역 : 자기정체성, 자기가치관, 자기주도성, 자기책무성<br>• 사회문화적 영역 : 사회문화적 소속감, 사회문화적 수용성, 사회화 능력, 사회적 실천력 |
| ATCS<br>(Binkley et al., 2010) | • 생각하는 방법 : 창조성 및 혁신성, 비판적 사고, 문제해결, 의사결정, 학습하는 방법의 학습, 메타인지<br>• 일하는 방법 : 의사소통, 협력(팀워크)<br>• 일을 위한 도구사용 : 정보 리터러시, ICT 리터러시<br>• 세계시민으로서의 삶 : 로컬-글로컬 시민의식, 일과 직업, 개인적 사회적 책임감 |
| UNESCO<br>(Farstad, 2004) | 언어숙달하기, 타인과 함께 일하기, 문제해결력, 수리력, 자연과학에 대한 이해, ICT 활용능력, 학습역량 |
| 한국교육개발원<br>(2004) | • 기초문해력<br>• 핵심능력 : 의사소통 능력, 문제해결 능력, 자기주도적 학습능력<br>• 시민의식 : 국가정체성, 신뢰 및 가치공유, 권리·책임의식, 정치 및 참여의식, 민주적 절차, 법<br>• 직업특수 능력 |

위와 같은 선행연구를 통해 미래학습자의 핵심역량을 그림 14-1 과 같이 지적, 사회적, 정의적, 기능적의 4가지 영역으로 구분하여 하위 10개 역량으로 정리할 수 있다.

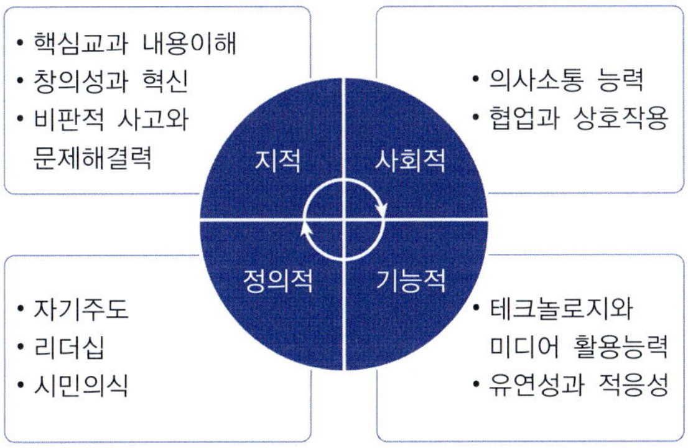


그림 14-1 미래사회 학습자의 핵심역량

### ① 지적 역량

지적 역량은 핵심교과 내용에 대한 이해, 창의성과 혁신, 비판적 사고와 문제해결력을 포함한다. 세 가지 지적 역량에 대해 구체적으로 설명하면 다음과 같다.

- **핵심교과 내용에 대한 이해 :** 핵심교과 내용에 대한 이해는 영어, 문해력, 예술, 수학, 경제, 과학, 지리, 역사, 정치(government and givics) 등 교과 및 기초소양에 대한 기본적인 이해와 수행능력을 포함한다(강명희 외, 2007).
- **창의성과 혁신 :** 창의성이란 독창성, 유용성, 가치성을 가진 기존 것과는 다른 지식과 경험을 생성하거나 새로운 발견이나 대안을 낼 수 있는 능력을 말한다. 혁신이란 창의적 사고를 바탕으로 새로운 대안을 실행하는 능력을 말한다(강명희 외, 2007; Binkley et al., 2010).
- **비판적 사고와 문제해결력 :** 비판적 사고와 문제해결력은 효과적으로 추론하고 시스템적 사고를 이용해 판단과 결정을 내리는 능력을 말한다(강명희 외, 2007; 강명희, 2009; 한국교육개발원, 2004; Binkley et al., 2010).

### ② 사회적 역량

사회적 역량은 의사소통 능력과 협업과 상호작용 능력을 포함한다.

- **의사소통 능력 :** 의사소통 능력이란 정보의 결과와 산출물을 공유하고 전달하기 위하여 정보를 처리하고, 변형하고, 형식에 따라 배열하는 분석적인 작업과 생각(idea)을 특정한 청중에게 최선의 방법으로 전달하는 것을 반영하는 능력을 말한다(강명희 외, 2007; 한국교육개발원, 2004; Binkley et al., 2010).
- **협업과 상호작용 :** 협력적 작업을 지원하는 도구들을 활용해 온라인 가상세계의 동료, 또는 관련 기관이나 인물과 능숙하게 상호작용하는 능력을 말한다(Binkley et al., 2010; DeSeCo, 2006).

### ③ 기능적 역량

기능적 역량은 정보기술 활용 및 실제 문제해결 상황에 대한 파악·대응능력을 말하며 테크놀로지와 미디어 활용능력, 유연성과 적응성으로 구분하여 설명할 수 있다.

- **테크놀로지와 미디어 활용능력 :** 테크놀로지와 미디어 활용능력은 첫째, 문제, 이슈, 과제 등에 대한 정확한 이해를 바탕으로 적절한 전자정보 원천을 판단하여 효율적이고 효과적으로 검색하고 선택할 수 있는 능력, 둘째, 자료의 가치와 유용성을 평가하여 활용하고, 데이터 혹은 전자정보를 효율적으로 재사용할 수 있도록 저장하고 체계화할 수 있는 능력, 셋째, 수집하고 체계화한 전자정보를 이용하여, 정보를 잘 이해하고 효과적으로 타인과 소통하기 위해 다양한 방식으로 변형하고 발전시키며 문제, 이슈, 작업의 해결을 위해 해석이나 자신의 의견을 전개하는 능력을 말한다(강명희 외, 2007; 한국교육개발원, 2004; Binkley et al., 2010).
- **유연성과 적응성 :** 유연성과 적응성은 문제해결을 위해 상황에 맞는 융통성 있는 방법을 도출하고 능동적으로 변화에 대응하는 능력을 말한다(강명희, 2009).

### ④ 정의적 역량

정의적 역량은 동기, 태도, 가치에 대한 측면으로 자기주도, 리더십, 시민의식을 포함한다.

- **자기주도 :** 목표와 시간관리, 독립적인 작업 등을 통해 스스로를 규제해 나가는 능력을 말한다(한국교육개발원, 2004; Binkley et al., 2010).
- **리더십 :** 타인을 지도하고 이끌 수 있는 능력으로 타인에게 대한 책임감을 인식하는 것을 의미한다(강명희, 2007).
- **시민의식 :** 글로벌 및 로컬사회에서의 구성원으로서의 마인드와 책임감을 인식하는 것을 말한다(강명희 외, 2007; 한국교육개발원, 2004; Binkley et al., 2010).

앞에서 미래학습자의 특성과 미래학습자가 갖추어야 할 핵심역량에 대한 선행연구를 살펴보았다. 미래학습자의 학습선호와 필요능력을 예상해 볼 때 미래학교는 좀 더 다양화되고 학습중심의 교육목표가 수립되어야 할 것이다(강명희, 2009). 또한 미래학습자를 위한 교육방법 측면에서 교사들이 미래학습자의 언어와 행동양식을 이해하고, 빠르고 즉각적인 반응을 보이는 소통방식을 배워야 하며, 순차적이기보다 병행적이고, 하이퍼텍스트처럼 임의적 접근을 선호하는 특성을 이해해야 할 것이다. 교육내용 측면에서도 읽기, 쓰기, 수학, 과학 등 전통적인 교육과정뿐만 아니라 의사소통, 문제해결력, 시민의식 등의 새로운 역량중심의 교육내용의 중요도가 강화될 것이다. 반면 미래교육 과정은 로보틱스, 나노테크놀로지, 게놈연구 등과 같은 새로운 지식영역과 함께 윤리, 정치학, 사회학 등이 통합된 통섭학문을 학습하게 되며, 새로운 지식분야에 대해 가르칠 수 있는 준비된 교사의 요구가 높아질 것으로 보여진다(Prensky, 2001).

## 2 미래지향적인 교수–학습 활동의 모습

본 장의 앞부분에서 우리는 교육의 미래에 영향을 미치는 여러 가지 요인들에 대한 현재까지의 논의를 정리해 보았다. 그렇다면 구체적으로 다가올 미래의 우리 학교에서 벌어질 교수–학습 활동의 모습은 지금과 어떻게 다를까? 이를 위해서 교사가 수행해야 하는 일들은 지금과는 많은 차이가 있을까? 이러한 생각들에 대한 명확한 해답은 독자인 예비교사 여러분 스스로가 찾아내야 할 몫이다. 이하의 내용은 이러한 미래지향적인 교수–학습 활동의 구체적인 시나리오의 한 가지 사례가 될 것이다. 사례를 통해 변화된 교사와 학습자의 역할, 다양한 교수방법 및 전략의 활용, 새로운 교수매체의 등장 및 활용에 대해 논의해 보자.

▌미래지향적 교수–학습 활동의 모습에서 제시하고 있는 사례는 김현진, 정종원, 정세웅, 이동국(2011)의 '미래학교 지원을 위한 21세기 교수–학습 활동 개발시리즈 2 : 교실중심의 21세기 교수–학습 활동'에서 제시된 10개의 사례 가운데 하나이다.

### 1) 교수–학습 활동의 개요

미래학교에서도 지금처럼 같은 반 학생들은 일주일 동안 같은 시간표대로 학교생활을 할까? 아마도 그렇지 않을 것 같다. 학생들의 수준과 관심에 따라 어떤 학생은 과학 체험 행사에 참여하여 과학수업을 대신하고, 미술전시회에 참여하여 미술수업을 대신할 수도 있을 것이다. 모든 학생들에게 동일한 시간표가 적용되는 것이 아니라 시간과 공간의 개념이 허물어져 다양한 배움터로부터 학생들은 학습하게 될 수 있을 것이다. 이번 사례에는 자유탐구를 적용하여 학생들이 스스로 탐구주제를 정하고 탐구, 관찰, 실험과정을 통해 문제를 해결해 나가는 모습을 그려보도록 하자. 문제를 해결하는 과정에서 학생들은 자신만의 수업시간표를 만들어 학습활동을 진행하게 된다.

## 2) 교수-학습 활동의 설계

### (1) 교육과정 분석

| 초등학교 3~6학년 | 과학 자유탐구 | 학생 스스로 탐구주제를 선정하여 자기주도 학습과정 |
|---|---|---|

□ 교육과정에는
자유탐구는 교사의 일방적인 주입식 교육이 아니라 학생 스스로 주제를 선택하고, 탐구, 관찰, 실험과정을 통해 보고서를 작성하며 발표까지 하는 자기주도 학습과정이다. 자유로운 탐구과정에 주안점을 두고 실험결과보다는 결과에 이르는 과정의 정교함을 평가하게 된다. 자유로운 주제선정과 자기주도적 탐구는 과학에 대한 학생들의 흥미를 키우고 과학적 문제해결 능력을 신장할 수 있다.

### (2) 교수-학습 전략 설계

#### ① 테크놀로지의 활용

- **교수-학습 온라인 플랫폼(스프링노트)** : 스프링노트는 자유탐구의 과정을 기록하는 데 매우 유용한 도구이다. 탐구 주제의 탐색, 문제의 선정에서부터 수행까지의 전 과정을 스프링노트에 기록하게 된다. 스프링노트에서는 학생들이 활동을 원활하게 진행할 수 있도록 활동양식지를 제공하며, 댓글 기능을 활용하여 피드백을 실시한다. 또, 학생들이 누가기록한 자료는 평가의 근거가 된다.
- **번역메신저** : 자유탐구 주제와 관련하여 해외의 자료를 수집하고자 할 경우, 언어로 인한 의사소통에서 문제가 발생한다. 번역메신저는 실시간으로 서로의 언어를 번역해 주어 의사소통의 장벽을 극복해 준다. 외국인과 면담할 수 있고, 외국의 또래 학생들과 채팅을 통하여 서로의 정보를 교환할 수 있다.
- **사이버 가정학습** : 사이버 가정학습은 자유탐구 과정에서 발생한 수업결손을 보충해 주는 역할을 한다. 학생이 견학을 위해 정규수업에 빠진 경우 가정에서 빠진 수업을 듣고, 수업결과를 교사에게 전송하면, 수업을 이수한 것으로 인정된다. 사이버 가정학습은 스마트패드를 통해 학생들이 언제 어디서

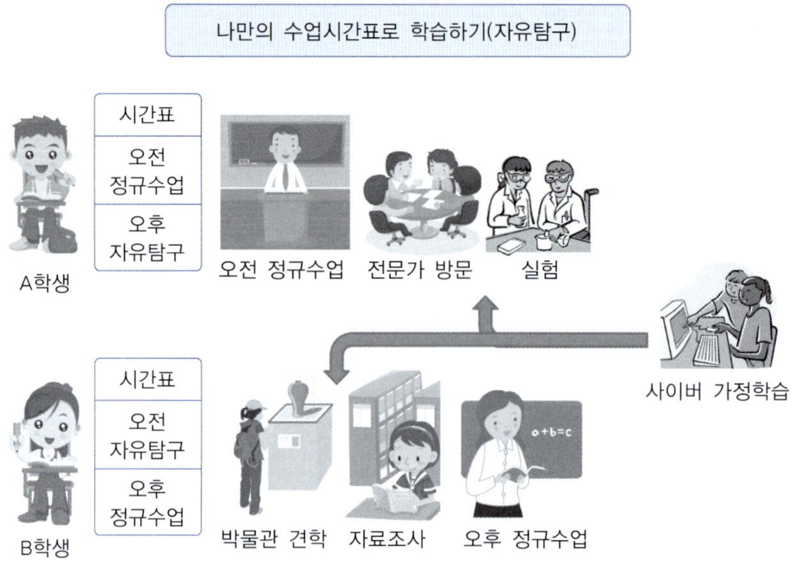


A, B학생은 같은 학습이지만 시간표가 다르다. 자신이 원하는 시간에 자유탐구를 배치하여 견학, 방문, 실험, 자료조사 등의 다양한 활동을 할 수 있다. 결손된 수업은 사이버 가정학습으로 보충한다.

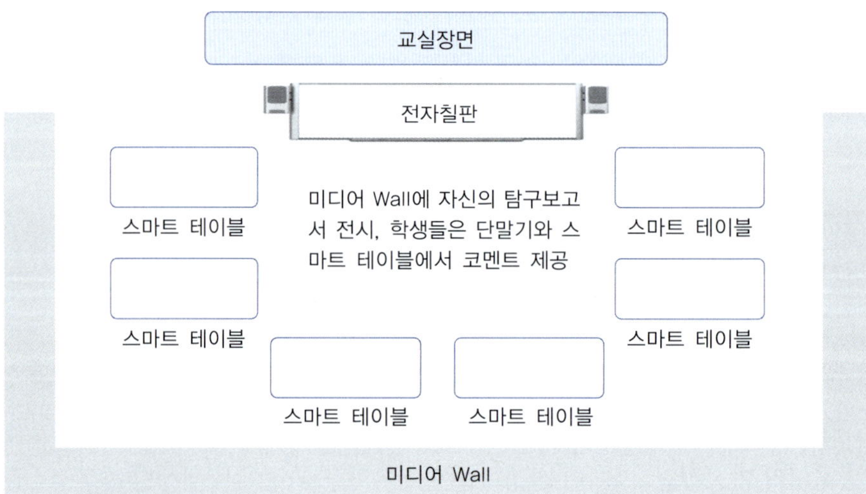


**그림 14-2** 자유탐구를 적용한 교수-학습 활동의 흐름과 교실공간 구성

든지 접근할 수 있다.

- **미디어 Wall**: 학생들의 탐구보고서를 전시할 수 있는 공간이다. 학생 스마트패드와 스마트 테이블과 통신되어 동료코멘트를 실시간으로 받을 수 있다.

② **교수-학습 활동 및 교실모습**

자유로운 탐구활동을 교수-학습 방법으로 적용하는 경우 가상의 교수-학습 활동의 흐름과 테크놀로지들이 결합된 교실의 공간은 그림 14-2 와 같이 구성될 수 있을 것이다.

## 3) 교수-학습 활동의 내용

### (1) 교수-학습 활동 지도안

다음은 과학과의 자유탐구활동을 위한 교수-학습 활동 지도안이다.

<table>
<tr><td>일 시</td><td colspan="2">○○○○년 ○월 ○○일 H교시</td><td>대 상</td><td colspan="4">6학년 ○반 남○○명, 여○○명</td></tr>
<tr><td>단 원</td><td>과학 자유탐구</td><td>차 시</td><td>6차시</td><td>시 간</td><td>240분</td><td>수업자</td><td>○○○</td></tr>
<tr><td>학습주제</td><td colspan="2">과학 자유탐구</td><td>장 소</td><td colspan="4">교실, 소그룹 활동실</td></tr>
<tr><td>학습목표</td><td colspan="7">개인별로 자유탐구 주제를 선정하여 탐구활동을 수행하고, 보고서를 작성하여 발표할 수 있다.</td></tr>
<tr><td>수업모형</td><td colspan="2">탐구학습</td><td>학습집단</td><td colspan="4">전체 → 개인 → 전체</td></tr>
<tr><td rowspan="2">학습자료</td><td>교사</td><td colspan="6">스프링노트, 미디어 Wall</td></tr>
<tr><td>학생</td><td colspan="6">스프링노트, 번역 메신저, 사이버 가정학습, 스마트패드, 미디어 Wall</td></tr>
<tr><td>학습과정</td><td colspan="4">교수-학습 활동</td><td>시간</td><td>자료</td><td>현재 적용 가능매체</td></tr>
<tr><td>도 입</td><td colspan="4">• 자유탐구 설명(교실)<br>학생들에게 자유탐구 예시자료를 보여 주어, 학생들이 자유탐구의 정확한 의의와 절차를 숙지하도록 한다.</td><td>20</td><td>스프링 노트</td><td>PPT</td></tr>
</table>

| 학습과정 | 교수-학습 활동 | 시간 | 자료 | 현재 적용 가능매체 |
|---|---|---|---|---|
| 전개 | • 탐구문제의 선정, 탐구방법의 선택(전자도서관)<br>은 다양한 서적, 신문, 컴퓨터, 멀티미디어 자료가 있는 전자도서관에서 자유롭게 학생들이 탐구문제를 선정할 수 있도록 한다. 너무 어렵거나 쉬운 문제를 선정하지 않도록 하며, 학생의 관심과 능력을 고려하여 탐구문제를 선정할 수 있도록 유도한다. 탐구절차를 제시하고 다양한 탐구방법을 제공하여 학생들이 결정하게 한다.<br>- 들썩들썩 지진<br>- 비밀이 많은 신기한 돌<br>- 더워지는 지구를 푸르게 하려면?<br>- 내가 바로 바이오매스 에너지<br>- 그 많던 공룡은 어디로 갔을까? | 60 | 스마트패드, 번역 프로그램, 스프링 노트 | 컴퓨터, 번역 메신저, 종이 보고서 |
| | • 탐구활동의 수행<br>(학교, 전시관, 연구원, 박물관, 해외 등)<br>학생들이 여러 가지 방법을 통하여 과제를 수행할 수 있도록 자유탐구 시간을 자신의 시간표에 자유롭게 배치하도록 한다. 전문가와 면담을 할 경우 전문가의 일정을 고려하여 시간표에 자유탐구를 배치한다. 결손된 시간은 사이버 가정학습을 통해 보충된다. 학생들은 연구원을 방문하여 전문가를 면담하고, 박물관 견학, 번역 프로그램을 통한 해외친구와 자료공유 등 다양한 활동들을 통해 탐구활동을 수행한다. 학생들의 탐구문제가 모두 다르므로 개인별로 다양한 시간표가 편성된다. | 60 | | |
| | • 탐구보고서 및 발표자료 작성(가정, 학교)<br>다양한 방법으로 수집된 자료를 바탕으로 탐구보고서를 작성하게 한다. 보고서는 탐구결과를 중심으로 기술하는 것이 아니라, 탐구의 과정이 명확히 드러날 수 있도록 작성하게 지도한다. 탐구보고서는 스마트패드를 통하여 스프링노트로 작성이 되며, 자유탐구 평가의 근거가 된다. 함께 미디어 Wall에 전시할 발표자료를 작성한다. | 30 | | |
| | • 발표(교실)<br>전체 학생들이 모인 자리에서 그동안 자신이 수행 | | | |

| 학습과정 | 교수-학습 활동 | 시간 | 자료 | 현재 적용 가능매체 |
|---|---|---|---|---|
| | 한 탐구보고서를 미디어 Wall에 전시한다. 학생들은 순회하며 포스터를 관찰하여 스마트패드나 스마트 테이블을 이용하여 코멘트를 한다. 지원자에 한해서 전자칠판을 통해 전체에게 발표하게 한다. | | | |
| 정리 | • 성찰일지 작성<br>학생들의 코멘트, 교사의 피드백에 따라 최종보고서를 수정하고, 성찰일지를 함께 작성한다.<br>• 평가<br>자기평가, 동료평가를 실시하고 교사평가는 스프링노트를 통해 프로젝트 수행 전 과정을 평가한다. | 10 | 스프링 노트 | 포트 폴리오 |

### (2) 평가계획

| 평가항목 | 평가기준 | 성취도 | |
|---|---|---|---|
| 자기평가 | • 탐구주제의 선정과 절차가 적절하였다.<br>• 탐구활동의 수행을 통해 탐구 문제를 잘 해결하였다.<br>• e-포트폴리오 보고서를 충실히 작성하였다. | 3개 | 상 |
| | | 2개 | 중 |
| | | 1개 이하 | 하 |
| 동료평가 | • 탐구활동의 수행을 통해 탐구문제를 잘 해결하였다.<br>• 보고서 작성이 훌륭하고 발표력이 우수하다.<br>• 동료의 코멘트에 적절히 대답하였다. | 3개 | 상 |
| | | 2개 | 중 |
| | | 1개 이하 | 하 |
| 교사평가 | • 탐구주제의 선정과 절차가 적절하였다.<br>• 탐구활동의 수행을 통해 탐구문제를 잘 해결하였다.<br>• e-포트폴리오 보고서를 충실히 작성하였다.<br>• 보고서 작성이 훌륭하고 발표력이 우수하다.<br>• 동료의 코멘트에 적절히 대답하였다. | 4개 이상 | 상 |
| | | 2개 이상 | 중 |
| | | 1개 이하 | 하 |

## 4) 교수-학습 활동의 자료

다음 예시로 제시된 자료들은 모두 인터넷 기반의 노트 플랫폼을 제공하는 스프링노트를 통해 제작되어 학습자들에게 전달된다.

## (1) 자유탐구 활동에 대한 소개

자유탐구

3 2

그룹 멤버 신청

검색

모든 페이지 최근 페이지

- 자유탐구
  - 01자유탐구란?
  - 02계획하기
  - 03활동하기(양식)

### 01자유탐구란?

#### 01 동기유발

➡ 그림 속의 주인공은 어떤 생각을 하고 있을까요?

#### 02 자유탐구란?

자유탐구란 여러분 스스로가 생활 속에서 궁금한 점을 찾아 해결점을 생각해 보고 직접 해결해보는 활동입니다.

학생들이 자유탐구를 잘하기 위해서 다음 단계를 거쳐 활동해야 할 것입니다.

| 단계 | 진행 내용 |
|---|---|
| 1<br>탐구 주제의 탐색<br>(선생님과 함께) | ● 호기심과 의문에서 자유 탐구 주제 검색<br>● 일상생활이나 읽기자료를 통해 탐구주제 탐색<br>● 다른 과목(수학, 미술, 실과 등)과 관련된 내용을 고려<br>● 모둠에서 같이 탐구하기 등 |
| 2<br>탐구 문제의 선정<br>(선생님과 함께) | ● 해결하고자 하는 탐구 주제 선택<br>● 실제로 탐구 활동이 가능한 주제인지 판단<br>● 지도 교사 또는 다른 학생들과 활발한 의사 교환을 통해 자유 탐구 문제 구체화<br>● 탐구 목표가 분명하게 나타나도록 표현<br>● 과학 글쓰기 활동으로 탐구 주제 선정 가능 |
| 3<br>탐구 방법의 선택<br>(선생님과 함께) | ● 선정한 탐구 주제에 가장 적합한 탐구 방법을 찾아 결정<br>● 실험, 관찰, 사육, 재배, 조사, 인터뷰 등 다양한 탐구 방법 중 어떠한 방법으로수행할 것인지를 판단 |
| 4<br>탐구 활동의 수행<br>(스스로) | ● 선정한 탐구 문제 및 방법을 통해 효과적으로 해결<br>● 다양한 탐구 방법으로 문제 해결수시로 지도교사 또는 모둠의 다른 학생들과 의논하여 진행 |
| 5<br>탐구 결과의 발표<br>(스스로) | ● 수집한 자료를 효과적으로 정리<br>● 탐구 문제에 대한 결론 도출<br>● 탐구 보고서 작성<br>● 파워 포인트나 포스터, UCC등으로 탐구 결과 발표 |

출처 : 사이언스올 자유탐구 <http://www.scienceall.com/freestudy/freestudy.sca?todo=getMain>

## (2) 자유탐구 활동 계획하기

자유탐구

3 2

그룹 멤버 신청

검색

모든 페이지 | 최근 페이지

자유탐구
- 01자유탐구란?
- 02계획하기
- 03활동하기(양식)

### 02계획하기

**알찬 계획, 즐거운 탐구! 자유탐구를 위한 알찬 계획을 세워 봅시다.**

#### 주제잡기(본문의 양식을 E-포트폴리오에 복사해서 사용하세요 )

1. 생활 속에서 궁금한 점, 글이나 책을 읽고 궁금한 점을 10개 이상 써보기

2. 교과서에서 배운 내용 중 더 알고 싶은 점
3. 탐구할 주제
4. 자신의 탐구주제가 적합한지 생각해봅시다.

| 내용 | 매우 그렇다 | 그렇다 | 아니다 | 선생님생각 |
|---|---|---|---|---|
| ❶ 탐구주제과 과학과 관련이 있습니까? | | | | |
| ❷ 탐구주제가 친구들이 많이 알고 있는 것입니까? | | | | |
| ❸ 탐구주제가 위험합니까? | | | | |
| ❹ 탐구주제가 도덕적입니까? | | | | |
| ❺ 탐구주제를 해결하기에 너무 어렵지 않습니까? | | | | |

➡ 참고 : 자유탐구 주제잡기 <http://www.scienceall.com/freestudy/freestudy.sca?todo=getMainView&fsseq=6>

#### 탐구방법 결정하기

탐구 방법에는 여러가지가 있습니다. 자신의 주제에 맞는 탐구방법을 선택합니다.
하나의 방법만으로 해결할 수 없을 때는 여러가지 방법을 같이 사용하여 궁금한 것을 해결합시다.

**견학(여행)** : 박물관이나 동물원, 공원과 같은 장소를 방문하여 관찰, 실습을 하는 방법입니다.
장점 : 직접 찾아가 경험하면서 기억에 오래남고 재미가 있습니다.
단점 : 돈과 시간이 많이 들고 부모님과 함께 가야 하는 곳이 많습니다.
철지히 계획하지 않으면 주제에 대한 해결방법을 찾을 수 없고 그냥 놀다오는 경우가 생깁니다.
도움말 : 견학을 하고 싶을 때는 꼭 부모님과 상의를 해보세요.
예시> 로케트는 어떻게 발사될까? - 한국항공대학교 항공우주박물관 견학

**인터뷰(면담)** : 궁금한 점에 대해 잘 알고 계신 분을 찾아가서 질문을 하고 답을 듣는 방법입니다.
장점 : 전문가를 찾아 면담하면 궁금한 점을 자세히 알 수 있습니다.
단점 : 면담하기전 약속을 하고 철저히 계획해야 하며 전문가를 만나기가 쉽지 않습니다.
도움말 : 자신의 궁금증을 잘 알고 있는 전문가를 만날 수 있을지 생각해 보세요.
예시>

**실험관찰** : 직접 실험을 통해 궁금한 점을 해결하는 방법입니다.
장점 : 자신이 하나하나 과정을 준비하고 궁금증을 해결하므로 모든 과정을 볼 수 있습니다.
단점 : 실수로 실험이 잘못되면 궁금증이 해결이 되지 않을 수 있습니다.
실험 준비물을 구하기 쉽지 않은 경우도 있고 집에서 실험하기가 어려운 것도 있습니다.
도움말 : 선생님과 함께 실험준비를 해보세요.
예시 >

**인터넷탐구** : 실제로 보기가 어렵거나 면담, 실험관찰, 견학 등의 방법으로 해결할 수 없는 궁금점을 확인합니다.
장점 : 시간과 돈이 많이 들지 않습니다.
단점 : 인터넷에서 조사한 것은 믿을 수 없는 거짓말이 많습니다.
스스로 공부한 것이 아니라 다른 사람이 공부한 것을 가져온 것이기 때문에 자기의 공부가 아닙니다.
도움말 : 인터넷 탐구는 정말 다른 방법으로 해결할 수 없을 때만 사용합니다.
인터넷에는 믿을 수 없는 이야기가 너무 많습니다.
선생님과 상의를 해보고 주제를 바꾸는 것도 생각해보세요.
예시 > 피가 나면 왜 딱지가 생기는 것일까? 지구와 달의 거리는 어떻게 쟀을까?

#### 탐구절차 계획하기

탐구절차는 각 탐구방법마다 다릅니다. 선생님과 상의하면서 꼼꼼히 계획하여 봅시다.

| 탐구계획 | |
|---|---|
| (　　)초등학교 (　　)학년 (　　)반 이름 : (　　　　) | |
| • 탐구주제 | |
| • 탐구방법 | 견학(여행) / 실험관찰 / 인터넷탐구 / 인터뷰면담 |
| • 탐구절차 | |

➡ 참고 : 자유탐구 보고서 작성하기 <http://www.scienceall.com/freestudy/freestudy.sca?todo=getMainView&fsseq=7>

## (3) 자유탐구 활동 수행하기

### ① 견학(여행)형

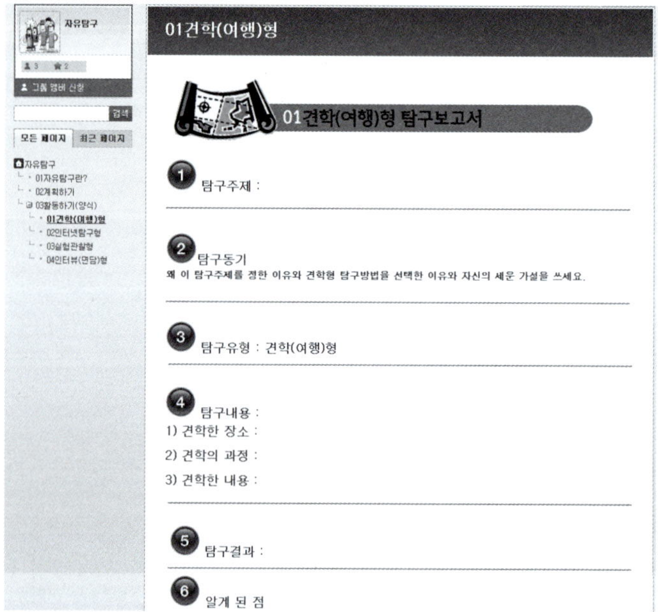


### ② 인터넷 탐구형

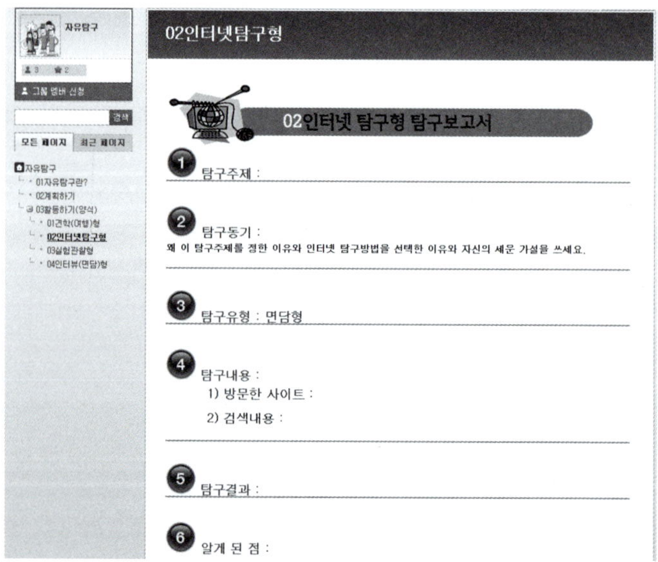

### ③ 실험관찰형

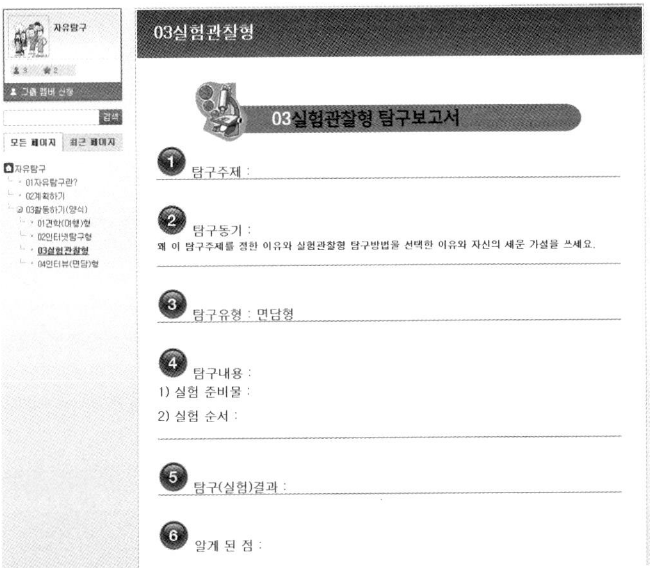
03실험관찰형

03실험관찰형 탐구보고서

1 탐구주제 :

2 탐구동기 :
왜 이 탐구주제를 정한 이유와 실험관찰형 탐구방법을 선택한 이유와 자신의 세운 가설을 쓰세요.

3 탐구유형 : 면담형

4 탐구내용 :
1) 실험 준비물 :
2) 실험 순서 :

5 탐구(실험)결과 :

6 알게 된 점 :

### ④ 인터뷰(면담)형

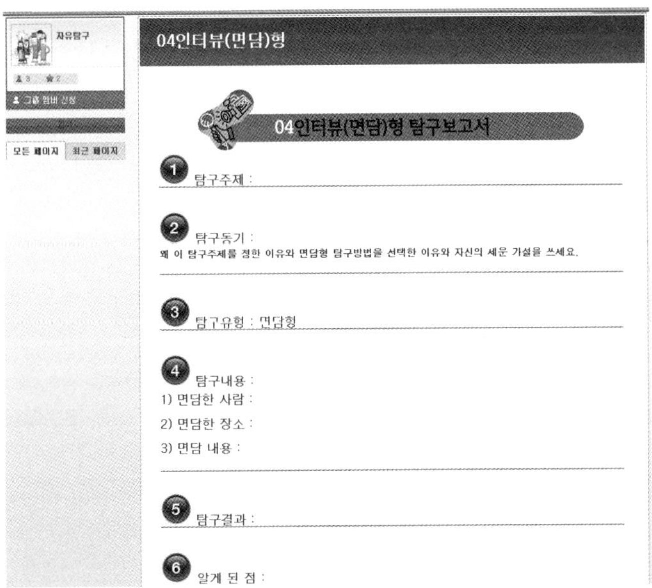
04인터뷰(면담)형

04인터뷰(면담)형 탐구보고서

1 탐구주제 :

2 탐구동기 :
왜 이 탐구주제를 정한 이유와 면담형 탐구방법을 선택한 이유와 자신의 세운 가설을 쓰세요.

3 탐구유형 : 면담형

4 탐구내용 :
1) 면담한 사람 :
2) 면담한 장소 :
3) 면담 내용 :

5 탐구결과 :

6 알게 된 점 :

### 탐구문제

1. 앞으로 20년 뒤의 사회에서 요구되는 핵심적인 지식, 기술, 태도 등의 역량요소들을 적어 보자. 이러한 역량을 자라나는 세대가 갖출 수 있도록 지원하기 위해서 현재 교육에서 개선되어야 할 점은 무엇인지 논의해 보시오.
2. 본인이 생각하는 미래학교의 교육의 모습의 특징을 시설, 도구, 교수학습방법, 교사의 역할 등으로 나누어 기록하고, 이를 동료 학습자와 비교해 보시오.
3. 변화하는 교육현장에 능동적으로 대처하기 위해서 교사가 취해야 하는 행동들에는 어떠한 것들이 있을지 생각해 보고, 이를 기록해 보시오.

# 참고문헌




강이철·김회수·엄우용·최현종(2007). u-스쿨: 그 가능성과 한계. 교육학술정보원.

강인애 외(1997). 문제중심학습과 구성주의 이론. 21세기를 향한 교육공학의 이론과 실제. 서울: 교육과학사.

강현석·주동범(2006). 현대 교육과정과 교육평가. 서울: 학지사.

계보경·김현진·서희전·정종원·이은환(2011). 미래학교 체제 도입을 위한 Future School 2030 모델 연구. 연구보고 KR V2011-12, 한국교육학술정보원.

교육부(1997). 초·중등학교 교육과정: 국민공통 기본교육과정. 교육부 고시 제 1997-15호 [별책1]

______(2000). 교과서 백서.

교육인적자원부(2005). 초·중등학교 정보통신기술 교육 운영지침 개정안, 교육인적자원부.

____________(2006). 초·중등학교 정보통신기술 교육 운영지침 개정안 해설서, 교육인적자원부.

권낙오 역(2012). 학습자 중심 교수학습. 서울: 원미사.

권성호(1998). 교육공학의 탐구. 서울: 양서원.

______(2002). 하드웨어는 부드럽게 소프트웨어는 단단하게. 서울: 양서원.

권재현(2013). 100세 시대 국가평생학습체제 구축을 위한 온라인 평생학습 지원체제 구축 실행계획. 개방, 공유, 소통, 협력을 통한 정부 3.0 실현 온라인 평생학습 지원체제 구축을 위한 정책토론회 자료집. 국가평생교육진흥원.

권혁일(2002). 수행평가를 위한 교육공학적 접근: 웹기반 전자포트폴리오 개발. 교육공학연구, 18(1), 51-78.

김영수·김현진·한승연 공역(2007). 학습이론과 e-learning환경 설계. 서울: 교육과학사.

김영철·박재윤·김흥주·윤종혁·김태은(2006). 미래사회에 대비한 학제 개편 방안. 한국교육개발원.

김원희·김용선(1975). 교육과정. 서울: 재동문화사.

김정희(2004). 지혜, 지능 그리고 창의성의 종합. 서울: 시스마프레스.

김종량(1995). 교육공학: 수업공학의 이론과 실제. 서울: 문음사.

김현덕(2004). 기업교육공학 방안으로서의 실천학습 문제해결 촉진자의 실행 단계 및 단계별 역량 규명. 연세대학교 교육대학원 석사학위논문.

김현진·정종원·정세웅·이동국(2011). 교실 중심의 21세기 교수-학습 활동, 미래학교 지원을 위한 21세기 교수-학습 활동 개발 시리즈2. 연구자료 RM2011-15, 한국교육학술정보원.

김혜숙·이상현(1998). 실기교육방법론-실기교육의 이론과 실제-. 서울: 교육과학사.

김희규(2009). 학습조직이론에 기초한 미래교육체제의 성찰과 과제. 교육사상연구, 22(2), 1-27.

나일주·정인성(2000). 교육공학의 이해. 서울: 학지사.

남정권·조형정(2011). 전문계 고등학교에서의 프로젝트 학습 인식에 관한 연구. 대한공업교육학회지, 36(2), 273-292.

박성익·임철일·이재경·최정임(2001). 교육방법의 교육공학적 이해. 서울: 교육과학사.

박숙희·염명숙(2010). 교수-학습과 교육공학. 서울: 학지사.

박인숙(2009). 치면세마 교육의 팀기반학습(Team-based learning) 효과. 조선대학교 대학원 박사논문.

박인우(1996). 학교교육에 있어서 구성주의 교수원리와 실현 매체로서 인터넷 고찰. 교육공학연구, 12(2), 81-104.

______(1998), 대학교육에서 인터넷 가상토론의 비동시성과 토론자의 내향성/외향성 간의 상호작용효과 연구. 교육공학연구, 14(2), 25-49.

______(2010). 중등 교사가 인식한 현재 교실의 문제점과 미래 교실에 대한 기대에 관한 연구. 교육방법연구, 22(1), 265-290.

박인우·김갑수·김경·전주성·고범석(2006). 유비쿼터스 환경을 지향하는 미래교실 구성 방안. 연구보고 CR 2006-14, 한국교육학술정보원.

방선욱(2003). 교수·학습과 매체에 대한 커뮤니케이션 연구의 관점 비교를 통한 대안적 교육 패러다임 모색. 커뮤니케이션학 연구, 11(1), 236-262.

백순근·김동일·김미량·김혜숙·유예림·박소화·김세원·김미림(2008). 중·고등학생용 ICT 리터러시 검사 도구 개발 연구. 연구보고 KR 2008-4, 한국교육학술정보원.

백순근·임철일·김혜숙·유예림·김미림·이소라(2009). 수행형 ICT 리터러시 검사 도구 개발 연구, 연구보고 KR 2009-9. 한국교육학술정보원.

백영균·박주성·한승록·김정겸·최명숙·변호승·박정환·강신청·김보경(2012). 교육방법 및 교육공학. 서울: 학지사.

백영균·박주성·한승록·김정겸·최명숙·변호승·박정환·강신천(2003). 교육방법 및 교육공학. 서울: 학지사.

______________________________________________(2006). 유비쿼터스 시

대의 교육방법 및 교육공학(2판), 서울: 학지사.
변영계·김영환·손미(2007). 교육방법 및 교육공학(제3판). 서울: 학지사.
변영계(1999). 교수-학습이론의 이해. 서울: 학지사.
변영계·이상수(2008). 수업설계. 서울: 학지사.
번호승(1996). 미래의 미국교육: 구성주의 시각 확산. 새교육(4월호).
산업자원부·한국전자거래진흥원·한국사이버교육학회(2005). 이러닝 백서. 한국사이버교육학회.
서정희(2011). 2010년 초·중등학생 ICT 리터러시 수준 측정의 결과와 시사점, 연구자료 RM 2011-2. 한국교육학술정보원.
성숙자(1987). 구성주의 유아교육 프로그램에 대한 고찰. 성신연구논문집. 26(1), 127-147.
송상호·이준·임정훈·최정임(2005). 초·중등교육에서의 e-러닝 지원 전략 연구. 경상북도교육청.
신재한(2011). 교육방법 및 공학-이론과 실제-. 서울: 태영출판사.
심정은(2009). 학교수준 교육과정을 통한 초등 환경교육의 체계화 방안-환경교육을 위한 환경적 관점에서-. 한국교원대학교 대학원 석사학위논문.
안산정보교육연구회(2002). ICT 활용 수업 활동 유형 및 교과별 활용방안, 2002년 ICT 연수자료.
예상진·허영부(2000). 교육방법 및 교육공학. 대구: 홍익출판사.
오만록(2001). Thorndike의 연결주의 교수-학습이론, 교수학습의 이론적 탐색. 전성연 편. 원미사, 99-120.
유영만(1994). 수업체제설계의 연구동향과 발전방향-패러다임 전환과 이론적 실천에서의 시사점 논의를 중심으로-. 교육공학연구, 10(1), 3-43.
윤광보·김용옥·최병옥(2011). 교육방법과 교육공학의 이해. 서울: 양서원.
윤실순(2002). 웹기반 원격 교원연수의 요구 분석 연구-평생 교육적 접근을 중심으로-. 조선대학교 교육대학원 석사학위논문.
이성은·오은순·성기옥 공저(2006). 초·중등 교실을 위한 새 교수법. 서울: 교육과학사.
이성호(2001). 교수방법론. 서울: 학지사.
______(2003). 교수방법의 탐구. 서울: 양서원.
이신동·이정규·박성은·김은진(2006). 창의성의 이해. 서울: 박학사.
이영덕(1985). 수업이론. 서울: 한국방송통신대학.
이영민·남정권·조형정·이수영(2011). 공업계 고등학교 수업에서 팀 기반 학습 모형

적용에 관한 형성적 연구. 대한공업교육학회지, 36(2), 1-23.

____________________(2011). 전문계 고등학교에서 팀 기반 학습방법이 학습자의 과제수행, 학습활동, 동기에 미치는 영향. 직업교육연구, 30(2), 51-71.

이용남(1993). 인지심리와 교수학습. 서울: 교육과학사.

이용환(2001). 교육방법·교육공학. 서울: 재동문화사.

이준·손윤선·김영애·서유경·김성은(2002). 교원 ICT 활용 능력 기준의 표준화 및 교육과정 상세화연구, 연구보고 CR 2002-4, 교육인적자원부, 한국교육학술정보원.

이칭찬·이의길(2010). 교육방법 및 교육공학. 서울: 태영출판사.

이혜영(2008). 미래 학교 모형 탐색 연구. 연구보고 RR 2008-03. 한국교육개발원.

임병노·임정훈·정인성(2003). 전국 일반대학의 사이버교육 운영실태와 질관리 현황분석, 교육학연구, 41(3). 541-569.

임정훈(2011). ICT 활용수업과 비교해 본 IPTV 활용수업의 문제점과 개선과제, 한국교육논총, 10(1), 75-100.

장상현(2010). UDL 가이드라인에 따른 디지털교과서 접근성 향상 방안 연구. 한국컴퓨터교육학회 논문지, 13(3). 65-75.

전경원(2000). 한국의 새천년을 위한 영재 교육학. 서울: 학문사.

전성연·송선희·이옥주·이용운·김수동·고영남·허창범·오만록·이병석(2007). 현대 교수학습의 이해, 서울: 학지사.

정석기(2010). 수업기술 향상을 위한 좋은 수업설계와 실제. 서울: 원미사.

정종원·박인우·임병노·고범석(2009). 미래형 교실의 유형별 표준 모델 연구. 연구보고 RR 2009-11, 한국교육학술정보원.

조규락·김선연(2006). 교육방법 및 교육공학 - 교육공학의 3차원적 이해 -. 서울: 학지사.

조성일·김숙의·신재흡·최혜영·김희인(2006). 교육방법과 교육공학. 서울: 동문사.

조아라(2010). 의학교육에서의 효과적인 팀바탕학습 운영 방안 및 기대효과. 가톨릭대학교 대학원 석사논문.

지식경제부·정보통신산업진흥원·한국유러닝연합회(2010). 이러닝백서. 2009-2010.

진영은·조인진(2010). 예비교사 워크북 - 교육실습의 이론과 실제 -. 서울: 학지사.

진위교 외(1994). 현대 수업의 원리. 서울: 정민사.

한국교육개발원(1989). 사회과 사고력 신장 프로그램 개발을 위한 방안 탐색. 서울: 한국교육개발원.

한국교육심리학회(1999). 교육심리학 용어사전. 서울: 학지사.

한국전자거래진흥원(2009). 이러닝백서. 2007-2008.

한순미 · 김선 · 박숙희 · 이경화 · 성은현(2005). 창의성. 서울 : 학지사.

한재윤(1993). 사고력 교육의 이론과 실제. 서울특별시교육연구원.

한정선(2000). e-learning 시대의 매체와 방법의 의미 제고. 교육공학연구, 16(4), 201-224.

허희옥 · 임규연(2011). 21세기 학습자 및 교수자 역량 모델링, 미래학교 지원을 위한 21세기 교수-학습 활동 개발 시리즈 1. 연구보고 KR 2011-2, 한국교육학술정보원.

황상민 · 김성일 · 김소영 · 변은희 · 이재호 · 조광수 · 최상섭 · 이정모(1998). 멀티미디어 매체의 특성과 학습 효과에 대한 탐색적 연구, 교육공학연구, 14(2), 209-225.

AECT(1994). *Instructional Technology: The definition and Domains of the Field.* Washington, D.C.: Association for Educational Communication & Technology.

Berry, M.(2002). *Healthy School environment and Enhanced Educational Performance*: The Case of Charles Young Elementary School Washington, DC. Retrieved from http://www.carpet-rug.org/carpet-and-rug-industry/research-and-resources/scientific-research/charles-young.cfm

Beyer, B. K.(1988). *Developing a thinking skill program*. Boston: Allyn and Bacon. Inc.

Blais, J.(2000). *Book Expo talks technology*. USA Today(Online). URL:http://www.usatoday.com/life/cyber/tech/cti019.htm, Accessed: April 27, 2001.

Borgmann, A.(1984). *Technology and the character of contemporary life: A philosophical inquiry*. The University of Chicago Press.

Borich, G. D.(2002). *Effective teaching methods*. N.Y.: Prentice Hall.

Boshyk, Y.(2000), *Business driven action learning: Global best practices*, N.Y.: St. Martin's Prcss.

Briggs, L. J.(1977). *Instructional design: principles and applications*. Englewood Cliffs. N.J.: Educational Technology Publications.

Brooks, J. G. & Brooks, M. G.(1993). *In search of understanding: The case for constructivist classrooms*. Alexandria, VA: ASCD.

Brown, M. & Long, P. D.(2006). Trends in Learning Space Design, In Oblinger, D. G.(Eds) *Learning Spaces*.

Bruner, J. S.(1960). *The process of education*. Cambridge, Mass: Harvard University

Press.

__________(1996). *Toward a theory of instruction*. Cambridge, MA: Harvard University Press.

Carroll, J. B.(1963). A model of school learning. *Teachers College Record*, 64.

Chan, T. & Petrie, G.(1998). The Brain Learners Better in Well-Designed School Environments. *Classroom Leadership Online, 2*(3).

Clark, L. H. & Starr, L. S.(1986). *Secondary and middle school teaching methods*. New York: Macmillan.

Clark, R.(1983). Reconsidering Research on Learning from Media. *Review of Educational Research*, *21*(7), 21-28.

Cole, P. G. & Chan, L. K. S.(1981). *Teaching Principles and Practice*. N.Y.: Prentice Hall.

Collins, A., Brown, J. S. & Newman, S. E.(1989). Cognitive apprenticeship: Teaching the crafts of reading, writing, and mathematics. In L. B. Resnick(Ed.), *Knowing, learning, and instruction: Essays in honor of Robert Glaser*(pp.453-494). Hillsdale, N.J.: Lawrence Erlbaum Associates.

Corey, S. M.(1967). The nature of instruction, In M. D. Merrill(ed.), *Instructional design: Reading*. N.J.: Englewood Cliffs, Prentice-Hall.

Cruikshank, S. J.(1995) Excerpts from the Professional Correspondence of Ralph Waldo Gerard. *Society for Neuroscience Abstracts, 21*(1) 245.

Dale, E.(1969). *Audio-visual methods in teaching*(3rd ed). New York: Holt, Rinehart & Winston.

Davies, I. K.(1981b). ID as an art: One of the three faces of ID. *Performance & Instruction, 20*(7), 101.

Definition and Technology Committee of the Association for Educational Communications and Technology(2007). Definition. In A. Januszewski & M. Molenda(Eds.), *Educational technology: A definition with commentary* (pp. 1-14). N.Y.: Lawrence Erlbaum.

Dewey, J.(1916) *Democracy and education*. New York: McMillan.

Dick, W., Carey, L. & Carey, J. O.(2001). *The systemic design of instruction*(5th ed.). N.Y.: Longman; 최수영 · 백영균 · 설양환(공역)(2003). 체제적 수업설계(제5판).

서울 : 아카데미프레스.

Doolittle, P. E.(1995). *Understanding cooperative learning through Vygotsky's zone of proximal development*. Paper presented at the Lilly National Conference on Excellence in College Teaching Colombia, SC.

Driscoll, M.(1994). *Psychology of Learning for Instruction*. MA: Allyn & Bacon.

Eggen, P. D. & Kauchak, D. P.(2009). *Educational Psychology: Windows on Classrooms*. Upper Saddle River, N.J.: Pearson Education, Inc.

Ely, D. P.(1968). "Educational Technology as Instructional Design", *Educational Technology*, 8(January).

Finn, J. D.(1964). *The revolution in the school: Technology and the instructional process*. N.Y.: Holt, Rinehart and Winston, Inc.

Foroohar, R.(2001). Cyberscope. The e-learning for boom. *Newsweek*(May 14), 8.

Fosnot, C. T.(1996). *Constructivism: Theory, Perspectives, and Practice*. N.Y.: Teachers College Press.

Gagné(1985). *The Cognitive Psychology of School Learning*. Boston: Little, Brown and Company.

Gagné, R. M. & Briggs, L. J.(1979). *Principles of Instructional Design*. N.Y.: Holt, Rinehard and Winston.

Gagné, R. M., Wager, W. W., Golas, K. C. & Keller, J. M.(2007). 수업설계의 원리(송상호 · 박인우 · 엄우용 · 이상수 공역). 서울 : 아카데미 프레스(원저 2005년 출판).

Galbraith, J. K.(1967). *The new industrial state*. Boston: Houghton Mifflin.

____________(2007). *The new industrial state*. Princeton University Press.

Gates, B., Myhrvold, N. & Rinearson, P.(1995). *The road ahead*. N.Y.: Viking. (CD-ROM).

George Lucas Educational Foundation(2003). *Instructional Module: Project-Based Learning*. [Online Document] Available from http://www.glef.org.

Gomez, E. A., Wu, d. & Passerini, K.(2010). Computer-supported team-based learning: The impact of motivation, enjoyment and team contributions on learning outcomes. *Computers & Education, 55*, 378-390.

Guilford, J .P.(1950). "Creativity". *American Psychologist, (5)*, 444-454.

____________(1967). *The nature of human intelligence*. New York: McGraw-Hill.

Hayes, J. R.(1978). *Cognitive Psychology*. Homewood, IL: Dorsey.

Heath, R. L. & Bryant, J.(2002). *Human communication theory and research: Concepts, contexts, and challenges*(2nd ed.). Mahwah, N.J.: Lawrence Erlbaum Associates.

Heinich, R., Molenda, M. & Russell, J. D.(1989). *Instructional media and the new technologies of instructions*(3rd ed.). New York: Macmillan Publishing Company.

Heinich, R., Molenda, M., Russel, J. D. & Smaldino, S. E.(1996). *Instructional media and technologies for learning*, Englewood Cliffs, N.J.: Prentice-Hall, Inc.

Herzog, S.(2007). The Ecology of Learning: The Impact of Classroom Features and Utilization on Sstudent Academic Success. *New Directions for Institutional Research, 135*, 81-106.

Isaksen, S. G., Dorval, K. B. & Treffinger, D. J.(2000). *Creayive approaches to problem solving*(2nd ed.). Dubuque, IA: KenDall/Hunt.

Jacobs, G. M., Power, M. A. & Inn, Loh Wan.(2002). *The teacher's sourcebook for cooperative leratning*. CA: Sage Publishing Company.

Johnson, D. W. & Johnson, R. T.(1984). *Circles of learning: Cooperation in the classromm*. Alexandria, VA: Association for Supervision and Curriculum Development.

Johnson, D. W. & Johnson, R. T.(1994). *Learning together and alone: Cooperative, competitive, and individualistic learning*. Englewood Clffs, N.J.: Prentice Hall.

Johnson, S.(2009). How the E-Book Will Change the Way We Read and Write. The Wall Street Journal, April, 20, 2009. Retrieved from http://online.wsj.com/article/SB123980920727621353.html

Joint Information Systems Committee.(2006). *Designing Spaces for Effective Learning: A guide to 21st century learning spaces design*. Retrieved from http://www.jisc.ac.uk/media/ documents/publications/learningspaces.pdf

Jonassen, D. H.(1991). Objectivism versus constructivism: do we need a new philosophical paradigm? *ETR&D, 39*(3), 5-14.

____________(1992). Evaluating constructivistic learning. In T. M. Duffy & D. H. Jonassen(Eds.), *Constructivism and the technology of instruction: A conversation*. (pp.137-148). Hillsdale, N.J.: Lawrence Erlbaum Associates.

_____________(1998). *Learning with Technology in the Classroom: A Constructivist Perpective*. Upper Saddle River, N.J.: Merrill/Prentice Hall.

Joyce, B., Weil, M. & Calhoun, E.(2000). *Models of teaching*(6th ed.). Needham Heights, MA: Allyn & Bacon.

Kearsley, G.(2000). *Online education: Learning and teaching in cyberspace*. Canada: Wadsworth.

King, A.(1990). Enhancing peer interaction and learning in the classroom through reciprocal peer questioning. *American Educational Research Journal,* 27, 664-687.

Lave, J. & Wenger, E.(1991). *Situated learning: Legitimate peripheral participation*. Cambridge University Press.

Lebow, D.(1993). Constructivist values for instructional systems design: Five principles toward a new mindset. *ETR&D, 41*(3), 4-16.

Lippit, I.(1973). *Visualizing change*, University Associates, La Jolla, California.

Littlejohn, S. W.(1989). *Theories of human communication*(3rd ed.). Belmont, CA: Wadsworth Publishing Company.

Mager, R.(1962). *Preparing Instructional Objectives.* Palo Alto, CA: Fearon.

Mager, R. F.(1972). *Goal analysis*. Belmont, CA: Fearon Publishers.

Mayer, R. E.(2001) *Multimedia Learning*, 임미라 역(2009), 서울 : 성균관 대학교 출판부.

Mayfield, K.(2001). *E-Textbooks Offer Light Reading*(온라인 : 2002년 1월 10일 내려받음). http://www.wired,com/news/school/0,1383,45860,00.html.

Meece, J. L.(2002). *Child and adolescent development for educators*(2nd ed.). N.Y.: McGraw-Hill.

Mehlinger, H. & Powers, S.(2002). *Technology and teacher education: A guide for educators and policymakers*. Boston: Houghton-Mifflin.

Merrill, M. D.(1991). Constructivism and instructional design. *Educational Technology*, May, 45-53.

Merrill, M. D.(1990). The secon generation instructional design research program. *Educational Technology, 30*(3), 26-31.

Michaelsen, L., Fink, D. & Knight, A.(2002). *Team-based learning: A transformative use of small groups in college teaching*. Sterling, VA: Stylus Publishing.

Nadler, L., Nadler Z.(1994). *Designing training programs: The critical events model*. Gulf Publishing Co.

National Learning Infrastructure Initiative(2004). Leading the transition from classrooms to learning spaces. Retrieved from http://net.educause.edu/ir/library/pdf/NLI0447.pdf

Newby, T., Stepich, D., Lehman, J. & Russell, J.(2000). *Instructional technology for teaching and learning*: *Designing instruction, integrating computers, and using media*(2nd ed.). Upper Saddle River, N.J.: Merrill.

Ormrod, J. E.(1994). *Human Learning*(2nd ed). N.J.: Prentice Hill.

Osborn, Alex F.(1993). *Applied Imaginayion(3rd eds.)*. Buffalo, New York: Creative Education Founsation Press.

Paivio, A.(1971). *Imagery and verbal processes*. New York: Holt.

Parnes, S. J.(1999). Program and courses in creativity. In Mark A. Runco & Steven. R. Pritzker(Eds.), *Encyclopedia of Creativity*, (2), 465-477

Reigeluth, C. M.(1983). Instructional design: What is it and why is it?. In C. M. Reigeluth(Ed.), *Instructional design theories and models*: *An overview of their current status*. N.J.: Lawrence Erlbaum Associates.

_____________(1999). What is instructional-Design theory and how is it changing? In C. M. Reigeluth(Ed.), *Instructional-Design theories and models*: *A new Paradigm of instructional theory*(Volume Ⅱ. 5-29). Mahwah, N.J.: Lawrence Erlbaum.

Reiser, R. A., Dempsey, J. V.(2007). *Trends and issues in instructional design and technology*(2nd ed.). 노석준·소효정·이지연 공역. Pearson Education Korea LTD. & Academy Press Publishing Co.

Resnick, L. B.(1989). *Knowing, Learning and Instruction: Essays in Honour of Robert Glaser*. Erlbaum, N.J.: Hillsdale.

Richey, R.(1993). Instructional Design theory and a changing field. *Educational Technology*, 33(2), 16-21.

Richey, R. C., Klein, J. D. & Tracey, M. W.(2011). *The instructional design knowledge base: Theory, research, and practice*. N.Y.: Routledge.

Rogers, E. M.(1995). *Diffusion of innovation*(4th ed.). N.Y.: Free

Rumelhart, D. E. & Norman, D. A.(1981). Analogical processes in learning. In J. R. Anderson(Ed.), *Cognitive skills and their acquisition*. Hillsdale, N.J.: Lawrence Erlbaum Associates.

Runco M. A.(1994). Creativity and its discontents. 102-123. In M. A. Shaw & M. A. Ranco(Eds). *Creativity and affect*(pp.102-103), Norwood, N.J.: Ablen.

Saettler, P.(1990). *The evolution of American educational technology*. Englewood, CO: Libraries Unlimited.

Schneider, S. M. & Morris, E. K.(1987). A history of the term radical behaviorism : From Watson to Skinner, *The Behavior Analyst*, 10(1), pp.27-39.

Schunk, D. H.(2004). *Learning theories: an educational perspective*(4th ed.). N.J.: Pearson Prentice Hall.

Seaberg, Dorothy I.(1974). *The Four Face of Teaching: The Role of Teacher in Humanizing Education*, Santa Monica, Calif.: Goodyear Pub. Co., Inc.

Seels, B. B. & Glasgow, Z.(1998). *Making instructional design decisions(2nd ed.)*. Upper Saddle River, N.J.: Merrill.

Seels, B. B. & Richey, R. C.(1994). *Instructional Technology: The definition and domains of the field*. Washington. D.C.: AECT.

______________________(1994). Instructional technology: The definition for educational Communications and Technology. Washington. D.C.: AECT.

Sibley, J.(2008). Team-based learning alternative to lecturing in large class setting. <http://www.teambasedlearning.apsc.ubc.ca/wp-content/uproads/ tbl_intro_2008.pdf>

Slavin, R. E.(1990). *Cooperative learning theory, research and practice*. Englewood Cliffs, N.J.: Prentice Hall.

Smaldino, S. E., Russell, J. D., Heinich, R. & Molenda, M.(2005). *Instructional Technology and Media for Learning(8th ed.)*. Pearson Education, Inc, Prentice Hall; 설양환 · 권혁일 · 박인우 · 손미 · 손상호 · 이미자 · 최욱 · 홍기철 역(2005). 교육공학과 교수매체(8판). 서울 : 아카데미프레스.

Spiro, R., Vispoel, W. & Schmitz, J.(1987). *Knowledge Acquisition for Application: Cognitive Flexibility and Transfer in Complex Content Domains*, B. B. a. S. Glynn, Readings in Executive Control Processes. Hillsdale, N.J.: Lawrence

Erlbaum Associates, Publishers.

Steinbrink, J. E. & Stahl, R. J.(1994). JigsawⅢ=JigsawⅡ+cooperative test review: Applications to the social studies classroom. *In Cooperative learning in social studies : A handbook for teachers(Ed. Stahl. R. J.).* New York: Addison Wesley Publishing Company, 133-153.

Sternberg, R. J. & O'Hara, L. A.(1999). Creativity and Intelligence, In Sternberg, R. J.(Ed.), *Handbook of Creativity*, Cambridge: Cambridge University Press.

Tapscott, D.(2009). *Grown up digital: How the net generation is changing your world*, New York: McGraw-Hill.

Thomas, J. W.(2000). A review of research on project-based learning. San Rafael. CA: The Autodesk Foundation. [Online Document] Available from http://www.autodesk.com/

Treffinger, D. J.(1995). Creative problem solving: Overview and educational implications. *Educational Psychology Review*. 7(3), 301-312.

Tulving, E.(1985). How many memory systems are there? American Psychologist, 40, 385-398.

Tyler, R. W.(1949). *Basic Principles of Curriculum and Instruction.* Chicago: The University of Chicago Press.

USA Today(2000). *E-World transforming publishing industry*. URL: http://www.usatoday.com/life/cyber/tech/cti020.htm, Accessed: April 27, 2001.

Vasan, N, S., DeFouw, D. O. & Compton, S.(2009). A survey of student perceptions of team-based learning in anatomy curriculum: Favorable view unrelated to grades. American Association of Anatomists, 2, 150-155.

Wilson, B. G.(1997). Reflection on constructivism and instructional design. In C. R. Dills. & A. J. Romiszowski(eds.). *Instructional development paradigms*(pp.63-80). Englewood Cliffs, N.J.: Educational Technology Publications.

Winn, W. & Snyder, D.(1996). Cognitive Perspectives in Psychology. In D. H. Jonassen(Ed.), *Handbook of Research for Educational Communications and Technology*(pp.112-142). N.Y.: Macmillan.

Yantis, S. & Meyer, D.(1988). Dynamics of activation in semantic and episodic memory. *Journal of Experimental Psychology: General*, 117, 130-147.

# 찾아보기

ㄱ



ㄴ



ㄷ

# 저자 소개

**이신동**

고려대학교 교육학과 졸업
고려대학교 대학원 교육학과 석사, 박사(교수-학습이론)
Stanford University Post-doc
Purdue University 연구교수
현, 순천향대학교 특수교육과 교수, 영재교육원장

**조형정**

고려대학교 교육학과 졸업
고려대학교 대학원 교육학과 석사, 박사(교육방법)
고려대학교 고등교육정책연구소 연구교수
고려대학교 교수학습개발원 연구교수
현, 순천향대학교 교직과정부 교수

**장선영**

고려대학교 대학원 교육학과 석사, 박사(교육방법 및 교육공학)
성균관대학교 의과대학 Post-Doc.
(주)삼성전자 리더십개발센터 HRD담당
고려대학교 교육문제연구소 연구원
서울대학교병원 교육연구부 HRD담당
현, 남서울대학교 교양과정부 교직 교수

**정종원**

고려대학교 교육학과 졸업
고려대학교 대학원 교육학과 석사(교육방법)
University of Georgia 박사(교육공학)
고려대학교 의과대학 교수학습지원센터 연구강사
고려대학교 고등교육정책연구소 연구교수
현, 울산대학교 교육학과 교수

**▌알기쉬운 교육방법 및 교육공학▐**

1판 1쇄 발행 2012년 9월 5일
1판 2쇄 발행 2014년 2월 20일
1판 3쇄 발행 2015년 3월 10일
1판 4쇄 발행 2016년 7월 25일
1판 6쇄 발행 2026년 2월 10일

지 은 이 | 이신동 · 조형정 · 장선영 · 정종원

발 행 인 | 박철용
발 행 처 | 양서원
주 소 | 경기도 파주시 직지길 522 파주출판도시
전 화 | 031-955-8000(代)
팩 스 | 031-955-8005
홈페이지 | www.yswpub.co.kr
이 메 일 | yswgroup@naver.com
출판등록 | 1987년 11월 24일 제 406-2003-037 호

ISBN 978-89-5964-982-2

정가 23,000원